东南阳明学研究系列

东南阳明学研究（一）

福建江夏学院阳明学研究院 编

厦门大学出版社
XIAMEN UNIVERSITY PRESS
国家一级出版社
全国百佳图书出版单位

图书在版编目（CIP）数据

东南阳明学研究. 一 / 福建江夏学院阳明学研究院
编. -- 厦门：厦门大学出版社，2023.11
ISBN 978-7-5615-9159-8

Ⅰ．①东… Ⅱ．①福… Ⅲ．①王守仁(1472—1528)
-哲学思想-研究 Ⅳ．①B248.25

中国版本图书馆CIP数据核字(2023)第203768号

出 版 人　郑文礼
责任编辑　章木良
美术编辑　李嘉彬
技术编辑　朱　楷

出版发行　厦门大学出版社
社　　　址　厦门市软件园二期望海路 39 号
邮政编码　361008
总　　　机　0592-2181111　0592-2181406(传真)
营销中心　0592-2184458　0592-2181365
网　　　址　http://www.xmupress.com
邮　　　箱　xmup@xmupress.com
印　　　刷　厦门市金凯龙包装科技有限公司

开本　720 mm×1 000 mm　1/16
印张　25
字数　400 千字
版次　2023 年 11 月第 1 版
印次　2023 年 11 月第 1 次印刷
定价　88.00 元

厦门大学出版社
微信二维码　　　　厦门大学出版社
微博二维码

本书如有印装质量问题请直接寄承印厂调换

目 录

全球化时代下的阳明学的意义

陈立胜

中山大学哲学系

前　言

伟大的经典及其所承载的思想虽然是应其时代召唤而产生,并因此打上深刻的时代烙印,但它的意义从不会被时代局限与封闭,而总会在穿越时光隧道的过程中展示其丰富多彩的面向。阳明学形成于中晚明,在清末民初乃至整个20世纪被重新激活,并被赋予了新的世纪意义。回顾阳明学的历史意义,展望它与21世纪全球化时代人类新处境的相关性,是本文的任务所在。

一、阳明学于中晚明的意义

中晚明是阳明学诞生与流传期,这一时期整个社会变迁出现了一些新特点。

其一,白银货币化现象开始出现。明初禁用金银交易,但到中晚明白银由下而上成为主要货币。田赋货币化、徭役货币化、盐课货币化、茶课货币化、关税货币化以及国家财政支出货币化,这一系列的白银货币化现象是中国由古代赋役国家向近代赋税国家转型的标志。白银货币化同时也是中国与世界经济全球化开端相联系的契机,据统计,16—17世纪日本白银产量的绝大部

1

分和美洲白银产量的一半流入了中国。①社会各阶层无一例外被卷入这一白银货币化体系之中，明初形成的社会等级结构开始松动与转型，专业的商业团体、专门的手工业市镇与劳动力市场开始形成。

其二，社会经济生活的变迁、商业文化氛围的形成对整个社会生活与社会心态产生了强烈的冲击。顾炎武曾观察到王阳明生活的时代（正德、嘉靖年间）歙县开始出现重商轻农的现象（"出贾既多，土田不重"），而商业文化兴盛不仅加剧了"富者愈富，贫者愈贫"的贫富悬殊现象，更滋生出拜金心态："操赀交接，起落不常。能者方成，拙者乃毁，东家已富，西家自贫。高下失均，锱铢共竞，互相凌夺，各自张皇。于是诈伪萌矣，诈争起矣，纷华染矣，靡汏臻矣……金令司天，钱神卓地。贪婪罔极，骨肉相残。"②手工业者、雇工、工商业主逐渐成为一股新生的社会力量。地方政府越来越依靠商业财富维系其行政、生产和文化系统的运作。商人通过捐资支持地方政府而获得更高的社会地位，商业已经在士大夫阶层内部打上深深的烙印。③趋富贵而厌贫贱、竞利求富的世风染及士风，"文士无不重财"成了习以为常的现象。李诩记载一则阳明时代的文士润笔现象颇能说明问题："常熟桑思玄曾有人求文，托以亲昵，无润笔。思玄谓曰：'平生未尝白作文字，最败兴。你可暂将银一锭四五两置吾前发兴，后待作完，仍还汝可也。'唐子畏曾在孙思和家有一巨本，录记所作，簿面题二字曰'利市'。都南濠（都穆）至不苟取，常有疾，以帕裹头强起，人请其休息者。答曰：'若不如此，则无人来求文字矣。'马怀德言，曾为人求文字于祝枝山。问曰：'是见精神否？'（俗以取人钱为精神。）曰：'然。'又曰：'吾不与他计较，清物也好。'问：'何清物？'则曰：'青羊绒罢。'"④桑悦、唐寅、祝允明都是恃才傲物的名士，却如此爱财，可见当时文化商品化的程

① 万明：《明代白银货币化研究20年》，《中国经济史研究》2019年第6期。弗兰克著，刘北成译：《白银资本——重视经济全球化中的东方》，北京：中央编译出版社，2008年，第157～169、224～226页。

② 顾炎武著，顾宏义等点校：《天下郡国利病书·凤宁徽备录》（二），上海：上海古籍出版社，2012年，第1025～1026页。

③ 卜正民著，方骏、王秀丽、罗天佑译：《纵乐的困惑：明代的商业与文化》，北京：生活·读书·新知三联书店，2004年，第94～99、138～147页。

④ 李诩撰，魏连科点校：《戒庵老人漫笔》卷一，北京：中华书局，1982年，第16页。

度。①文中提到的几个人物多与王阳明有交集，唐伯虎、都南濠与祝枝山皆于弘治十二年（1499）参加会试，唐伯虎因科场舞弊案受牵连而遭处罚，祝枝山落第，都南濠则与阳明同榜题名，阳明还为南濠父亲都豫轩撰写过《豫轩都先生八十受封序》(《王阳明全集》卷二九)。众所周知，阳明由《孔丛子》一书"心之精神是谓圣"转手提出"心之良知是谓圣"这一著名心学命题，而在祝枝山这里"精神"完全成了"金钱"的代名词，文士精神之堕落由此可见一斑。

官场沦为"营产牟利"的名利场："方今仕途如市，入仕者如往市中贸易，计美恶、计大小、计贫富、计迟速。"财富的诱惑与伦理的丧落成为时代问题。如何避免仕途、商途成为"成圣"的歧途是士大夫必须面对的生存问题。东林后七君子之一周顺昌（1584—1626）念念不忘的仍是"学者不可把第一等事让别人做"这一理学人生模式："'固穷'二字，原吾辈本来面目。并此而丧，何以自立？……慕富慕贵，一生痛恨。"②

其三，明代中叶土地兼并现象日趋严重，皇室、亲王、外戚、勋臣、宦官掠田无厌，加上旱灾、涝灾、蝗灾频仍，大批农民流离失所，形成了空前的流民现象，致使整个社会动荡不安，仅正德年间成规模的农民起义就有三十余次。如何重新安顿社会秩序，成了迫在眉睫的时代问题。

阳明学面对新兴起的商业文化给出了"四民异业而同道"的主张。阳明本人所作《节庵方公墓表》被余英时称为"新儒家社会思想史上一篇划时代的文献"，是"新儒家伦理史上的一件大事"。士农工商只是社会分工不同："士以修治，农以具养，工以利器，商以通货，各就其资之所近，力之所及者而业焉，以求尽其心。其归要在于有益于生人之道，则一而已。士农以其尽心于修治具养者，而利器通货，犹其士与农也。工商以其尽心于利器通货者，而修治具养，犹其工与商也。故曰四民异业而同道。……自王道熄而学术乖，人失其心，交鹜于利以相驱轶，于是始有歆士而卑农，荣宦游而耻工贾。夷考其实，射时罔利有甚焉，特异其名耳。极其所趋，驾浮辞诡辩以诬世惑众，比之具养器货

① 商传：《晚明文化商品化与社会纵欲思潮》，《明史研究》第4辑，合肥：黄山书社，1994年，第207～211页。

② 周顺昌：《与朱德升孝廉书一》，《烬余集校辑六卷》卷二，陈斌编校：《周顺昌研究资料汇编》，苏州：苏州大学出版社，2013年，第23页。

之益，罪浮而实反不逮。"①阳明学"个个人心有仲尼""良知之在人心，无间于圣愚""满街皆圣人"的思想无疑极力张扬了平民的尊严，由此也必然推出四民异业同道、同心的思想。阳明学"异业而同道""异业而同学""即业以成学"等主张当然可以视为对商业价值的一种高度肯定，乃至于可以说良知学具有一定的世俗化特征。②此外，将白银时代下的经济生活纳入"致良知"的话语之中，儒化、主宰新兴的商业社会，扭转商业文化所滋生的逐利世风，此方是阳明学四民异业同道论述的精神实质所在。

面对世风日下而导致的日益沦丧的士风，阳明学则强调"圣学"与"俗学"的对立。他对"圣学"的异化现象深恶痛绝："近世所谓道德，功名而已；所谓功名，富贵而已。"③又说："古之仕者将以行其道，今之仕者将以利其身。"④对于能够超拔世俗的"二氏"之学，阳明往往予以肯定乃至表彰。他见有僧岩中静坐三年，曾专门撰诗称颂："莫怪岩僧木石居，吾侪真切几人如？"他更径斥元代大儒许鲁斋"学者以治生为首务"为"误人"。门人不解，并质疑说："岂士之贫，可坐守不经营耶？"阳明回答说："但言学者治生上，仅有工夫则可。若以治生为首务，使学者汲汲营利，断不可也。且天下首务，孰有急于讲学耶？虽治生亦是讲学中事，但不可以之为首务，徒启营利之心。果能于此处调停得心体无累，虽终日做买卖，不害其为圣为贤。何妨于学？学何贰于治生？"阳明学非常注重"事上磨炼"的工夫，而士之事不外"举业"与"仕"，故有举业学业合一、政学合一的主张。"使在我果无功利之心，虽钱谷兵甲，搬柴运水，何往而非实学？"⑤就此而言，阳明学以讲学为首务的意识具有深刻的政治关

---

① 吴光等编校：《王阳明全集》卷二五，上海：上海古籍出版社，1992年，第941页。阳明早年好友李梦阳借商人王文显之口（《明故王文显墓志铭》，《空同集》卷四十六）表达了类似的思想："夫商与士，异术而同心。故善商者处财货之场，而修高明之行，是故虽利而不污善。士者引先王之经，而绝货利之径，是故必名而有成。故利以义制，名以清修，各守其业，天之鉴也。"

② 吴震：《明代知识界讲学活动系年：1522—1602》，上海：学林出版社，2003年，第16页。

③ 吴光等编校：《王阳明全集》卷四《与黄诚甫》，上海：上海古籍出版社，1992年，第161页。

④ 吴光等编校：《王阳明全集》卷二九《送黄敬夫先生金宪广西序》，上海：上海古籍出版社，1992年，第1044页。

⑤ 吴光等编校：《王阳明全集》卷四《与陆原静》，上海：上海古籍出版社，1992年，第166页。阳明后学对异业同道、政学合一等思想的阐发见吴震：《明代知识界讲学活动系年：1522—1602》，上海：学林出版社，2003年，第12～28页。

怀，即以"良知""万物一体之仁"统摄士大夫的精神世界与政治生活。

面对地方社会失序现象，阳明本人除了奏设崇义县、和平县、平和县外，更在南赣各县兴办社学，改革儿童教育，建立乡约与保甲制。阳明弟子王心斋在其《王道论》一文中更是明确指出社会失序的原因在于"天下田制不定"，导致民无定业，游民众多，而上层社会制用无节，风俗奢靡。他借鉴古代井田制提出均分土地的建议。而何心隐则在家乡组织"聚合堂"，财产互通有无，婚丧嫁娶乃至赋役均合族共理。

在阳明学中，"万物一体之仁"既是一种真切而深刻的生命体验，也是一种强烈而切实的政治关怀。不妨说，万物一体之仁就是阳明学给出的一种"顶层设计"的伦理政治蓝图。阳明学自其诞生即表现出强烈的淑世、救世精神。杨国荣先生曾提到正德年间杨虎等领导的河北农民起义提出了"重开混沌之天"的口号。与这种"武器的批判"相对照，阳明学的万物一体之仁的伦理政治理念则是"批判的武器"。[1]在阳明学看来，人间的所有生存领域都应由万物一体之仁的原则统摄，"有益于生人之道"的"仁道"才是天地间之"正道"。这种强烈的信念激发了阳明学熔铸天下、整顿乾坤的使命感。这在泰州学派中表现得淋漓尽致。王心斋正德六年（1511）的"补天之梦"最具象征意义，他以"天地位、万物育"作为自己的志向，以致尧舜之世为"家常事"，做梦都要整顿乾坤，此是典型的"出位之思"。心斋本人亦很自觉，他认为学者就应该不被时位限制，"学也者，所以学为师也，学为长也，学为君也""我命虽在天，造命却由我""大人造命""不袭时位""出必为帝者师，处必为天下万世师"等，这些豪言壮语很难让人想象到是出自一位灶丁之口，这是一介草莽匹夫的中国梦。心斋族弟王一庵颇善发明乃师不袭时位之学，他强烈质疑"惟夫天子之元子、众子以至公卿大夫元士之适子入大学"之古训[2]，并明确断言大学没有门槛，应向孟子所谓的"天民"开放而

---

① 杨国荣：《王学通论：从王阳明到熊十力》，上海：华东师范大学出版社，2018年，第4页。

② "格物止至善之学，人人共为、共成，原无人品隔隔。今曰古者十五入大学而惟夫天子之元子、众子以至公卿大夫元士之适子入之，而非适子者则皆限于分而不得与，凡民惟俊秀入之，而非俊秀者则皆限于资而不得闻，是诚可疑。"王栋：《一庵王先生遗集》卷一，《四库全书存目丛书》子部第10册，济南：齐鲁书社，1995年，第58页。

不应只局限于"有职位者"。①王心斋与王一庵兄弟各自提出一幅伦理政治的蓝图，并念念不忘"将乾坤世界重新熔铸一番"。②持有这种重整乾坤的政治抱负的人在泰州学派中大有人在，黄宗羲称泰州学派多能"赤手以搏龙蛇"。罗近溪"自壮及老"常常梦见自己成为经筵师，"出必为帝者师"看来是泰州学派的集体无意识。具有这种意识的就是"同志"，中晚明阳明学的讲会活动"友道"大张，何心隐甚至将"友伦"提升为五伦之首（"天地之交尽于友"），他自视自身是"不农、不工、不商"（"身之无在"），又说"父子、昆弟、夫妇"固是天下之达道，但却"难统乎天下"，"惟君臣而后可以聚天下之豪杰，以仁出政，仁自覆天下矣"，"惟友朋可以聚天下之英才，以仁设教，而天下自归仁矣"。③显然何心隐已经洞见到"同志"与"政治共同体"建构的内在联系。晚清谭嗣同以朋友"为四伦之圭臬"，"四伦咸以朋友之道贯之，是四伦可废"的激进看法可溯源至此。

王汎森先生曾以泰州学派颜钧为例，指出明代心学家拥有三种社会角色：社区改善运动者、打破士庶分别的讲学活动者、类似心理咨询或治疗者。④的确，阳明学作为一种思想、一个学派，它是宋明理学的一部分，它为有志于做第一等事者提供了截断众流、超拔凡俗的勇气，指明了一条"一念自反，即得本心"的简易成圣路径；同时，它还是一场深刻的社会运动的一部分：它积极介入中晚明兴起的商业文化以及动荡不安的社会状况之中，以化俗为己任，随机指点农工商贾，力图重新安顿社会秩序。

---

① 面对世人对王艮出位之思、出位之言的质疑与指责，王一庵辩护说："天生烝民，作之君，作之师。自古帝王君天下，皆师天下也。后世人主不知修身慎德为生民立极，而君师之职离矣。孔子悯天下之不治，皆缘天下之无师，故遂毅然自任，无位而擅帝王师教之大权，与制作《春秋》同一不得已之志，况不俟时位，随人接引，则橐柄在手，而在在能成，此其所以贤尧舜而集大成者。……吾先师所以不得不自任也，而岂其得已哉！"（《一庵王先生遗集》第62～63页）

② 王艮有王道政治之蓝图（见其《王道论》），而一庵亦有自己的政治方案："或曰：'使子为政，亦能熔铸乎？'曰：'熔铸天下必君相同德同心，方可整顿，此孔孟所以不得行其志者也。若使得宰一邑，而熔铸一邑，理亦有之，但恐监司者掣（掣）其手足，与迁转之速，则不能耳。然终是田制之偏，赋役之重，刑统滥于罚赎，学校弊于文辞，凡此皆关大政，熔铸夫岂易言？然大人之学不袭时位，吾将以兴起斯文为己任，使师道立而善人多，朝廷正而天下治，此吾所以熔铸天下之一大炉冶，而非时位所能限也。'"（《一庵王先生遗集》第65～66页）

③ 《与艾冷溪书》，容肇祖整理：《何心隐集》卷三，北京：中华书局，1960年，第66页。

④ 王汎森：《晚明清初思想十论》，上海：复旦大学出版社，2004年，第1～28页。

二、阳明学于20世纪的意义

中晚明肇兴与流行的阳明学随着明清鼎革而花果凋零,日趋消沉。但19世纪末至20世纪初,在近代中国乃至东亚文明转型时代,它又枯木逢春,重新焕发出思想的活力。究其因缘,阳明学的心学属性无疑契合于创造新世纪的时代精神。

"世纪"作为一个时间单位出现于晚清的文献中,这当然不只意味着汉语世界计时单位又增加了一个新术语,更意味着传统时间意识的一个根本改变。它是一个标志,一个从长时间段、从一个文明演化的整体历程去反思自己国家的历史、去展望乃至想象其未来走向的标志。梁启超午夜作于太平洋上的《二十世纪太平洋歌》(1900)最能反映这种"世纪"符号的深层意蕴:"蓦然忽想,今夕何夕、地何地?乃是新旧二世纪之界线,东西两半球之中央。不自我先不我后,置身世界第一关键之津梁。胸中万千块垒突兀起,斗酒倾尽荡气回中肠。独饮独语苦无赖,曼声浩歌,歌我二十世纪太平洋!"在这首长诗中,梁启超将人类文明的演进划分为河流→内海→大洋三个时代:第一纪是"河流文明时代",由中国、印度、埃及和小亚细亚这四个"古文明祖国"组成;第二纪是"内海文明时代",由地中海、波罗的海、阿拉伯海和黄海、渤海等周边文明构成;第三纪是"大洋文明时代",则是由哥伦布发现新大陆开启的时代。这种将中国文明置于世界文明之中,确定其空间位置与时间位置的意识无疑是一种崭新的历史意识。众所周知,古人往往依照上古、三代或尧舜等概念进行历史叙事,究其实并不是为了过去而过去,而是为了现在及未来而过去。[①]质言之,"过去"在历史意识中始终是"作为未来"的过去而再当下化的。不过这种面向未来的历史意识乃是扎根于天道循环("古今之变,极而必反,如昼夜之相生,寒暑之相代")与"五百年必有王者兴"的强烈信念,故具有从容淡定兼具自信的性质。而在梁启超的"世纪"意识中,传统的天道变成了"物竞天择势必至,不优则劣兮不兴则亡"的新天道,由此新天道而激发出的

① 黄俊杰:《儒家思想与中国历史思维》,台北:台大出版中心,2014年,第43页。

则是一种强烈的民族生存的焦虑感——"今日民族帝国主义正跋扈，俎肉者弱食者强"，而泱泱中华正沦为"东亚老大帝国一块肉"。20世纪遂成为关乎中国存亡的世纪，"世纪"意识凝聚着经历世纪交替的晚清士大夫一种前所未有的、急迫的时间感，促使他们进一步深入思考未来中国（"国性"）与中国人（"国民性"）的历史命运。

沃格林（Eric Voegelin，1901—1985）在西方历史演进过程中观察到一种政治现象："心理学的出现是政治社会中反复发生的现象，它标志着传统的行为准则和标准丧失了权威，人的行为失去了方向。"①显然清末民初的心学与唯识学的复兴也属于这种现象。晚清大变局不同于以往政权更替、朝代转换之处在于，它是整个中华文明系统转型。这个超大规模的文明体在其数千年的演化过程中已经形成了强大的韧性与惯性（所谓"超稳定结构"），故要改变其轨辙，绝非一朝一夕之功。由器物（洋务运动）、制度（变法与革命）到观念（新文化运动）腾挪呈现出由表及里、由外围到内核的阶段性与结构性特征。这一系列的"技术性""国性""国民性"的革命需要宗教性的"救世使命感"，需要"虽千万人吾往矣"的百折不挠、愈挫愈奋的冲决网罗的勇气，需要"一人信之不为少，天下信之不为多"的高度自信。革命时代召唤革命的精神气质，革命事业需要革命的心性来成就。阳明学遂成为"革命圣人"（政治领袖、时代的先知先觉者）自我规训、自我挺立、自我决断的精神指引。梁漱溟在读到《德育鉴》后，深信救国救世，建立功业、做大事之人"必须有人格修养才行"。在有志之士中，用阳明心学乃至宋明理学锤炼自己的人格、培养自己的革命意志已蔚然成风。从康有为开始就强调"言心学者必能任事，阳明辈是也"。梁漱溟在其《自述》中说，他在中学时期即立志要为社会、为国家"做一番事业"，为此而看《阳明语录》修炼身心。他的同学（郭仁林）明确告诉他欲成大事，必先成大心性：先将世间得失成败利害看破，养成不动心，才会有"大无畏之精神"，更不会稍感挫折就心灰意冷。②

---

① 沃格林著，段保良译：《政治观念史稿·卷一》，上海：华东师范大学出版社，2019年，第99页。

② 梁漱溟：《自述》，《梁漱溟全集》（第二卷），济南：山东人民出版社，1990年，第7页。

"革命圣人"需要"革命群众"的拥戴，塑造一种具有统一意志的群体便成了中国现代性教化的最重要任务。"改造社会"（"社会改造"）与"改造自我"（"自我改造"）乃车之两轮、鸟之两翼，从梁启超的新民说到刘少奇的共产党员修养论，这是一以贯之的主题。单刀直入、直指人心的阳明心法自然在这场持续百年的近现代中国的"国性""党性"，乃至"人性"营造与改造运动之中发挥着重要作用。故从洋务运动、戊戌变法到辛亥革命，阳明学始终作为一种"精神资源"（"心之力"）而参与到中国现代性的建构进程中。①

笔者在《入圣之机：王阳明致良知工夫论研究》"阳明学登场的几个历史时刻：当王阳明遭遇'现代性'"一章中，将阳明学在中国现代性语境下的重铸归纳为以下四点：

> 在保国、保教、保种与革命的救亡运动之中，阳明学之中的自主、自立及其"一体不容已"的使命感、救世情怀能够被塑造为一种维新与革命的哲学；
>
> 在抵御外族入侵之际，阳明学之中的知行合一、不畏死、冷静与坚强的意志主义能够成为武装军队的"军魂"并被塑造为一种战士哲学；
>
> 在政党政治之中，阳明学之中的"觉悟"与即知即行的行动力、执行力能够被塑造为统一全党认识、贯彻党的方针政策的政党哲学；
>
> 而在与近现代西方哲学的对接之中、在现代学科建制下的哲学活动之中，在个体的启蒙与觉醒之中，阳明学之中的自信、自主、自我立法显然更容易被塑造为一种主体性哲学。②

当然这远谈不上是对阳明学于20世纪意义的全面概括。早在1903年，刘师培在其所撰的《中国民约精义》一书中即指出阳明的万物一体说、良知无间于圣愚说与卢梭《民约论》有异曲同工之妙：良知秉于天即自由权秉于天，良知无凭借即自由无凭借，阳明之良知即卢梭之"自由权"，阳明虽未明民权

---

① 吴雁南主编：《心学与中国社会》，北京：中央民族学院出版社，1994年，第163页。
② 陈立胜：《入圣之机：王阳明致良知工夫论研究》，北京：生活·读书·新知三联书店，2019年，第28页。

之理，然由其良知说完全可推出"平等自由之精理"。①另外，大凡20世纪国民、公民修养书中，阳明学更是不可或缺的一章。

实际上，阳明学于20世纪的意义并不限于中国，在东亚儒家文化圈中都可以观察到阳明学在东亚社会转型中的作用。②沟口雄三区分了两种阳明学，认为日本近代阳明学与传统中国的阳明学有着重要的区别，不过近代日本明治维新的阳明学对清末的中国革命家产生了影响。"在中国，由于知行合一即革命实践的方向，以及将心、心力的谱系与革命精神相联系的解释，使得阳明学也因此得到了重新评价，可以说，这实际上是对日本阳明学观点的再引进。"③沟口雄三的两种阳明学的区分是否成立，此处不论，但他对近代中国阳明学的复兴与日本阳明学的关系的观察是值得重视的。在某种意义上，这种联系是整个东亚诸国向民族国家建构的进程中所共有的一种现象。然而有一点必须指出，出于保国、保种、保教焦虑而倡导的"心学救国论"以及由此而激发的"民族—国家"建构之计只能说是"一时之急"下的"救急之计"，无论是梁启超还是孙中山均强调旨在天下为公、大同之治的"世界主义"（"天下主义"）国家才是中国的目标所在。这与忠孝一体的日本近代阳明学有着本质的区别。

三、全球化时代下的阳明学之意义

"加速化"（科技加速、社会变迁加速与生活节奏加速）与"全球化"嵌套、牵合构成了21世纪非同以往的特征。④人类与过往的生存家园（时间、空间、物、自我、社会）日益疏离与异化，而因全球化催生的各种各样的民族与宗教

---

① 对刘师培阳明学与卢梭民约论关联说、阳明学与民主政治的关系，李明辉均有详细的分梳，见李明辉：《儒家视野下的政治思想》，台北：台大出版中心，2005年，第17～32页。另参吴雁南主编：《心学与中国社会》，北京：中央民族学院出版社，1994年，第252～258页。

② 张崑将：《阳明学在东亚：诠释、交流与行动》，台北：台大出版中心，2011年。

③ 沟口雄三著，孙军悦、李晓东译：《李卓吾·两种阳明学》，北京：生活·读书·新知三联书店，2013年，第261～262、262～263页。

④ 罗萨著，郑作彧译：《新异化的诞生：社会加速批判理论大纲》，上海：上海人民出版社，2018年。

的激进主义更让全球出现了动荡不安的态势,各种全球性风险严重威胁着人类的生存与发展。查尔斯·泰勒(Charles Taylor)所谓的"现代性的隐忧"又出现了新的形态。"加速"的世界就像一匹脱缰的野马,从不会停下步伐等待驾驭它的主人。哲学与道德的反思必须跟上这个世界的节奏才能发挥应有的作用。如何让全球资本的流动变成仁爱、良知的流动,如何克服民族国家认同与宗教认同所造成的隔阂、对峙而达成全球化的秩序安顿,如何让高速发展的科技与生物工程始终服务于人自身,一言以蔽之,如何让这个加速化的生活世界一直处在"万物一体之仁"的"生人之道"轨辙上面,是21世纪全球化时代下的阳明学意义之所在。

第一,倘把各大洲之间的贸易交流看作全球化的标志,则全球化现象确实由来已久,哥伦布所开启的航海时代以及随后的工业革命无疑加速了全球化进程。但20世纪末及21世纪才是名副其实的全球化时代。互联网技术将现实与虚拟交织在一起,将传统广袤的时空压缩为伸手可及的"键盘时空"。当今全球化背后的动力无疑是资本主义市场体系,马克思、恩格斯的《共产党宣言》早已明确指出,资产阶级开拓了世界市场,使一切国家的生产和消费都成为世界性的了。金融资本的流通在全球化时代如虎添翼,资本的交换价值和交换原则俨然成了压倒一切的主宰力量,在它的无坚不摧的强大同一性"暴政"下,生机盎然的自然变成资源库、能源库的同时,人则变成了人力资源。马尔库塞(H. Marcuse,1898—1979)所说的"单面的人"与"单面的自然"是联系在一起的。与消费主义、物质主义的全球化结伴而来的是污染的全球化、生态危机的全球化、贫富悬殊的全球化、疫情的全球化,乃至有学者,如萨米尔·阿明(SamirAmin,1931—2018)称全球化是"一个反动的乌托邦"。诚然,全球化与工商文化亦有自己的教化作用,它让人学会了勤劳、守时、诚信、自律、公正、效率乃至成功的智慧,在现实中,"经济交换"与"道德交换"的界限确实也不是截然分明的[①],然而谁也不能否认金融资本的逐利本性日益加剧了地区发展不平衡、贫富悬殊、环境污染等全球性不公正现象。保罗·利科(Paul Ricoeur,1913—2005)曾以基督教的耶稣、保罗为原型提出一种"充盈的逻辑"(logic of

---

① 福山著,刘榜离等译:《大分裂:人类本性与社会秩序的重建》,北京:中国社会科学出版社,2002年,第318~319、324~327页。

superabundance）、"慷慨的逻辑"（logic of generosity）对治世俗的"人的逻辑"、"对等逻辑"（logic of equality）[①]，依据阳明学所提倡的万物一体之仁道，将全球化的"通货"之道变成"通心""通良知"主宰下的"生人之道"，让全球化的资本流动服务于全球人"互通有无""相生相养"的"生人之道"，让全球化的"生意"提升为天地的"大生意"，是全球化时代下的致良知的必然要求。

第二，亨廷顿（S. Huntington，1927—2008）指出，非西方世界走向现代化的历程往往出现"两阶段"现象，西方化和现代化密切相关，非西方社会吸收了西方文化的因素，启动其现代化的进程，但当现代化进程加快时，西方化的比重下降了，本土文化意识获得了复兴。因此，在变化的早期阶段，西方化促进了现代化；在后期阶段，现代化则促进了非西方化和本土文化的自信与宗教的复兴。[②]实际上，强烈的民族认同乃至民族主义的形成离不开一个强大而频繁在场的"他者"作为参照，这也可以理解为何伴随着全球化进程同样可观察到各种各样激进的民族主义、国家主义泛起的现象。在根本上，近代民族国家的建构机制才是冲突之源。梁启超很早就洞察到民族国家的本质：现代意义上的国家作为"大群"，其成立"必以对待"，没有"群外之公敌"即难以形成民族国家的意识。这种民族国家建构之中分清敌友的意识后来则成为中国革命的首要问题——只是在后者那里，敌友的划分是依照阶级而不再依照国族。而根据现代某些政治哲学家的看法，划分道德领域的标准是善与恶，审美领域是美与丑，经济领域是利与害，政治领域是敌与友，把敌人明晰无误地确定为敌人是政治诞生的时刻："所有政治活动和政治动机所能归结成的具体政治性划分便是朋友与敌人。"[③]这种滥觞于民族国家、民族宗教的政治理解在高度流动的全球化时代必然滋生出文明间的冲突与紧张。唐君毅曾借《水浒传》中"没遮拦"一名形容中国文化的精神，这是一种冲决民族文化壁垒、打破种族民族狭隘的国家观念的感通无碍之仁道。冯友兰在其《新原人》

---

① 详见其 *Figuring the Sacred：Religion，Narrative，and Imagination*（Minneapolis：Fortress Press，1995）及 *The Just*（Chicago and London：The University of Chicago Press，2000）两书。

② 亨廷顿著，周琪等译：《文明的冲突与世界秩序的重建》，北京：新华出版社，1998年，第67页。

③ 施米特著，刘宗坤、朱雁冰等译：《政治的概念》，上海：上海人民出版社，2018年，第30页。

中依照《孟子》中天民、天职、天位、天爵的观念提出人是"宇宙的一分子"的观念。钱穆则指出，西方人仅知有国际，不知有天下；近世只有国民教育，无天下人教育；有战争科学，无为天下保和平之科学。①于西方近代主流文化情势而观，钱说应大致不误。但为天下保和平之科学的康德实有高论，他从国家法、国际法与世界公民权三个层次设想"永久和平底三条确定条款"，迄今仍发人深思。近年来日本思想家柄谷行人承此议题，在人类历史已有三种交换模式（"赠与的互酬""服从与保护""商品交换"）之外，提出一种"D模式"以超越当今"资本—民族—国家"三位一体所带来的全球化动荡不安之困局。②康德反复言"世界公民权底理念"不是"一种虚幻而夸张的想法"，"永久和平并非空洞的理念，而是一项任务"③，为万世开太平同样是儒学的使命。王阳明曾设想"心学纯明之时"，"天下同风，各求自尽"，"天下之人熙熙皞皞，皆相视如一家之亲"，如何突破教派之间的藩篱，克服相较、相争、相敌的心态，而"全其万物一体之仁"，是阳明一生努力的目标。④阳明《大学问》称唯有与他者（他人、鸟兽、草木乃至瓦石）为一体的人方是"大人"，由此而观，以划分敌友意识为政治意识在根本上是一种"小人"意识。在民族主义、国家主义、宗教激进主义日趋高涨的当今时代，亟须重新激活阳明学"天下同风"的政治想象力，培育全球化时代下的"大人"意识。只有从生命的深处唤醒"一体之仁"，让"精神流贯，志气通达而无有乎人己之分、物我之间"，人类命运共同体才能接上活水源头。罗近溪曾告诫以天下为己任的弟子说：整顿世界，请自今日之学术始；欲整顿学术，请自己身之精神始。⑤的确，永久和平的实现不能单

---

① 钱穆：《现代中国学术论衡》，北京：生活·读书·新知三联书店，2001年，第221～222页。

② 柄谷行人著，赵京华译：《世界史的构造》，北京：中央编译出版社，2012年。

③ 康德著，李明辉译：《康德历史哲学论文集》，台北：联经出版公司，2002年，第193、227页。

④ 陈立胜：《"王阳明模式"：一种新的宗教对话模式之提出》，《哲学动态》2020年第2期，第30～37页。

⑤ 罗近溪曾有一无名弟子自幼就梦想将世界整顿一番，后屡受挫折，灰心丧气，向乃师倾诉说："今觉心中空自错乱，果大梦也，然卒难摆脱尔。"罗子答曰："此岂是梦？象山谓'宇宙内事，皆吾职分内事'。但整顿有大小，恐君所思，只图其小而未及其大尔。"弟子不解，曰："匹夫之力，莫制三人，某今困顿儒冠，即些小整顿，无分也，况望图其大耶？"罗子曰："大小不在于事而在于机，其机在我，则小而可大；其机在人，则虽大亦小也。请君试思，世间功德，有大于学术者乎？机括方便，有捷于己之务学者乎？……我愿子欲整顿世界，请自今日之学术始；欲整顿学术，请自己身之精神始。"参见罗汝芳著，方祖猷等编校整理：《罗汝芳集》，南京：凤凰出版社，2007年，第67页。

靠大国之间的博弈,作为全球化时代下的人理应拥有世界公民的德性,即对作为世界公民身份的法权义务与道德责任有高度的自觉。和平的理念乃是扎根于天地生生之德的"大心"以及由此而生的"大愿",由此才能不被时代聒噪不休的各种极端民族主义、国家主义与宗教激进主义裹挟。

第三,全球化时代也是高度风险的时代。风险社会的基本特征即人类面临的全球性风险是由社会所制造的,它具有高度的不确定性,一项不负责任或不经意的决策就有可能对整个人类的生存造成毁灭性影响,如核爆炸、大气污染、全球性疫情等,这些风险往往与现代科技紧密结合在一起。而克隆技术、转基因工程以及由纳米技术、生物技术、信息技术(大数据、物联网)和认知科学(人工智能)汇聚为NBIC(Nano-Bio-Info-Cogno)四位一体的"人类增强技术"(human body enhancement technology),对人类的未来究竟意味着什么,的确有很多不可预测的风险。我们纵然不必如阿多(P. Hadot,1922—2010)那样悲观,他担心在新技术革命中人有丧失身体与灵魂之虞,但我们确实应该具备高度的责任感与忧患意识,决不能想当然地认定技术的危险只能靠技术本身来克服。责任原理的倡导者汉斯·约纳斯(H. Jonas,1903—1993)致力于唤醒技术时代中的全球责任感,这既是一种"人类世代生存的责任感"(我们要对地球上人的生命的未来可能性负责),也是一种由人间拓展到物种间、由大地拓展到太空的责任感。实际上,这正是阳明学"万物一体之仁"在全球化时代的必然要求。"宇宙内事是己分内事",吾与天地万物本浑然一体,故天地我位,万物我育,天地间有一物失其所,皆我之责。孟子所谓"万物皆备于我"在阳明学被理解为万物皆"责备"于我。这种宇宙论的责任向度与约纳斯所说的全球责任若合符节。依约纳斯,全球责任有正负两种表达形式:"你的行为必须是行为后果要考虑到承担起地球上真正的人的生命持续的义务"("正"),"你的行为必须是行为后果不能破坏地球上人的生命的未来的可能性"("负")。阳明学中自信、自立、自主的"自"之"维"为责任的主体性奠定了牢固的根基,其"一体不容已"的存在实感为责任的宇宙论向度提供了强大动力,"其归要在于有益于生人之道"则确保所有人间的行为后果不应偏离生生不息这一"生人之道"。关于由韦伯(M. Weber,1864—1920)区分的责任伦理与信念伦理("存心伦理")在儒家思想研究中所引发的争论,此处不赘。①"依据你对自身义务的最高信念而行事,除此之外,你的行事方式还得保证,可以依据你的最充分的知识,同时考虑自己行动的(可预见)后果。"②倘立于阳明学为代表的儒家立场看,"自身义务的最高信念"已经包含着对行为后果的考量,不然不能称为"尽心",亦不能称为"致良知"。良知是"变易之道",如何因应瞬息万变的新形势,将人类的发展之道始终安立在"生人之道"上面,是全球化时代、技术时代、风险时代中"致良知"之一大事因缘所在。

第四,查尔斯·泰勒所说的现代性三个隐忧(the malaise of modernity)③,在全球化时代无疑愈加明显。时空压缩所造成的人口频繁流动现象,全球资本的流动所造成的生活世界的日益殖民化现象,让个体自我越来越飘离其祖辈所扎根的历史、文化与价值脉络,现代性中的个体其本质即一"无负担的自我"(the unencumbered self),即"出离自身"的,"无家可归"的。"这种不具有任何必然的社会内容和必然的社会身份的、民主化了的自我,可以是任何东西,可以扮演任何角色、采纳任何观点,因为它本身什么也不是,什么目的也没有。"④失去了历史和自然的要求、同伴的需求、社群的归属、公民职责、上帝的号召等这些不可逃避的重要性视野(horizons of significance),自我即远离了"本真性源头"(the source of authenticity)而陷入"意义的丧失"与生活的碎片化的泥沼中。实际上,这不只是社群主义的看法,自由主义大师伯林(Isaiah Berlin, 1909—1997)也明确指出:以所谓的个人自由为名而否定自己从属于某一民族、社群、传统、语言,这种对自然纽带的拒绝诚然崇高却误入歧途。"分享共同的生活方式,这是人的一种基本需要,否认这种需要乃是危险的谬

---

① 李明辉:《儒家视野下的政治思想》,台北:台大出版中心,2005年,第99~180页。

② 施路赫特著,李康译:《信念与责任:马克斯·韦伯论伦理》,上海:上海人民出版社,2001年,第314页。

③ 第一个是个人主义的隐忧,现代个体从宇宙秩序存有链条中"脱嵌",获得现代自由,但因此丧失了超越自我的意义向度和英雄维度,最终导致生活的平庸化、狭隘化,陷入"变态的和可悲的自我专注"、自恋文化中而不能自拔。与此相关,当人与周遭世界丧失了存有链条中的地位与意义,存有领域遂成为工具理性驰骋的"原材料",工具理性的主导性遂成为第二个隐忧。第三个是政治自由丧失的隐忧。对公共领域的疏离,导致托克维尔所谓的现代独有的温和的专制主义的现象出现。

④ 麦金太尔著,宋继杰译:《追寻美德:道德理论研究》,南京:译林出版社,2011年,第40页。

误。"①于是，现代性的隐忧在全球化时代进一步表现为一种看似无法解决的死结：跟"离散的时代"不同，全球化时代是一个汇聚的时代，时空的压缩让不同的文明、不同种族、不同信仰的人汇聚到了同一个世界（"地球村"）之中，全球意识、世界公民意识、人类命运共同体意识理应成为全球化的时代精神，然而与"离散时代"标配的民族、部落、种族的生活因为汇聚而被抽离其镶嵌在原居地的生存网络，高度流动性、动荡性、不确定性、无中心性与身份认同的多元性却又让宗教文化的认同几乎成了"唯一的没有选择的身份认同"，人们被强行塞入一个个"顽固的小箱子"之中，迷失于"单一性的幻象"（the illusion of singularity）之中。②于是，我们的世界遂一分为二：一方是商品、通信、资本、工业科技的全球流通所造就的全球化大陆，另一方则是强调文化、价值、宗教信仰、风俗自觉的具有一定排他性的社群大陆。仿佛只有丧失社群传统的认同，人类才能共存，反之则只能要求社会是"同质的""纯洁的""统一的"。③如何让个体的自由、尊严与其所归属的民族宗教文化传统接通的同时，又始终不丧失其"世界公民"的意识、全球生命共同体的意识，这是解开死结的关键。质言之，泰勒所谓的"重要性视野""本真性源头"应该在具有历史性、文化传承性、社群性的同时，具有开放性、全球性、宇宙性。阳明学万物一体之仁即具有这种既内在于历史文化传统同时又不断向异己的传统、向天地万物开放的性质。一体之仁的次第性、脉络性、无限开放性，让自由的个体获得了安身立命之根，拥有这个"自家无尽藏"，自我在忠实于社群、传统的同时，又忠实于人类共同体、宇宙生命的共同体（人类社群—禽兽草木—瓦石的共同体）。王阳明本人所终极认同的即这种内在于中国传统文化脉络中的生人之道、生物之道，这是"真己"之所在（"道是吾自有之物"）。世界公民的认同与具体宗教文化的认同本即贯通的，而不是对峙的，阳明学意义上的这种大道，无疑应该成为全球化时代下的人类共生共存之道。

---

① 转引自甘阳：《将错就错》，北京：生活·读书·新知三联书店，2002年，第405～406页。

② 阿马蒂亚·森著，李风华等译：《身份与暴力：命运的幻象》，北京：中国人民大学出版社，2009年，第9页。

③ 图海纳著，狄玉明、李平沤译：《我们能否共同生存？——既彼此平等又互有差异》，北京：商务印书馆，2003年，第4～5页。

结　语

　　阳明学经王阳明一生之经营在明代正、嘉年间已成为显学，又承数代后学之接续、弘扬，其意义充分展示于中晚明日趋动荡不安的社会状况之中；清末民初，与西方世界遭遇，世纪意识觉醒，在数千年未有之大变局中，阳明学在东亚文化圈迈向现代"国性"与"国民性"进程中表现出丰富多彩的历史效应；21世纪全球化时代下，如何将阳明学的精神拓展并上升至世界的意义，是当今阳明学研究者不容推辞的时代使命。质言之，阳明学乃至中国心学之"心"乃"天地之心"之发窍"最精处"。"心"乃天道、地道、人道交感共鸣的"神经枢纽"，天之高、地之深、人之尊严、万物之生机均在此处得以呈现。阳明学于21世纪的意义必面向此心之高大、广远、深厚、恢宏之"实事"本身，而不应将"心"窄化、矮化、固化为国族心、地方心。

王阳明"良知只在声色货利上用功"之内涵

——兼与朱熹"仁义未尝不利"比较

乐爱国

厦门大学哲学系

前　言

　　义利问题是宋明理学最为重要的问题之一,朱熹曾说:"义利之说乃儒者第一义。"①王阳明也说:"数年切磋,只得立志辩义利。若于此未有得力处,却是平日所讲尽成虚语,平日所见皆非实得,不可以不猛省也!"②刘宗周注曰:"义利二字是学问大关键,亦即是儒、释分途处。"③阳明学与朱子学在心性本体上或有差别,但在义利问题上却多有一致。朱熹继承程颐讲"仁义未尝不利",讲仁义并不排斥利,但反对"利心";王阳明也极力反对当时的"功利之心""功利之见""功利之毒沦浃于人之心髓",并且与朱熹一样,推崇董仲舒所言"正其谊不谋其利,明其道不计其功",反对"谋其利""计其功",但是又讲

---

　　①　朱熹:《晦庵先生朱文公文集》卷二四《与延平李先生书》,朱杰人等编:《朱子全书(修订本)》(第21册),上海:上海古籍出版社,2010年,第1082页。

　　②　吴光等编校:《王阳明全集》卷四《寄薛尚谦》,上海:上海古籍出版社,2011年,第190页。

　　③　刘宗周:《阳明传信录一》,《刘宗周全集》(第5册),杭州:浙江古籍出版社,2007年,第6页。

"良知只在声色货利上用功",并不排斥声色货利。同时,王阳明认为,"能致得良知精精明明,毫发无蔽,则声色货利之交,无非天则流行",并非完全反对"声色货利之交",这比起朱熹讲"不求利而自无不利","求利未得而害己随之",不赞同主动求利,更多地肯定了对于功利的追求。

一、问题的提出

据王阳明《年谱》记载,明嘉靖四年(1525),王阳明撰《答顾东桥书》。该书信最后一节,讨论"拔本塞源"之论,其中说道:"三代之衰,王道熄而霸术焞;孔、孟既没,圣学晦而邪说横。……圣人之学日远日晦,而功利之习愈趋愈下。其间虽尝瞢惑于佛、老,而佛、老之说卒亦未能有以胜其功利之心;虽又尝折中于群儒,而群儒之论终亦未能有以破其功利之见。盖至于今,功利之毒沦浃于人之心髓,而习以成性也几千年矣。"[①]显然,王阳明极力反对当时的"功利之习""功利之心""功利之见""功利之毒沦浃于人之心髓"。据此,1915年出版的谢无量《阳明学派》认为,王阳明"极斥功利主义,以力护孔孟以来相传之大法"[②]。其后,1926年,梁启超发表《王阳明知行合一之教》,说道:"昔朱晦庵请陆象山在白鹿洞书院讲演,象山讲《论语》'君子喻于义小人喻于利'那一章,晦庵听了大感动,天气微暖,而汗出挥扇。阳明继承象山学脉,所以陆王之学,彻头彻尾只是立志辨义利。阳明以为,良知唯一的仇敌是功利主义,不把这个病根拔去,一切学问无从做起。"[③]认为王阳明讲"良知",就是要反对功利主义,而这与朱熹、陆九渊是一致的。

然而,据《传习录》载,问:"声色货利,恐良知亦不能无。"先生曰:"固然。但初学用功,却须扫除荡涤,勿使留积,则适然来遇,始不为累,自然顺而应之。良知只在声色货利上用功,能致得良知精精明明,毫发无蔽,则声色

① 吴光等编校:《王阳明全集》卷二《传习录中》,上海:上海古籍出版社,2011年,第62～63页。

② 谢无量:《阳明学派》,上海:中华书局,1915年,第124页。

③ 梁启超:《王阳明知行合一之教》,《梁启超全集》(第9册),北京:北京出版社,1999年,第4912页。

货利之交,无非天则流行矣。"①朱熹讲戒除声色货利,说:"欲图大者当谨于微,欲正人主之心术,未有不以严恭寅畏为先务、声色货利为至戒,然后乃可为者。"②陆九渊也说:"自声色货利至于名位禄秩,苟有可致者,莫不营营而图之,汲汲而取之,夫如是,求其喻于义得乎?"③但是与朱陆不同,王阳明既讲良知与声色货利并非对立,"声色货利,恐良知亦不能无",又讲要"扫除荡涤",还讲"良知只在声色货利上用功",认为致良知就是要将良知贯彻于"声色货利之交"中,而不是要完全否定"声色货利之交"。对此,谢无量《阳明学派》认为,王阳明之意在于:对待声色货利"尤要着力";"譬如声色货利,世人之所共欲,亦不可谓其在良知之外,惟良知精明,始不为所蔽耳"④。认为王阳明讲"良知只在声色货利上用功",就是要扫除声色货利。

与此不同,1930年出版的胡哲敷《陆王哲学辨微》认为,王阳明讲"良知只在声色货利上用功",指的是"声色货利,只要用得其正,都不失为天理"。⑤也就是说,王阳明并没有完全排斥声色货利。1989年出版的邓艾民《朱熹王守仁哲学研究》则认为,王阳明所谓"良知只在声色货利上用功"的言论,"已为后来所谓'酒色财气,不碍菩提路'的言论开辟了道路"。⑥也就是说,在王阳明那里,良知与声色货利并非截然对立。

在现代,阳明学与明代中后期商业发展的关系受到学者的关注。有学者对王阳明"良知只在声色货利上用功"做了解读,说:"在他看来,良知不排除声色货利,但声色货利不一定符合良知,关键在于是否能致得良知。如良知无毫发的遮蔽,也即是说动机是好的,那么,这种声色货利的追求,就是合乎天则的,就是自然的。"⑦认为王阳明讲良知,并不完全排斥对声色货利的追求。重要的是,这一解读受到不少学者的赞同。

---

① 吴光等编校:《王阳明全集》卷三《传习录下》,上海:上海古籍出版社,2011年,第139页。

② 朱熹:《晦庵先生朱文公文集》卷二五《答张敬夫》,朱杰人等编:《朱子全书（修订本）》（第21册）,上海:上海古籍出版社,2010年,第1113页。

③ 陆九渊:《陆九渊集》卷三二《君子喻于义》,北京:中华书局,1980年,第377页。

④ 谢无量:《阳明学派》,上海:中华书局,1915年,第90~91页。

⑤ 胡哲敷:《陆王哲学辨微》,上海:中华书局,1930年,第93页。

⑥ 邓艾民:《朱熹王守仁哲学研究》,上海:华东师范大学出版社,1989年,第181页。

⑦ 石世奇:《论王阳明的经济思想》,《经济科学》1997年第5期,第77页。

问题是,如果王阳明讲"良知只在声色货利上用功",并不完全排斥对声色货利的追求,那么又如何理解他极力反对当时的"功利之习""功利之心""功利之见""功利之毒沦浃于人之心髓"?

二、从朱熹"仁义未尝不利"到
王阳明"良知只在声色货利上用功"

讨论宋明理学的义利问题,必定要研究程颐对于《孟子》中"何必曰利?亦有仁义而已矣"的解读。程颐说:"凡顺理无害处便是利,君子未尝不欲利。然孟子言'何必曰利'者,盖只以利为心则有害。如'上下交征利而国危',便是有害。'未有仁而遗其亲,未有义而后其君。'不遗其亲,不后其君,便是利。仁义未尝不利。"①这里讲"君子未尝不欲利""仁义未尝不利",显然不是把义与利对立起来,讲仁义并不排斥利,只是讲"以利为心则有害"。

朱熹《孟子集注》解"何必曰利?亦有仁义而已矣",对程颐多有继承,也讲"仁义未尝不利",并且说:"仁义根于人心之固有,天理之公也。利心生于物我之相形,人欲之私也。循天理,则不求利而自无不利;徇人欲,则求利未得而害己随之。所谓毫厘之差,千里之缪。"而且引述程子曰:"君子未尝不欲利,但专以利为心则有害。惟仁义则不求利而未尝不利也。当是之时,天下之人惟利是求,而不复知有仁义,故孟子言仁义而不言利,所以拔本塞源而救其弊,此圣贤之心也。"②朱熹的这一解读,就义利关系而言,有三层含义:其一,"仁义未尝不利""君子未尝不欲利",也就是说,义与利并非对立,讲仁义并不排斥利;其二,"以利为心则有害",仁义是天理之公,利心是人欲之私,二者是对立的;其三,"不求利而自无不利","求利未得而害己随之",反对"惟利是求"。

由此可见,朱熹并不完全排斥利,而是反对"利心",反对"惟利是求"。朱

---

① 程颢、程颐:《河南程氏遗书》卷一九,《二程集》,北京:中华书局,2004年,第249页。

② 朱熹:《四书章句集注》,北京:中华书局,2012年,第201～202页。

熹还说："利最难言。利不是不好。但圣人方要言,恐人一向去趋利,方不言,不应是教人去就害。"①这里既讲"利不是不好",又反对"趋利"。他又说："利亦不是不好底物事,才专说利,便废义。"②尤其是,他解董仲舒所言"正其谊不谋其利,明其道不计其功",说："正谊未尝不利,明道岂必无功,但不自夫功利者而为之耳。"③"正其谊,则利自在;明其道,则功自在。专去计较利害,定未必有利,未必有功。"④显然,朱熹并不完全排斥利,而是反对"利心",反对"自夫功利者而为之","专去计较利害"。

　　与朱熹相同,王阳明讲"良知只在声色货利上用功",也不完全排斥声色货利,但明确反对"功利之心",如上所述,谢无量《阳明学派》、梁启超《王阳明知行合一之教》对此有过论述。尤其是,王阳明还赞同董仲舒"正其谊不谋其利,明其道不计其功",反对"谋其利""计其功",并且说："'仁人者,正其谊不谋其利,明其道不计其功。'一有谋计之心,则虽正谊明道,亦功利耳。"⑤这与朱熹是一致的。

　　需要指出的是,朱熹曾认为,"浙学"专是功利⑥,批评南宋浙江永康的陈亮和永嘉的叶适。陈亮反对将王与霸对立起来,认为汉唐君王"谓之杂霸者,其道固本于王也"。⑦叶适反对董仲舒"正其谊不谋其利,明其道不计其功",说："'仁人正谊不谋利,明道不计功',此语初看极好,细看全疏阔。古人以利与人而不自居其功,故道义光明。后世儒者行仲舒之论,既无功利,则道义者乃无用之虚语尔。"⑧然而,与叶适、陈亮同属浙江的王阳明不仅赞同董仲舒"正其谊不谋其利,明其道不计其功",而且明确反对霸术。他不仅讲"三代之衰,王道熄而霸术焻;孔、孟既没,圣学晦而邪说横",而且说："霸者之徒,窃取

---

①　黎靖德编:《朱子语类》（三）卷三六,北京:中华书局,1986年,第949页。
②　黎靖德编:《朱子语类》（三）卷三六,北京:中华书局,1986年,第950页。
③　朱熹:《四书或问》,朱杰人等编《朱子全书（修订本）》（第6册）,上海:上海古籍出版社,2010年,第729页。
④　黎靖德编:《朱子语类》（三）卷三七,北京:中华书局,1986年,第988页。
⑤　吴光等编校:《王阳明全集》卷四《与黄诚甫》,上海:上海古籍出版社,2011年,第181页。
⑥　黎靖德编:《朱子语类》（八）卷一二三,北京:中华书局,1986年,第2967页。
⑦　陈亮:《陈亮集》卷二〇《甲辰秋答朱元晦秘书》,北京:中华书局,1974年,第281页。
⑧　叶适:《习学记言序目》卷二三,北京:中华书局,1977年,第94页。

先王之近似者,假之于外,以内济其私己之欲。"①还说:"圣人述《六经》,只是要正人心,只是要存天理、去人欲。……若是一切纵人欲、灭天理的事,又安肯详以示人?是长乱导奸也。故孟子云:'仲尼之门无道桓、文之事者,是以后世无传焉。'此便是孔门家法。世儒只讲得一个伯者的学问,所以要知得许多阴谋诡计,纯是一片功利的心,与圣人作经的意思正相反,如何思量得通?"②在王阳明看来,霸术就是"人欲",就是"阴谋诡计""功利之心",与圣人的学问相违背。应当说,王阳明讲"良知只在声色货利上用功",虽然不完全排斥声色货利,但反对"功利之心",反对霸术,并且赞同董仲舒"正其谊不谋其利,明其道不计其功",完全不同于叶适、陈亮专讲功利。

由此可见,无论是朱熹讲"仁义未尝不利",还是王阳明讲"良知只在声色货利上用功",他们都不完全排斥功利,同时又反对"功利之心",而完全不同于陈亮、叶适专讲功利。因此,有学者认为,"在'王霸''义利''理欲'之辨上,陆王与程朱并没有原则的区别"。③

三、"能致得良知,则声色货利之交,无非天则流行"

朱熹讲"仁义未尝不利""君子未尝不欲利",并不排斥利,但又反对"利心",尤其是,他对求取功利,表示担忧,说:"若功利,则学者习之,便可见效,此意甚可忧!"④所以,他讲"循天理,则不求利而自无不利;徇人欲,则求利未得而害己随之",又说:"自利为之,则反致不夺不厌之害,自义为之,则蒙就义之利而远于利之害矣。"⑤还说:"利者,义之和也,惟合于义,则利自至;若多言

---

① 吴光等编校:《王阳明全集》卷二《传习录中》,上海:上海古籍出版社,2011年,第62页。

② 吴光等编校:《王阳明全集》卷一《传习录上》,上海:上海古籍出版社,2011年,第10页。

③ 冯契:《中国古代哲学的逻辑发展》(下册),上海:上海人民出版社,1985年,第880~881页。

④ 黎靖德编:《朱子语类》(八)卷一二三,北京:中华书局,1986年,第2967页。

⑤ 朱熹:《四书或问》,朱杰人等编:《朱子全书(修订本)》(第6册),上海:上海古籍出版社,2010年,第694页。

利，则人不知义，而反害于利矣。"①不赞同主动求利。据《朱子语类》载，问："吾辈之贫者，令不学子弟经营，莫不妨否？"曰："止经营衣食，亦无甚害。陆家亦作铺买卖。"因指其门阈云："但此等事，如在门限里，一动着脚，便在此门限外矣。缘先以利存心，做时虽本为衣食不足，后见利入稍优，便多方求余，遂生万般计较，做出碍理事来。须思量止为衣食，为仰事俯育耳。此计稍足，便须收敛，莫令出元所思处，则粗可救过。因令看'利用安身，以崇德也'。"②可见，不仅陆九渊家是做买卖的，而且朱熹也赞同学者因"衣食不足"而经商，但要求"须思量止为衣食"，而不可"见利入稍优，便多方求余"。

然而与朱熹不同，王阳明讲"能致得良知，则声色货利之交，无非天则流行"，认为若是致得良知，"声色货利之交"就是"天理"，显然是赞同在致得良知的前提下对于声色货利的追求，并不完全排斥对声色货利的追求，并不反对主动求利。

王阳明还说："使在我果无功利之心，虽钱谷兵甲，搬柴运水，何往而非实学？何事而非天理？况子、史、诗、文之类乎？使在我尚存功利之心，则虽日谈道德仁义，亦只是功利之事，况子、史、诗、文之类乎？"③也就是说，若无功利之心，即使是"钱谷兵甲，搬柴运水"之事，也非功利之事；若有功利之心，即使天天讲道德仁义，也只是功利之事，所以关键不在于是否做功利之事，而在于是否有功利之心，是否致得良知。

王阳明曾说："许鲁斋谓儒者以治生为先之说，亦误人。"④据《传习录拾遗》载，直问："许鲁斋言学者以治生为首务，先生以为误人，何也？岂士之贫，可坐守不经营耶？"先生曰："但言学者治生上，仅有工夫则可。若以治生为首务，使学者汲汲营利，断不可也。且天下首务，孰有急于讲学耶？虽治生亦是讲学中事，但不可以之为首务，徒启营利之心。果能于此处调停得心体无

---

① 朱熹：《四书或问》，朱杰人等编：《朱子全书（修订本）》（第6册），上海：上海古籍出版社，2010年，第768页。
② 黎靖德编：《朱子语类》（七）卷一一三，北京：中华书局，1986年，第2752页。
③ 吴光等编校：《王阳明全集》卷四《与陆原静》，上海：上海古籍出版社，2011年，第186页。
④ 吴光等编校：《王阳明全集》卷一《传习录上》，上海：上海古籍出版社，2011年，第22页。

累,虽终日做买卖,不害其为圣为贤。何妨于学?学何贰于治生?"①元代朱子学者许衡曾说过:"为学者治生最为先务,苟生理不足,则于为学之道有所妨。"②其强调"治生"是为学的物质基础。与王阳明同时代的湛若水予以赞同,说:"许鲁斋教学者先治生,皆是实事。而谓夫子不欲人耕,不耕不治生而冻馁父母妻子,则害道之大者。"③王阳明则不赞同许衡的说法,但是又承认"治生亦是讲学中事",并不反对学者"治生",而是反对"以治生为首务,使学者汲汲营利";在他看来,首先要"调停得心体无累",也就是要扫除功利之心,致得良知,若是这样,"虽终日做买卖,不害其为圣为贤",所以讲学与"治生"并非对立。

应当说,无论是朱熹还是王阳明,他们对于学者经商都较为谨慎,多有限制。朱熹强调学者经商"须思量止为衣食",不可"见利入稍优,便多方求余";王阳明反对"以治生为首务,使学者汲汲营利"。但是,王阳明又进一步讲"果能于此处调停得心体无累,虽终日做买卖,不害其为圣为贤",认为关键在于致得良知,而不在于如何做买卖,尤其是王阳明还把做买卖与为圣为贤联系在一起,显然对于经商之事有更多的肯定。对于王阳明所言,余英时指出:"我们无法想象朱子当年会说这样的话,把做买卖和圣贤联系起来。……阳明教人致吾心之良知于事事物物。'做买卖'既是百姓日用中之一事,它自然也是'良知'所当'致'的领域。阳明的说法是合乎他的'致良知'之教的。可见从朱子到阳明的三百年间,中国的社会发生了变化,儒家伦理也有了新的发展。"④

正是由于将做买卖与"致良知"、为圣为贤联系起来,王阳明还提出"四民异业而同道",说:"古者四民异业而同道,其尽心焉,一也。士以修治,农以具养,工以利器,商以通货,各就其资之所近,力之所及者而业焉,以求尽其心。其归要在于有益于生人之道,则一而已。士农以其尽心于修治具养者,而利器通货,犹其士与农也。工商以其尽心于利器通货者,而修治具养,犹其工与

① 吴光等编校:《王阳明全集》卷三二《传习录拾遗》,上海:上海古籍出版社,2011年,第1291页。

② 许衡:《许衡集》卷一三《通鉴》,北京:东方出版社, 2007年, 第303页。

③ 湛若水:《湛甘泉先生文集》卷二三《天关语通录》,《四库全书存目丛书》(集部第57册),济南:齐鲁书社, 1997年, 第124页。

④ 余英时:《中国近世宗教伦理与商人精神》,合肥:安徽教育出版社,2001年,第178页。

商也。故曰四民异业而同道。"①在王阳明看来，士、农、工、商，"异业而同道"，都需要"尽心"，尽其良知；而能够尽其良知，即使是"工以利器，商以通货"，也与"士以修治，农以具养"相一致。显然，从朱熹赞同学者因"衣食不足"而经商，但又有较多限制，到王阳明将做买卖与"致良知"、为圣为贤联系起来，直至将士、农、工、商同等看待，而提出"其归要在于有益于生人之道"，正体现出宋明理学对于义利问题的新发展，"这真不能不说是新儒家伦理史上的一件大事了"。②

由此可见，王阳明不仅讲"良知只在声色货利上用功"，认为"能致得良知，则声色货利之交，无非天则流行"，赞同在致得良知的前提下，对于声色货利的追求，还做了进一步的具体发挥，认为在致得良知的前提下，即使是"钱谷兵甲，搬柴运水"也属于"实学"，"虽终日做买卖，不害其为圣为贤"，即使是工商的"利器通货"，也与士农的"修治具养"相一致，对于工商有较多的肯定。

结　语

通过对王阳明"良知只在声色货利上用功"与朱熹"仁义未尝不利"的比较可以看出，"利"或"功利"是一个有着复杂内涵的概念，至少包含实际的"利"、主体的"利心"和"求利"之事三个层面。如上所述，朱熹讲"仁义未尝不利""君子未尝不欲利"，并不排斥"利"；同时，他又反对"利心"，不赞同主动"求利"，所谓"不求利而自无不利"，"求利未得而害己随之"。也就是说，朱熹反对"利心"，不赞同主动"求利"，并不等于排斥"利"。同样，王阳明反对"功利之心"，推崇董仲舒所言"正其谊不谋其利，明其道不计其功"，反对"谋其利""计其功"，也不等于排斥声色货利，反对对于声色货利的追求，所以与他讲"良知只在声色货利上用功"，"能致得良知，则声色货利之交，无非天则流行"，赞同在致得良知的前提下对于声色货利的追求，并不矛盾。

由此亦可看出，王阳明讲"良知只在声色货利上用功"与朱熹讲"仁义未

---

① 吴光等编校：《王阳明全集》卷二五《节庵方公墓表》，上海：上海古籍出版社，2011年，第1036～1037页。

② 余英时：《中国近世宗教伦理与商人精神》，合肥：安徽教育出版社，2001年，第200页。

尝不利"多有一致之处：二者都不排斥"利"，并且都反对"利心"，因而不同于陈亮讲霸术和叶适对董仲舒所言的批评；同时，朱熹赞同学者因"衣食不足"而经商，王阳明承认"治生亦是讲学中事"，都不完全反对学者"治生"，并且对学者经商做了不同程度的限制。《论语·里仁》中子曰："富与贵是人之所欲也，不以其道得之，不处也；贫与贱是人之所恶也，不以其道得之，不去也。"朱熹注曰："不以其道得之，谓不当得而得之。然于富贵则不处，于贫贱则不去，君子之审富贵而安贫贱也如此。"①也就是说，君子并不排斥富与贵，而之所以"于富贵则不处，于贫贱则不去"，就是要求"以其道得之"。显然，朱熹讲"仁义未尝不利"、王阳明讲"良知只在声色货利上用功"，不排斥"利"，又都反对"利心"，并且都不完全反对学者"治生"，与孔子的思想是一致的。

当然，朱熹讲"仁义未尝不利"，又讲"不求利而自无不利"，"求利未得而害已随之"，明显是不赞同主动求利；而王阳明讲"良知只在声色货利上用功"，认为"能致得良知，则声色货利之交，无非天则流行"，明显是赞同在致得良知的前提下对于声色货利的追求，并不反对主动求利，因而与朱熹有所差别。尤其是，王阳明还明确讲"使在我果无功利之心，虽钱谷兵甲，搬柴运水，何往而非实学"，又讲"果能于此处调停得心体无累，虽终日做买卖，不害其为圣为贤"，讲"四民异业而同道"，对工、商多有肯定，显然较朱熹只是讲"仁义未尝不利"，又不赞同主动求利，有了一定的发展。

元代许衡对朱子学多有继承，然而，他既讲"人只得当于义理而已，利害一切不恤也"②，又说："不问利害只求义理……如此做，便是圣贤之心，常人则必计其成败利害也。"③甚至还讲"生财之道"，主张"生财"④，讲"为学者治生最为先务"，强调"治生"是为学的物质基础。这与朱熹推崇董仲舒所言"正其谊不谋其利，明其道不计其功"而讲"不求利而自无不利"，"求利未得而害已随之"，不赞同主动求利，并非完全一致。王阳明讲"良知只在声色货利上用功"，赞同在致得良知的前提下对于声色货利的追求，并不反对主动求利，因而与朱熹有所差别，同时又不赞同许衡"为学者治生最为先务"的说法，而

---

① 朱熹：《四书章句集注》，北京：中华书局，2012年，第70页。
② 许衡：《许衡集》卷二《语录下》，北京：东方出版社，2007年，第46页。
③ 许衡：《许衡集》卷一《语录上》，北京：东方出版社，2007年，第16页。
④ 许衡：《许衡集》卷四《大学直解》，北京：东方出版社，2007年，第95页。

只是承认"治生亦是讲学中事",显然是折中于朱熹与许衡之间。

应当说,虽然朱熹讲"仁义未尝不利""君子未尝不欲利",并不排斥"利",但是王阳明讲"良知只在声色货利上用功",较朱熹更多地肯定对于功利的追求,更为合乎今人追求功利的心态,因而受到推崇。需要指出的是,王阳明讲"良知只在声色货利上用功",不排斥功利,又反对"功利之心",与朱熹讲"仁义未尝不利"多有一致之处,甚至其较朱熹更多地肯定对于功利的追求,也可看作对朱熹讲"仁义未尝不利"的发展;而且朱熹讲"不求利而自无不利","求利未得而害己随之",对于过度追求功利而可能造成危害,也是有益的忠告。因此,将王阳明讲"良知只在声色货利上用功"与朱熹讲"仁义未尝不利"结合起来看,才更能体会宋明理学对于义利问题的解答及其蕴含的智慧。

关于王学的三点认识

王　珏

中国人民解放军军事科学院战争研究院

前　言

　　王守仁堪称中国人精神成长之路中的里程碑式人物,贻泽给后世丰厚的思想遗产。"凡是机缘,无不和合。"王守仁的思想资源多出自六种:"初溺于任侠之习;再溺于骑射之习;三溺于辞章之习;四溺于神仙之习;五溺于佛氏之习。正德丙寅,始归正于圣贤之学。"他在不同质的智慧潮流中冲浪而不至汨没,明朝正德年间,他的精神之舟划入以周公孔孟之教为正流的圣贤之学,发明"致良知"一语虽已晚年,但为学境界为之一新。王守仁身后,门徒们"各以意见搀和,说玄说妙,几同射覆,非复立言之本意"①。为什么出现这种正学难以传两代的现象?五百年的时间过去,陆王心学和主观唯心主义的标签也已成历史,就当下而言,如何找出理解王守仁的门径,仍是一个难题。

一、军事亦为正学

　　对于平定民乱,王守仁的心底自始至终充满悲悯之情。据亲聆謦欬的钱德洪追记乃师之言:"某自征赣以来,朝廷使我日以杀人为事,心岂割忍,但事

---

　　①　黄宗羲:《明儒学案》,北京:中华书局,1985年,第178页。

势至此。譬之既病之人,且须治其外邪,方可扶回元气,病后施药,犹胜立视其死故耳。可惜平生精神,俱用在此等没紧要事上。"

如果不抱任何先入之见去体察王守仁语中的滋味,心中难免生出这样一些疑问:军事焉可拒于大道之外?"朝廷使我日以杀人为事"为什么被王守仁称作"此等没紧要事"?

首先,军事亦为大道正学。

中国军事思想的种子萌发于人类的智力初开之时。军事斗争是人类最早的实践活动,也是最重要的实践活动之一。人类文明之光乍现,便启动军事认识的历程,至今不绝。"《易》为大道之源。"传说中的伏羲处于中国文明激发的节点时刻,堪称中国独特的军事思维模式的开启人物。他以简易的太极、阴阳、八卦等符号,勾画出天地运行的规律。"以通神明之德,以类万物之情。"①《易》含蕴"天下同归而殊途,一致而百虑"的整体思维和"一阴一阳谓之道"的相成思维。若以今日推上古,最初激发并引导先人思考的是饥饿、安全、繁衍等本能性需求。《易》道无外,人类思维的成果一开始并没有明确区分哪些属兵家思想,哪些属儒家思想。若从长远观察,早期的理性先导之河不外乎两个流向:一是指向族群内部的为人之道;二是指向族群之间的相处之法。前一思维方向是儒家的上游,后一思维方向是兵家的上游。不妨取喻果树与人群,来观察人类早期军事思维的发生和走向。在某一收获季节,一个家族守护着一片硕果挂满枝头的树林,另外两个接踵而至的饥饿家族被他们欣然接纳,建立起相对稳定的家族间内部秩序。此时人口数量达到饱和,果实的产出与消耗开始持平。如果第四个家族不期而至,三个家族的联合体可以有两种选择:第一种选择是排拒他们,或付诸武力进行驱赶,或以谈判方式劝离,或以威慑手段吓阻。如果第四个家族转而联合更多的人群前来争夺,可能会导致更大规模的冲突。第二种选择是无时不张开怀抱。让"近者悦,远者来",日渐壮大的人类集体相互合作,同舟共济,另觅狩猎、捕鱼、种植、养殖这些新的生存之道。一个地域的人群便牢牢地凝聚在一起,结成命运共同体,共同应对自然的挑战。

古《易》的思想"致广大,尽精微",古人分析问题、判断问题、解决问题的

---

① 陈鼓应、赵建伟:《周易今注今译》,北京:商务印书馆,2005年,第650页。

基本范式涵泳其中。但不得不承认，人类早期的军事思维产品并非全是良性的，需要分清善恶，辨明真伪。举例言，《易·同人》卦辞云："同人于野，亨，利涉大川，利君子贞。"《象传》曰："文明以健，中正而应，君子正也。唯君子为能通天下之志。"天行健，是天之常道，人应效法的准则，但"健"不是刚武暴蛮，滥施杀伐，而是"文明以健，中正而应"。能懂得这个道理，才能"通天下之志"，在更广大的范围内团结天下同人，治理天下，纵有大川于前，也无往不利；否则，一味用武，滥动干戈，是不能得志于天下的。事实上，军事问题的解决往往不止一种答案，可以在以威慑止、付诸武力和相互妥协中任选其一。先人深刻认识到，频频发生的人与人之间相互攻击的战争不是正常态，而是可以通过努力加以规避的凶事。《易》的思维路线和选择方式，折射出中国文化的属性。久而久之，《易》的整体思维与相成思维形成传统，帮助后人做出合乎理性的决定，甚至沉淀成文化基因，在一代代中华子孙的生命中传递。

其次，杀人之事比天大。

《司马法·仁本第一》云："古者，以仁为本，以义治之之谓正，正不获意则权。权出于战，不出于中人。是故，杀人安人，杀之可也；攻其国，爱其民，攻之可也；以战止战，虽战可也。"略去所有外在条件，杀人只是杀人，杀人意味着剥夺人的生命权，夺人之命的理由堂而皇之地行于天地之间，人与人之间自相残杀，证明人类文明处于低层次阶段。王守仁之言或许并无不当，民乱不过外邪，固然可用刚猛的杀伐，然内在的恶性致病基因是什么？又该如何疗治呢？皇权专制淫威之下的明代何尝不是病态社会，史家的论列直指病根：自秦确立皇权制度以来，中国社会一直奉行土地国有制下的"官社经济体制"，它是以国家行政系统为统绪，以农为本，寓兵于农的政、农、军合一的社会经济体制。[1]这种经济体制下，政治经济关系主要是在政府与民众之间发生的统治剥削关系。所谓阶级关系也都表现在官民对立中。重农抑商和闭关锁国的政策导致商业不发达，平等观念和个体意识更是很难发育，同专制皇权及依附在皇权之下的官僚集团相抗衡的争取自由、自治、自立的社会力量一直没有出现。第一，国虽大，社会资源集中在少数人手中，金字塔形的人口结构，倒金字塔形的资源分配，使得官压榨小民。君不见乞丐和尚朱重八一

---

① 张金光：《银雀山汉简中的官社经济体制》，《历史研究》2001年第5期，第54页。

且当上了皇帝,反手就将助他打天下的淮西弟兄屠杀殆尽。西方思想家所刻画的"异化"现象,明代的官民关系便是活例。专制皇权的对立面是同样有专制宿命的农民武装。历朝历代皆如此,真可谓"布衣将相头如韭,今朝割罢明复生"！第二,当时的百姓几乎都具备当县令、知府、总督、皇帝的"潜质",专制皇权统治之下的社会全民皆腐败。卖官鬻爵、鱼肉百姓、欺诈厚黑,诸如此类,司空见惯。

　　王守仁不过是一个学做圣贤的平凡人,在皇权专制时代,虽有医国之能,却难觅根治病因的更大用场。如果没有父亲的荫护,如果不是兵部尚书王琼的青眼有加,就连这蒙着针毡、前几任唯恐避之不及的职位,都很难得到委派,南赣民乱也会如顽癣一般持续下去。王守仁在其位,谋其政,站在朝廷的立场,情非得已地举起屠刀。他之所以将杀人视为"此等没紧要事",当作治外邪的手段,是因为他一直苦苦求索、竭尽心力来唤醒民众内心的良知,所谓"圣人之道,吾性自足",在王守仁看来:"人只要成就自家心体,则用在其中。如养得心体,果有未发之中。自然有发而中节之和。自然无施不可。"①心为自发光体,圣人之心自放光芒,"以天地万物为一体"②,照亮天地万物,彰显天地万物之理,故"其运用处,皆从天理上发来"。"天下之人心,其始亦非有异于圣人也,特其间于有我之私,隔于物欲之蔽,大者以小,通者以塞,人各有心,至有视其父子兄弟如仇仇者。"平凡人之心,为外在物欲污蒙,透不出光亮。王守仁聚徒讲学的初衷,应该是尽可能地扩大影响,只有人人成为王守仁,人人行进在成圣贤的路上,才能达致理想的社会治理,不仅仅是官如何管理民,而且是民必须从"被启蒙"走向"自启蒙",官与民作为平等的社会成员共同培育人人向善的社会环境,让"心中之贼"无立足之地。令人愤懑的是,多数人的精神世界冷如月华,须臾不可离开日光的照耀！穷王守仁穷一生之力,亦无法叫醒更多"装睡的人",他身后的明朝社会暮气越来越重,终至于不可收拾。

---

① 吴光等编校:《王阳明全集》,上海:上海古籍出版社,2011年,第24页。
② 吴光等编校:《王阳明全集》,上海:上海古籍出版社,2011年,第61页。

二、山中贼与心中贼

王守仁赴任南赣后,在写给徐爱的信中称,参与暴乱的流民为"贼人":

> 正月三日,自洪都发舟。初十日次庐陵,为父老留再宿。十三日未,至万安四十里,遇群盗千余,截江焚掠,烟炎障天。妻奴皆惧,始有悔来之意。地方吏民及舟中之人,亦皆力阻,谓不可前,鄙意独以为我舟骤至,贼人当未能知虚实,若久顿不进,必反为彼所窥。乃多张疑兵,连舟速进,示以有余。贼人莫测所为,竟亦不敢逼,真所谓天幸也。①

首先,山中"贼人"多为被胁从的百姓。

春秋时期,地域文化开始深度融合,中原诸侯以文化正统自居,标榜"夷夏之辨"或"夷夏之防"。韩愈《原道》云:"孔子之作《春秋》也,诸侯用夷礼,则夷之;夷而进于中国,则中国之。"②影响所及,历代统治者惯用繁文缛礼作为统治秩序的外衣,未纳入管控之下的民众便被视为"非我族类"。专制皇权主导下的明廷,往往将未收治或暂时脱离罗网的百姓视为盗贼,王守仁深知所谓"贼人"的成分值得分辨清楚,《年谱》又记:"先生过万安,遇流贼数百,沿途肆劫,商舟不敢进。先生乃联商舟,结为阵势,扬旗鸣鼓,如趋战状。贼乃罗拜于岸,呼曰:'饥荒流民,乞求赈济!'先生泊岸,令人谕之曰:'至赣后,即差官抚插。各安生理,毋作非为,自取戮灭。'贼惧散归。以是年正月十六日开府。""饥荒流民"或许正是多数"贼人"的真实身份,王守仁又何尝不知。"各安生理,毋作非为,自取戮灭"之语,明面上在申斥,暗中却指出生路。早在三百八十五年前的南宋绍兴二年(1132),岳飞时任权知潭州兼荆湖东路安抚使,率军从南昌出发,在赣湘粤闽的山林中追剿以曹成为首的农民武装。起

---

① 王守仁:《与徐曰仁书》,《中国书法大成》(五),转引自束景南:《阳明大传:"心"的救赎之路》,上海:复旦大学出版社,2020年,第794页。

② 韩愈:《韩昌黎文集》,北京:中华书局,2014年,第19页。

于行伍的岳武穆向部队发出训令："曹成败走，余党尽散，追而杀之，则良民胁从，深可悯痛。……吾今遣若等三路招降，若复抵拒，诛其酋而抚其众，谨毋妄杀！"我们这个民族的脊梁式人物从来不失悲天悯人的情怀。毛泽东在《中国社会各阶级的分析》中将此问题上升到极其重要的层面："谁是我们的敌人？谁是我们的朋友？这个问题是革命的首要问题。中国过去一切革命斗争成效甚少，其基本原因就是因为不能团结真正的朋友，以攻击真正的敌人。"明代中叶的南赣民乱形成原因复杂，解决社会矛盾的首要问题就是，弄清楚依靠谁、打击谁，这同样是摆在王守仁面前的首要问题。

中国军事思想建构于文明早期，西周初年已形成严整的体系，从至高的境界回答为谁而战、如何建军、如何用兵的终极追问，告诫后世军事不过是激荡在社会表层的浪花而已，民之心才是真正决定历史洋流的走向。《孟子·梁惠王上》云"仁者无敌"，并非迂阔之论。1938年5月，毛泽东在《论持久战》中将这一思想表述为"兵民是胜利之本"。今观南赣的民乱，专制朝廷有难以推卸的责任。只有安抚大众，收拾民心，才能回归到为天道人心而战的正途。正德十二年（1517）正月"十六日抵赣州，齿痛不能寝食。前官久缺之余，百冗纷沓，三省军士屯聚日久，只得扶病莅事"。王守仁拖着久病之体，连续发布《十家牌法告谕各府父老子弟》《告谕各府父老子弟》两道文告，试图以既凡且圣的精神之力引领南赣民心重新汇入稳定向上的洋流：

> 本院奉命巡抚是方，惟欲剪除盗贼，安养小民。所限才力短浅，智虑不及；虽挟爱民之心，未有爱民之政；父老子弟，凡可以匡我之不逮，苟有益于民者，皆有以告我，我当商度其可，以次举行。今为此牌，似亦烦劳。尔众中间固多诗书礼义之家，吾亦岂忍以狡诈待尔良民。便欲防奸革弊，以保安尔良善，则又不得不然，父老子弟，其体此意。自今各家务要父慈子孝，兄爱弟敬，夫和妇随，长惠幼顺，小心以奉官法，勤谨以办国课，恭俭以守家业，谦和以处乡里，心要平恕，毋得轻意忿争，事要含忍，毋得辄兴词讼，见善互相劝勉，有恶互相惩戒，务兴礼让之风，以成敦厚之俗。吾愧德政未敷，而徒以言教，父老子弟，其勉体吾意，毋忽！①

---

① 吴光等编校：《王阳明全集》，上海：上海古籍出版社，2011年，第587页。

告谕父老子弟的文字真切近人，如叙家常。没有以君臣类比父子、以官府类比父母的政治说教，有的是同此感受、同此亲情的循循善诱。王守仁虽时常自云"臣气体羸弱，质性迂疏，聊为口耳之学，本非折冲之才"[1]，但他从来不是单纯地坐而论道的理学先生，每逢大事，其目光如炬，可洞察曲折隐微之处；其杀伐决断，能挟雷霆万钧之力。他督促所辖官佐严格落实十家牌法的训令直中要害："本院巡抚地方，盗贼充斥；因念御外之策，必以治内为先。顾莅事未久，尚昧土俗；永惟抚缉之宜，懵然未有所措。访得所属军民之家，多有规图小利，寄住来历不明之人，同为狡伪欺窃之事；甚者私通畲贼，而与之传递消息；窝藏奸宄，而为之盘据夤缘；盗贼不靖，职此其由。"[2]如此一来，一个必须正视的现实情况清晰显现出来：山中"贼人"多为被胁从的百姓。只要切断山中武装与百姓的联系，便可收到釜底抽薪之效。

其次，心中之贼常驻天下人之心。

人，生而高贵。关于人，康德曾经下过一个定义："那些不以我们的意志为依靠，而纯粹以自然意志为依靠的东西，如果没有理性，就叫做'物'；与此相反，有理性的东西，叫做人。"[3]天地初开的时候，人类智慧尚未萌发，低等动物依靠着本能图生存，根本就没有抽象思考的能力，所以弱肉强食的状态正是自然界万类竞争实况。人类相互攻伐，说明动物性未脱。贪财好色，追名逐利，证实人心中住着贼。如何驱逐心中之贼，王守仁给出的答案是必须廓清心体，使纤翳不留，他论列云："圣人之心如明镜，纤翳自无所容，自不消磨刮。若常人之心，如斑垢驳蚀之镜，须痛加刮磨一番，尽去驳蚀，然后纤尘即见，才拂便去，亦不消费力。到此已是识得仁体矣。若驳蚀未去，其间固自有一点明处，尘埃之落，固亦见得，才拂便去。至于堆积于驳蚀之上，终弗之能见也。此学利困勉之所由异，幸勿以为烦难而疑之也。凡人情好易而恶难，其间亦自有私意、气习缠蔽，在识破后，自然不见其难矣。古之人至有出万死而乐为之者，亦见得耳。向时未见得里面意思，此功夫自无可讲处。今已见

---

① 吴光等编校：《王阳明全集》，上海：上海古籍出版社，2011年，第331页。
② 吴光等编校：《王阳明全集》，上海：上海古籍出版社，2011年，第589～590页。
③ 康德著，苗力田译：《道德形而上学原理》，上海：上海人民出版社，2012年，第36页。

此一层，却恐好易恶难，便流入禅释去也。"①

《庄子·秋水》："井蛙不可以语于海者，拘于虚也；夏虫不可以语于冰者，笃于时也。"与井蛙、夏虫不同，人认识的触角时常探入多维之境，人之心体高居本体论层次，康德所言的"理性"，王守仁称之为"灵明"："何谓身心之形体？运用之谓也。何谓心身之灵明？主宰之谓也。何谓修身？为善而去恶之谓也。吾身自能为善而去恶乎？必其灵明主宰者欲为善而去恶，然后其形体运用者始能为善而去恶也。故欲修其身者，必在于先正其心也。然心之本体则性也。性无不善，则心之本体本无不正也。何从而用其正之之功乎？盖心之本体本无不正，自其意念发动，而后有不正。故欲正其心者，必就其意念之所发而正之，凡其发一念而善也，好之真如好好色；发一念而恶也，恶之真如恶恶臭；则意无不诚，而心可正矣。"②王守仁的"无善无恶是心之体"，试图道破宇宙亦即人生的真相，人之灵明或许兼有多维属性，成为引导乃至驱动四维躯体的精神动力。就本体而言，人之灵明在和人之皮囊融合之前，只是个无，但非虚无之无，实为未知之无，这个无，不关乎世间的善恶。灵明之物虽受此身所寄的维度所限，但结构性和功能性合一方得完整的心体，人之灵明不仅是四维宇宙中的王者，终究亦是高维宇宙的主导之物。人性的本体是何等高贵，由此可知。

圣人之心，一如云中之龙，若隐若现，而无由见其全貌，只闻其名，未见其实。圣人心体辉映之处，绝无灵明之物相互砍杀的道理。孔子身后被抬升到圣人的地位，他行进在成圣之途的妙诀是"学而时习之"，其实圣人是被制造出来的，圣人的境界与天下的精神世界不存在云泥之别，足见他内心的冲突无时不在。皇权专制时代，朝廷口中的乱民有正义的诉求。皇帝及其依附势力置若罔闻，逞一己之私于万民利益之上，乱民心中之贼与皇帝及其依附势力心中之贼并无二致，二千年来如影随形，相伴始终。

---

① 吴光等编校：《王阳明全集》，上海：上海古籍出版社，2011年，第1299～1300页。
② 吴光等编校：《王阳明全集》，上海：上海古籍出版社，2011年，第1066页。

三、王学的历史命运

王守仁临终时道:"此心光明,亦复何言?"隐隐透出些许无可奈何。

王守仁在南赣地区,迅速消弭暴乱,百姓获得相对稳定的生存环境,姑且再次"坐稳奴隶"。对于王守仁个人而言,部分实现修身齐家治国平天下的社会理想。但不得不说,他尚有巨大的遗憾,明朝社会的政治风气和学术风气依旧在败坏下去。

由此引出的问题是:王学的真传为什么难以在世间光大?

第一,皇权及其依附势力的打击和压制。

专制时代的漫天阴霾虽然无法遮蔽住王守仁澄明通透的心体,但是难以照亮他自身在世俗社会的前行之路。智如王守仁,亦险些难以自保。查继佐《王守仁传》:"上自称威武大将军南巡,使人邀所俘于广信,守仁弗与。会太监张永方赞诛刘瑾,为海内所许,抵钱塘。守仁取内道入浙,夜见永,便以宸濠付之,而身至京口谒驾。诸奄不得志,恶守仁上前,称守仁宸濠党。永为护持力,得不问,赏亦不行。"生在"北斗不指北"的黑暗时代的光明正大的王学,后来被颠顸的皇帝、宦官、权臣联手攻讦,斥为"伪学"。任士凭《江西奏复封爵咨》:"明年,嘉靖改元,本爵丁父忧,四方来游其门,讲学益众。科道官迎当路意,劾公伪学。服阕,例该起复;六年不召。江西辅臣有私憾本爵者,密为进谗以阻其进。嘉靖六年,广西岑猛倡乱,兵部论荐本爵总督四省军务,前去荡平,又成大功。时本部力参其擅离职役,及参其处置广西思、田、八寨事恩威倒置,又诋其擒宸濠时军功冒滥,乞命多官会议。明年,江西辅臣复进密揭,命多官会议。遂削世袭伯爵,并当行恤典,皆不沾被矣。"

第二,内在之学引导无力。

柳宗元《封建论》云:"公天下之端自秦始。"郡县制的推行,摒除了裂土分封固有的离心之弊。与此同时,专制皇权一直抱守"君为主,天下为客"的执念,"视天下为莫大之产业,传之子孙,受享无穷"。公天下与私天下嵌套在一起。为天下之公计,应建立一个公平向善的外在评价标准。为皇权之私计,终极裁决的权力掌握在一家一姓的手中。皇权之私,在于专制,实现专制必依靠官僚队伍。官僚之私，在于用权，滥用权力必祸害百姓。百姓之私，在于生存，不能生存必起而抗争。然百姓之私，实乃大公。历代改革除弊，功在修修补补，失在无法去私。皇权以私害公的危害，孟子看得通透，黄宗羲说得彻底。曾几何时，中国知识阶层处于屈膝仰上的姿态，无法伸张天下为公的外在志向，不得不走心灵内省之路，做精神世界的王者："一个问题浮现在喜欢刨根问底儿的知识分子脑海中：这是怎样一个政府呢？它竟然允许如此肆无忌惮地残害如此忠良的官员？但是传统、习俗、法律还有现行政策都绝不允许此类问题浮出水面，不允许任何人言有所指更不要大声疾呼了。因为借用一个西方的寓言是，皇帝没穿儒家的衣衫。在悲哀和困惑中，许多知识分子不可自抑地转向内省和回顾，他们的著述清晰揭示，内省让他们将更多的注意力倾注在自我修养上，而较少关注国家大事。回顾则让他们相信儒家理论根源当中存在一定的缺陷，而这些缺陷应当通过强调儒学更好的方面来加以弥补。这些好的方面是作为基础的形而上学、学以致知以及非精英主义的公众教育。只有成功地建立了道德社会之后，他们才有可能给国家注入新的动力。从南宋中叶开始，这种观念成为最主要的文化和思想浪潮，并持续了几个世纪。"①

"根据儒家的最高道德标准，一个忠诚的大臣对皇帝负有绝对义务，必须尽忠职守，甚至包括贡献自己的生命；不盼望回报也毫无怨言。但是，在实际上，没有多少儒家相信忠诚的美德应当是如此的一厢情愿。"②当制度改革和其他措施均无法治愈专制主义的病症时，冬烘先生们开出的救弊良方，寄希望皇帝能像他们那样，成为正其心诚其意的人。《国语·周语下》："谚曰：从善如登，从恶如崩。"王守仁效命的明朝有些皇帝尤其不堪！王守仁主张"共明一体之学，顿消有我之私"。③他唤醒良知照亮内心之方，难医天下之病。王守仁功过是非，交由当时的皇权及其依附势力来评价不逢其时。靠一个智者声嘶力竭的呼唤，何其无力。天下人起而救治，又将何如？

---

① 刘子健：《中国转向内在：两宋之际的文化转向》，南京：江苏人民出版社，2012年，第126页。

② 刘子健：《中国转向内在：两宋之际的文化转向》，南京：江苏人民出版社，2012年，第125页。

③ 薛侃：《请从祀疏》，吴光等编校：《王阳明全集》，上海：上海古籍出版社，2011年，第1656页。

第三，王守仁自感所学"惟精惟一"，"与不用实功人说，亦甚轻忽可惜"。

少立文字，少与不用实功人说，是王守仁一贯做派，王守仁实智慧上乘之人，他很担心自己千淘万漉得来的真知被人"轻忽"。阳明之学，易简近人："圣人已指以示人，只为后人掩匿，我发明耳，何故说泄？此是人人自有的，觉来甚不打紧一般。然与不用实功人说，亦甚轻忽可惜，彼此无益与实。用功而不得其要者，提撕之甚沛然得力。"①虽然领会了精神，但只是挂在嘴头，停在耳旁，不付诸行动，也是一种"轻忽"，就成了半吊子："人有习心，不教他在良知上实用为善去恶功夫，只去悬空想个本体，一切事为俱不着实，不过养成一个虚寂。此个病痛不是小小，不可不早说破。"②

在阳明先生生前，钱德洪和王畿不离左右，几番讨教，却不能统一思想，正是因为二人只是从老师那里听来，未下实功体会。遥望当时，王守仁一度承认与湛若水（1466—1560）心意相通，正德六年（1511）曾言："吾与甘泉（湛若水），有意之所在，不言而会，论之所及，不约而同。"湛若水亦自谓所学与王守仁"交用则同"。后来甘泉以"随处体认天理"为宗旨，颇引起阳明的质疑："然天地万物之理实不外于腔子里，故见心之广大。若以天地万物之理即吾心之理，求之天地万物以为广大，则先生仍是旧说所拘也。"究竟是天地万物之理不外于心，还是天地万物之理即吾心之理？对此一问题的解答，须从精微处辨析，不仅要在学理上运思，更应置于着实躬行中考察。

心的功能有两种：一种是认识功能，一种是发动认识功能。前者用来"随处体认"，后者处于本体层面，是无分别的宇宙真相。"无善无恶是心之体"直指这一本体。因此，他提示弟子们："可知是体来与听讲不同。我初与讲时，知尔只是忽易，未有滋味。只这个要妙，再体到深处，日见不同，是无穷尽的。"又曰："此'致知'二字，真是个千古圣传之秘；见到这里，百世以俟圣人而不惑！"③打开儒家思想秘境的钥匙是"学而时习之"，钱德洪和王畿二人"学"得王学精髓，未"习"得实功。王守仁发明的"致良知"是新配的钥匙，王学之难致，在于实功。可惜钱、王二人未下"致"的实功。思想具有实践胜，可在精神

---

① 陈荣捷：《王阳明〈传习录〉详注集评》，重庆：重庆出版社，2017年，第240页。
② 陈荣捷：《王阳明〈传习录〉详注集评》，重庆：重庆出版社，2017年，第291页。
③ 陈荣捷：《王阳明〈传习录〉详注集评》，重庆：重庆出版社，2017年，第239页。

世界反复验证,下得实功。王守仁所言的"实功"不是让弟子们像他那样立下无人能及的事功,而是让他们洞悉本体之妙,体到深处,日见不同,无穷无尽,然后学不见本体。"各以意见搀和,说玄说妙,几同射覆,非复立言之本意",王学不传矣!

论《大学问》精神哲学的三个要素

陈鸿儒

福建中医药大学中华传统文化研究中心

前 言

《大学问》在王阳明看来一方面有"参之经典，无不吻合"的极大涵融性，另一方面又有"吾此意思有能直下承当，只此修为，直造圣域"的奇功妙效；在其入室弟子钱德洪看来，则是"师门之教典"。①以中国古代修身之学为"天下最大之学问"的梁启超更是视之为阳明"生平论学的绝笔"，认为由此篇可彻底了解阳明学问全部真相。②因而，本文拟以《大学问》为文本个案做尽可能深入的探讨，目的有三：一是从精神哲学视角疏解《大学问》哲学思想；二是以黑格尔哲学史观将《大学问》精神哲学思想把握为"思维的具体"；三是揭示《大学问》精神哲学与辩证逻辑思想之间密不可分的血脉关联，同时试图借此探寻中国古代辩证逻辑的根本精神与基本特征。由此，本文将致力于清晰呈现《大学问》精神哲学内在深层的三个要素——经典文本要素、内心经验要素与辩证逻辑要素，以期立体显现阳明思想的不朽价值。

---

① 王阳明：《序记说·杂著》，《王阳明全集》，武汉：华中科技大学出版社，2014年，第177页。

② 梁启超：《梁启超修身讲演录》，上海：上海古籍出版社，2018年，第344页。

一、《大学问》精神哲学的经典文本要素

阳明思想表面上看简易直接,而实质上,从哲学史角度,有如现象学之于西方一切近代哲学一样,其于此前的中国古代哲学特别是儒家哲学实乃"隐秘的渴望"。显然,《大学问》亦是如此,甚至在这一点上更是清楚直白。关于哲学史,黑格尔曾有如下精妙说明:"虽然我们应当承认,一切哲学都曾被推翻了,但我们同时也须坚持,没有一个哲学是被推翻了的,甚或没有一个哲学是可以推翻的。……所谓推翻一个哲学,意思只是指超出了那一哲学的限制,并将那一哲学的特定原则降为较完备的体系中的一个环节罢了。……哲学史的结果,不可与人类理智活动的错误陈迹的展览相比拟,而只可与众神像的庙堂相比拟。"①从《大学问》回望此前的中国哲学探索,不难把握到从古本《大学》(下面简称"《大学》")到朱熹《大学章句》再到《大学问》极其清晰的发展脉络:《大学》已然含有精神哲学维度,《大学章句》使这一精神哲学维度大为开显,而阳明则通过《大学问》将前两者降为自身的一个个环节,从而建立起了一座精巧独特的精神哲学大厦。

(一)直接文本依据:本自具有精神哲学维度的《大学》

《大学》通篇,诚然如蒋伯潜所说,"是儒家最有系统的一篇文章……把道德论和政治论打成一篇,融人生哲学和政治哲学于一炉,以发挥其'德治'的主张,组织至为完满"。②然而,《大学》并不仅仅含蕴政治哲学与人生哲学,它无疑还有着精神哲学这一维。前人早有见及此。徐梵澄在《陆王学述——一系精神哲学》中指出:"精神是超乎宇宙为至上为不可思议又在宇宙内为最基本而可证会的一存在。研究这主题之学,方称精神哲学。"③在该书中,他不仅把宋明儒学列入精神哲学,而且认为《大学》是宋明精神哲学的"根柢"。④刘

---

① 黑格尔:《小逻辑》,北京:商务印书馆,1995年,第191页。
② 蒋伯潜:《四书读本》,北京:新世界出版社,2010年,第3页。
③ 徐梵澄:《陆王学述——一系精神哲学》,上海:上海远东出版社,1994年,第15页。
④ 徐梵澄:《陆王学述——一系精神哲学》,上海:上海远东出版社,1994年,第8页。

文英在《中国传统精神哲学论纲》中指出："儒家把道德心作为精神生活的基点……儒家并不否定人的生活中有饮食男女的内容，但人之为人的根本则是这种道德心。……同时，儒家最终也要超越道德而上达于'天道''天理'。但这种超越是在道德的基础上的超越，是'明明德''止于至善'的结果。"①《大学》正是以其精神哲学维度为《大学问》提供了直接的文本依据。

从精神哲学视角来看，《大学》不仅提供了诸基本概念乃至完整的思想架构，而且强调反求诸己，通过把握浅近的内心经验体认价值之源，进而挺立道德主体。关于前者，就是众所周知的"三纲领""八条目"，以及"止定静安虑得"；关于后者，通读文本，几乎随处可见，最为典型的就是其诚意章，这一章对比了"小人"与"君子"的内心经验，下文将予以剖析。当然，《大学》也为后世提供了一些聚讼纷纭的学术公案，其中，"明德""格物""致知"这三个概念至为关键，"止定静安虑得"之说极为精辟，而均无明确解释，致使人们对这些概念乃至《大学》思想体系的种种解读如同猜一个有谜面而无谜底的谜语。

《大学》在中国哲学史上特别是从精神哲学角度看，最大的贡献就是提出了具有本体义的"明德"概念。关于"明德"是否为本体，学界存有争议。比如，杨儒宾认为，《大学》经过了一个"圣经化的历程"，"明德"的"德"不具有本体义功能。②而梁漱溟在综述伍庸伯关于《大学》的思想时却明确指出："'明德'即本心，亦曰'性体'或'本体'。"③这个争议似乎是令人困惑的，但其实又是很能给人启发的。关于中国古代哲学，冯契曾指出，"本体即功夫"是一个大传统，他常引用"心无本体，功夫所至，就是本体"一语来说明这一理路。④从《大学》整个文本来看，显然是体现了这一大传统、这一理路的。一言以蔽之，"明明德"，体现的就是"心无本体，功夫所至，就是本体"，亦即应当从做功夫的角度把握《大学》，"明"的功夫所至，即"明德"。以此观之，"明德"具本体义，这也特别说明《大学》本自具有精神哲学维度。因而，有详

① 刘文英：《中国传统精神哲学论纲》，《中国哲学史》2002年第1期，第80页。

② 杨儒宾：《〈大学〉与"全体大用"之学》，《杭州师范大学学报（社会科学版）》2012年第5期，第20页。

③ 梁漱溟等：《梁漱溟先生论儒佛道》，桂林：广西师范大学出版社，2004年，第159页。

④ 冯契：《认识世界和认识自己（增订版）》，上海：华东师范大学出版社，2016年，第86页。

加讨论之必要。

"明德"具本体义，理由之一是，《大学》是要论"道"的。它开门见山就指出："大学之道，在明明德，在亲民，在止于至善。"①《大学》所论之"道"就是《论语》中"朝闻道"的道。徐梵澄说："想来孔子之所谓'朝闻道，夕死可矣'，其说'闻道'，有如此重大，必定是与彻悟有关。"②《大学》第一句话即其对于"道"的彻悟。这句话可归结为"明""亲""善"三个字，又可进一步归结为一个"明"字。伍庸伯认为："'明''新''善'三字……原可以互相通用。如明德亦可说'明善'，亦可说'自新'。因为事情只是一件。推此例，其他可见。"③如此说来，从做功夫的角度，大学之道就在一个"明"字。"亲""善"实际上已经隐含在"明"之中了，或者说，它们正是"明"的进一步展开。"明明德"，就是生命之明，明的生命自然可"亲"亦能"亲"，如黄鸟所止之丘隅为可止之处。

理由之二是，"明明德"贯通《大学》全书，为其核心要义。关于已成为中国传统文化常识的"八条目"，《大学》很明确地提到"古之欲明明德于天下，先治其国。……国治而后天下平"。④这就是说，格物、致知、诚意、正心、修身、齐家、治国、平天下，每一个条目都以明明德为旨归，或者说，正是由微至显、由内至外地显示了明明德的功夫。我们不妨对《大学》诚意章做详细分析。诚意章注重精神的内省，诉诸内心经验，按照"正—反—正"的顺序说明当在"意"上下明明德功夫。先是从正面论说，一个能够在"意"上下明明德功夫的人，便能觉知到何为"自欺"而"毋自欺"。在"明"中，他对"自欺""如恶恶臭"，对"毋自欺""如好好色"，从而处于"自慊"状态。因而，诚意章第一次提到的"慎独"就是明德：因为明明德，一个人的"慎独"是自然而然、无丝毫勉强之处的。继而从反面论说，提到"小人闲居为不善，无所不至"的情形，指出即在这种情形中"小人"也会有"见君子而后厌然，揜其不善而著其善"的反应，足证连"小人"也有明德："小人"在暗地里做了坏事之后，在内心之明德的光照下，亦会省觉"人之视己，如见其肺肝然"。因而，诚意章第二次提到的"慎独"是要勉力行之的。最后又回到正面，指出明明德之益

---

① 杨天宇：《礼记译注》，上海：上海古籍出版社，2004年，第800页。

② 徐梵澄：《陆王学述——一系精神哲学》，上海：上海远东出版社，1994年，第64页。

③ 梁漱溟等：《梁漱溟先生论儒佛道》，桂林：广西师范大学出版社，2004年，第124页。

④ 杨天宇：《礼记译注》，上海：上海古籍出版社，2004年，第800～801页。

处：“德润身，心广体胖。”①

理由之三是，“明明德”又与同出于《礼记》的《中庸》可相互贯通。《中庸》“喜怒哀乐之未发，谓之中”，与“明德”可通；“发而皆中节，谓之和”，与“明明德”可通。因而，“明明德”完全可与“致中和”通贯。从《中庸》来看，“致中和，天地位焉，万物育焉”②；从《大学》来看，“明明德”，则格致诚正修齐治平。

（二）中间环节：朱熹《大学章句》的精神哲学维度

朱熹一生反复修改《大学章句》，是以之为“平生精力，尽在此书”的。其门人黄榦认为朱熹“有深意寓乎其间”。③笔者以为，其中最大的深意当是朱熹以之使《大学》本自具有的精神维度大为开显。从今天看来，《大学章句》乃从《大学》到《大学问》极为重要的中间环节。《大学章句》对《大学》未做解释的“明德”“格物”“致知”“止定静安虑得”均做了清晰说明，尤其是朱熹作《大学章句》序、详论“明德”以及作《格致致知补传》，显然决定性地开启了《大学》精神哲学化的历程。

《大学章句》序认为，“《大学》之书，古之大学所以教人之法也”，其所教者为“穷理、正心、修己、治人之道”。④由此，朱熹界定“大学”为“大人之学”，界定“明德”为“人之所得乎天，而虚灵不昧，以具众理而应万事者也”。⑤这些都是《大学》所不曾明白指出的。其重大学术意义就在于，使“明德”的本体义更加显豁，进而使精神哲学成为《大学》思想体系的根柢。诚如钱穆所说，朱熹此序“揭示一种教育理想，以示别于其所谓‘记诵词章之习，虚无寂灭之教’，以及一切权谋术数、百家众技之所以就功名而惑世诬民者”，“实已包举宋明两代理学新儒之最高标的而无余矣”。在他看来，阳明“大体宗旨，亦无以甚异于朱子此序之所言也”。⑥观阳明所作《大学问》，显然继承了以“大学”为“大人之学”的思想，其对“明德”的界定——“根于天命之性，而自然灵昭不昧者

---

① 杨天宇：《礼记译注》，上海：上海古籍出版社，2004年，第801～802页。
② 杨天宇：《礼记译注》，上海：上海古籍出版社，2004年，第691页。
③ 钱穆：《四书释义》，北京：九州出版社，2010年，第255页。
④ 朱熹：《四书集注》，长沙：岳麓书社，1987年，第1页。
⑤ 朱熹：《四书集注》，长沙：岳麓书社，1987年，第5页。
⑥ 钱穆：《四书释义》，北京：九州出版社，2010年，第256～257页。

也"①——与《大学章句》的界定并无本质性区别。甚至,《大学章句》所说"尽夫天理之极,而无一毫人欲之私"②,正是《大学问》精神哲学的核心。

朱熹为《大学》所作补传,在学界争议极大。然而,从哲学史角度,这一补传不仅构成了阳明的问题意识,而且提供了与阳明完全可以共通的学术主张。朱熹补传核心文句如下:"是以大学始教,必使学者即凡天下之物,莫不因其已知之理而益穷之,以求至乎其极。至于用力之久而一旦豁然贯通焉,则众物之表里精粗无不到,而吾心之全体大用无不明矣。"③普通人读这些文句多半作文字看过,而阳明为真能实地用功者,早年因为朱熹这些思想(阳明当时想到的文句为"众物必有表里精粗,一草一木,皆涵至理"④)与朋友一同格竹子,然终不能见道而生挫败之感。尽管如此,朱熹释"格物致知"为"即物而穷其理"⑤,显然成为阳明一生思想探索包括《大学问》理论建构的一个焦点,而朱熹所说"吾心之全体大用无不明"与《大学问》"吾良知之所知者,无有亏缺障蔽,而得以极其至矣"在精神境界上并无二致。针对摘议朱熹的现象,阳明曾明确说:"吾说与晦庵时有不同者,为入门下手处有毫厘千里之分,不得不辩。然吾之心与晦庵之心,未尝异也。若其余文义解得明当处,如何动得一字!"⑥

总之,《大学》《大学章句》是应当视为"众神像的庙堂"的,而《大学问》则实乃儒家接力学术探索之结晶。在解读《大学问》时,这条学术史线索是不可不辨明的。

---

① 王阳明:《序记说·杂著》,《王阳明全集》,武汉:华中科技大学出版社,2014年,第172页。

② 朱熹:《四书集注》,长沙:岳麓书社,1987年,第5页。

③ 朱熹:《四书集注》,长沙:岳麓书社,1987年,第11页。

④ 王阳明:《年谱·世德纪》,《王阳明全集》,武汉:华中科技大学出版社,2014年,第8页。

⑤ 朱熹:《四书集注》,长沙:岳麓书社,1987年,第11页。

⑥ 王阳明:《传习录·书信》,《王阳明全集》,武汉:华中科技大学出版社,2014年,第32页。

二、《大学问》精神哲学的内心经验要素

一方面，阳明思想有其直接而且坚实的经典文本依据，另一方面阳明极为重视乃至珍视的是其一生"百死千难"中的内心经验。当我们以阳明著名的三个教学口号证诸《大学问》时，这一点尤为显明。阳明的教学口号当然有其思想史的依据，但其要切中的毋宁是阳明本人最具核心性的内心经验。阳明早年以"知行合一"教学生，后以"致良知"为道尽学问功夫之一句①，以"四句教"为"彻上彻下功夫"②。在这里，我们不仅要把《大学问》与三个教学口号联系起来分析，而且要深入其背后把握阳明思想，这也是理解《大学问》精神哲学时不可不紧紧抓住的大前提。

（一）理解《大学问》精神哲学的三个大前提

阳明是彻悟了的。不理解阳明的彻悟，把阳明思想做任何一种归类都是隔靴搔痒。而要理解阳明的彻悟，有三个方面是不可不予以留意的，它们也是理解阳明《大学问》精神哲学的大前提。这三个方面就是：破生死念头、把握精神的主体性、体悟万物一体之仁。或许，它们也可称作悟阳明心学之三关，可简称为参透生死关、精神主体关、一体之仁关。

其一，破生死念头，方可得《大学问》三昧。在阳明看来，人最难破除的就是生死念头。阳明的龙场悟道常为人津津乐道，其实这一精神大事件根本上缘于生死念头之破。在近乎零度生存的环境中，阳明将自己置于石椁之中，将生死置之度外，在精神体验上可以说是肉体似乎死亡了，念兹在兹、欲罢不能的是一大困惑："圣人处此，更有何道？"柏拉图曾说：学习哲学，就是练习死亡。阳明正是于练习死亡中在肉体似乎等于零时灵光爆破，不仅打破个体生命障壁，而且超越了早年格竹失败的内心挫败经验："圣人之道，吾性自足，向

---

① 王阳明：《传习录·书信》，《王阳明全集》，武汉：华中科技大学出版社，2014年，第106页。

② 王阳明：《传习录·书信》，《王阳明全集》，武汉：华中科技大学出版社，2014年，第114页。

之求理于事物者误也。"①这其实近乎宗教经验了。汪震曾著《孔子哲学》，他自道，撰写此书是由于读了詹姆斯（William James）的《宗教经验种种》，"才了解圣人的生活不过是一种宗教的经验"，"拿这本书里所说的各条演绎到孔子身上，就'左右逢其源'。并且思索墨子、老子以至周濂溪、程明道、朱晦庵、王阳明的哲学，无不贯通"。②他指出，孔子的生活就是"圣者的生活"。③显见，破生死念头、龙场悟道后阳明的生活也是"圣者的生活"。《大学问》中以"身心意知物"只是一物、"格致诚正修"只是一事的大气魄正是发自破生死念头后大悟的精神经验。

其二，把握精神的主体性，方能真正定位阳明思想。通常因阳明游南镇之语而指认其为主观唯心主义。英国哲学家贝克莱（George Berkeley）典型的主观唯心主义命题"存在就是被感知"所论者为物之有无。而究其实，阳明所论只涉及此花之显（即"此花颜色一时明白起来"）寂（即"此花与汝心同归于寂"）④，而不涉及此花之有无。阳明所明白点出、所要求我们抓住的是精神主体对于客体的逻辑先在性而非时间先在性。《大学问》释"物"为"事"，强调"凡意之所发必有其事，意所在之事谓之物"⑤，所要把握的就是精神的主体性对客体在逻辑次序上的优先地位。

其三，体悟天地万物一体之仁，方能把握《大学问》儒家精神哲学的气质。阳明对道、佛都曾入乎其中，但终归于儒家精神哲学。关于阳明对于精神哲学的领悟，令人印象至为深刻的是其"佛氏不着相，其实着了相；吾儒着相，其实不着相"⑥之妙论。《大学问》一开篇详论"大人者，以天地万物为一体者

---

① 王阳明：《年谱·世德纪》，《王阳明全集》，武汉：华中科技大学出版社，2014年，第14页。

② 汪震：《孔子哲学》，长沙：岳麓书社，2012年，第1页。

③ 汪震：《孔子哲学》，长沙：岳麓书社，2012年，第18页。

④ 王阳明：《传习录·书信》，《王阳明全集》，武汉：华中科技大学出版社，2014年，第105～106页。

⑤ 王阳明：《序记说·杂著》，《王阳明全集》，武汉：华中科技大学出版社，2014年，第176页。

⑥ 王阳明：《传习录·书信》，《王阳明全集》，武汉：华中科技大学出版社，2014年，第98页。

也。……若夫间形骸而分尔我者，小人矣"①，精辟通透，尽显阳明儒者精神气质。无疑，在阳明看来，这是作为儒家精神哲学必须透悟的一个大前提。

（二）《大学问》与三个教学口号中的内心经验

阳明三个教学口号（亦可称为"讲学宗旨"）前已述及。关于这些口号，不仅应当结合有关文本加以探讨，更应该体认其中蕴含的内心经验。梁启超认为："凡讲学大师标出一个宗旨，他自己必几经实验，痛下苦功，见得真切，终能拈得出来，所以说是'其人得力处'。"从"知行合一"到"四句教"再到"致良知"（因阳明以"致良知"为"圣门正法眼藏""究竟话头"，故置于最后），一方面体现为一条"最初口号—具体展开—高度浓缩而又实具无穷意蕴"的线索，另一方面也是阳明"几经实验，痛下苦功"，内心经验不断趋于明澈深透的过程。《大学问》则含纳了这三个教学口号，其阳明心学"教典"地位根本上当缘于此。

"知行合一"是阳明最初的教学口号，梁启超曾分析指出，这一口号阳明"终身说之不厌"，其具体内容可以如下三组话作为代表："未有知而不行者，知而不行，只是未知。""知是行的主意，行是知的工夫；知是行之始，行是知之成。""知行原是两个字说一个工夫……知之真切笃实处便是行，行之明觉精察处便是知。"②其实，这三组话，前两组直接出自《传习录》中徐爱所录阳明发挥"知行合一"说的段落，后一组虽然出现于别处，但仍可从其中引申出来。徐爱所录的那段话中提到一种人——"懵懵懂懂的任意去做，全不解思惟省察，也只是个冥行妄作"，这其实就是行而未能明觉精察；又提到另一种人——"茫茫荡荡悬空去思索，全不肯着实躬行，也只是个揣摸影响"，这其实就是知而未达真切笃实。③因而，细读徐爱所录阳明"知行合一"条文，不难明了阳明此说针对性所在——欲补救把知与行分作两件之偏弊。故梁启超提出的前两组话也可归结于最后一组，而且更透彻精警。从《大学问》看，"知之

① 王阳明：《序记说·杂著》，《王阳明全集》，武汉：华中科技大学出版社，2014年，第171页。

② 梁启超：《梁启超修身讲演录》，上海：上海古籍出版社，2018年，第305～306页。

③ 王阳明：《传习录·书信》，《王阳明全集》，武汉：华中科技大学出版社，2014年，第7页。

真切笃实处便是行"可以说就是"致知格物"，而"行之明觉精察处便是知"可以说就是"格物致知"，而把握阳明"知行合一"说的关键之关键就是把"知"理解为"良知"。"致知格物"展开来就是《大学问》如下这段话："于其良知所知之善者，即其意之所在之物而实为之，无有乎不尽。于其良知所知之恶者，即其意之所在之物而实去之，无有乎不尽。""格物致知"展开来则是《大学问》如下这段话："物无不格，而吾良知之所知者，无有亏缺障蔽，而得以极其至矣。"① 可见，"致良知"口号在"知行合一"说中已是呼之欲出了。

"四句教"是对"知行合一"的具体展开。其中，"有善有恶意之动，知善知恶是良知，为善去恶是格物"，均显见于《大学问》。"无善无恶心之体"则是《大学问》所说的"心之本体，则性也。性无不善，则心之本体本无不正也"。② "四句教"第一句明显吸收了道家、禅宗的哲学智慧，然仍归于儒家精神哲学，此不可不辨。其经典证据就是，阳明以"真己"释"仁"。阳明说："人须有为己之心，方能克己。能克己，方能成己。""汝若为着耳、目、口、鼻、四肢，要非礼勿视、听、言、动时，岂是汝之耳、目、口、鼻、四肢自能勿视、听、言、动，须由汝心。""所谓汝心，却是那能视听言动的。这个便是性，便是天理。有这个性，才能生。这性之生理，便谓之仁。这性之生理，发在目便会视，发在耳便会听，发在口便会言，发在四肢便会动，都只是那天理发生。以其主宰一身，故谓之心。这心之本体，原只是个天理，原无非礼，这个便是汝之真己。这个真己是躯壳的主宰。若无真己，便无躯壳。真是有之即生，无之即死。"③ 一言以蔽之，"仁"即"真己"，"美色令人目盲，美声令人耳聋，美味令人口爽，驰骋田猎令人发狂"是害"真己"的，而"非礼勿视、听、言、动"才是为"真己"。可见，阳明的"无善无恶心之体"，实质上是吸纳了老子的"无"与慧能的"明心见性"的智慧，从本体论上阐发了孔子仁学。老子的"无"要化除情欲、妄心与执念，使人入虚静之境界。慧能开示"菩提自性，本来清净，但用此心，直了成佛"，要人

① 王阳明：《序记说·杂著》，《王阳明全集》，武汉：华中科技大学出版社，2014年，第177页。

② 王阳明：《序记说·杂著》，《王阳明全集》，武汉：华中科技大学出版社，2014年，第175页。

③ 王阳明：《传习录·书信》，《王阳明全集》，武汉：华中科技大学出版社，2014年，第40页。

见本来面目,转识成智。阳明善于冶炼,善于翻转,乃能以"无""净"使孔子的"仁"彰显其"惟精惟一"之真谛妙义。

"致良知"高度浓缩了阳明一生内心经验,虽仅以三字拈出,然实具无穷意蕴。观《大学问》通篇,完全可以"致良知"一气贯通。实际上,阳明在为《大学古本》作序时即已指出:"《大学》之要,诚意而已矣。""致知者,诚意之本也。格物者,致知之实也。""乃若致知,则存乎心悟,致知焉尽矣!"①因而,《大学问》"慎独之至,惟精惟一"可做"致"之注脚,"天命之性,粹然至善,其灵昭不昧者,皆其至善之发见"可做"良知"之注脚。②

三、《大学问》精神哲学的辩证逻辑要素

从形式逻辑、辩证逻辑的根本精神看,形式逻辑撇开了思维内容,专门研究思维形式及其规律,追求思维的确定性、论证性,辩证逻辑则视思维形式为与内容紧密结合的形式,要求把握事物本质自身中的矛盾,追求思维的具体性、辩证性。《大学问》精神哲学深蕴辩证逻辑要素,或者说,正因为阳明是辩证法大师,故能基于古本《大学》,接力《大学章句》之探索,提炼自身深彻醇厚的内心经验,创构《大学问》之精神哲学奇篇。这正说明,辩证逻辑与精神哲学之间有密不可分之血脉关联,反之亦然。这方面自古如此,在中华是曾有失足,如今尚未取得明澈共识的。为此,极有必要以《大学问》为个案,尝试探寻中国古代辩证逻辑之根本精神及其基本特征。这在今天必须有中西哲学比较的视野。因为黑格尔是西方辩证法的集大成者,所以下面拟在与黑格尔辩证法或辩证逻辑做比较中加以探讨。

(一)从《大学问》看中国古代辩证逻辑根本精神

德国古典哲学研究专家邓晓芒认为,黑格尔辩证法有两个最根本的精神

---

① 钱穆:《四书释义》,北京:九州出版社,2010年,第264页。
② 钱穆:《四书释义》,北京:九州出版社,2010年,第267页。

要素——努斯精神与逻各斯精神。①笔者以为,与此相对应,中国古代辩证逻辑也有两个根本精神:心与道。

中国古代哲学之一重大特征即"心"的发现。儒道禅均有"心"的发现。孔子有"其心三月不违仁"之说,庄子提出"心斋",慧能有"菩提自性,本来清净,但用此心,直了成佛"一语。"心",既为中国古代辩证逻辑成立的依据,也是其一大根本精神。前已述及,阳明释"致知"为"致良知"。阳明见道诗"人人自有定盘针,万化根源总在心。却笑从前颠倒见,枝枝叶叶外头寻"中的"心"实即良知的发现。《大学问》"不当分本末为两物耳"之论证说明,阳明见"心"真切,故在本末关系的看法上深得辩证法精髓,更具彻底性。阳明阐明了"本末之当为一物"之论:"夫木之干,谓之本,木之梢,谓之末。惟其一物也,是以谓之本末。若曰两物,则既为两物矣,又何可以言本末乎?"同时指出朱熹在辩证思维上的不彻底之处及其根源所在:"先儒之说,是盖不知明德亲民之本为一事,而认以为两事,是以虽知本末之当为一物,而亦不得不分为两物也。"②中国古代辩证逻辑之"心"的根本特征,特别说明辩证逻辑与精神哲学之间的血脉关联。在这一点上,西方辩证逻辑如此,中国古代辩证逻辑亦然。这在今天似乎大有阐明的必要。马克思主义哲学家高清海曾写下《辩证法与"变戏法"》一文,透辟地剖析了辩证法在今天尴尬处境的深层缘由,同时实质上也点出了辩证逻辑与精神哲学之间的关联:"一般来说,辩证法表达的人性、人世、人生的大道理,属于'正道理论'。只有正派人,即具有为人类献身精神、肯于追求真理的人,方能掌握并运用得好;辩证法与钻营私利、歪门邪道无缘,人如果有了私心或私利,辩证法就会被私字'酸化'为诡辩论。辩证法在现实中有人能用、有人不能用,有的在前半生用得挺好,到后半生往往就下道了,或者相反,其原因就在这里。"③邓晓芒也曾指出:"辩证逻辑的基础则是体验。黑格尔整个逻辑学都是建立在体验之上的……辩证逻辑的范畴和规则都是建立在这种'悟'之上的,没有悟,这些范畴和规则马上就成了形而

---

① 邓晓芒:《黑格尔辩证法讲演录》,北京:北京大学出版社,2005年,第4页。

② 王阳明:《序记说·杂著》,《王阳明全集》,武汉:华中科技大学出版社,2014年,第175页。

③ 高清海:《辩证法与"变戏法"》,《洛阳师范学院学报》2000年第3期,第6页。

上学和诡辩。"①他甚至主张应该建立马克思主义精神现象学。同样，我们探讨中国古代辩证逻辑，不可不注意其与"心"的关系。

从世界三大哲学的核心来看，古希腊哲学核心是逻各斯，古印度哲学是梵我同一，中国古代哲学则是"道"。儒道禅无不致力于悟道、行道，这一点观之于三家典籍至为明显。中国古代辩证逻辑当然也是对"道"的逻辑表述。关于中国古代辩证逻辑，《大学问》也从"道"上做了论说。钱德洪所作《大学问》序言有如下说明："古人立言，不过为学者示下学之功，而上达之机，待人自悟而有得；言语知解，非所及也。"②这就是说《大学问》是要论道并启发人见道的。《大学问》文末论及："盖其功夫条理虽有先后次序之可言，而其体之惟一，实无先后次序之可分。其条理工夫虽无先后次序之可分，而其用之惟精，固有纤毫不可得而缺焉者。"③这里的"其体"就是道体，"有先后次序之可言"与"无先后次序之可分"体现的正是思维的具体性、辩证性。

（二）从《大学问》看中国古代辩证逻辑基本特征

《大学问》非常典型地体现了中国古代辩证逻辑的基本特征。比较《大学问》中的辩证逻辑与黑格尔辩证逻辑，中国古代辩证逻辑有极其鲜明的三大基本特征。

其一是象思维。黑格尔辩证逻辑使用的是概念思维。其逻辑要求能够或者惯于"紧抓住纯粹的思想，并运动于纯粹思想之中"。④黑格尔指出，这种逻辑"包含有以前的逻辑与形而上学，保存有同样的思想形式、规律和对象，但同时又用较深广的范畴去发挥和改造它们"，其所使用的是思辨意义的概念。⑤《大学问》所使用的"大人""小人""本""末""始""终""善""恶"等语言实质上都是象。从《传习录》中更可以看出来，阳明特别善于用象思维启发人。

---

① 邓晓芒：《实践唯物论新解：开出现象学之维》，武汉：武汉大学出版社，2007年，第261页。

② 王阳明：《序记说·杂著》，《王阳明全集》，武汉：华中科技大学出版社，2014年，第178页。

③ 王阳明：《序记说·杂著》，《王阳明全集》，武汉：华中科技大学出版社，2014年，第177页。

④ 黑格尔：《小逻辑》，北京：商务印书馆，1995年，第40页。

⑤ 黑格尔：《小逻辑》，北京：商务印书馆，1995年，第49页。

其中极其经典的是如下这段话："人一日间，古今世界都经过一番，只是人不见耳。夜气清明时，无视无听，无思无作，淡然平怀，就是羲皇世界。平旦时，神清气朗，雍雍穆穆，就是尧、舜世界。日中以前，礼仪交会，气象秩然，就是三代世界。日中以后，神气渐昏，往来杂扰，就是春秋、战国世界。渐渐昏夜，万物寝息，景象寂寥，就是人消物尽世界。学者信得良知过，不为气所乱，便常做个羲皇已上人。"①

其二是悟性思维。黑格尔辩证逻辑是扬弃了知性思维的理性思维。而《大学问》体现了典型的中国式悟性思维。前已引到，阳明极其强调"乃若致知，则存乎心悟"。笔者以为，中国式之"悟"，一言以蔽之即心对事物的明澈的洞察。关于中国哲学的悟性思维，杜维明认为："所有中国哲学中重要的哲学家，不管属于哪家哪派，他们都有严谨的逻辑推理的本领，很多比我们现代人还高明。他们可以从感性进入知性、进入理性，可是他们感觉不够，还要上升到悟性。"②"悟性中间一定有个人的感受，一定有精神的磨炼，一定有存在的价值，同时也一定蕴含着严格的理性。所以，即使中间有跳跃，也不要以为悟性中没有知性和理性的认识。中国哲学家当然没有经过形式逻辑训练，但他们的思想非常清晰，特别是对于人伦日用之间的思想。"③由此可见，中国古代辩证逻辑思维训练"存乎心悟"，同时是要与精神磨炼协调并进的。

其三是和的价值取向。邓晓芒指出，黑格尔辩证逻辑的灵魂就是"自否定"。从黑格尔辩证逻辑的最小构件也就是"有—无—变"这一三段式中，就已显露无遗。《小逻辑》提道："这种纯有是纯粹的抽象，因此是绝对的否定。这种否定，直接地说来，也就是无。"④而《大学问》通篇则极其鲜明地展示出和的价值取向。其突出例证就是对"以天地万物为一体"的淋漓尽致的阐发。这一阐发以"仁"之感通义为立论依据，证成了一个人与自然、人与人、人自我身心之间和谐光明的世界，展开了程明道"仁者以万物为一体"的思想，而与张横渠经典名篇《西铭》有异曲同工之妙。

---

① 王阳明：《传习录·书信》，《王阳明全集》，武汉：华中科技大学出版社，2014年，第112～113页。

② 杜维明：《儒家心性之学的当代意义》，《开放时代》2011年第4期，第106页。

③ 杜维明：《儒家心性之学的当代意义》，《开放时代》2011年第4期，第107页。

④ 黑格尔：《小逻辑》，北京：商务印书馆，1995年，第192页。

综上所述,阳明心学思想精微高度浓缩于《大学问》之中。《大学问》实乃儒家精神哲学集大成、中华精神哲学奇篇,深入把握《大学问》精神哲学的经典文本要素、内心经验要素与辩证逻辑要素,有助于更深地走进阳明心学,也有助于把握中国思想史脉络,同时对中国古代精神哲学与辩证逻辑有更为明晰的认识。当代中国,欲要建构中华精神哲学、发展辩证逻辑,极有必要走入《大学问》思想深处。

论湛甘泉对王阳明"四句教"的回应

吴祖松

北京师范大学哲学学院

前　言

　　湛甘泉和王阳明是明中期并立的两位心学大儒,他们同气相求,共倡圣学,推动明代心学思潮达到新的高峰。王阳明晚年提出的"四句教"是其一生哲学思想之总结,但对"四句教"的解释却众说纷纭,引起极大的争论。①这些争论激化了王门分派,影响了明代心学的思想特点和发展走向,明中后期的儒学都要面对和回应"四句教"争论的问题。作为明中期举足轻重的学者及王阳明的挚友,湛甘泉对"四句教"的态度非常重要,他对"四句教"的回应反映了他在思想上的坚守与担忧。研究这个问题对深入把握湛甘泉哲学的特点、探讨湛王异同以及明代心学的义理纷争都有重要意义。以下这段材料是洪垣对甘泉在一次会讲中语录的记载,很重要,但因文献查阅不便等原因,学术界注意到的很少,引述如下:

　　　　或言心意知物。先生则曰:"有善无恶者,心之体。有善有恶者,意

---

　　①　关于四句教的出处及版本差异,杨海文做了细致考证,见《阳明"四句教"出处辑考》,《深圳大学学报（人文社会科学版）》2014年第2期。《传习录》下所载的"四句教"版本和本文引述洪垣所记版本的内容基本相同,陈来在《有无之境:王阳明哲学的精神》一书中也分析了"四句教"各版本的差异,并肯定了《传习录》下所载的"四句教"确为王阳明晚年所提出,本文从此说。

之动。知善知恶者,心之神。达其知之善于意心身家国天下,得其所止者,物之格。"而阳明公以为"无善无恶是心体,有善有恶是意动,知善知恶是良知,为善去恶是格物"。斯其谓人之知无不良者,似与"物格而后知至"之旨有碍。①

除了这段文字,甘泉在其他地方也多次表达了对"四句教"相关内容的看法,因行文需要,略加分章以讨论之。

一、"无善无恶"与"有善无恶"

关于"心之体"究竟指什么,主要有两种解释:一种强调这里的"心之体"就是本质性的形上实体,即通常所说的"性"。另一种观点认为阳明讲的"心之体"亦称"心体""心之本体"等,多是指具有一定体段、状态的心,此处直接讲的是具有本然体段的心。②关于"心之体"的善恶问题,也有两种看法:一是认为"心之体"是至善,没有具体的善恶对待,不能用经验的善恶去形容,所以可以说成"无善无恶",强调的是"至善"的"善"不与恶对,"无善无恶"只是"至善"的另一种表达。二是认为"心之体"纯粹至善,可以说"至善无恶"或"有善无恶",但一说"无善"就错了,说"无善无恶"会导致意念和行动都缺少善的根据,所以不能说"心之体"是"无善无恶"的,应予以修正。这两组争论,甘泉均持后一种观点,他反对讲心无善无恶,也反对讲性无善无恶,他认为性是至善的,所以不能说"无善无恶",而心之本体作为性的直显,必然也是至善的,同样不能说"无善无恶"。

在甘泉的语境中,"心体""心之体""心之本体"也指具有一定状态的心,如他讲"心之本体本自广大、本自高明"以及他强调心体要"平正",心体"必澄"等,阳明对于"心体"的使用情况也一样,如阳明讲"廓清心体"等,心体都

① 游腾达、王文娟点校:《甘泉先生续编大全·补编》,台北:台湾"中央研究院"中国文哲研究所,2018年,第83~84页。
② 陈来、张学智等学者大体持此说,见《有无之境:王阳明哲学的精神》《明代哲学史》。

是指做工夫的主体心。此外,"四句教"是依照《大学》"心意知物"而言说的,甘泉也是基于对《大学》"心意知物"的诠释来回应的。所以说从语境和经典的依据来看,"四句教"首句是在阐发"心"而并非直接说"性",在这一点上甘泉与阳明的理解大体一致,当然阳明也讲过"性之本体"是"无善无恶"的,在阳明看来,心纯是天理流行便是性,所以阳明的"性之本体"还是心之本体。

阳明所讲之心体是通未发已发的,心体有两种形态:一种是本然心也是应然心,是完全依良知而发用、无丝毫人欲遮蔽时的心,此状态可称为"心之本体",是未发之中,也可以是已发之和。另一种是现实心,是流行发用还不能完全依良知时的心,此状态存在之前的意念留滞形成纠结或新的意念发出时产生偏差,所以既可能是未发之不中,也可能是已发之不和。人做工夫要么涵养保任心的本然状态,要么从心的现实状态通过省察去弊恢复到本然状态,这是工夫的两种进路,王龙溪主前者,钱绪山主后者,但这两种进路都是在心上做工夫。

对于首句的回应,甘泉主要是坚决反对"无善无恶"的理论和讲法,不管是说性无善无恶还是说心体无善无恶他都反对,他认为心之中正就是性,二者是可以相互推导出的。实际上,王阳明讲心体无善无恶,想阐发的是心体的无滞性。[①]无滞性即心体发用应该纯粹依良知而发,是自然流行、不滞不碍、过而不留的,不应该滞于具体的善念或恶念,意念不应该在心里留滞而形成纠结,如此良知本体才能充分显露,就像镜子光光净净,无任何灰尘沾染,才是心体的本然状态,如《传习录》载:

> "心体上着不得一念留滞,就如眼着不得些子尘沙,些子能得几多?满眼便昏天黑地了。"又曰:"这一念不但是私念,便好的念头,亦着不得些子。如眼中放些金玉屑,眼亦开不得了。"[②]

对于心体的无滞性,甘泉是赞同的,有人问:"或云:'有善有恶为二,无善

---

① 陈来、张学智等学者对心体的"无滞性"均有详细分析,见《有无之境:王阳明哲学的精神》《明代哲学史》。

② 邓艾民注:《传习录注疏》,上海:上海古籍出版社,2015年,第276页。

无恶为不二法门,如何?'"甘泉回答说:"谓不著善恶之见则可,如云无善无恶,是寂灭无相之说也。吾儒自有不二法门,正以其能善善而恶恶耳。"①甘泉所讲的"不著善恶之见"就是在表达心体的无滞性,可以说心体不著于善恶,但不能说心体"无善无恶",他认为"无善无恶"是佛家的"寂灭无相"之说,所谓佛家"寂灭无相"之说是指佛家认为一切现实事物以及意念都是因缘会聚而成,没有自性,一切相也是虚假的,善念恶念皆为空,所以修行要对现实事物破除相的执着,对于善恶之相不要有分别心,而儒家讲"善善恶恶"就是要对善恶有"分别心",并长养扩充这个"分别心",这个"分别心"是天理本有的,不容消除,此便是诚意,诚意才是儒家的不二法门。《传习录》有记载王阳明引用《金刚经》"应无所住以生其心"的话头,实质是吸收佛家的某些工夫方式,以达到儒家的本体境界,以"无"来达到"有","不滞"与"无所住"在方式上有相似性,但儒佛修行的信仰前提和所达境界是不同的,佛家是讲缘起性空,认为现实的事物没有自性,人要破除一切执念,通过修行达到"一念即空即假即中"的真如境界,所以佛家认为儒家执着于天理良知是"理障",而儒家修行的信仰前提是万事万物都有"自性",这个"自性"就是生生之理,生生之理就是天理,"自性"不仅是自己的本性而且是天地之性,二者是同一的,这就是所谓的"统体一太极,物物一太极",不管是性还是心之本体都是实有、至善、生生不息的,人是可以通过不断的道德伦理实践达到"仁者浑然与天地万物为一体"的境界,可以成圣成贤。

甘泉批判佛家的"无善无恶"主要是维护本体的实有性,以及维护儒家伦理道德秩序方面,有人问:"佛氏无善无恶,莫恶亦可为否?"甘泉回答说:"非谓恶亦可为,只形容一个性空耳。但其言笼统无着落,其道必至于弃蔑彝伦,是为恶之端也。"②在这里甘泉坚决地批判佛家的"无善无恶",所谓"性空"是说万事万物都是因缘假合,没有一个本质性的善性或者恶性。他认为佛家所谓的"无善无恶"讲得太笼统不落实地,思想和行动都会缺乏善的根据和动力,道德工夫就不能笃实实践,这样就会破坏社会正常的伦理道德秩序,而伦

---

① 游腾达、王文娟点校:《甘泉先生续编大全·补编》,台北:台湾"中央研究院"中国文哲研究所,2018年,第18页。

② 游腾达、王文娟点校:《甘泉先生续编大全·补编》,台北:台湾"中央研究院"中国文哲研究所,2018年,第64页。

理道德秩序正是儒家的根基，是不容被破坏的。甘泉反对引进这个词和理论进入儒家，反对含糊儒佛界限，认为儒佛之辨不得不辨，其主要就是针对阳明及其后学所提倡"无善无恶"说，力求把流入"玄虚而荡"的阳明弟子拉回儒家正途。甘泉在给江右王门重要学者欧阳德的回信中说："仆之不取佛者，非如世之群儒，区区以辟异端为事，而懵不知者也。盖三十岁时曾从事于此，亦见快意，久乃觉其无实，亦无实德实事，如谈空画饼耳。且心事既判，又云理障，其害道不为小矣。所以恶之者，非恶佛也，恶其害道也。往往见阳明门弟尊佛而卑圣，至谓孔子为缠头佛，佛乃上圣人，亦尝痛之，愧不尽心于知己者。"[1]有弟子向甘泉论述性无善无恶的错误所在，甘泉称赞道："程子谓性即理，无不善。孟子性善之后，程子大有功于孟子，今平川此辩又有功于程子者。孟子：'能言距杨墨者，圣人之徒也。'平川已踏圣人路上矣。可敬！可敬！"[2]

若会得时，心体"无善无恶"和心体"有善无恶"的义理是相同的，但问题是这两种语言表达的诠释确定性却不同，所带来的影响也不同，"无善无恶"这个词的诠释确定性是不足的，有开放性与多样化的诠释路径。甘泉对于"四句教"中"无善无恶"的批评主要是针对这个词的表达效果，该词的直接理解是"没有善，没有恶"，字面的解释并不是"不滞于善，不滞于恶"，如黄宗羲就将首句解释为"无善无恶者，无善念恶念耳"，如此则心体很容易被认为是一个"空盒子"，这是甘泉所不能接受的，当然也不是阳明的本义。阳明经常借用太虚来比喻心体，他说："太虚之中，何物不有？而无一物能为太虚之障碍。"（《王阳明全集·答南元善》）太虚是一气流行的，里面有日月星辰云雨这些事物，说明太虚不是一个"空盒子"，只是里面的事物都不能成为太虚之"障"，该比喻说明了阳明肯定心体的实有性和无滞性。但甘泉认为不能以"无善无恶"来描述心体，正是因为从诠释结果看，这样说会带来对心体的实体性造成冲击，甚至消解儒家伦理价值的基础——性善论，而且如果一种修行方式会让人误认为是消灭全部意念，在工夫上是很危险的。这些都会造成儒家学术根基的动摇，势必会破坏正常的伦理道德秩序。

---

① 钟彩钧、游腾达点校：《甘泉先生续编大全》（上），台北：台湾"中央研究院"中国文哲研究所，2017年，第263页。

② 钟彩钧、游腾达点校：《甘泉先生续编大全》（下），台北：台湾"中央研究院"中国文哲研究所，2017年，第739～740页。

甘泉批判"无善无恶"的另一个重要原因是讲心体"无善无恶"会很容易导致"良知现成"说，即良知是现成呈显，既然心体是"无善无恶"，直接保任本体即可，不用做省察工夫。但除非是天生圣人，任何人都不能只涵养本体不做省察工夫，所以"无善无恶"是阳明对"上根器"人的诱导和激励，《天泉证道记》记载阳明让弟子不要把"无善无恶心之体"之理论"轻以示人"，他担心会出现"概而言之，反成泄露"的问题。①但"四句教"既出，就很难避免在更大范围的广泛传播，正如阳明所担心的，实际上很多自信的人会认为自己是"上根器"，不愿意承认自己是"中下根器"，以至于持守一个本体，不做工夫，以成"玄虚而荡"和"情识而肆"之局，而其本体未必是未发之中，其不做工夫更是虚浮飘荡，都只是玩弄光景。针对此现象，甘泉批评道："不思善去恶，自善无恶，圣贤亦不敢如此说。易称'颜子有不善未尝不知，知之未尝复行'，何得此说？是欺人自欺矣。自古圣人如何说这学字？记曰：'无以学术杀天下后世。'"②

综上，一方面，甘泉的"有善无恶心之体"讲的是心体的至善无恶，避免了对首句的误读及歧义的发生，纠正了"四句教"本体虚化和流入佛老的倾向，维护了儒家立场。但另一方面，甘泉虽理解阳明"四句教"首句的应有之义，改句也能包容心体无滞性的义理内容，但毕竟没有直接指出这一点，可以说其对至高境界的描述还有所不足，对人尤其是对上根器人向上一机的激励和诱导作用就弱化了。

二、普遍性善意与具体意念

甘泉对"四句教"第二句没做改动，但没做改动也是一种回应。首句讲的是心的本然状态，第二句讲的是心的现实状态，前两句都在处理心与意的关系，应结合起来分析。"意"分两种：一种是本体功能性的、持续发出的、深层的意念，可称之为普遍性善意，如敬以直内、戒慎恐惧、好善恶恶、良知的照察等，就像日光持续发出一样；另一种是感应事物而发出的具体意念。在"四句

---

① 邓艾民注：《传习录注疏》，上海：上海古籍出版社，2015年，第257～260页。

② 钟彩钧、游腾达点校：《甘泉先生续编大全》（下），台北：台湾"中央研究院"中国文哲研究所，2017年，第744页。

教"的论述上，阳明和甘泉没有在用词上区分普遍性的"意"和具体的"念"，所以甘泉对第二句也没做改动。在甘泉看来"有善有恶意之动"的"意"包括普遍性善意和具体意念。王阳明也并不认可心体可以完全没有意念，他每言"至善是心之本体"，"不滞"不是说心体绝对没有意念、不发生意念，"不滞"是一循天理，无有作好，无有作恶，心体是活泼泼的、生机盎然的，其流行发用是无时不有的，不能以告子"不动心"硬把捉的方式使心不起意念，也不能如佛家"不思善不思恶"断灭禅定的方式消除一切意念。要之，本体有实有性、持续发用性，不存在一个没有内容的空洞心体，也不存在一个静止不流行发用的心体，《传习录》多处有证：

> 唐诩问："立志是常存个善念，要为善去恶否？"曰："善念存时，即是天理。此念即善，更思何善？此念非恶，更去何恶？此念如树之根芽，立志者长立此善念而已。'从心所欲，不逾矩'，只是志到熟处。"①

阳明这里是在讲立志，实质是说"志"是一个普遍性善意，长养扩充这个普遍性善意就行，即是符合天理的，在事物未至之时，不需存一个应对具体事物的善念，也不要存一个去除具体恶念的念。

> 曰："不论善念恶念，更无虚假，则独知之地更无无念时邪？"曰："戒惧亦是念。戒惧之念无时可息。若戒惧之心稍有不存，不是昏聩，更已流入恶念。自朝至暮，自少至老，若要无念，即是己不知，此除是昏睡，除是槁木死灰。"②

这段话是阳明与弟子黄正之的对话，"戒慎恐惧"就是普遍性善意，是持续发出的，从不间断，同时阳明还肯定了心体"无无念时"，就是说心体没有完全无意念的时候。

---

① 邓艾民注：《传习录注疏》，上海：上海古籍出版社，2015年，第46页。
② 邓艾民注：《传习录注疏》，上海：上海古籍出版社，2015年，第80页。

黄勉叔问:"心无恶念时,此心空空荡荡的,不知亦须存个善念否?"
先生曰:"既去恶念,便是善念,便复心之本体矣。譬如日光,被云来遮
蔽,云去,光已复矣。若恶念既去,又要存个善念,即是日光之中添燃一
灯。"①

　　这段话中,阳明认为去除了感应事物的具体恶念,则云去光复,就恢复到
心之本体,这里的"光"就是普遍性善意,不需要再存一个具体的善念,有"光"
在,此心就是有内容的,不是"空空荡荡"的。

　　问:"知譬日,欲譬云,云虽能蔽日,亦是天之一气合有的,欲亦莫非
人心合有否?"先生曰:"喜怒哀惧爱恶欲,谓之七情。七者俱是人心合有
的,但要认得良知明白。比如日光,亦不可指着方所;一隙通明,皆是日
光所在,虽云雾四塞,太虚中色象可辨,亦是日光不灭处,不可以云能蔽
日,教天不要生云。七情顺其自然之流行,皆是良知之用,不可分别善恶,
但不可有所着;七情有着,俱谓之欲,俱为良知之蔽;然才有着时,良知亦
自会觉,觉即蔽去,复其体矣!此处能勘得破,方是简易透彻功夫。"②

　　这段话的日光就是普遍性善意持续发出,"七情顺其自然之流行,皆是良
知之用,不可分别善恶"实质是说七情完全依良知发出,按道理这时候的七情
全是"善念",但是阳明认为这时"不可分别善恶",他侧重在意念全依良知自
然发出这一点,不要执着于这些是"善念",不要在这些"善念"上再加些意思,
那么这些原本是"善念"的七情,可以不称作"善念",这一点很重要。

　　综上,心体无善无恶有两种情况:一种是有普遍性善意持续发出,没有
之前的具体意念留滞,因事物未至,还没有具体意念产生,自然就没有具体的
善念与恶念,所以是"无善无恶",如镜之明定,强调的是"未发之中"。另一种
是有普遍性善意持续发出,没有之前的具体意念留滞,感应事物而产生的具
体意念完全依良知而发出,虽是"善念",但按照阳明的看法,这时具体意念因

---

① 邓艾民注:《传习录注疏》,上海:上海古籍出版社,2015年,第205页。
② 邓艾民注:《传习录注疏》,上海:上海古籍出版社,2015年,第240页。

完全循良知自然流出，不可"分别善恶"，可以不称作"善念"，那么此情况也可以说是"无善无恶"了，如镜随物而照，是"已发之和"，真实的问题就在于阳明对第二种情况的具体善意做了一个和常识不同的规定，但又不是严格规定，即可以称为"善念"，因为从善恶判断上讲确实是"善念"，也可以不这样称呼，因为它只是完全依良知而自然发出，两种称呼的侧重点不同，但总归还是有"念"。另外，心体"无善无恶"是通乎未发已发的，那种认为"无善无恶"只是讲未发或只是讲已发的观点都是有问题的。所以统观这两种情况，阳明都可以说心体是"无善无恶"的，而黄宗羲的心体"无善念无恶念"的解读虽有见地，但并不全面。

甘泉对普遍性善意和具体意念是有辨别的，他在批评心完全不起意的观点时说："圣人之戒毋意，谓妄意也；诚意之意，谓本意也。"[1]这里的"妄意"就是具体意念，"本意"就是普遍性善意。他肯定"诚意"是一种普遍性善意，一直持续存在："正意岂可无？大学诚意，何谓乎不动意？是死灰也。"[2]甘泉认为心是气之中正，是一个实体，有实体就一定有内容，一定会有意念的存在，他认为心是体用合一、寂感合一、动静合一，心没有强弱断续，没有"断念"之时。他讲：

> 如《易》所谓"天下何思何虑"，乃言心之本体也。《孟子》"心之官则思，思则得之"，与《书》"思曰睿，睿作圣"，大学"安而后能虑"，乃言心之应用也。本体者，其寂然者也；应用者，乃其感通者也。寂有感，感有寂，安得就其一路，而遂各执以为言，岂通论哉？心如明镜，镜之明定如心之体，何思何虑也。镜之光能照，物来而照之，如心之用。物感而应，其思虑生，所谓思则得之，思而睿作圣，安而能虑也。当其未照时，能照之光自在，静中动也。当其照时，而其本体自如，动中静也。心岂可以强弱断

① 钟彩钧、游腾达点校：《泉翁大全集》（四），台北：台湾"中央研究院"中国文哲研究所，2017年，第1978页。
② 钟彩钧、游腾达点校：《泉翁大全集》（四），台北：台湾"中央研究院"中国文哲研究所，2017年，第2000页。

续言耶？①

这里的"能照之光"就是普遍性善意，照物之时，具体的影像就是具体意念，具体意念发生时，本体以及普遍性善意都是恒在的。

甘泉之所以没有改动第二句，首先是因为，第二句是顺着首句讲的，首句讲心的本然状态，第二句讲心的现实状态，主要讲善恶等具体意念的产生。其次是因为，甘泉是以格物作为工夫的头脑，致知是工夫的目的，格物工夫贯穿和落实于意心身家国天下，都只是一段工夫，没有分截的、单独的工夫，"意"上工夫是格"意"之事而体认天理，诚意不是在格物之外别有一个工夫，他强调八条目不可分割："是说来说去总在格物，此诚意即于意而格之也，何尝有条目？一句是一件，方是条目，此截不断的，何为条目？差矣。又有舍格物而以诚意为首功夫者何？"②所以他也就没有突出"诚意"这个普遍性善意，但是甘泉理解的"有善有恶意之动"里的"善意"却包含普遍性善意和遇事而发的具体善意，认为普遍性善意也是动，他说："其敬谨、兢业、寅恭、戒谨、恐惧非意乎？此便是好的意，岂可谓一切不动意？动心忍性何谓乎？故天运行健而常动，人心活泼而常动，惟勿忘勿助之间，则动而不动，有诚意而无私意矣。"③

三、反对良知现成与强调"达"之工夫

甘泉把"四句教"后两句改成："知善知恶者，心之神。达其知之善于意心身家国天下，得其所止者，物之格。"④这两句是按照《大学》的"知"和"物"展开论述，甘泉的修改也是基于他对《大学》义理的理解。甘泉把格物致知理解

① 钟彩钧、游腾达点校：《甘泉先生续编大全》（下），台北：台湾"中央研究院"中国文哲研究所，2017年，第932～933页。

② 钟彩钧、游腾达点校：《甘泉先生续编大全》（下），台北：台湾"中央研究院"中国文哲研究所，2017年，第75页。

③ 钟彩钧、游腾达点校：《泉翁大全集》（四），台北：台湾"中央研究院"中国文哲研究所，2017年，第2007页。

④ 游腾达、王文娟点校：《甘泉先生续编大全·补编》，台北：台湾"中央研究院"中国文哲研究所，2018年，第83～84页。

为一个整体的工夫，所以研究甘泉对"四句教"后两句的回应应该结合起来探讨。甘泉解释"格"为至，"物"为天理，格物就是至天理，致知是知天理、得真知，他认为格物致知只是一段工夫，贯穿于意心身家国天下，格物是一切工夫之总名，是认知活动和德性修养的统一，致知是工夫的方向，他认为《大学》的诚意正心修身齐家治国平天下六者都没有独立的工夫意义，它们都是格物工夫在意心身家国天下的开展，格物即是随处体认天理。他说：

> 且问格物是至其理，谁至他？至者，造诣之谓也，非知行并进，安能造诣？至之者乃意心身也，物者，意心身感应天下国家之理，意心家国天下事理都在格物上了了，故下文但说"物格而后知至"，不说"物格而后至知"也；但说"知至而后意诚"，不说"知至而后诚意"；但说"意诚而后心正"，不说"意诚而后正心"也；君曾见意诚而心不正，才又要去正之者乎？但说心正而后身修，不说心正而后修身也，于此例之可见，但怕人不求自得耳。①

阳明在第三句讲"知善知恶是良知"，着重从理上讲"知善知恶"是良知的性能，当然甘泉也肯定这一点，他认为"知善知恶"是真知，真知就是良知、天理，而甘泉反对良知现成、不做工夫的论调，他说："昔者吾友阳明先生论学，亦只以此良知作一个题目，欲人易知易能，亦是吃紧为人的盛心。但学者超脱的固有，间亦多有不知孟子本意全在达字上，连其师之意亦昧了，即作一场容易见成的道理看去，便以常知常觉、灵灵明明为良知，不待学与虑，不消得读书学问，路上三尺童子皆能之，岂不误了！"他认为良知本有不代表良知现成，良知的自然发用在现实作用层面不一定能充分实现，会受到干扰，则"知善知恶"的能力在现实中也不一定能发挥得出来，必须做到"达"即良知扩充的工夫，"达"就是时刻长养、扩充、觉察、唤醒的工夫，要有学问思辨行的实践，以保持本体能够真实地流行而不被遮蔽。阳明这句话侧重良知本有，而甘泉则着眼于良知在现实中"真实的实现"。所以他认为第三句讲本体即真

---

① 钟彩钧、游腾达点校：《泉翁大全集》（四），台北：台湾"中央研究院"中国文哲研究所，2017年，第1714～1715页。

知,其显现于知爱亲敬兄,应该扩充此知,第四句就应该接着第三句讲"达"的工夫。而扩充此知即是格物,即是致良知:

> 夫以其爱敬之一念,而便可以为仁义之大德,何耶?又不是见成的,又不是人人能如此的,虽童子亦有时打骂他父母者,及有时绞兄之臂而夺之食者,甚至又有爱己之亲而杀人之亲,敬己之兄而杀人之兄者,爱亲敬兄良知良能,岂便为仁义?亦在乎达之天下而已矣。必学问思辨以开其知,笃行以恒其知,知行并进,涵养以扩充之。由一念良知、良能之爱敬,以达于无所不爱敬。爱其亲以及人之亲,而天下无不爱之亲,则念念皆仁,仁之量可充满,而仁覆乎天下矣。敬其兄以及人之兄,而天下无不敬之兄,则念念皆义,义之量可充满,而义覆乎天下矣。此则爱敬之极功,仁义之全体,而穷理尽性之事皆达之之功也。不能达之,则爱敬之体微,仁义之机窒,其为不仁不义者多矣,又安得为良知、良能?古之人以天下无性外之物,故老老、长长、幼幼,与及人之老、及人之长、及人之幼,皆作己性分内事。故良知、良能必达之天下而后为仁义也。若以良知、良能为成性,达之为无功,则天下如何有不孝不弟不慈之人乎?且所谓凡有四端于我者,知皆扩而充之,苟能充之,足以保四海,不能充之,不足以事父母者,何谓耶?①

同时,甘泉认为阳明在"四句教"中分讲"知"和"物",有把"致知"与"格物"二分的问题。甘泉认为本体和工夫合一,本体不离工夫,工夫不离本体,他把后两句合起来讲:

> "知善知恶是知,为善去恶是格物,如何?"曰:"知善知恶,真知也,即真知一路致之,以通格乎物者。若添为善去恶二字,似又加一转身,致与格二矣。"②

---

① 钟彩钧、游腾达点校:《泉翁大全集》(一),台北:台湾"中央研究院"中国文哲研究所,2017年,第362～363页。

② 游腾达、王文娟点校:《甘泉先生续编大全·补编》,台北:台湾"中央研究院"中国文哲研究所,2018年,第83～84页。

"致良知"是王阳明思想成熟时期的学术宗旨，可是在"四句教"中，这个宗旨体现得很弱，阳明在第三句讲"良知"，可是在"四句教"中没有提"致良知"也没提"致"字，这会带来很大的风险，在甘泉看来这个义理有缺陷，他要帮阳明补上这个宗旨。①阳明把"格物"解释为"正念头"，所以在第四句讲"为善去恶是格物"，没有从第三句直接承接下来，甘泉反对把"格物"解释为"正念头"，在他看来正念头是省察的工夫，不能涵盖工夫的全部，不能代替"致良知"，工夫包括涵养和省察，兼知行，只讲正念头则缺乏学问思辨行的工夫，偏于内则不免有"遗物"之病。而且念头正与不正得不到一个可靠的判断依据，还有语义重复的问题，他给阳明的信中讲："兄之训格为正，训物为念头之发，则下文诚意之意，即念头之发也，正心之正即格也，于文义不亦重复矣乎？"甘泉解释"格物"为"至其理"，天理是心之中正，做工夫的依据和方向是很明晰的，他改写后的第四句"达其知之善于意心身家国天下，得其所止者，物之格"是顺着第三句的本体讲工夫，他在第四句不具体讲"为善去恶"，是因为"为善去恶"和"知善知恶"并不是分开的，从本体一路扩充就是工夫，另外"为善去恶"只是格物工夫的一个部分，不能直接说"为善去恶"就等于"格物"，甘泉的改写使第三、第四句内在地连贯起来，本体与工夫合一的义理特征得到了加强。

综上所述，甘泉合讲后两句原因已经清楚了，可是甘泉为什么把第三句改成"知善知恶者，心之神"呢？这体现了甘泉对"四句教"义理和表达有很高的要求。"知善知恶是良知"当然是对的，但是从行文上，这样讲没有建立起和前两句的联系，良知和前面所讲的心、意是什么关系呢？阳明并没有讲明，所以该句和前两句以及第四句都有些隔阂。在甘泉看来，修改"四句教"主要是为了让义理和表达更加连贯、全面、圆融。甘泉认为"知善知恶"是真知，真知就是天理，天理是心之中正本体，在这里他用"心之神"表述。甘泉讲"人心之神，俨乎天君"，心之神是天理以主宰言，他说："日月之明常在，蔽障之者云雾也；人心之神常在，蔽障之者物欲也。故学求去其蔽障之者耳。"②甘泉弟

---

① 清代学者毛奇龄认为第三句应该是"知善知恶是致知"，但此说并无文献依据。

② 钟彩钧、游腾达点校：《甘泉先生续编大全》（上），台北：台湾"中央研究院"中国文哲研究所，2017年，第79页。

子钟景星解释甘泉的"神"概念说:"神也者,天之理,即吾心之神理也。"① "心之神"是心的主宰,是道德实践活动的依据和动力。改写后的第三句和前两句在义理上就内在地贯通起来了,语言表达也更加连贯,而且第三句"知善知恶"四字已经有"知"字,第四句是接着这个"知"字讲,所以改成"知善知恶者,心之神"并没有减弱"知"的意义。甘泉改写后的四句是一个义理浑沦的整体,四句讲的都是心,即心之本然、心之现实、心之主宰、心之工夫。

结　语

阳明曾言:"吾只与学者凿粗坯,待甘泉与出细。"② 甘泉对"四句教"的系统性修改便是阳明此言的生动写照。好的哲学家提出问题,王阳明提出"四句教",锻炼了学者的思辨能力,历代学者通过对"四句教"不断地批判、争论和改写,让心学理论更加完善和成熟。

甘泉继承的是从孔孟到周濂溪、程明道以至于陈白沙一脉相传的学术精神,担负的儒家道统意识很强,有强烈的卫道精神,在儒佛之辨上也更加严格。而阳明所言所论往往能够单刀直入、突破成规,常有惊人之语,他说:"夫学贵得之心,求之于心而非也,虽其言之出于孔子,不敢以为是也,而况其未及孔子者乎? 求之于心而是也,虽其言之出于庸常,不敢以为非也,而况其出于孔子者乎?"③ 阳明的学问是从百死千难中得来,出于生命之真实体验与自我领悟,是一种实践智慧的迸发而出。对读书以及经典的态度方面,甘泉和阳明都认为六经皆是吾心之注脚,但甘泉更加重视学于古训,对学问思辨这些知识性学习更加重视,对经典的文句、字词、语脉有更多的考据明辨之功,对经典的诠释努力做到文从字顺、义理通透,其学问建立在充分学习儒家经典的基础上,在语言表达上也力求准确圆融。而阳明则反对纯粹的知识探求,

---

① 钟彩钧、游腾达点校:《甘泉先生续编大全》(下),台北:台湾"中央研究院"中国文哲研究所,2017年,第955页。

② 钟彩钧、游腾达点校:《甘泉先生续编大全》(下),台北:台湾"中央研究院"中国文哲研究所,2017年,第656页。

③ 邓艾民注:《传习录注疏》,上海:上海古籍出版社,2015年,第151页。

这本是针对当时学界的弊端因病发药，但如果过当，也会因药发病即导致不重视经典学习等问题。

相较于甘泉持守严格的儒佛之辨立场，阳明对佛家更加宽容，也注意吸收佛家的智慧为己所用，尤其是他用佛家"不思善不思恶"很相近的话头解释儒家的义理，会引起很大的争议和风险。"无善无恶"的讲法于本体的实有性、至善性、持续发用性以及语言表达的清晰度等方面都有不足，阳明提出"无善无恶"必然会导致其学说与佛家"不思善不思恶"思想纠缠不清以及后学的争论不断，这是可以预见到的，其实这些问题在阳明在世之时就已经出现了，如钱德洪和王龙溪的争论等，但阳明采取了一种调和的态度，并没有对"四句教"进行进一步的修改。在一个成熟的语言表达环境中，学说应尽量通过语言表达清楚，如果一种理论的言说方式导致了诠释的极大争议以及修行出现很大的问题，至少说明这个理论的言说方式是不完善的。用佛家的话头表达儒家的义理，就会有一个兼容性问题，如果兼容得不好，诠释的可能性义项太多，就会影响儒家义理的根本立场。甘泉在当时就已经看到在儒门提倡"无善无恶"及"良知现成"等论调必然会引起各种问题，一直很警惕阳明及其弟子流入佛家的倾向，通过讲学论辩、书信往来等方式力图发出预警、救偏补弊。

要之，甘泉对阳明确立儒家立场以及阳明学的形成都有重要的助力，对救正阳明学流弊也出力甚大，他对"四句教"的回应就体现了这种努力。清人陈庆桂评价湛甘泉时说："其训格物为至其理，与阳明反覆甚力，若预睹王学末流之弊，而先防之者。故能议论明通，践履笃实，粹然一轨于正。善夫明儒罗洪先曰：'先生以纯粹中正之学，发明克奉精一执中之传。明天理之本然，救人心之既死。其功不在抑洪水、辟杨墨之下。'"①

---

① 游腾达、王文娟点校：《甘泉先生续编大全·补编》，台北：台湾"中央研究院"中国文哲研究所，2018年，第543页。

良知即易:阳明哲学的意象诠释

李煌明

云南大学意象哲学研究所

一

任何一种真正而严肃的哲学诠释,都当有其本体与方法的自觉,都当有其历史与理论的根基。哲学诠释不仅要回答"如何",更当回答"为何",不仅要诠释其内蕴之意,更要说出何以如此。这便是诠释理论与方法、历史与根据的追问。这便是本体、诠释与方法的整体性与一贯性,故说"本体即诠释""本体即方法",所谓"体用一源,显微无间"。在中国传统哲学中,"道"或"大道",既是本体,也是方法,还是诠释。那么,如何理解这个"一以贯之"的"道"或"大道"呢?

以"易"观之,易即是"道",是"弥纶天地之道",是摄贯一切的大道。然则,又如何理解"易"呢?众所周知,《易》有三个组成部分:卦名、卦画、卦辞(爻辞),这便是"意—象—言"。为此,"意—象—言"便是"易"的内在结构模式。以"易理"观之,本体便是"意",诠释便是"言",而"象"则是沟通"言"与"意"两端的桥梁——结构与脉络,共由之路、大通之道。由此,"意—象—言"便衍化成为本体、结构、诠释,或本体、方法、诠释。方法便是本体结构的展开,一如"意以象尽";诠释则是结构内涵的彰显,一如"象以言著"。此以"意—象—言"为本源结构的诠释,便称为"意象诠释",其实质便是基于结构思维的理解和诠释。

易者,藏往知来,即寂即感,是流转不已的根源主宰,是本体、方法、诠释的一源无间。所谓"藏往"，是自下而上，是经验的总结、历史的积淀，所以哲学诠释当有客观性与历史性，而无任意曲解之蔽。所谓"知来"，是自上而下，是自然的流行、道理的贯通，所以哲学诠释当有系统性与贯通性，而无支离破碎之嫌。然则"物物者非物，生生者不生"，所以藏往而知来者，却是寂然之本体、主宰之根源、圜中之道枢，而无枯寂偏缺之忧。故曰："心为太极""道为太极"，既是天地之心，亦是人物之心。无论客观与历史、自然与道理，都不能离却此人此心，故说"道不远人""可离非道"，所以天人合一，心道为一。为此，哲学诠释当有主体性与个体性、选择性与差异性，而且这才是整个诠释的核心与灵魂，故说是道枢，是主宰。

综上所述，哲学诠释当具"三有"：言之有据、言之有理、言之有物（有我）。此"三有"者，圆融浑沦，缺一不可。此诠释之三有，实根于本体"三性"：自下而上的超越性（形上性），所谓"无声无臭""无形无象""非阴非阳""无是无非""无善无恶"，在思维上体现为"双非""双遣"模式；自上而下的灵动性、贯通性，所谓"本然之妙""神妙万物""自然流行""无所不在"。形上超越，一似拾级而上；贯通流行，则似顺流而下。一神一鬼，一卷一舒，往复流转。然则，其所以流转不已，生生不息，大化流行，便是根源与主宰（稳定性），所谓"造化之枢纽"。

如果没有本体与方法的自觉，没有理论与根据的追问，其所谓"研究"与"诠释"难免缺乏严肃性与客观性，缺乏理论性与深刻性，缺乏思想性与系统性，甚至以曲解误解为新识新解，以简单比附为中西会通，以没有思想为客观公正，以材料堆积为学术渊博。或者说，没有本体就没有方法，没有方法就没有诠释。反之，真正的诠释便蕴含着本体与方法在其中。诠释与俗解之间的根本区别就在于：诠释具有本体的自觉性，而俗解则缺乏理论的追问。

事实上，对于具体哲学的具体理解与诠释，只是一个方面，而更为重要、更为根本、更为深刻的是如此诠释的理论基础。可以说，具体诠释只是"表"与"用"，而诠释理论才是"里"与"体"。没有本体的根基，就没有真正的诠释。诠释之所以是哲学，而不是历史梳理，不是文献堆积，不是生搬硬套，不是胡乱肢解，其本质与差别不在于有无历史文本的依据，甚至也不在于有无自己的感悟，而在于其背后有无自己的理论依据，在于其理论的系统性与贯通性。

二

　　对于阳明哲学而言，时下研究性的论著，可谓不胜枚举。但是，其中具有本体与方法自觉者，能有几何？符合上述"诠释三要"者，又有几多？能明显推进阳明哲学研究者，鲜之又鲜。事实上，这些问题与其说是对学界的批评，不如说是作者自我的反思。或者说，这些问题与要求恰恰是中国哲学未来发展与努力的方向与目标，是学科体系、学术体系、话语体系建设的关键所在。所谓"创新"，非危言耸听，非高论邀宠，非移花接木，非搬弄术语，非堆砌文献，而是深根厚植，开自己的花，结自己的果。唯其如此，或有樊篱之突破，或有创新之可得，或可成一家之言。

　　一如钱穆先生指出：讲理学，尤其是讲王学，最忌搬弄概念术语，作训诂条理，却全然不得其精神要旨。为此，学者须脱弃训诂与条理的眼光，直透大义，反向自心。①正如阳明自谓："人心天理浑然，圣贤笔之书，如写真传神，不过示人以形状大略，使之因此而讨求其真耳；其精神意气、言笑动止，固有所不能传也。后世著述，是又将圣人所画，摹仿誊写，而妄自分析加增，以逞其技，其失真愈远矣。"②对阳明哲学之研究，亦当如是：不当摹仿誊写，不可妄加分析，而当勾个大略，立个规模，犹如漫画一般，寥寥数笔，写真传神，明白简实。正因此，阳明之学，简易浑沦，活泼无滞，故其深细曲折处最当融贯圆通，最忌支离决裂。

　　一如孟子曰："先立乎其大者，则其小者弗能夺也。"（《孟子·告子上》）以诠释观之，所谓"大者"便是头脑与宗旨、纲领与规模。若其大者既立，则可依其固有之条理，自然之文脉，剖析其深细曲折，一似庖丁之解牛。为此，阳明强调"为学须有个本原"③，当明白"学问的大头脑处"④。此以"大小"观之，若以"常变"观之，则头脑便是主宰之常，活泼便是自然之变。有主宰之体，方有

<hr>

①　钱穆：《阳明学述要》序，北京：九州出版社，2010年，第1页。
②　吴光等编校：《王阳明全集》，上海：上海古籍出版社，1992年，第11～12页。
③　吴光等编校：《王阳明全集》，上海：上海古籍出版社，1992年，第14页。
④　吴光等编校：《王阳明全集》，上海：上海古籍出版社，1992年，第39页。

活泼之用,故阳明说:"要晓得良知是个头脑,方无执着。"①那么,阳明哲学的"本原"与"头脑"是什么呢? 概而言之,"良知"与"致知"便是其头脑,不过良知是本体头脑,而致知则是工夫头脑。然则,即本体即工夫,良知与致知二者本不相离:非工夫则本体无以彰显,非本体则工夫无以依归。本体开出工夫,工夫指向本体,此谓"知行合一"。

以本体观之,"良知"即是阳明哲学的头脑,是谓"本体头脑"。此所谓"头脑",即是主宰,即是本体,即是明师,即是舵柄,亦是主人翁。于此,阳明说:"良知是个头脑。""良知还是你的明师。"②"良知犹主人翁。"③"良知本体原是无动无静的,此便是学问头脑。"④实际,良知、主宰、头脑、本体、明师、真己、道心、天良,不过异名而同指,故可互通互释。为此,阳明说:"道心者,良知之谓也。"⑤"'本来面目' 即吾圣门所谓'良知'。"⑥故而合此而言,则直接说"良知本体""良知头脑"⑦"良知主宰"。

为此,阳明强调为学之本体与头脑,唯其如此,方不支离,方无执着。简言之,"良知"就是阳明心学所建构的精神家园,所谓"真己",便是本真的自我,人人之真面目。故阳明说"良知"是"真己的本体"。此"良知"二字,良知之说,已是"究竟话头",已然"洞见全体",只此无余,更无他有,故曰:"学问头脑,至此已是说十分下落。"⑧事实,"良知"本体思想不仅是阳明哲学的"头脑",更是其一贯。故说:"我此良知二字,实千古圣贤相传一点骨血也。"⑨又说:"吾良知二字,自龙场以后,便已不出此意。只是点此二字不出。"其时"只觉有一言发不出,津津然含诸口,莫能相度"。⑩

以工夫观之,"致知"便是阳明哲学的头脑,所谓"工夫头脑"。此所谓"致

---

① 吴光等编校:《王阳明全集》,上海:上海古籍出版社,1992年,第102页。
② 吴光等编校:《王阳明全集》,上海:上海古籍出版社,1992年,第105页。
③ 吴光等编校:《王阳明全集》,上海:上海古籍出版社,1992年,第1167页。
④ 吴光等编校:《王阳明全集》,上海:上海古籍出版社,1992年,第105页。
⑤ 吴光等编校:《王阳明全集》,上海:上海古籍出版社,1992年,第52页。
⑥ 吴光等编校:《王阳明全集》,上海:上海古籍出版社,1992年,第67页。
⑦ 吴光等编校:《王阳明全集》,上海:上海古籍出版社,1992年,第105页。
⑧ 吴光等编校:《王阳明全集》,上海:上海古籍出版社,1992年,第1170页。
⑨ 吴光等编校:《王阳明全集》,上海:上海古籍出版社,1992年,第1179页。
⑩ 吴光等编校:《王阳明全集》,上海:上海古籍出版社,1992年,第1170页。

知"，其实就是"致良知"。阳明解释说："致知者，非若后儒所谓充广其知识之谓也，致吾心之良知焉耳。"①"致吾心之良知者，致知也。"②显然，阳明所谓"致知"，非指"为学"而指"为道"，一似老子所说"为学日益，为道日损"。可见，阳明之"致知"，主要不是指知识积累、充扩的"道问学"，而是直指本心天道的"尊德性"。或由"为道日损"故，心学工夫多"减法"而尚"剥落"，轻闻见而重德性。因此，当其门人陈九川说："闻见日益，障道日深。"而阳明深以为然，故强调得于心，反求诸己。于此，有学者说："就阳明心学的理论趣向而言，良知即知识。换言之，闻见之知与德性之知构成相即不离的紧密关系。"③显然，这种"良知即知识"的观点，或有可商榷余地，或不当笼统一说。

就本体说，良知是儒家传心之要，是圣贤之骨血。由本体与工夫之相印契，故就工夫说，则致知便是儒家之一贯，是圣传之秘诀。为此，阳明说："'一以贯之'，非致其良知而何？"④又说："此'致知'二字，真是个千古圣传之秘。"⑤虽然本体工夫互含互摄，"原只是一个头脑"，但是毕竟本体是本体，工夫是工夫，二者自有分别，此亦理一分殊，是谓圆融浑沦。不以同排异，不以异疑同。为此，概括地说，本体与工夫的圆融，实为阳明哲学的根本特征，也是其一贯主张。自龙场悟道次年提出知行合一，一直到临终前一年即嘉靖六年（1527）的严滩问答，皆不外于此，此即是哲学头脑、哲学观念的一贯性吧。

阳明说："良知良能，愚夫愚妇与圣人同。但惟圣人能致其良知，而愚夫愚妇不能致，此圣愚之所由分也。"⑥"良知之在人心，无间于圣愚，天下古今之所同也。世之君子，惟务致其良知，则自能公是非，同好恶。"⑦作为本然之体，"良知"天下古今人人所同，甚至天地万物亦莫不同然，非圣愚之所分别处。为此，能否成圣成贤之根本在"能不能致"其所同有与固有的"良知"。换言之，"致知"二字，方是圣愚之关键、成圣之要诀。故而，关于工夫本体，阳明说："故

① 吴光等编校：《王阳明全集》，上海：上海古籍出版社，1992年，第970页。

② 吴光等编校：《答顾东桥书》，《王阳明全集》，上海：上海古籍出版社，1992年，第45页。

③ 吴震：《〈传习录〉精读》，上海：复旦大学出版社，2011年，第243页。

④ 吴光等编校：《王阳明全集》，上海：上海古籍出版社，1992年，第51页。

⑤ 吴光等编校：《王阳明全集》，上海：上海古籍出版社，1992年，第93页。

⑥ 吴光等编校：《王阳明全集》，上海：上海古籍出版社，1992年，第49页。

⑦ 吴光等编校：《王阳明全集》，上海：上海古籍出版社，1992年，第79页。

迩来只说致良知……我这个话头，自滁州至今，亦较过几番，只是'致良知'三字无病。"①

或质而疑之，本体一个头脑，工夫一个头脑，这岂不是两个头脑？阳明回答说："若不知立言宗旨，只管说一个两个，亦有甚用？""若会得时，只说一个知已自有行在，只说一个行已自有知在。"②不会得时，便悟不透，所以支离，于是本体与工夫裂而为二，既不知一贯，更不知所以一贯。若会得时，自然明白头脑原是一个，因为即本体即工夫。本体是"良知"，工夫是"致知"。所谓"致知"便是致这个良知，一如阳明说，便是"依此良知，忍耐做去……只是这致良知的主宰不息"。③所谓"只是一个"，便是圆融浑沦，非本体之外还有工夫，亦非工夫之外别有本体。"良知"便是"知"，"致知"即是"行"。所谓"知行合一"，便是本体与工夫的浑沦不二，故说"即本体即工夫"。既然本体与工夫不二，其头脑又岂能不一？

三

中国传统哲学讲究个气象。所谓"气象"，便是格局与境界。格局有大小，境界有高低。及其诠释亦当如是，此诠释与对象的统一，意象诠释也是如此。通俗地说，哲学诠释便是要体现出哲学的特征，体现出其独特的精气神。怎么体现？这便是"立象以尽意"。一如画画相似，不能徒有其形，更要有精神与气魄，此即阳明所谓"写真传神"。简言之，既要形似，更要神似。为此，冯友兰先生指出："所以大哲学家之思想，不但皆为整个的，而且各有其特别精神，特别面目。"④

所谓"先立其大者"，既指头脑，也指纲领。所谓"纲领"，并不是从外面找个框架来套在自家身上。此中道理本是浅显明白，想必也没有人会赞同以康德来解释谢林或伯格森，或其他四方哲学家，甚至也没有人会赞同以现象学

---

① 吴光等编校：《王阳明全集》，上海：上海古籍出版社，1992年，第105页。

② 吴光等编校：《王阳明全集》，上海：上海古籍出版社，1992年，第4页。

③ 吴光等编校：《王阳明全集》，上海：上海古籍出版社，1992年，第101页。

④ 冯友兰：《中国哲学史》（上），重庆：重庆出版社，2009年，第9页。

解释康德、柏拉图，更不会有人以此为"创新"。那么，为何以康德、笛卡尔来解释朱子、阳明，乃至孔子、老庄，就变得理所当然，理直气壮？说什么，朱子哲学就是理性主义，阳明哲学就是存在主义，"心"就是道德主体、意识活动，"理"就是道德原理、普遍法则。甚或，将这些似是而非的武断，当成不言而喻的前提。更至于说，阳明心学的主要缺陷就是：他没能像康德那样对"心外无理"做明确界定。若是泉下有知，不知阳明作何感想。就算是要做个"中西比较""相互发明"，也终究要得出个什么结论呢？如果结论便是：有相似，有不同，那何必研究？万事万物，岂非如此？若此，则如同没有结论。

与其以康德论阳明，不如以阳明论阳明，此谓"以物观物"。一如诠释是本体的展开，纲领便是头脑的展开。须知头脑的展开即是纲领，离却头脑便没有纲领；不同的头脑便有不同的纲领。所谓"以物观物"，便是说：阳明哲学的诠释，当依其固有的纲领展开，而其纲领则依其头脑展开。此即是：头脑—纲领—诠释，其实质便形成了一个"意—象—言"的内在理路、脉络、结构。由此，亦可将其表述为：本体—脉络—诠释，一如王弼所说："尽意莫若象，尽象莫若言。"若头脑不清，则纲领不明；若纲领不明，则诠释混乱。在阳明哲学中，这一诠释纲领究竟是什么呢？或说是"知行合一"，此固然不错，但终非究竟。换言之，当进一步追问，其"知行合一"是如何展开？其展开的依据何在？显然，从根本上说，这便是对"哲学本体""良知头脑"的追问，故说："知行本体，即是良知良能。"[1]

然则，阳明哲学之纲领，究竟为何？简言之，"易道"而已。于此，阳明说："良知即是道。"[2]"良知即是易。"[3]易即是道，乃天地之道。在阳明看来，易、道、心、性，不过名异而实同，统而言之"良知"而已，概而言之"本体"之谓，故其诗云："大道即人心，万古未尝改。"[4]由此，阳明哲学的核心所在，可一言而尽：即心即道，道即良知。故而阳明说："吾将以斯道为网，良知为纲，太和为饵，天地为舫。"[5]概括地说，在阳明哲学中，"良知即易"，实即：以知为体，以

---

① 吴光等编校：《王阳明全集》，上海：上海古籍出版社，1992年，第69页。
② 吴光等编校：《王阳明全集》，上海：上海古籍出版社，1992年，第69页。
③ 吴光等编校：《王阳明全集》，上海：上海古籍出版社，1992年，第125页。
④ 吴光等编校：《王阳明全集》，上海：上海古籍出版社，1992年，第673页。
⑤ 吴光等编校：《王阳明全集》，上海：上海古籍出版社，1992年，第788页。

和为用,以易为源,以道为纲,天地为舫,良知为舵。及其展开,或有三层意义:一是仁之境界,二是理论架构,三是思维方法。此三者虽各有其指,也各有其用,然亦相互通贯,乃不可分割之整体。

"良知即易"作为一种境界,便是万物一体的仁者境界。这一境界之特点,可概括为"三无":无外、无对、无息。无外者,至大之谓也。至大无外,便是摄贯一切,无所不包,故说"心外无物",故说"圆满自足"。阳明说"圣人之道,吾性自足",即是此意。故说:"天地万物,俱在我良知的发用流行中,何尝又有一物超于良知之外,能作得障碍?"①良知本心,彻上彻下,无古无今。故一尘一土,草木瓦石,宇宙万物,皆不出良知之外。为此,阳明特别指出:"心即天,言心则天地万物皆举之矣,而又亲切简易。"②"天地圣人皆是一个,如何二得?"③"天地万物与人,原是一体。"④而且其原本就是一个,原来就是一体,而"不是要打做一个"。⑤由上,"良知即易",实阳明哲学之理论前提与基石,不可离此而论,不可越此而言。

然则,此仁者之境界、大人之情怀,亦非阳明之独创,而是儒家之一贯。孔子说"圣同天",阳明便说"良知即天""天即良知"⑥"良知便是太虚"⑦。孟子说"万物皆备于我",张载说"无一物非我",象山说"吾心即宇宙",而阳明说"一体同物之心"⑧,又说"乾坤由我在,安用他求为"⑨。概而言之,此即程颢所谓"仁者浑然,与物同体"。由上,在阳明看来,良知之说,简易广大,平易亲切。此实其居夷三载之所悟,亦其哲学之一大特点。而这一特点,正由"良知即易"所悟入。"易"本有简易、平易之义,"良知即易",所以良知之学亦如此。

以良知本体"至一",所以说是"无对";因为至一无对,所以说良知便是"独知",是"独体"。为此,仁者境界也就是"至一无对"的境界,是极高明的境

---

① 吴光等编校:《王阳明全集》,上海:上海古籍出版社,1992年,第107页。
② 吴光等编校:《王阳明全集》,上海:上海古籍出版社,1992年,第214页。
③ 吴光等编校:《王阳明全集》,上海:上海古籍出版社,1992年,第121页。
④ 吴光等编校:《王阳明全集》,上海:上海古籍出版社,1992年,第107页。
⑤ 吴光等编校:《王阳明全集》,上海:上海古籍出版社,1992年,第121页。
⑥ 吴光等编校:《王阳明全集》,上海:上海古籍出版社,1992年,第111页。
⑦ 吴光等编校:《王阳明全集》,上海:上海古籍出版社,1992年,第106页。
⑧ 吴光等编校:《王阳明全集》,上海:上海古籍出版社,1992年,第40页。
⑨ 吴光等编校:《王阳明全集》,上海:上海古籍出版社,1992年,第796页。

界，可谓"至善""至德"之境。以其德之至，善之极，故曰"寂然不动""未发之中"。孟子所谓"不动心"者，无所动其心，无所撄其宁，此正是程颢之"定性"，阳明之"主宰"。观之以"易"，此便是良知之"不易"，所以阳明说："道即性即命，本是完完全全，增减不得，不假修饰的。"①本体即境界，故以境言之，"不易"，便是不增不减，便是本来面目，便是寂然未发，便是心安理得。故说："此心安处，即是乐也，本体未尝有动。"②

合而言之，"良知即易"，便是大一境界。然则，大一境界非沦空蹈寂，枯槁死灰，而是生生不息变化无穷，只是"活泼泼地"。故阳明说："良知即是易，其为道也屡迁。变动不居，周流六虚，上下无常，刚柔相易，不可为典要，惟变所适。"③这便是说，良知既不二亦不测，不二者即寂然至一，不测者变化无端，生生不息，所谓大道乾乾，于穆不已。故阳明说："良知是造化的精灵。这些精灵，生天生地，成鬼成帝，皆从此出，真是与物无对。"④生意活泼，实乃阳明良知之学的核心所在。在论良知学与甘泉学的共通处时，阳明说："譬之种植，致良知者，是培其根本之生意而达之枝叶者也；体认天理者，是茂其枝叶之生意而求以复之根本者也。"⑤如果说良知本体是"根"，那么"致良知"便是"培其根本"。然则，无论本体还是工夫，其宗旨在于"生意"二字，此即天地人心之大本与达道。

综上，以易观之，阳明哲学的特征可以"四易"概括：简易、平易、不易、变易。以境观之，则可谓：鸢飞鱼跃，至大无对。圣即天，天即道，道即心，心即易，无非一个良知概括，故阳明说"良知即是易"。然则，此作为哲学之纲领，它既是阳明"为学得力处"，也是后人"为学入手处"。或许，阳明也意在立个规模与格局，所谓"先立乎其大"，故其"接初见之士，必借《学》《庸》首章，以指示圣学之全功，使知从入之路"。⑥此即阳明为学与教学之头脑与总纲，是立本与达道。孟子所说："大匠诲人，必以规矩。学者亦必以规矩。"（《孟子·告子上》）

---

① 吴光等编校：《王阳明全集》，上海：上海古籍出版社，1992年，第37页。
② 吴光等编校：《王阳明全集》，上海：上海古籍出版社，1992年，第112页。
③ 吴光等编校：《王阳明全集》，上海：上海古籍出版社，1992年，第125页。
④ 吴光等编校：《王阳明全集》，上海：上海古籍出版社，1992年，第104页。
⑤ 吴光等编校：《王阳明全集》，上海：上海古籍出版社，1992年，第219页。
⑥ 吴光等编校：《王阳明全集》，上海：上海古籍出版社，1992年，第967页。

此"规矩"亦即根本与头脑，所以阳明《别诸生》诗说："欲识浑沦无斧凿，须从规矩出方圆。"①

良知之学，在根本上说，就是仁学；仁学便是大人之学，与天地为一，浑然无间。故其人为大人，其学为大学，是谓天地境界，独知之时，无外无对，生生不已。可见，"良知即易"便是仁者之心，圣与天同，万物一体。若不明良知即易，即心即道，则难免私己小我，与天地万物自相隔阂，故天人两分，心物两立。若不由此切入，以此为提前，则不免愈辩愈惑。一如"南镇观花"，其关键即在"即心即道"，我心即天道，道外无花，故山中花树不在我心之外。天地万物皆同是一个易，一个道，一个心。易有寂感，万物同然。只是其中既有合说，也有对说，所以添了后世许多言语。

四

由上，阳明良知之学，实即儒家之仁学，是万物一体的大人之学。追根溯源，此思想乃本之《周易》，故说"古人先已得吾心"②，先得吾心之同然也。《乾文言》曰："夫大人者，与天地合其德，与日月合其明，与四时合其序，与鬼神合其吉凶。先天而天弗违，后天而奉天时。天且弗违，而况于人乎？况于鬼神乎？"于此，阳明《大学问》说："大人者，以天地万物为一体者也。其视天下犹一家，中国犹一人焉。若夫间形骸而分尔我者，小人矣。大人之能以天地万物为一体也，非意之也，其心之仁本若是，其与天地万物而为一也，岂惟大人，虽小人之心亦莫不然，彼顾自小之耳。"③

《周易》之旨，大人之德；良知之学，大人之道。阳明说"良知即是易"，其意即此而在，其神一以贯之。故阳明说："人心与天地一体，故上下与天地同流。"④早在20世纪八九十年代，已有学者指出，阳明哲学与《周易》的关系如

---

① 吴光等编校：《王阳明全集》，上海：上海古籍出版社，1992年，第791页。
② 吴光等编校：《王阳明全集》，上海：上海古籍出版社，1992年，第709页。
③ 吴光等编校：《王阳明全集》，上海：上海古籍出版社，1992年，第968页。
④ 吴光等编校：《王阳明全集》，上海：上海古籍出版社，1992年，第106页。

"良知"与"太极"等。①但更令人注意者，则是"易理"于阳明哲学建构的方法论意义。诚如方尔加先生指出："'良知'不能用概念、判断、分析、归纳等逻辑的方法来认识，只能在非理性状态中一下把握其整体。可以看出，《周易》给阳明确立非理性主义的思想方法以极大的启示。阳明从易道中获取了建构非理性主义的形式。阳明讲的'心'既非象贝克莱那样用'感觉的复合'构造万物，也不像康德那样用先天的范畴统摄万物，而是用'一念'来吞噬万物。"②

确实如此，中国哲学、阳明哲学，都不是以概念为确定性的"概念思维"。或者说，因为中国哲学的概念具有流动性的特征，所以不能以确定性来对待、研究。后来，这一点在耿宁的阳明哲学研究中，可以说是得到了更深入的印证。③作为现象学家与汉学家的耿宁先生，在研究阳明"良知"时，所遇到的困难恰恰从另一个方面证明了这一个事实：概念思维与中国哲学，二者之间存在的不适应性。这也就是许多学者所批评的"邯郸学步""方枘圆凿""牛体马用"。阳明说："须从根本求生死，莫向支流辩浊清。久奈世儒横臆说，竞搜物理外人情。良知底用安排得？此物由来自浑成。"④硬将"良知之学"说成"西方哲学"，不正是安排与臆说？

但是，许多学者却又由非概念思维，而得出另一极端的结论：中国哲学是直觉、体悟、非理性的思维方式。实质上，这依然是西方哲学的思维方式——非此即彼，非概念思维便非逻辑、非理性，所以只能是直觉与体悟，有点类似于不是形式主义便是直觉主义。当然，如果只是非理性的、直觉的，那所谓"方法"，便难以言说了，便有"不可说"之嫌。换言之，把"直觉""体悟"一类，看成是中国传统思维的一个重要特征，这一比较普遍的观点，很可能在导向上便不对。作为哲学研究，就算是直觉、体悟、非理性，那也当说出个"道理"不是吗？

如果一定要以形式逻辑与直觉思维来言说，那么以"意象诠释"观之，似可如是看：形式逻辑属于"言"，直觉思维属于"意"，而圆通二者便是"象"，此即"上通神明之德，下类万物之情"。当然，我们始终强调一点：我们不反对这

① 蒙培元：《理学范畴系统》，北京：人民出版社，1998年。

② 方尔加：《王阳明心学研究》，长沙：湖南教育出版社，1989年，第48页。

③ 参见耿宁、林月惠、倪梁康等人的研究。

④ 吴光等编校：《王阳明全集》，上海：上海古籍出版社，1992年，第785页。

一努力,只不过这不是我们的方向,仅此而已。但是无论努力方向如何,都不能"学而不思"。不动脑筋的"本本主义",生搬硬套的"拿来主义"——这就不是真正的学习,也不是学习的态度。其实,任何学习都有个过程:从模仿到原创。因为纵横的转化,时下学术界便是模仿与原创并存,而"模仿派"和"原创派"便成为主要矛盾。阳明云:"千经万典,颠倒纵横,皆为我之所用。一涉拘执比拟,则反为所缚。"①"桃源在何许?西峰最深处。不用问渔人,沿溪踏花去。"②不能自作主宰,所以人云亦云;没有真知灼见,所以围着他人脚跟乱转。若是会得之时,自可信马由缰,沿溪踏花。

《易》曰:言不尽意,立象尽意。这便是说,概念之言并不是表达本体之意最恰当的方式,所以选择立象以尽意。但这也不是否定了言的意义,毕竟尽象莫若言,舍言则象无以出。由意象哲学观之,阳明哲学或《周易》哲学,乃至整个中国传统哲学,都是结构性的圆融思维,是同构相推的意象思维。在传统哲学中,通常所说的"意象思维"正是源自《周易》。中国哲学的同构同源性,在此便体现为阳明哲学与《周易》思想二者的同构同源。本体境界、理论架构、诠释方法,三者本自一以贯之。此之谓"吾道一以贯之",只不过言说各有侧重,故曰"理一分殊"。但是不管如何变化,阳明哲学始终是围绕"易"来展开,此便是"良知即是易"的方法论价值。一如阳明诗云:"灯窗玩古易,欣然获我情。"③

换言之,阳明是依其所理解的"易理",来建构良知之学的。既然阳明是依易而建构其哲学,那么我们便当顺易理而诠释其哲学,这便是"以物观物"原则的落实。如果说阳明哲学观念是"意",而"易"是其观念展开的脉络之象,那么,时下之诠释与阳明之文本便是"言"。如果哲学建构是"顺",那么哲学诠释便是"逆"。顺者,由上而下,由内而外,自意而象,由象而言;逆者,自下而上,由表及里,寻言观象,寻象观意。顺之与逆,虽有方向上的不同,但都是通过中间的结构之"象"而得以沟通,一则立象尽意,一则寻象观意。亦即通过"象",使得诠释之"言"与本体之"意"在最大程度上得以贯通一致。这也正

---

①　吴光等编校:《王阳明全集》,上海:上海古籍出版社,1992年,第214页。
②　吴光等编校:《王阳明全集》,上海:上海古籍出版社,1992年,第730页。
③　吴光等编校:《王阳明全集》,上海:上海古籍出版社,1992年,第686页。

是我们所说的"意象诠释"。

然则，阳明所悟之"易"，究竟如何？阳明在梦与故人诗三首中，如是说："起坐忆所梦，默溯犹历历。初谈自有形，继论入无极。无极生往来，往来万化出。万化无停机，往来何时息。来者胡为信？往者胡为屈？微哉屈信间，子午当其屈。非子尽精微，此理谁与测？何当衡庐间，相携玩羲易。"[1] "意到已忘言，兴剧复忘饭。坐我此岩中，是谁凿混沌？尼父欲无言，达者窥其本。此道何古今，斯人去则远。"[2] 以意象诠释观之，"易"在结构上的展开，便是"意—象—言"的循环流转，生生不息。自有形而入无极，便是：有形（言）→ 无极（意）。此即忘言忘象，故说无言达本。无极生往来，往来万化出，此即是：无极（意）→ 往来（屈伸，象或几）→ 万化（言，万物化生），便是阳明心易的一个总体架构——意象结构。为了更好地理解，在此我们以图示意，以象达意。

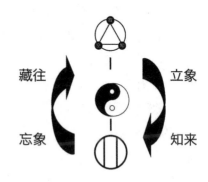

五

此中有三个层次，既有分别又相融贯：一是《周易》原理，二是阳明哲学，三是意象诠释。阳明是依"易理"来建构其哲学，而时下是依"易理"来理解阳明。此时，"易理"就成了古今融贯的接合点，视域融合交汇处。这便有了方法论的意义。"易者，象也。"所谓"易理"，便是脉络、结构，亦即所谓"象"。而这个结构或脉络便是：意—象—言。那么，阳明是如何通过"良知即是易"来建构其哲学的呢？这才是最终的落脚处。如果方法不能落在具体实处，便难免有体无用。这也正是阳明所指出的："若离了事物为学，却是著空。"[3] 换言之，方法或方法论，之所以有价值，就在于"用"上。若不以"用"显，不以"用"

① 吴光等编校：《王阳明全集》，上海：上海古籍出版社，1992年，第682页。

② 吴光等编校：《王阳明全集》，上海：上海古籍出版社，1992年，第748页。

③ 吴光等编校：《王阳明全集》，上海：上海古籍出版社，1992年，第95页。

实,那不就成了虚空无用之物,不就成了自欺欺人的把戏?真体必有用,无用定非真。

总体而言,易的结构特征便是"体用一源,显微无间"。这也是宋明理学的共通之处,只是阳明更为突出其中的"易简"与"浑沦"。及其展开,则有个流行三态结构,有个本体三性结构。然则,由"一源无间"故,本体结构与流行结构同样既有分别亦相融贯。以不离不二观之,本体是流行的本体,流行是本体的流行;本体的开显即是流行,流行的归藏即是本体;本体即是流行,流行即是本体,非本体之外有流行,亦非流行之外有本体。这便是圆融思维,也是阳明一以贯之的思维方式。以易观之,亦可称其为"易思维"或"意象思维"。其实,阳明论"知行合一"正是如此展开:不同—不离(不外)—不二。以结构观之,这依然是个"意—象—言"。

在意象诠释看来,易学便是一个结构的本体论,所谓"象本论"亦即以结构之象为核心的本体论。这种结构具有三个根本属性:超越性(形上性)、稳定性(主宰性)、灵动性(适变性)。此三性共通构成了本体,形了本体的结构之"象",即无象之象,所以本体必然是浑沦的。易有三义:简易、不易、变易。以体观之,此易之三义,便与本体三性,一一相应。因为超越,所以简易;因为一贯,所以不易;因为灵动,所以变易。由同构相推原则,"良知即是易",所以良知本体同样具此三个根本属性。那么,是否如此?或说这种前提预设是否与文本相符呢?自然,要回到文本中去"验证"。

阳明《书汪进之太极岩二首》云:

> 一窍谁将混沌开?千年样子道州来。须知太极元无极,始信心非明镜台。
>
> 始信心非明镜台,须知明镜亦尘埃。人人有个圆圈在,莫向蒲团坐死灰。①

此诗借周敦颐的《太极图说》,表达了阳明对"道体"的感悟。所谓"混沌",即是指本体浑沦,是指道体、良知。故说:"坐我此岩中,是谁凿混沌?尼父欲

---

① 吴光等编校:《王阳明全集》,上海:上海古籍出版社,1992年,第772页。

无言，达者窥其本。"①良知本体即是"太极"，即是"道心"。所谓"无极而太极"，便是指濂溪《太极图》中最上一圈，所以说"人人有个圆圈在"，亦即人人皆有良知在。此"圆圈"便指"良知"，以其无形无象，无声无臭，所以说是"无极"，意在指示良知本体之廓然大公，无有执着，无有私意。所以说："'率性之谓道'，便是道心。但着些人的意思在，便是人心。道心本是无声无臭。"②"良知上留不得些子别念挂带。"③

以超越性（形上性）观之，良知本体便是清静之心。此廓然清静之心，便是良知"虚无的本色"。所以说，"良知之虚，便是天之太虚；良知之无，便是太虚之无形"。④因为良知以虚无为本色，所以阳明说"无善无恶是心之体"。其诗云："乾坤是易原非画，心性何形得有尘？"以主宰性（根源性、一贯性）观之，良知本体便是寂然不动，一似真如之心，所谓"万化根源总在心"。⑤"虚"指良知本体的超越性，那么"寂"便是指其主宰性、根源性、一贯性。故南镇观花时，便说："此花与汝心同归于寂。"⑥为此，阳明说"心之本体，原是不动的"，一如孟子所谓"不动心"。⑦所以说："若论本体，元是无出入的。若论出入则其思虑运用是出。然主宰常昭昭在此，何出之有？"⑧

然此"寂"非枯寂、死寂，而是真寂灵明，是天理自然。此便是良知本体的灵动性，所谓"感而遂通""生生不息""物来顺应""妙用流行"，可称其为"无住之心"。故说："诚是实理，只是一个良知。实理之妙用流行就是神。"⑨"只是个物来顺应，不要着一分意思，便是心体廓然大公，得其本体之正了。"⑩所以阳明说，孟子之"不动心"，那是"纵横自在，活泼泼地，此便是浩然之气"。⑪此"寂"，便是"定"，便是"有主"之意，为此，有时阳明亦称良知为"主意"，是"本

① 吴光等编校：《王阳明全集》，上海：上海古籍出版社，1992年，第748页。
② 吴光等编校：《王阳明全集》，上海：上海古籍出版社，1992年，第102页。
③ 吴光等编校：《王阳明全集》，上海：上海古籍出版社，1992年，第104页。
④ 吴光等编校：《王阳明全集》，上海：上海古籍出版社，1992年，第106页。
⑤ 吴光等编校：《王阳明全集》，上海：上海古籍出版社，1992年，第790页。
⑥ 吴光等编校：《王阳明全集》，上海：上海古籍出版社，1992年，第108页。
⑦ 吴光等编校：《王阳明全集》，上海：上海古籍出版社，1992年，第107页。
⑧ 吴光等编校：《王阳明全集》，上海：上海古籍出版社，1992年，第18页。
⑨ 吴光等编校：《王阳明全集》，上海：上海古籍出版社，1992年，第109页。
⑩ 吴光等编校：《王阳明全集》，上海：上海古籍出版社，1992年，第99页。
⑪ 吴光等编校：《王阳明全集》，上海：上海古籍出版社，1992年，第107页。

体之念"。故说："无欲故静，是'静亦定，动亦定'的'定'字，主其本体也。戒惧之念，是活泼泼地。此是天机不息处，所谓'维天之命，于穆不已'，一息便是死。非本体之念，即是私念。"①

及至良知本体浑沦说时，阳明便说："光光只是心之本体，看有甚闲思虑？此便是寂然不动，便是未发之中，便是廓然大公；自然感而遂通，自然发而中节，自然物来顺应。"由前所论，阳明良知本体，即心即道而已。及其性质，可概括成三字：虚—寂—灵。及其流行三态，不过"心—意—物"，此亦即"意—象—言"，其实质乃良知之流转，本体之开显。此部分已有专文加以讨论，故不再赘述。②简言之，本体的开显即是"心—意—物"；流行的归藏则是"虚—寂—灵"。合此而言，便是"体用一源，显微无间"。以易观之，则皆不出易之三义：简易—不易—变易。此之谓"良知即是易"，彻上彻下。

最后，提及一点，便是作为结构之"象"，并不是僵死的，而是灵动的，不可执一无权。一如阳明说："中只是天理，只是易，随时变易，如何执得？须是因时制宜，难预先定一个规矩在。如后世儒者要将道理一一说得无罅漏，立定个格式，此正是执一。"③于阳明哲学，意—象—言是其总纲，但具体是可以变化的，这或许也是诠释开放性与多样性的一个根据。且如"四句教"中的"心意知物"，便可以看成三一模式：心—意—物，此便是意—象—言；也可看成二二模式：心—意，知—行，此便是体用与知行、本体与工夫。

结　语

中国哲学的话语体系问题，不是一个独立的问题，它不能离开诠释方法而论，而诠释方法又不离哲学本体而言。以意象诠释观之，诠释方法不过是中间之"象"，其上通本体观念（意），下贯话语体系（言）。一如《周易》所说，"象"者，"上通神明之德，下类万物之情"。唯其如此，方可谓"体用一源，显微

---

①　吴光等编校：《王阳明全集》，上海：上海古籍出版社，1992年，第91页。

②　李煌明：《圆融思维与意象诠释：阳明哲学的理论纲脉》，《徐州工程学院学报（社会科学版）》2018年第3期。

③　吴光等编校：《王阳明全集》，上海：上海古籍出版社，1992年，第19页。

无间";唯其如此,才能彰显中国哲学固有之特质与民族之精神;唯其如此,方有可能建构自己的话语体系;唯其如此,哲学特质、诠释方法、话语体系,方能一以贯之。理一而分殊,哲学的诠释方法,既有普遍性与共通性(理一),也有特殊性与民族性(分殊)。不可执于一端,而当中道圆融;不以同疑异,不以异斥同。由此,我们强调本体观念—诠释方法—话语体系三者的一贯性和整体性。在阳明哲学中,此三者之一贯性与整体性,即在"良知即是易"。

论王阳明《易》说

黄黎星

福建师范大学文学院

前　言

明代著名哲学家、心学思想体系之集大成者王阳明,其学术思想的渊源,主要由探究考辨宋儒理、心之说而"悟道",颇承续南宋陆九渊心学之思考理路;其所依傍的经典,则以《大学》《孟子》为主,又多涉及《中庸》《论语》,而于《诗》《书》《礼》《易》《春秋》诸经,则间或援引、解说以为心学思想之参证。王阳明称:"若信得良知,只在良知上用功,虽千经万典,无不吻合。"[①]对《周易》这部奇特玄妙的经典,王阳明在各类著述中,曾以随机指点的方式,发表过许多精辟的见解,或融其《易》化入心学思想体系,或借助《易》理阐发心学之精微。本文集中地对王阳明《易》说进行论析。

一、易之忧患:系狱谪居中的研读

王阳明于正德元年丙寅(1506)因上疏忤逆柄权宦官刘瑾而被廷杖并下锦衣狱,随后贬谪为贵州龙场驿驿丞,于正德三年戊辰(1508)春至谪所。这是王阳明一生中所遭遇之最大困厄境地,却也是他学说思想发展过程中"悟

---

① 　王阳明:《王文成公全书》卷二,上海:商务印书馆,1934年。

道"之契机。据《王文成公全书》的诗文,可知王阳明在系狱及谪居时,曾集中时间认真地研读了《周易》。《易》为忧患之书,《易》之忧患,正与身受的系狱及谪居的际遇相合,这大约是王阳明孜孜汲汲于《易》的现实原因吧。

嘉靖七年戊子(1528),王阳明作《送别省吾林都宪序》,回忆了当年狱中读《易》的情景:"正德初,某以武选郎抵逆瑾,逮锦衣狱,而省吾亦以大理评触时讳在系,相与讲《易》于桎梏之间者弥月,盖昼夜不怠,忘其身之为拘囚也。"①而王阳明的《狱中诗十四首》(正德丙寅年下锦衣狱作)中有《读易》诗云:

> 囚居亦何事,省愆惧安饱。瞑坐玩羲易,洗心见微奥。乃知先天翁,画画有至教。包蒙戒为寇,童牿事宜早。蹇蹇匪为节,虩虩未违道。遁四获我心,蛊上庸自保。俯仰天地间,触目俱浩浩。箪瓢有余乐,此意良匪矫。幽哉阳明麓,可以忘吾老。②

此诗中,王阳明除了赞叹《周易》之"微奥"与"至教"外,还论及蒙、蹇、震、遁、蛊等卦的相关义理。"包蒙戒为寇,童牿事宜早"是就蒙卦的上九爻辞("击蒙,不利为寇,利御寇")及初六爻辞("发蒙,利用刑人,用说桎梏,以往吝")而论;"蹇蹇匪为节"因蹇卦的"行走艰难"而感叹;"虩虩未违道"乃玩味震卦爻辞中"虩虩"所含的恐惧震惊、不违正道之意;至于"遁四获我心,蛊上庸自保",则借遁卦九四爻辞("好遁,君子吉,小人否")与蛊卦上九爻辞("不事王侯,高尚其事")来抒发其退隐修身之志向,与"箪瓢有余乐,此意良匪矫。幽哉阳明麓,可以忘吾老"等句相呼应。

谪居贵州龙场驿时,王阳明所遭遇的生活困境,可从其当时所作的诗文(如《初至龙场无所止结草庵居之》《谪居粮绝,请学于农,将田南山,永言寄怀》《却巫》等)中窥知。此时,他再次潜心于研读《周易》,其作于正德三年戊辰(1508)之《玩易窝记》曰:"阳明子之居夷也,穴山麓之窝而读《易》其间。始其未得也,仰而思焉,俯而疑焉,函六合,入无微,茫乎其无所指,孑乎其若株。

---

① 王阳明:《王文成公全书》卷二二,上海:商务印书馆,1934年。
② 王阳明:《王文成公全书》卷一九,上海:商务印书馆,1934年。

其或得之也，沛兮其若决，瞭兮其若彻，菹淤出焉，精华入焉，若有相者而莫知其所以然。其得而玩之也，优然其休焉，充然其喜焉，油然其春生焉。精粗一，外内翕，视险若夷，而不知其夷之为阨也。于是阳明子抚几而叹曰：嗟乎！此古之君子所以甘囚奴，忘拘幽，而不知其老之将至也。夫吾知所以终吾身矣！"①在此，王阳明生动地描述了研读《周易》的心理感受，接着他抒论道：

　　　　夫《易》，三才之道备焉，古之君子，居则观其象而玩其辞，动则观其变而玩其占。观象玩辞，三才之体立矣；观变玩占，三才之用行矣。体立故存而神，用行故动而化。神故知周万物而无方，化故范围天地而无迹。无方则象辞基焉；无迹则变占生焉。是故君子洗心而退藏于密，斋戒以神明其德也，盖昔者夫子尝韦编三绝焉。呜呼！假我数十年以学《易》，其亦可以无大过已夫！②

　　于"玩易窝"读《易》之时，王阳明正处在"龙场悟道"前后变化的阶段，其《五经臆说》也正是撰于此时。《五经臆说》四十六卷，王阳明自述道："龙场居南夷万山中，书卷不可携，日坐石穴，默记旧所读书而录之意，有所得，辄为之训释，期有七月，而五经之旨略遍，名之曰《臆说》，盖不必尽合于先贤，聊写其胸臆之见，因而以娱情养性焉耳。"③后来，"自觉学益精，工夫益简易，故不复出以示人"④。王阳明殁后，门人钱德洪录得残留之稿，而论《易》者，有涉及咸、恒、遁、晋卦等数条。其中，论遁卦，抓住"阴渐长而阳退"之"卦时"，由"但利小贞而不可大贞"阐说君子处"遁"应与时消息，尽力匡扶，以行其道，求得身虽退而道亨之义理；论晋卦，则分析了"初阴居下，当进之始。上与四应，有晋如之象，然四意方自求进，不暇与初为援，故又有见摧之象。当此之时，苟能以正自守，则可以获吉"，"盖初虽晋如，而终不失其吉者，以能独行其正也"⑤，

---

① 王阳明：《王文成公全书》卷二三，上海：商务印书馆，1934年。
② 王阳明：《王文成公全书》卷二三，上海：商务印书馆，1934年。
③ 王阳明：《王文成公全书》卷二二，上海：商务印书馆，1934年。
④ 王阳明：《五经臆说十三条》钱德洪按语，《王文成公全书》卷二六，上海：商务印书馆，1934年。
⑤ 王阳明：《王文成公全书》卷二六，上海：商务印书馆，1934年。

这都是以《易》理论人事。值得注意的是：王阳明论咸卦《彖传》中"天地感而万物化生，圣人感人心而天下和平"之语曰：

> 天地感而万物化生，实理流行也；圣人感人心而天下和平，至诚发见也，皆所谓贞也。观天地交感之理，圣人感人心之道，不过于一贞，而万物生，天下和平焉，则天地万物之情可见矣。①

又，其论恒卦辞"亨，无咎，利贞，利有攸往"之语曰：

> 恒所以亨而无咎，而必利于贞者，非恒之外复有所谓贞也，久于其道而已。贞即常久之道也。天地之道，亦惟常久而不已耳。天地之道，无不贞也。利有攸往者，常之道，非滞而不通，止而不动之谓也，是乃始而终，终而复始，循环无端，周流而不已者也。使其滞而不通，止而不动，是乃泥常之名，而不知常之实者也，岂能常久而不已乎！故利有攸往者，示人以常道之用也。②

再，其论晋卦《大象传》"明出地上，晋；君子以自昭明德"之语曰：

> 日之体本无不明也，故谓之大明。有时而不明者，入于地，则不明矣。心之德本无不明也，故谓之明德。有时而不明者，蔽于私也，去其私，无不明矣。日之出地，日自出也，天无与焉；君子之明明德，自明之也，人无所与焉。自昭者，自去其私欲之蔽而已。③

此三条，已然呈现出王阳明将天地自然之道与圣人至诚之心，以及人心固有之明德联系起来思考、阐述的倾向了，换言之，王阳明心学思想体系中最重要的概念——"即心是道""心外无理"的"本体"观，在此时的《易》说中已现

---

① 王阳明：《王文成公全书》卷二六，上海：商务印书馆，1934年。
② 王阳明：《王文成公全书》卷二六，上海：商务印书馆，1934年。
③ 王阳明：《王文成公全书》卷二六，上海：商务印书馆，1934年。

端倪。从这个意义上说,王阳明的"龙场悟道",与他身处忧患而研读《周易》也不无关系。

二、所以尊易:明吾心之阴阳消息

王阳明对儒家经典的认识与解说,显然是被组织在心学思想体系中的,其《易》说自然也不例外,也是基于心学思想体系中对"心""道"同一之本体论的把握。

王阳明在与门人徐爱讨论后世"拟经之作"时说:

> 子以明道者,使其反朴还淳,而见诸行事之实乎?抑将美其言辞,而徒以诳诞于世也?天下之大乱,由虚文而实行衰也。使道明于天下,则六经不必述,删述六经,孔子不得已也。自伏羲画卦,至于文王周公,其间言《易》,如《连山》《归藏》之属,纷纷籍籍,不知其几。《易》道大乱,孔子以天下好文之风日盛,知其说之将无纪极,于是取文王周公之说而赞之,以为惟此为得其宗,于是纷纷之说尽废,而天下之言《易》者始一。……孔子述六经,惧繁文之乱天下,惟简之而不得,使天下务去其文,以求其实,非以文教之也。①

王阳明门人钱德洪在《阳明先生文录序》中,曾提到"古之立教有三,有意教,有政教,有言教",而"太上之世,民涵真性,嗜欲未涉,圣人者,特相示以意已矣,若伏羲陈奇偶以指象是也,而民各以意会,不逆于心,群物以游,熙如也,是谓之意教"。②此说乃承续王阳明之见解。王阳明认为,伏羲画卦,本于对"道体"的感悟,而《连山》《归藏》等,则或多或少偏离正道,"纷纷籍籍",致使《易》道大乱,至文王、周公,《易》道才再次被正确地阐述,而后来孔子赞《易》,无非是将各种扰乱人心的虚文异说加以裁抑,以阐明纯一之道而已。

---

① 王阳明:《王文成公全书》卷一,上海:商务印书馆,1934年。
② 王阳明:《王文成公全书》卷首,上海:商务印书馆,1934年。

嘉靖四年乙酉（1525）春，王阳明作《稽山书院尊经阁记》，他站在心学思想立场上评说儒家经典之价值意义。首先，他提出："经，常道也，其在于天谓之命，其赋于人谓之性，其生于身谓之心。心也，性也，命也，一也。通人物，达四海，塞天地，亘古今，无有乎弗具，无有乎弗同，无有乎或变者也，是常道也。"这是将"经""道""命""性""心"等一视之，认为它们都是具有普遍、永恒的存在。由此，王阳明推论道："六经者非他，吾心之常道也。"即谓儒家经典所反映的"常道""天理"等，也就是存在于人人心中的"灵明""良知"。至于圣人何以要撰述经典，王阳明用比喻的手法说明："盖昔者圣人之扶人极，忧后世，而述六经也，犹之富家者之父祖，虑其产业库藏之积，其子孙者，或至于遗忘散失，卒困穷而无以自全也，而记籍其家之所有以贻之，使之世守其产业库藏之积而享用焉，以免于困穷之患。故六经者，吾心之记籍也，而六经之实则具于吾心；犹之产业库藏之实积，种种色色，具存于其家。其记籍者，特名状数目而已。"①六经，只不过是登记财富的"记籍"，真正的财富在于不假外求的"吾心"之中。因此，在王阳明看来，儒家经典之一的《周易》，其价值意义从根本上说，也就在于与"吾心"的关联。他说：

　　　　是常道也，以言其阴阳消息之行焉，则谓之《易》；故《易》也者，志吾心之阴阳消息也；君子……求之吾心之阴阳消息而时行焉，所以尊《易》也。②

　　《周易》这部经典，延续古代卜筮之形式，含藏象数与义理之蕴，既言天道又明人事，而王阳明基于心学思想体系所得出的关于《周易》的价值说，则以"吾心"为枢纽，归结为"《易》也者，志吾心之阴阳消息也"，"求之吾心之阴阳消息而时行焉，所以尊《易》也"，可谓独具特色。且看王阳明论"阴阳动静"之理曰：

　　　　太极生生之理，妙用无息，而常体不易。太极之生生，即阴阳之生生，就其生生之中，指其妙用无息者而谓之动，谓之阳之生，非谓动而后生阳

---

① 王阳明：《王文成公全书》卷七，上海：商务印书馆，1934年。
② 王阳明：《王文成公全书》卷七，上海：商务印书馆，1934年。

也；就其生生之中，指其常体不易而谓之静，谓之阴之生，非谓静而后生阴也。若果静而后生阴，动而后生阳，则是阴阳动静，截然各自为一物矣。阴阳一气也，一气屈伸而为阴阳；动静一理也，一理隐显而为动静。春夏可以为阳为动，而未尝无阴与静；秋冬可以阴为静，而未尝无阳无动也。春夏此不息，秋冬此不息，皆可谓之阳，谓之动也；春夏此常体，秋冬此常体，皆可谓之阴，谓之静也。自元会运世，岁、月、日、时，以至刻、抄、忽、微，莫不皆然，所谓动静无端，阴阳无始，在知道者默而识之，非可以言语穷也。①

又，其论"仁"的"生生不息之理"曰：

仁是造化生生不息之理，虽弥漫周遍，无处不是，然其流行发生，亦只有个渐，所以生生不息。如冬至一阳生，必自一阳生，而后渐渐至于六阳，若无一阳之生，岂有六阳？阴亦然。惟其渐，所以必有个发端处；惟其有个发端处，所以生；惟其生，所以不息。②

显然，王阳明所重视的阴阳动静、生生不息之理，最终都落实到"知道者默而识之"上，落实到"人之本心有仁根"上，也就是落实到"吾心"上。他曾直截了当地说："夫盈虚消息，皆命也；纤巨内外，皆性也；隐微寂感，皆心也。存心尽性，顺夫命而已矣。"③甚至，王阳明对"卜筮"的解说，也以"神明吾心而已"为要义：其门人问《易》，曰："朱子主卜筮，程传主理，何如？"王阳明答曰："卜筮是理，理亦是卜筮。天下之理，孰有大于卜筮者乎？只为后世将卜筮专主在占卦上看了，所以看得卜筮似小艺。不知今之师友问答，博学、慎思、明辨、笃行之类，皆是卜筮。卜筮者，不过求决狐疑，神明吾心而已。《易》是问诸天，人有疑自信不及，故以《易》问天，谓人心尚有所涉，惟天不容伪耳。"④可见，在王阳明的《易》说中，"《易》也者，志吾心之阴阳消息也"及"求之吾心

---

① 王阳明：《王文成公全书》卷二，上海：商务印书馆，1934年。
② 王阳明：《王文成公全书》卷一，上海：商务印书馆，1934年。
③ 王阳明：《王文成公全书》卷二五，上海：商务印书馆，1934年。
④ 王阳明：《王文成公全书》卷三，上海：商务印书馆，1934年。

之阴阳消息而时行焉，所以尊《易》也"，是他的一个根本性的认识。这显示了王阳明在建构心学思想体系过程中的创造性思考，也是他对《易》学思想的另一向度的丰富。

三、知至至之：知行合一与致良知

王阳明门人钱德洪曾总结说："先生之学凡三变，其为教也亦三变。少之时，驰骋于辞章，已而出入二氏，继乃居夷处困，豁然有得于圣贤之旨，是三变而至道也。居贵阳时，首为学者为知行合一之说；自滁阳后，多教学者静坐；江右以来，始单提致良知三字，直指本体，令学者言下有悟，是教亦三变也。"①王阳明"为教三变"过程中，借《易》说以明教的内容也时有所见。

弘治十七年甲子(1504)秋，王阳明主考山东乡试，所出的《易》类试题为《先天而天弗违后天而奉天时》及《河出图洛出书圣人则之》。"先天而天弗违后天而奉天时"，语出于《乾文言》，乃赞乾卦九五爻者，在引题语中，王阳明曰："夫大人者，默契其未然者，奉行其已然者，夫大人与天一而已矣。……是则先天不违，大人即天也；后天奉天，天即大人也。大人与天，其可以二视之哉！此九五所以为天下之利见也欤！大抵道无天人之别，在天则为天道，在人则为人道，其分虽殊，其理则一也。众人牿于形体，知有其分，而不知有其理，始与天地不相似耳。惟圣人纯于义理，而无人欲之私，其体即天地之体，其心即天地之心，而其所以为之者，莫非天地之所为也。"②在此，王阳明以"大人与天一而已""道无天人之别，其分虽殊，其理则一也"为主旨。而后来，在《传习录》中，门人记载的王阳明语录，有"先生曰：先天而天弗违，天即良知也；后天而奉天时，良知即天也"者③，这显然是更进一步，将"先天而天弗违后天而奉天时"之蕴涵与"良知"说进行融合。

在倡导"知行合一"及"致良知"的立教学说中，王阳明将《易传》中"知至至之"（《乾文言》），"敬以直内，义以方外"（《坤文言》），"仁者见之谓之仁，知

---

① 王阳明：《王文成公全书》卷首，上海：商务印书馆，1934年。
② 王阳明：《王文成公全书》卷三一，上海：商务印书馆，1934年。
③ 王阳明：《王文成公全书》卷三，上海：商务印书馆，1934年。

者见之谓之知，百姓日用而不知"（《系辞下传》），"穷理尽性以至于命"（《说卦传》）等语，进行了新的阐释。

在解说"居敬穷理乃是一事"时，王阳明说：

> 一者天理，主一是一心在天理上。若只知主一，不知一即是理，有事时便是逐物，无事时便是着空。惟其有事无事，一心皆在天理上用功，所以居敬亦即是穷理。就穷理专一处说，便谓之居敬；就居敬精密处说，便谓之穷理；却不是居敬了别有个心穷理，穷理时别有个心居敬；名虽不同，功夫只是一事。就如《易》言"敬以直内，义以方外"，敬即是无事时义，义即是有事时敬，两句合说一件。①

在解说"下学上达乃是一事"时，王阳明说：

> 若论圣人大中至正之道，彻上彻下，只是一贯，更有甚上一截，下一截？"一阴一阳之谓道"，但仁者见之便谓之仁，知者见之便谓之知，百姓又日用而不知，故君子之道鲜矣。仁智岂可不谓之道？但见得偏了，便有弊病。②

在解说"博学畜德乃是一事"时，王阳明说：

> 夫子谓子贡曰：赐也，汝以予为多学而识之者欤？非也，予一以贯之。使诚在于多学而识，则夫子胡乃谬为是说以欺子贡者邪？一以贯之，非致其良知而何？《易》曰："君子多识前言往行，以畜其德。"夫以畜其德为心，则凡多识前言往行者，孰非畜德之事？此正知行合一之功矣。③

关于"格物致知"与"穷理尽性"，王阳明说：

---

① 王阳明：《王文成公全书》卷一，上海：商务印书馆，1934年。
② 王阳明：《王文成公全书》卷一，上海：商务印书馆，1934年。
③ 王阳明：《王文成公全书》卷二，上海：商务印书馆，1934年。

夫穷理尽性，圣人之成训见于《系辞》者也（笔者按："穷理尽性以至于命"一语见《说卦传》而非《系辞传》），苟格物之说而果即穷理之义，则圣人何不直曰致知在穷理，而必为此转折不完之语，以启后世之弊邪？盖《大学》格物之说，自与《系辞》穷理大旨虽同而微有分辨。穷理者，兼格致诚正而为功也，故言穷理，则格致诚正之功，皆在其中；言格物，则必兼举致知、诚意、正心，而后其功始备而密。今偏举格物，而遂谓之穷理，此所以专以穷理属知，而谓格物未常有行，非惟不得格物之旨，并穷理之义而失之矣。此后世之学所以析知行为先后两截，日以支离决裂，而圣学益以残晦者，其端实始于此。①

以上所引，都是王阳明对《周易》辞句的颇具独特性的分析解说，其将这些作为"知行合一"学说的经典依据。

对《乾文言》的"知至至之"一语，王阳明曾反复加以解说，以明其"致良知"之说。在《与陆元静》中，王阳明说：

孟子云："是非之心，知也。"是非之心人皆有之，即所谓良知也，孰无是良知乎？但不能致知耳。《易》谓"知至至之"，"知至"者，知也；"至之"者，致知也。此知行之所以一也。②

在《大学问》中，王阳明说：

致者，至也。如云丧至乎哀之致，《易》言"知至至之"，"知至"者，知也；"至之"者，致也。"致知"云者，非若后儒所谓充广其知识之谓也，致吾心之良知焉耳。③

---

①　王阳明：《王文成公全书》卷二，上海：商务印书馆，1934年。
②　王阳明：《王文成公全书》卷五，上海：商务印书馆，1934年。
③　王阳明：《王文成公全书》卷二六，上海：商务印书馆，1934年。

在《书诸阳伯卷》中，王阳明又阐述道："致知者，致吾心之良知也。……知其如何为温清之节，则必实致其温清之功，而后吾之知始至；知其如何为奉养之宜，则必实致其奉养之力，而后吾之知始至。如是乃可以为致知耳。若但空然知之为如何温清奉养，而遂谓之致知，则孰非致知者耶？《易》曰'知至至之'，'知至'者，知也；'至之'者，致知也。此孔门不易之教，百世以俟圣人而不惑者也。"[①]由此可见，"知至至之"一语，实为王阳明"致良知"说的最重要经典依据之一。

四、致静守谦：寻修养工夫之门径

在王阳明的心学思想体系中，明"本体"与修"工夫"是紧密联系着的两大要素。对此，王阳明除了博引《学》《庸》《语》《孟》为证外，亦曾引《易》辞为说，但他引《易》为说的侧重点多在于"致静"与"守谦"。

《周易·系辞下传》曰："天下何思何虑？天下同归而殊途，一致而百虑。天下何思何虑？"对此，王阳明所作的剖析解说颇多。门人周道通以伊川与上蔡师生间关于"天下何思何虑"的讨论，问王阳明，王阳明答道：

> 上蔡之问，伊川之答，亦只是上蔡伊川之意，与孔子《系辞》原旨，稍有不同。《系》言何思何虑，是言所思所虑只是一个天理，更无别思别虑，故曰同归而殊途，一致而百虑。天下何思何虑，云殊途，云百虑，则岂谓无思无虑邪？心之本体，即是天理，天理只是一个，更有何可思虑得？天理原自寂然不动，原自感而遂通，学者用功，虽千思万虑，只是要复他本来体用而已，不是以私意去安排思索出来。[②]

类似的言论，又见于《答陆原静书》《答欧阳崇一书》等篇中，如："理，无动者也。常知常存常主于理，即不睹不闻，无思无为之谓也。不睹不闻，无思无

① 王阳明：《王文成公全书》卷八，上海：商务印书馆，1934年。
② 王阳明：《王文成公全书》卷二，上海：商务印书馆，1934年。

为，非槁木死灰之谓也。睹闻思为一于理，而未尝有所睹闻思为，即是动而未尝动也，所谓动亦定，静亦定，体用一原者也。"①"思曰睿，睿作圣。心之官则思，思则得之。思其可以少乎？沉空守寂，与安排思索，正是自私用智，其为丧失良知一也。良知是天理昭明灵觉处，故良知即是天理。思是良知之发用，若是良知发用之思，则所思莫非天理矣。良知发用之思，自然明白简易，良知亦自能知得，若是私意安排之思，自是纷纭劳扰，良知亦自会分别得。"②可见，王阳明对"天下何思何虑"的体悟与解说，是以"天理昭明灵觉"的"良知"，"感而遂通"地连接、融通于天理。与"良知发用之思"相背离的是"安排思索"的"自私用智"，这只会"纷纭劳扰"而且遮蔽了"良知发用之思"。如何排除这一困扰呢？王阳明提出的解决方法，是不无神秘色彩的"诚以明"："不欺，则良知无所伪而诚，诚则明矣；自信，则良知无所惑而明，明则诚矣。明诚相生，是故良知常觉常照，常觉常照，则如明镜之悬，而物之来者自不能遁其妍媸矣。何者？不欺而诚，则无所容其欺，苟有欺焉，而觉矣。自信而明，则无所容其不信，苟不信焉，而觉矣。"③这种向内求诸本心之明体的倡导及实践，必然带来心学思想体系中明显的"致静"的倾向，而王阳明对《易》辞所作的解说，也必然是在"致静"上的定向发挥。

门人董克刚，欲以策论上奏朝廷以博取功名，王阳明颇不以为然，认为其策论并无新意，此举系出于"好高务外之念"，乃劝阻说："《易》曰：君子思不出其位。若克刚斯举，乃所谓思出其位矣。又曰：不易乎世，不成乎名，遁世无闷，忧则违之。若克刚斯举，是易乎世而成乎名，非遁世无闷、忧则违之之谓矣。""克刚自此但宜收敛精神，日以忠信进德为务，默而成之，不言而信，不见是而无闷可也。"④王阳明曾告诫门生说："诸君只要常常怀个遁世无闷、不见是而无闷之心，依此良知，忍耐做去，不管人非笑，不管人毁谤，不管人荣辱，任他功夫有进有退，我只是这致良知的主宰不息，久久自然有得力处。一切外事，亦自能不动。"⑤"君子思不出其位"，乃艮卦《大象传》语，自宋代以来，儒

① 王阳明：《王文成公全书》卷二，上海：商务印书馆，1934年。
② 王阳明：《王文成公全书》卷二，上海：商务印书馆，1934年。
③ 王阳明：《王文成公全书》卷二，上海：商务印书馆，1934年。
④ 王阳明：《王文成公全书》卷二一，上海：商务印书馆，1934年。
⑤ 王阳明：《王文成公全书》卷三，上海：商务印书馆，1934年。

者讲性理、心性之学者，多喜援引其为经典依据；"不易乎世，不成乎名，遁世无闷，忧则违之"等，乃《乾文言》中论初九爻之语，义主于君子潜心修德，不因外务而移心。王阳明对此类《易》辞的重视，显然是与他所倡导及实践的修养工夫密切相关。

"致静"之外，王阳明又重视"守谦"，其《书陈世杰卷》曰：

> 尧允恭克让，舜温恭允塞，禹不自满假，文王徽柔懿恭，小心翼翼，望道而未之见，孔子温良恭俭让，盖自古圣贤，未有不笃于谦恭者。向见世杰以足恭为可耻，故遂入于简抗自是，简抗自是，则傲矣。傲，凶德也，不可长。足恭也者，有所为而为之者也，无所为而为之者谓之谦。谦，德之柄。温温恭人，惟德之基。堂堂乎张也，难与并为仁矣。仲尼赞《易》之谦曰："谦，尊而光，卑而不可逾，君子之终也。"故地不谦，不足以载万物；天不谦，不足以覆万物；人不谦虚，不足以受天下之益。昔者颜子以能问于不能，有而若无，盖得大谦道也。……躬自厚而薄责于人，则远怨；见贤思齐，见不贤而内自省，则德修。毋谓己为已知，而辄以诲人；毋谓人为不知，而辄以忽人，终日但见己过，默而识之，学而不厌，则于道也，其庶矣乎！ ①

"致静"与"守谦"，在内敛反省、卑退自修上有着关联、相似之处。"谦，德之柄也。"此乃《系辞下传》中"三陈九卦"之一语，历来为儒者所重视，心学思想的创立者陆九渊在阐论"三陈九卦"时，也特别强调履、谦、复三卦，曾说："谦则精神浑收聚于内，不谦则精神浑流散于外。惟能辩得吾一身所以在天地间举措动作之由，而敛藏其精神，使之在内而不在外，则此心斯可得而复矣。"②王阳明引《易传》"谦，德之柄"之语，又引谦卦《象传》，勉励其门生，用意盖与陆九渊相近，观其"堂堂乎张也，难与并为仁矣"及"但见己过，默而识之，学而不厌"等语可知也。

在众多的《易》辞、《易》理中，王阳明特别重视并反复强调的是"致静"与"守谦"，视之为修养工夫的门径，这是王阳明对《周易》的选择运用。

---

① 王阳明：《王文成公全书》卷二四，上海：商务印书馆，1934年。
② 陆九渊：《陆九渊集》，北京：中华书局，1980年，第491页。

五、乾坤易简:心学体系简易法门

王阳明说:"吾辈用功只求日减,不求日增。减得一分人欲,便是复得一分天理;何等轻快脱洒!何等简易!"①这是他对心学的由衷感叹。王阳明屡屡言及"圣人之学,简易广大",如:"凡工夫只是要简易真切。愈真切,愈简易;愈简易,愈真切。"②又如:"理一而已,人欲则有万其殊,是故一则约,万则烦矣。虽然,理亦万殊也,何以求其一乎?理虽万殊,而皆具于吾心,心固一也,吾惟求诸吾心而已,求诸心而皆出乎天理之公焉,斯其行之简易,所以为约也。"③其门人也赞叹道:"窃窥先生之道,愈简易,愈广大,愈切实,愈高明,望望然而莫知其所止也。"④

心学思想体系由南宋陆九渊创立,至王阳明而发扬光大,集其大成,其学说特色之一,即不为外在求理的"支离破碎",而倡导求诸吾心的简易法门。笔者在《论陆九渊〈易〉说》一文中⑤,曾分析了《周易》的"乾坤易简"说对陆九渊"易简功夫"论的影响,这种影响在王阳明的学说中同样是明显存在的。

王阳明在早年("龙场悟道"之前)的《易》说中,还曾对《周易》的卦爻之象、辞进行探究分析,而到后来,他的《易》说则呈现出提纲挈领的"简易",如《传习录上》所记载的王阳明语录:

> 处朋友,务相下,则得益,相上则损。⑥
>
> 《易》之辞,是"初九,潜龙勿用"六字;《易》之象,是初画;《易》之变,是值其画;《易》之占,是用其辞。⑦

① 王阳明:《王文成公全书》卷一,上海:商务印书馆,1934年。
② 王阳明:《王文成公全书》卷六,上海:商务印书馆,1934年。
③ 王阳明:《王文成公全书》卷七,上海:商务印书馆,1934年。
④ 邹守益:《阳明先生文录序》,王阳明:《王文成公全书》卷首,上海:商务印书馆,1934年。
⑤ 黄黎星:《论陆九渊〈易〉说》,《中国哲学史》2004年第4期,第63~69页。
⑥ 王阳明:《王文成公全书》卷一,上海:商务印书馆,1934年。
⑦ 王阳明:《王文成公全书》卷一,上海:商务印书馆,1934年。

筮固是《易》，龟亦是《易》。①

这体现了王阳明力求以简驭繁的立说倾向。为了反驳当时某些学者烦琐论证的学风，王阳明曾作《论元年春王正月》一文曰：

圣人之作，明白简实，而学者每求之于艰深隐奥，是以为论愈详而其意愈晦。《春秋》书"元年春王正月"，盖仲尼作经始笔也，以予观之，亦何有于可疑而世儒之为说者，或以为周虽建子而不改月，或以为周改月而不改时，其最为有据而为世所宗者，则以夫子尝欲行夏之时，此以夏时冠周月，盖见诸行事之实也。纷纷之论，至不可胜举，遂使圣人明易简实之训，反为千古不决之矣！嗟夫！圣人亦人耳，岂独其言有远于人情乎哉！而儒者以为是圣人之言，而必求之于不可窥测之地，则已过矣！……今舍夫子明白无疑之直笔，而必欲傍引曲据，证之于穿凿可疑之地而后已，是惑之甚也。曰：如子之言，则冬可以为春乎？曰：何为而不可？阳生于子，而极于巳午；阴生于午，而极于亥子，阳生而春始，尽于寅，而犹夏之春也；阴生而秋始，尽于甲，犹夏之秋也。自一阳之《复》以极六阳之《乾》，而为春夏；自一阴之《姤》以极于六阴之《坤》，而为秋冬。此文王所演而周公所系，武王周公其论之审矣。若夫仲尼夏时之论，则以其关于人事者，比之建子为尤切，而非谓其为不可也。②

在此，王阳明以《易》理中"十二辟卦"之说，证明了纠缠于《春秋》"元年春王正月"的"微言"与"曲笔"的无谓。

王阳明对《系辞传》中关于"乾坤易简"的论说颇为赞赏，曾多次引用或化用其辞句，以说明心学体系的简易法门。他说：

此圣人之学，所以至易至简，易知易从，学易能而才易成者，正以大端惟在复心体之同然，而知识技能，非所与论也。③

① 王阳明：《王文成公全书》卷一，上海：商务印书馆，1934年。
② 王阳明：《王文成公全书》卷二四，上海：商务印书馆，1934年。
③ 王阳明：《王文成公全书》卷二，上海：商务印书馆，1934年。

盖良知之在人心,亘万古,塞宇宙,而无不同。不虑而知,恒易以知险,不学而能,恒简以知阻,先天而天不违,天且不违,而况于人乎?况于鬼神乎?①

"至易至简,易知易从",乃化用《系辞上传》中"乾以易知,坤以简能;易则易知,简则易从;易知则有亲,易从则有功"之语;"不虑而知,恒易以知险,不学而能,恒简以知阻",乃化用《系辞下传》中"夫乾,天下之至健也,德行恒易以知险;夫坤,天下之至顺也,德行恒简以知阻"之语。由此即可见《周易》"乾坤易简"说对王阳明的影响。

当然,王阳明在强调心学之学说与实践之"简易"时,也同时强调着它的"精微"。《传习录下》记载:

(先生)又曰:此道至简至易的,亦至精至微的。孔子曰:其如示诸掌乎?且人于掌何日不见,及至问他掌中多少文理?却便不知。即如我良知二字,一讲便明,谁不知得?若欲的见良知,却谁能见得?问曰:此知恐是无方体的,最难捉摸。先生曰:良知即是《易》,其为道也屡迁,变动不居,周流六虚,上下无常,刚柔相易,不可为典要,惟变所适。此知如何捉摸得?见得透时,便是圣人。②

在王阳明看来,心学"致良知"之道,人人可以反求诸心,无疑是简易法门;但在"致良知"的过程中,人欲外物的扰乱,又往往使得"良知"受蔽,本体难明,要臻至"良知莹彻"的精微,则需要持续不断的修养工夫。

对于《周易》这一古老而奇特的经典,王阳明从早期因忧患而研读,到后来借以阐明心学思想体系,涉及了明"本体"与修"工夫"的诸多方面,其《易》说均体现出了颇为独特的风采。分析王阳明的《易》说,有助于全面地理解、认识王阳明其人及其学说。

---

① 王阳明:《王文成公全书》卷二,上海:商务印书馆,1934年。
② 王阳明:《王文成公全书》卷三,上海:商务印书馆,1934年。

王阳明与程敏政 *

徐道彬

安徽大学哲学系

前　言

　　程敏政（1445—1499），字克勤，号篁墩，明代徽州休宁人，少赋异禀，有"神童"之誉。"英宗召试，悦之，诏读书翰林院，给廪饩"；宪宗成化二年（1466）中榜眼，终以礼部尚书衔。程氏以学问赅博而名世，与"文章领袖"李东阳并驾齐驱，"一时学者翕然宗之"。弘治十二年（1499），程、李二人共主会试，绍兴王阳明正于此科高中进士二甲第六名，因而走入仕途，并创立心学。作为科举时代的座主与门生，程、王二人之间的学术影响也是不言自明的。

　　程敏政博学多才，著述宏富，尤其对乡邦文献的汇集与整理贡献最多。其学术思想之根源，出于孔、孟，接于朱、陆，而以乡贤朱子道学为依归，自言"仆生朱子之乡，服其遗教，克少有立者，实有罔极之恩，而恨报之所无也"①。在遵循朱子由"道问学"而至"尊德性"的治学道路上，程氏针对鹅湖之辨以后"朱陆异同"之争，做出了艰难的探索与调和，也深受其间不同学术风格的熏陶，为此所作的《道一编》在当时学界就掀起波澜，影响深远。因为他出身于朱子之乡，却又显示出太多的陆学成分，故而备受宗朱学者如汪循、程瞳的强烈抨击。事

　　* 本文为国家社科基金重大项目"《江永全书》整理与研究"的阶段性成果。并且，本文的写作曾得到姜波和刘艳两位博士的协助，谨此致谢！

　　① 程敏政：《篁墩文集》（第2册），文渊阁四库全书本，上海：上海古籍出版社，1991年，第278页。

实上,该书本意重在于调和,不佞象山,也不偏紫阳,认为:"朱子之道问学,固以尊德性为本,岂若后之分章析义者,毕力于陈言?陆子之尊德性,固以道问学为辅,岂若后之守玄悟空者,悉心于块坐?"但在具体的"问学"与"德性"的长期思索中,敏政则"克少有立",不自觉地趋向于探求"道一",追索心性,曰:"宇宙之间,道一而已。道之大原出于天,其在人则为性,而具于心。心有二哉?惟其蔽于形气之私,而后有性非其性者,故孔门之教在于复性。"①很显然,程氏这一"宇宙之间,道一而已",正是朱子"宇宙之间,一理而已"的思想翻版。他由朱子"学匪私说,惟道是求"一路,直趋理学之"道",上求孟子"性善",下接陆氏"心学",由深究人"性",终至于"道具于心"。其"道一"学说也与陆子"心即理"颇为相近,此时已成为背离程朱理学的"异端",成为王阳明心学体系建构的先导,并为之提供了直接的文献材料和真切的思想来源。对此,我们就以程敏政的《道一编》与王阳明的《朱子晚年定论》为主体,兼以其他相关资料的比勘与研讨,发掘阳明在对待"朱陆之辨"以及"心性"问题上所受篁墩之影响。通过比照二人学术与思想发展的轨迹,可以窥见阳明对程氏"道一"思想的吸收和改造,及其"知行合一"观对儒家"道统"的继承与发展。

一、《道一编》与《朱子晚年定论》

程敏政《道一编》作于弘治二年(1489),王阳明《朱子晚年定论》成于正德十年(1515)。关于两书之间的承接与影响,王氏曾有夫子自道:"近年篁墩诸公尝有《道一》等编,见者先怀党同伐异之念,故卒不能有入,反激其怒。今但取朱子所自言者表章之,不加一辞,虽有偏心,将无所施其怒矣。"②王氏因受《道一编》材料和思想的启发,而撰成《朱子晚年定论》一书,并交代撰述缘由、写作方式,及其所要达到的预期目标。因后出转精,他规避了程氏因"按语"过多而招致怨怒之弊,故其书仅在《答吕子约》后,附录吕氏复书;在《答刘子

---

① 程敏政:《道一编》,明弘治三年(1490)刻本,参见《续修四库全书》第936册;明嘉靖三十一年(1552)刻本,参见《四库全书存目丛书》子部第6册。两种版本稍有不同,前者字迹漫漶,不易使用。今有安徽人民出版社2007年张健校注本,可参阅。

② 吴光等编校:《王阳明全集》,上海:上海古籍出版社,2011年,第194页。

澄》后,附录临川吴澄之言以为己助,较之程氏的做法,显然灵活聪明多了。

南宋以后,"和会朱陆"之说是学术界的通行观点,如虞集、吴澄、郑玉、赵汸等皆有一致的主张,但多是随文偶尔提及,并无实在的深入证明,《道一编》应是最早以著述形式论证这一公案的著作。它以汇录朱熹与陆九渊的信札为实体内容,而主题思想体现在程氏按语之中。其自序曰:"朱陆二氏之学,始异而终同,见于书可考也。不知者往往尊朱而斥陆,岂非以其早年未定之论,而致夫终身不同之决,惑于门人记录之手,而不取正于朱子亲笔之书邪?"为了论证朱陆异同,程氏摆材料,讲道理,在所汇集的每条信札之后,多有按语所出,主旨在宣扬"孔门之教在于复性,复性之本,则不过收其放心焉尔。颜之四勿,曾之三省,与子思之尊德性道问学,孟子之先立乎大者而小者不能夺,其言凿乎如出一口。诚以心不在焉,则无以为穷理之地,而何望其尽性以至于命哉?中古以来,去圣益远,老、佛兴,而以守玄悟空为高;训诂行,而以分章析义为贤;辞华胜,而以哗世取宠为得。由是心学晦焉不明,尼焉不行"。程氏费心费力,原本意在调和中显示自己的独到见解。因其坦言"道问学固必以尊德性为本,而陆学之非禅也明矣","朱子晚岁乃深有取于陆子之说",慨叹"心学晦焉不明",故而招来程朱理学家的强烈指责和批判。由此可以看出,程氏在整理和思索"朱陆异同"之时,已深受陆氏心学的潜移默化,一如"白沙在涅,与之俱黑"矣。其所谓"复性之本","心学不明"之意,决定了他的学术旨趣已经内在地转化;"党同伐异"者的"怨怒",正说明了程氏"离经叛道"的心性之学已经形成,并借助其显著的名誉和地位而影响着明代中期包括阳明在内的一批性理学者的思想走向。

作为程氏的门生故吏,阳明在承袭《道一编》思想和形式的基础上,力图证明朱子晚年与陆子心学的一致性。因有前车之鉴,为使崇朱学者"无所施其怒",他便在编订《朱子晚年定论》时"不加一辞",仅以摆材料、看事实为据,从而获得世人较多的赞同,成为其心学体系建构的坚实基础。但若仔细比勘程、王二人摘录文句的真实用意,可以发现诸多相同之处:首先是观点相同。王阳明对程敏政分析朱陆关系所提出的"其初,则诚若冰炭之相反;其中,则觉夫疑信之相半;至于终,则有若辅车之相倚"的思想颇为认同,故其《朱子晚年定论》尤为突出和强调朱子晚岁对于自己"支离之病"的悔悟;对其门人固守朱子早期和中年未定之论,致使后世学者不能真正把握朱学真谛的现象,予以婉转而隐微的批评。其次，王书之中所汇辑的朱陆信札，大多都已包含在《道一编》中，如《与吴茂实书》《与吕子约书》《答陆子书》《答何叔京书》《与周叔谨书》《答符复仲书》等，甚至连程敏政的某些失考之处也被完全承袭。如《答何叔京书》一文，本为朱子早年之作，程氏将其作为晚年之文，但王氏也就沿袭了这一错误而不自知。最后，程、王二人的论述都存在一定的偏颇和局限性，或以点带面，或断章取义。在朱子所遗书信中，他们都是选取少数有利于自己观点的材料作为证据，而对不利于他们的证据则都弃之不顾。翻检《道一编》，所收朱子诗一首，书信凡四十七封；王书则收录朱子信札凡三十四封，两书都善于摘取朱子信札中颇有心学倾向的内容，以及朱子称道陆九渊的语句来作为支撑自己的观点，论证手段也是以朱子之矛（晚年言论）来攻朱子之盾（早年言论），最后便是"援朱入陆"，崇尚"尊德性"的结果。对此，东莞陈建《学蔀通辨》就认为程敏政所著《道一编》问世后，"朱陆早异晚同之说于是乎成矣。王阳明因之，遂有《朱子晚年定论》之录，专取朱子议论与象山合者，与《道一编》辅车之卷正相唱和矣"。湖北崇阳汪宗元在《道一编后序》中也指出："篁墩先生当群哓众咻之余，而有道一之编也。继是，而阳明先生独契正传，而良知之论明言直指，远绍孟氏之心法，亦是编有以启之也。"可见《道一编》在一定意义上实为《朱子晚年定论》的先导。①

为了证实程、王之间的学术传承，我们先就《朱子晚年定论》与《道一编》所共录朱子信札的比较来考察二人思想之近似：

> 熹亦近日方实见得向日支离之病，虽与彼中证候不同，然忘己逐物，贪外虚内之失，则一而已。②

> 今一向耽着文字，令此心全体都奔在册子上，更不知有己；便是个无知觉不识痛痒之人，虽读得书，亦何益于吾事邪？③

> 熹近日亦觉向来说话有大支离处，反身以求，正坐自己用功亦未切

---

① 陈寒鸣：《论程敏政和王阳明的朱、陆"早异晚同"论及其历史影响》，《朱子学刊》2018年第1期，第12页。

② 吴光等编校：《王阳明全集》，上海：上海古籍出版社，2011年，第146页。

③ 吴光等编校：《王阳明全集》，上海：上海古籍出版社，2011年，第147～148页。

耳。因此减去文字工夫，觉得闲中气象甚适。①

熹衰病日侵，去年灾患亦不少，比来病躯方似略可支吾。然精神耗减，日甚一日，恐终非能久于世者。所幸迩来日用工夫颇觉有力，无复向来支离之病。甚恨未得从容面论。未知异时相见，尚复有异同否耳？②

见陆丈回书，其言明当，且就此持守，自见功效；不须多疑多问，却转迷惑也。③

向来诚是太涉支离。盖无本以自立，则事事皆病耳。又闻讲授亦颇勤劳，此恐或有未便。今日正要清源正本，以察事变之几微，岂可一向汩溺于故纸堆中，使精神昏弊，失后忘前，而可以谓之学乎？④

近来自觉向时工夫，止是讲论文义，以为积集义理，久当自有得力处，却于日用工夫全少检点。诸朋友往往亦只如此做工夫，所以多不得力。⑤

近因反求未得个安稳处，却始知此未免支离，如所谓因诸公以求程氏，因程氏以求圣人，是隔几重公案，曷若默会诸心，以立其本，而其言之得失，自不能逃吾之鉴邪？⑥

由是观之，两人都拣选了朱子喟叹自己以前文字工夫的"支离之感"，而对陆子之学有所肯定。此外还有涉及朱子反省的三处文字：

至于文字之间，亦觉向来病痛不少。盖平日解经最为守章句者，然亦多是推衍文义，自做一片文字；非惟屋下架屋，说得意味淡薄，且是使人看者将注与经作两项工夫，做了下梢，看得支离，至于本旨，全不相照。⑦

年来觉得日前为学不得要领，自做身主不起，反为文字夺却精神，不

① 吴光等编校：《王阳明全集》，上海：上海古籍出版社，2011年，第148页。
② 吴光等编校：《王阳明全集》，上海：上海古籍出版社，2011年，第148页。
③ 吴光等编校：《王阳明全集》，上海：上海古籍出版社，2011年，第149页。
④ 吴光等编校：《王阳明全集》，上海：上海古籍出版社，2011年，第149页。
⑤ 吴光等编校：《王阳明全集》，上海：上海古籍出版社，2011年，第149页。
⑥ 吴光等编校：《王阳明全集》，上海：上海古籍出版社，2011年，第155页。
⑦ 吴光等编校：《王阳明全集》，上海：上海古籍出版社，2011年，第150页。

是小病……若只如此支离,漫无统纪,则虽不教后生,亦只见得展转迷惑,无出头处也。①

浙中后来事体,大段支离乖僻,恐不止似正似邪而已,极令人难说,只得惶恐,痛自警省!恐未可专执旧说以为取舍也。②

王阳明在模仿程氏之书的同时,着意摘取其中抑朱扬陆的语言文字,并在汲取程氏论"心"辩"性"的按语基础上,又顺势而下,力图宣扬陆九渊的心性之学。在策略上,则依傍程氏,尊奉朱子言论,但其深意则在于以朱子之言来反对文字训诂和辞章之学,回避朱子"道问学"之法。在王阳明看来,不仅辞章之学实乃"俗儒之学也"③,"不足以通至道"④;同理,"从册子上钻研,名物上考索,形迹上比拟,知识愈广而人欲愈滋,才力愈多,而天理愈蔽"⑤,所以不可"拘滞于文义上求道"⑥,不应是从问学和知识上去去作圣人,而需要"去天理上着工夫"⑦,从本心出发,涵养本原,"立大本,求放心"才是成圣之道。这便是抓住了程敏政按语中所谓的"陆子晚年益加穷理之功,朱子晚年益致反身之诚"的思想核心所在。由此可见,阳明心学的源头,除了孔孟之道和陆九渊心学的间接熏染外,其同时代程敏政的"耳提面命"之功,定也不在少数。

二、"道问学"与"尊德性"

《中庸》有"君子尊德性而道问学",朱熹以为"尊德性,所以存心而极乎道体之大也;道问学,所以致知而尽乎道体之细也",二者如车之两轮,不可偏废。陆九渊认为教人当以"尊德性"为先,"先立乎其大",然后读书穷理。朱陆之辨的关键问题在权重二者。程敏政认为"尊德性"是由内而外的德性体

① 吴光等编校:《王阳明全集》,上海:上海古籍出版社,2011年,第151~152页。
② 吴光等编校:《王阳明全集》,上海:上海古籍出版社,2011年,第157页。
③ 吴光等编校:《王阳明全集》,上海:上海古籍出版社,2011年,第983页。
④ 吴光等编校:《王阳明全集》,上海:上海古籍出版社,2011年,第1349页。
⑤ 吴光等编校:《王阳明全集》,上海:上海古籍出版社,2011年,第32页。
⑥ 吴光等编校:《王阳明全集》,上海:上海古籍出版社,2011年,第24页。
⑦ 吴光等编校:《王阳明全集》,上海:上海古籍出版社,2011年,第32页。

现,尊重与生俱有的善性,抵制外在诱惑,提升内在修养;"道问学"乃由问学而达存养,由勤学而至笃诚,德性与问学"实非两种也"。程氏的这些观点还集中表露在《答汪金宪书》《送汪承之序》等信札之中。同样,王阳明也有鲜明的思想表达体现在答徐成之的两封书信中,而基本的思路和表述也多沿袭程氏。

程氏《答汪金宪书》指出:夫人之为人与为学,"道问学"与"尊德性"二事绝不可偏废,"所谓尊德性者,知吾身之所得皆出于天,则无毫发食息之不当谨,若《中庸》之'戒慎'、《玉藻》'九容'是也"[①]。人之所以有别于禽兽,在于善知礼义廉耻,"故圣人以礼示之,故天下国家可得而正也"。历来圣君贤相皆以礼乐教化统御民众,化民成俗。而作为个人之所以能够"学以成人",关键在于诚正修齐,明白自己的身心是上天赐予,就会懂得"天道",时刻注意自己的言行举止,举手投足之间讲究伦理道义,即如《中庸》所言之"戒慎",《玉藻》所言之"九容",这便是"尊德性"之一端。然而,"戒慎"与"九容"之类,正是朱子《小学》所极力强调的内涵,属于"道问学"的基本内容,可见程氏所认为的"尊德性",其实就是朱子的"道问学",此随着时代的变化,概念的内涵和外延、人们的认识和理解已有所不同。程氏曰:"所谓道问学者,知天下无一事而非分内,则无一事而非学,则如《大学》之格致、《论语》之博约是也。"[②]学以成人之路,在于由小学而至大学,懂得天下所有事皆为分内之事,任何行为都应合乎人性,归于"道一"。"格物"的目的在于"致知","博"的结果则是至"约",这便是程氏所言之"道问学"的结果,而在今天看来却是属于"尊德性"一面。又曰:"如尊德性者,制外养中;而道问学,则求其制外养中之详。尊德性者,由中应外;而道问学,则求其由中应外之节,即《大学》所谓求至其极者,实非两种也。"[③]这一层则是紫阳所谓"穷理以致其知,反躬以践其实",象山所谓"立大

---

① 程敏政:《篁墩文集》(第2册),文渊阁四库全书本,上海:上海古籍出版社,1991年,第284页。

② 程敏政:《篁墩文集》(第2册),文渊阁四库全书本,上海:上海古籍出版社,1991年,第284页。

③ 程敏政:《篁墩文集》(第2册),文渊阁四库全书本,上海:上海古籍出版社,1991年,第284页。

本,求放心"也。程氏所述,一言以蔽之,"大抵尊德性、道问学,只是一事"①,
这种表达虽然在思想上是依偎在朱陆之间,但其倾心于心性之学的痕迹显而
易见,远不及当时的本土学者汪循和程瞳等对于朱子学的笃诚与坚守。

关于德性、问学合为一事,阳明《传习录》中即已指出:"如今讲习讨论,
下许多功夫,无非只是存此心,不失其德性而已。"要之,也归于"道问学即所
以尊德性也"。王氏在壬午年(1522)曾有两封《答徐成之》的信札,对此问题
予以深入讨论,从中可以看出他衣钵篁墩而强调两者之统一,与程氏观点具
有高度的一致性。根据信札文意可知,王舆庵与徐成之的各执己见代表了世
人的普遍争议,多认为朱陆之学皆有弊端,但最终功大于过,仍不失为圣人
之徒。对此,王阳明的态度相对客观一些,曰:"夫既曰尊德性,则不可谓堕于
禅学之虚空;堕于禅学之虚空,则不可谓之尊德性矣。既曰道问学,则不可谓
失于俗学之支离;失于俗学之支离,则不可谓之道问学矣,二者之辩,间不容
发。"②"尊德性"绝非是指堕入禅学,"道问学"也非犯有支离之弊。徐成之称
陆子之学有虚空之病,缺乏"道问学";王舆庵批判朱子之学犯支离之弊,少有
"尊德性"。阳明以为他们一是"既失",一则"亦未得",但二者"正不必求胜"。
因为圣贤之学应该是"尊德性"中即存有"道问学","道问学"中也包含有"尊
德性",不会存在虚空或支离,即"君子之论学,要在得之心"。唯其如此,朱陆
之学才会现其本然,步入自然。

程敏政《送汪承之序》一文,侧重于对朱子后学以及理学僵化的批评,可
从其隐微之言之中确切地感觉到。他认为朱陆之辨,后人往往"流至于尊德
性、道问学为两途,或沦于空虚,或溺于训诂,卒无以得真是之归",失却儒家
中庸之道的教义,"中世以来,学者动以象山借口,置尊德性不论,而汲汲于道
问学,亦不知古之所谓问学之道者何也?或事之文艺而流于杂,或专训诂而
入于陋,曰我之道问学。如此孰知紫阳文公之所谓道哉"③。对于朱、陆异同之
辨,两家门人后学互相排斥,不可调和,有失儒者气象。如此误解,容易导致

———————

① 程敏政:《篁墩文集》(第2册),文渊阁四库全书本,上海:上海古籍出版社,1991年,
第284页。

② 吴光等编校:《王阳明全集》,上海:上海古籍出版社,2011年,第888页。

③ 程敏政:《篁墩文集》(第1册),文渊阁四库全书本,上海:上海古籍出版社,1991年,
第520页。

人们一味地追捧被奉为官学的朱子学，于是乎世人只论"道问学"，而不言"尊德性"。但在程敏政看来，学者从事性理而流于高明，专研训诂而流于烦琐，无论"易简"还是"支离"，都不是孔孟之学。程敏政把矛头偏向于朱门后学，批评他们没有理解"道问学"的实质，而盲目排斥"尊德性"，这样既是对陆学的误解，更是对朱学的误读，从中可见程氏明显的"右陆"倾向。在这个问题上，王阳明虽然两依其说，而又隐然偏于陆学，认为朱子折中群儒之说，阐明"六经"、《语》、《孟》之旨，惠于天下；陆子之学立大本、求放心、辩义利，教人"笃实为己之道"，以期成圣为贤。虽然朱陆之学业已天下共知，但世人读书不深，易受浮言，偏视陆子为禅学，"如矮人之观场，莫知悲笑之所自，岂非贵耳贱目，不得于言而勿求诸心者之过软"[1]，致使陆子之学"蒙无实之诬"。如若朱子泉下有知，也"不能一日安享于庙庑之间"[2]。在答徐成之的第二封书信中，阳明曰："今晦庵之学，天下之人童而习之，既已入人之深，有不容于论辩者，而独惟象山之学，则以其尝与晦庵之有言，而遂藩篱之……仆今者之论，非独为象山惜，实为晦庵惜也。"[3]王氏所言，明责于徐成之，而暗助在陆九渊，较之程敏政之说，可谓简明易懂，"五尺童子可辨也"。

三、王阳明对"道一"思想的接续与推阐

程敏政为了切实地解决"朱陆异同"问题，在前人"和会朱陆"的基础上，努力发掘其间可以融合为一的思想线索。经过艰难搜寻，于是"深有取于孟子道性善、收放心之两言。读至此而后知朱子晚年所以推重陆子之学，殆出于南轩、东莱之右"，此话即出于《道一编》的自序。"道一"概念原出自《子夏易传》"水至柔而顺，刚中而信，故能险而不滞也。虽浼流而至，其道一也"。程氏接续之，而又有所推阐，自谓"宇宙之间，道一而已"，即万事万物同归于"道"，而"道之大原出于天，其在人则为性，而具于心"。道具于心，道一则心一。"人道"若有蔽，在于有形气之私，而后有"性非其性者"，故孔门之教重在

---

① 吴光等编校：《王阳明全集》，上海：上海古籍出版社，2011年，第274页。
② 吴光等编校：《王阳明全集》，上海：上海古籍出版社，2011年，第891页。
③ 吴光等编校：《王阳明全集》，上海：上海古籍出版社，2011年，第892页。

复性。而复性之本，则在于"收其放心而已"。可以说，程敏政的"道一"论，既是朱子之"理"学，也是象山、阳明之"心"学，它是介于朱熹与阳明之间的一个重要的过渡概念。究其用心所在，则在求道于一，而一之本必落在"心"之上，故须在"心"上下工夫。王阳明在发觉其师本意之后，对程氏的"道一"之思、"心性"之观，能够积极地加以吸收、改造和利用，推进自己心学体系的建立和发展。他认为"道"无方体，"心"外无物，不可执着，但"如今人只说天，其实何尝见天？谓日月风雷即天，不可；谓人物草木不是天，亦不可。道即是天，若识得时，何莫而非道"[①]。日月风雷是"自然之天"，真正之"天"不可得见。又说"心即道，道即天"[②]，正与程敏政"道之大原出于天"的内涵完全相同，表明在本体和工夫论上，程、王二人观点趋于一致。阳明继而又在象山、篁墩所谓心即道的基础上，进而引入"致良知"，而其"良知之在人心，亘万古，塞宇宙，而无不同"[③]，也与程氏"宇宙之间，道一而已"之间有着自然勾连之处，也所谓"千古正学同一源"也。

程敏政的"道一"思想，既有对朱陆之道合二为一的阐发，更有原始道论的根本内涵。他很推崇宋儒发明的心性之学，认为他们是"始阐心性之微旨，推体用之极功"，对于理学体系中这些"太一""天理"及"心"等诸多概念，也随着历史发展而自然融入新的时代里，赋予其新的哲理和意义。程敏政曾著有《心经附注》一书，是对真德秀《心经》所论心性问题的扩充和提升，并将前人的《圣贤论心之要图》改为《心学图》，置之于全书之卷首；借《大禹谟》的四句真言，用以证明自己"道一"之论，就是德性与问学的统一，也是"道心"与"人心"的圆融归一。程敏政作为儒家精英，既在"道统"之列，也在为"道"的阐释与践履而奋斗。故其治学讲究体用一源，显微无间，修身力求涵养本原，自我反省，故屡屡推及颜子之"四勿"，曾子之"三省"，以及孟子"先立乎大者"，时刻强调"廓然大公无我之心"，以为"诚以心不在焉则无以为穷理之地"；若无"天道"与此"心"，则人将不能穷天下之理，更不能尽其"性"而至于"命"。由此可见，程氏之学虽然根本于朱子理学，但在辨明朱陆异同的过程中，已经

---

① 吴光等编校：《王阳明全集》，上海：上海古籍出版社，2011年，第24页。
② 吴光等编校：《王阳明全集》，上海：上海古籍出版社，2011年，第24页。
③ 吴光等编校：《王阳明全集》，上海：上海古籍出版社，2011年，第83页。

不自觉地滑向了陆子的"心学"，并与先贤象山、西山一起，构筑了阳明的"圣人之学，心学也"的理论基石，启导了心学的人间气象。他认为：汉唐以来的士子，或受释道加持而"守玄悟空"，或以辞章为学而"分章析义"，"由是心学晦焉不明，尼焉不行"，原因就在于"学者狃于道之不一"①，对于程氏的怨言，阳明也深有同感，认为"自古圣贤因时立教，虽若不同，其用功大指无或少异……虽若人自为说，有不可强同者，而求其要领归宿，合若符契。何者？夫道一而已。道同则心同，心同则学同。其卒不同者，皆邪说也"②。依照阳明所见，天下尽皆攻乎异端，原不知"道一"之故；若知"道同则心同，心同则学同"，则"夫子之道明，彼将不攻而自破，不然，我以彼为异端，而彼亦将以我为异端，譬之穴中之斗鼠，是非孰从而辨之"③。可见孔门之教在程、王心里，业已成为心性之学矣。

王阳明历来都认为"其说之不缪于朱子，又喜朱子之先得我心之同然"，原因之一也当有他与朱子同乡程篁墩之间的契合无间。王氏接续了"道一"思想，赋予它更为丰富的心性内涵，进而推阐其"知行合一"的理论策略，使之成为新时代急需的思想营养。关于"知行"与"道一"的关系，他曾有言："如知其为善也，致其知为善之知而必为之，则知至矣；如知其为不善也，致其知为不善之知而必不为之，则知至矣。知犹水也，人心之无不知，犹水之无不就下也；决而行之，无有不就下者。决而行之者，致知之谓也。此吾所谓知行合一者也。吾子疑吾言乎？夫道一而已矣。"④知其为善，必为之；知其为恶，必不为，"为"与"不为"都是"行"的内涵。阳明视"知"如"水"，以为"是非之心，知也，人皆有之"⑤，将"是非之心"或"人心"比喻为水，其性为"就下"，一旦"决而行之"，则"无不就下"。因此，"知"性就是"行"之性，人之"知"（知善）一旦付之于"行"，便是行"善"。由此而言，便是知行合一，说到底也就是"道一而已矣"。可见阳明所论"道一"，与篁墩所言可谓圆融无碍，不分彼此。

如果从"道统"层面来考察，程、王二人之间的观点也是大略一致的。《道

---

① 张健校注：《道一编·闲辟录》，合肥：安徽人民出版社，2007年，第27页。
② 吴光等编校：《王阳明全集》，上海：上海古籍出版社，2011年，第290～291页。
③ 吴光等编校：《王阳明全集》，上海：上海古籍出版社，2011年，第949页。
④ 吴光等编校：《王阳明全集》，上海：上海古籍出版社，2011年，第308页。
⑤ 吴光等编校：《王阳明全集》，上海：上海古籍出版社，2011年，第308页。

一编》以周敦颐而上续孟子正传,阐发儒家心性之旨,认为二程之后,朱、陆本为一家,都以圣贤千言万语,教人"收其放心","下学而上达";朱陆皆传孔门之教,为"精一之传"①,若溯其脉络,亦"道一而已"。对此,阳明也有相近的表述,他认为:"朱、陆二贤者天姿颇异,途径微分,而同底于圣道则一"②,意为道心惟微,允执厥中,乃是孔孟之学,心学亦为其一端也,它与孔子所谓"教以能近取譬,盖使之求诸其心也"和孟子所谓"学问之道无他,求其放心而已",可谓沿波而下,传承无误。换言之,朱陆之学即为孔孟正传,篁墩与阳明之说也是承续孔颜,推阐朱陆,而千载之下,其学之要,皆在于心。只是随着时代的发展,在理学转化为心学的路途上,阳明的论述比篁墩更加详尽与完备,当是前修未密、后出转精的结果。要之,程敏政对"和会朱陆"及"道一"观的理论阐释与著述证明,深刻地影响了王阳明心学思想的形成和发展,在《朱子晚年定论》以及"致良知"和"知行合一"中,都有"道一"思想的影响成分。正是因为这种具有普遍地域根基性质的"道一"、心性成分的存在,才使得文成身后,阳明心学能够迅猛地涌入徽州,"动拈本体,揶揄晦庵",甚至一度压倒程朱理学,至于"闽洛绝响,遵者寥寥"。因此,可以说徽州心学势力的广泛蔓延,既与理学思想的过度僵化、不合时宜有关,也与一批如程敏政这样倾心于象山心学者的前期思想铺垫,有着或明或暗的直接联系,这将是值得我们继续关注的研究议题。

---

① 吴光等编校:《王阳明全集》,上海:上海古籍出版社,2011年,第273页。

② 吴光等编校:《王阳明全集》,上海:上海古籍出版社,2011年,第1728页。

郑善夫的理学转向与王阳明的
"衣钵相托"＊

王传龙

厦门大学中文系

前　言

　　嘉靖元年（1522），黄绾（字宗贤）致函郑善夫云："坐间每论执事资禀难得，阳明喜动于色，甚有衣钵相托之意，执事可一来否？"[1]此时王阳明已平定宁王之乱，学问与名望均已臻至巅峰，弟子数量更是成百上千，而所谓"衣钵相托"一语又经当事人黄绾亲自转达，自然分量甚重。然而郑善夫虽然赋闲在家，却最终未能接受王阳明的美意。在郑善夫与湛若水的书信中，他叙及此事，云："近得宗贤与守中书，备述阳明先生有玉成至意，实切抠趋，但以出处未甚分明，故迟迟矣。"[2]此事《王阳明全集》不载，《阳明先生年谱》亦不及一语，学界极少有人论及。王阳明何以对郑善夫有"衣钵相托"之厚望？郑善夫何以未能接受王阳明的"玉成至意"？而所谓的"出处未甚分明"，又所指为何？笔者拟对此事始末经过加以考辨，以了却阳明心学中的这一桩公案，若有不足之处，尚请各位方家予以补正。

　　＊　本文为福建省社会科学规划项目"明代福建阳明学者治学与交游研究"（FJ2019B071）的阶段性成果。

　　①　黄绾撰，张宏敏编校：《石龙集》，上海：上海古籍出版社，2014年，第344页。
　　②　郑善夫：《郑少谷先生全集》卷二十《答湛甘泉》，明崇祯九年（1636）郑奎光刊本，第17页。

一、郑善夫的诗人气质

郑善夫（1485—1523），字继之，号少谷，福州闽县人。其父卧云处士郑元恺"少读儒书，不求选举"，①因喜好山水之游以致家道中落，故告诫郑善夫："尔宜求其所以出者，勿吾法。人皆吾法，天下之广谁为理耶？"②郑善夫因而自小研习举业，用力甚勤，同时也培养起了对于古文辞的喜好。据邓原岳《郑继之先生传》云："先生幼负奇质，髻椎隶学官，则已厌薄一切经生言，学为古文词，有声矣。"③郑善夫亦自云："走童子时即好为文辞，每读《大人》《上林》诸赋，爱其穷高极眇，铿金戛玉，奋然希剿其余声。"④邓原岳称郑善夫幼年即"厌薄一切经生言"，恐不乏过誉之论，但喜爱创作古文辞，却几乎成为郑善夫的毕生所好。

弘治十七年（1504），郑善夫乡试中举，年方二十岁，以《春秋》为专经。次年，郑善夫又中进士，与马思聪、黄巩、湛若水、倪宗正、徐祯卿同人同科，仕途初期可谓颇为顺利。成进士之后，郑善夫在京候选两年，随后因双亲相继故去，一直居家丁忧守制。正德六年（1511）十一月，郑善夫始选任户部广西司主事，出榷苏州浒墅关。郑善夫一生多疾，在任时"疮疡首祸，肺气交侵"，⑤又眼见政局黑暗，难有作为，于是在两年后告病归田。返乡后，郑善夫筑"少谷草堂"于金鳌峰下，又建"迟清亭"，读书其中，欲以"俟天下之清也"。⑥正德十一年（1516），郑善夫妻袁氏与次子又不幸去世，亲故又多劝其出仕，故迁延至次年乃启程赴京。正德十三年（1518），郑善夫起补礼部祠祭司主事，任中

① 董玘：《明故卧云处士墓志铭》，载郑一经修：《南湖郑氏家谱》卷七，清抄本。

② 方豪：《卧云处士墓表》，载郑一经修：《南湖郑氏家谱》卷八，清抄本。

③ 邓原岳：《郑继之先生传》，载《郑少谷先生全集》卷二十一，明崇祯九年（1636）郑奎光刊本，第10页。

④ 郑善夫：《郑少谷先生全集》卷十七《答姚元肖吏部》，明崇祯九年（1636）郑奎光刊本，第16页。

⑤ 郑善夫：《郑少谷先生全集》卷十三《哭内子袁氏文》，明崇祯九年（1636）郑奎光刊本，第4页。

⑥ 张廷玉等：《明史》，北京：中华书局，1974年，第7356页。

上奏请改历元,言有可取之处。正德十四年(1519),武宗自称"总督军务威武大将军总兵官太师镇国公朱寿",下令南巡,黄巩等人上疏谏阻,被下锦衣卫狱,杖责后罢黜为民。郑善夫亦上《谏东巡疏》,被罚跪午门,遭廷杖,乃书《东巡怀草》一疏置怀中,托友人"余死则为出之",①后幸得不死。次年郑善夫再次上疏辞官,沿途遨游山水,与知己好友多觞咏之作。嘉靖改元,先朝贬谪诸臣先后被荐起用。嘉靖二年(1523),郑善夫用荐起为南京刑部郎中,寻改吏部验封司郎中,不幸在赴任途中染病去世,终年三十九岁。郑善夫存世诗文,后人汇编为《郑少谷先生全集》传世。

弘治、嘉靖之际,文坛上正处于由茶陵诗派而转向复古思潮的转型期。《明史·文苑传》云:"弘治时,宰相李东阳主文柄,天下翕然宗之。梦阳讥其萎弱,倡言'文必秦汉,诗必盛唐,非是者弗道',与何景明、徐祯卿、边贡、朱应登、顾璘、陈沂、郑善夫、康海、王九思等号'十才子'。"②李梦阳、何景明两人是"前七子"的领袖,徐祯卿又与郑善夫同科,四人来往密切,多有唱和之作。邓原岳云:"明文章至弘治而一变,于是作者百数十家,而北地李梦阳、信阳何景明、吴徐祯卿及吾闽郑善夫先生最著。"③郑善夫虽然习惯上被视为"前七子"的同路人,甚至明代亦有学者(譬如唐锜)将其列为七子之一,但其创作风格却与李梦阳等人明显有别。郑善夫的诗歌取材广泛,强烈关注时事,并不一味强调复古,对盛唐之诗亦非全面褒奖之词。即使被宋人奉为"诗中之圣""诗中之史"的杜甫,郑善夫亦颇多批评之语,以至于仇兆鳌怒斥:"至嘉、隆间,突有王慎中、郑继之、郭子章诸人严驳杜诗,几令身无完肤,真少陵蟊贼也!"④然仇兆鳌此语非真知郑善夫者,盖郑善夫诗歌路径与杜甫最为接近,他并非贬低杜甫,而是择善而从,取法杜甫诗歌最上乘者。郑善夫诚然屡次批评杜甫个别诗篇"钝拙""陋弱""字无味""全不成语",但他同时也宣称:"大哉杜少陵,苦心良在斯。远游四十载,而况经险巇。放之黄钟鸣,敛之珠玉辉。幽之

---

① 郑善夫:《郑少谷先生全集》卷十六《东巡怀草跋》,明崇祯九年(1636)郑奎光刊本,第8页。

② 张廷玉等:《明史》,北京:中华书局,1974年,第7348页。

③ 邓原岳:《郑继之先生传》,载《郑少谷先生全集》卷二十一,明崇祯九年(1636)郑奎光刊本,第10页。

④ 仇兆鳌:《杜诗详注》卷首《杜诗凡例》,北京:中华书局,1979年,第23页。

鬼神泣,明之雷雨垂。变幻时百出,与古乃同归。"①在郑善夫心中,杜诗已经是唐代的巅峰,但这并不等同于杜诗篇篇皆好、句句皆佳,杜诗一样也存在拙劣之处,后人的仿杜之作更是等而下之。郑善夫承认杜诗"长篇沉着顿挫,指事陈情,有根节,有骨格,此老杜独擅之能,唐人皆出其下。然诗亦不以此为贵,但可以为难而已。宋人往往学之,遂以诗当文,滥觞不已。咏道大坏,由老杜启之也"。②宋代以下,宗法杜甫者往往沉溺于其韵律、布局、用典等外在因素,借此以追摹仿造,却忽视了杜甫内在关注世事的热切精神与责任感。杜甫恰是郑善夫的主要取法对象之一,郑善夫的《百忧行》《朔州行》《钟吾行》《兵马行》《去年行》《岁晏行》《古战场》《吊古战场》《南征》《寇至》诸诗,皆能揭露时弊,同情民生,格调悲壮,与杜甫"即事名篇,无复倚傍"的歌行十分相似。郑善夫取法杜甫,不在其辞藻、韵律,而在诗作背后流淌的悲天悯人的精神,是以王世贞《艺苑卮言》评价"国朝习杜者",谓"闽州郑善夫得杜骨",③的为确论。郑善夫的创作心态,与李梦阳等人纯以拟古为目的并不一致,尽管也有人"谓时非天宝,地靡拾遗,以无疾呻吟为先生病",④但细考善夫之诗作,其所叙述之事皆有所指,绝非向壁虚造者之比。譬如郑善夫《百忧行》"况闻村落吏捉人,比并只为供军需。去年华林覆大众,今年桃源杀偏裨。乃者狼兵岂得已,所过惨于熊与罴"之句,很容易让人联想起杜甫《石壕吏》"暮投石壕村,有吏夜捉人"、《岁晏行》"去年米贵阙军食,今年米贱大伤农"等篇的诗风,但郑善夫所叙实为南归时亲身所见,与《明史·武宗本纪》"江西贼杀副使周宪于华林"的记载亦相吻合。邵捷春《少谷集序》云:"先生品评杜诗,指摘瑕疵不遗余力,岂以吾之不可学柳下之可欤?又窃计少陵之诗,意兴偶触,而后世耳食者相沿蹈袭,不免画虎之诮。先生神与之契,匪摩拟而得,故能掊击而发明之。"⑤此语可谓深得郑善夫之心者。

---

① 郑善夫:《郑少谷先生全集》卷一《读李质庵稿》,明崇祯九年(1636)郑奎光刊本,第24页。

② 转引自乔亿:《剑溪说诗》卷下,清乾隆刻本,第2页。

③ 丁福保辑:《历代诗话续编》,北京:中华书局,1983年,第1050页。

④ 邓原岳:《郑继之先生传》,载《郑少谷先生全集》卷二十一,明崇祯九年(1636)郑奎光刊本,第13~14页。

⑤ 邵捷春:《少谷集序》,载《郑少谷先生全集》卷首,明崇祯九年(1636)郑奎光刊本,第3页。

描摹杜诗并非郑善夫之追求，纠正后人学杜之病、改变闽地诗坛风气才是他用力之目标。郑善夫《叶古厓集序》云："世之学者，劬情毕生，往往只得其一肢半体，杜亦难哉！……吾闽诗病在萎腇，多陈言。陈言犯声，萎腇犯气，其去杜也，犹臣地里至京师，声息最远，故学之比中国为最难焉。若非豪杰之士，鲜不为风气所袭者，况遂至杜哉！"正是因为郑善夫对于学杜的弊端有着清醒的认识，又与京师引领时代风气的诗坛领袖密切交流、共同创作，所以他既可以将创新的风气介绍回闽地，又能亲自在闽地组织诗社，与高瀔、傅汝舟等九人亲自从事诗歌创作，以促成闽地风气之转变。《明史·文苑传》称"闽中诗文，自林鸿、高棅后，阅百余年，郑善夫继之"，①这正是对于郑善夫文学贡献的肯定。郑善夫不仅仅是师法杜甫，而是上承汉魏古人，乃至径追先秦诸子。郑善夫肯定杜诗之处，在其"似魏人""有魏人风格""真魏人语""古乐府之妙者"，他所学杜、似杜之处也正在于此。与其说郑善夫刻意取法杜诗，倒不如说他与杜甫所追求的都是源自汉魏古人的内容与风骨。譬如郑善夫《野田黄雀行》直用曹植诗题，句意也颇为相近，而《雪晴登阆闾城》"阛阓少人烟，狐兔行其庭。向来膏腴地，眼见白草生。白草何田田，不足饱蝗螟。县吏尚夏楚，余民死诛征。我生夫何为，罹此百忧并"等语，也极有汉魏乐府之古意。林俊称"少谷文日起，伸缩两仪，颠倒万化，轮古今而上下，玩弄作者于掌股之间，群喧就寂，灵响效职，溯典坟，宗风雅，出入《庄》《骚》，以直附左氏"，②虽不无奖掖之意，但也反映出郑善夫诗文取径之广。

概言之，郑善夫弱冠即获科举功名，并没有在四书五经上耗费太多力气，反而在幼年发展出了浓厚的文辞偏好，这与明代绝大多数理学家的成长模式并不一致。成进士之后，郑善夫又交往了一群同样热衷于诗文创作的好友，彼此相与唱和，即使在信函之中也多探究诗歌技巧，以如何提高艺术水平、如何表达个人情感作为用力之方向。从郑善夫的生平阅历来看，他早年并未将儒家圣贤视作人生的至高追求，反而心心念念于宦迹浮沉，同时成就文坛之名。黄绾《与郑继之书》称"执事初志亦非为求道，不过欲立名节、为文章、为

---

① 张廷玉等：《明史》，北京：中华书局，1974年，第7357页。
② 林俊：《题少谷文集》，载《郑少谷先生全集》卷二十一，明崇祯九年（1636）郑奎光刊本，第25～26页。

时高人而已",①可谓切中其病根。从立场而言,郑善夫更接近一位纯粹的文人,而非一位严谨的学者。既然如此,王阳明在心学大成之后,何以一度欲选择郑善夫托付衣钵呢?笔者认为,郑善夫入仕较浅,三仕三隐,身上全无官场陋习,诗文又能上追古人雅音,有"为生民立命"的责任感,这或许是其中的一项先决条件。

二、郑善夫的理学转向

郑善夫"沉溺"于古文辞,章句日工,声誉鹊起,对于明代中期文坛而言是一桩美事,对于从事理学学术而言却只是一种妨碍。自宋代理学崛起之后,文苑与儒林逐渐分科,文人与学者也日益相别。程颐认为"作文害道","凡为文,不专意则不工,若专意则志局于此,又安能与天地同其大也?《书》曰'玩物丧志',为文亦玩物也"。②即便才气纵横如苏东坡,朱熹同样认为其"苏文害正道,甚于老佛",③"晚年诗固好,只文字也多是信笔胡说,全不看道理"。④甚至于对杜甫诗作,朱熹亦称:"是无意思。大部小部无万数,益得人甚事?"⑤阳明心学的立场虽然较为达观,但在对待文辞的立场上与程朱理学也颇为接近,均将文辞的进步视作学问邃密之后的自然结果。一言以蔽之,将文学与理学相对立,几乎是宋明理学家的普遍认识。从这一角度出发,郑善夫想要具备接续心学衣钵的资质,必须先经过一个自文苑至儒林的转向。黄绾《少谷子传》认为郑善夫"学凡五变而始志于道":"初业举子,欲从今世成功名,乃自悱曰:'举业足尽此生乎?'遂克意为诗文,将追先秦庄、屈、唐杜诸人之作,研求步骤,既得之,又自悱曰:'文辞足尽此生乎?'遂慕东汉以来至于南宋高人逸士孤风远韵之可激者而追踪之,又自悱曰:'风节足尽此生乎?'遂慕西汉以来至于盛宋将相名公鸿勋盛烈之可垂休者而从事之,又自悱曰:'功业足尽

① 黄绾撰,张宏敏编校:《石龙集》,上海:上海古籍出版社,2014年,第343页。
② 潘福恩导读:《二程遗书》,上海:上海古籍出版社,2000年,第290页。
③ 黎靖德编:《朱子语类》,北京:中华书局,1986年,第3306页。
④ 黎靖德编:《朱子语类》,北京:中华书局,1986年,第3326页。
⑤ 黎靖德编:《朱子语类》,北京:中华书局,1986年,第3307页。

此生乎？'遂慕尧舜以来至于孔孟修己经世之可参立者而尚友之，曰：'道在是矣，吾将没身于是乎！'"①黄绾"学凡五变"的总结过于理想化，郑善夫在"业举子""为诗文"之初，应即已有厉风节、建功名之念，但所叙的最末一变则当为实情。据笔者考察，这一转向并非郑善夫的自主追求，而是在湛若水、黄绾、王阳明三人的推动、引导之下才发生的。

郑善夫的身上一直存在着两种矛盾：一种是传统士大夫隐居与出仕的矛盾，另一种则是个体生命与死亡的矛盾。郑善夫的性格更倾向于山水田园生活，但父亲命其出仕以理天下，亲友也都怀着各种目的，希望他辞官之后再次出仕，因而他三隐三仕，每次在弃取之际都十分纠结。武宗昏庸荒诞，朝政不可谏而强谏，郑善夫遭受廷杖几死，他在舍身之际还怀藏谏书，希望死后尸谏，然而这片赤诚也未能换回想要的结果，武宗仍然执意南巡而去。郑善夫一生中多次想要弃官，但他又希望获得考满之后对父母、妻子封赠，借此以报答父母的生养之恩、妻子的追随之情，故而不得不继续强忍，直至追封命下才立刻请辞。郑善夫《游石竺岩》称"少抱烟霞资，雅志向林壑。出门混世尘，中途反堕落。闻道岂不早，优游岁将迫"，毋宁说是他真实的心灵写照。此外，郑善夫身体多病，"林丘心独苦，岁月病长侵"，②"未老神俱耗，勋名涕泪中"，③这也让他更为敏感地看待生死一事，而身边亲友的先后离世也更加重了这一心理负担。郑善夫弱冠即高中科举，本是多少人梦寐以求之事，但未及选官父母即先后去世，其后又目睹了妻子、次子染病离世，好友马明衡之父、同科马思聪死于宸濠之乱，友人吾翯死于兵乱，好友殷云霄、吾谨、孙一元、何景明、朱节、同科黄巩也先后故去，可以说在他总共才三十九岁的生命中，实在经历了太多的死亡。作为一名心思细腻而又企图找寻生存意义的年轻文人，郑善夫自然不满足于整日雕琢词句，而会产生更高层次的思想追求。从郑善夫的诗文创作模式判断，他的长处在于不固守门户藩篱，也不盲目追随权威名家。尽管郑善夫的理学基础稍浅，但他同时也无当世腐儒的诸般病痛，类似内求与外求、义与利、理与气之类的概念剖析，从来都不是他的关注点。由

---

① 黄绾撰，张宏敏编校：《石龙集》，上海：上海古籍出版社，2014年，第432页。

② 郑善夫：《郑少谷先生全集》卷四《答安黄门》，明崇祯九年（1636）郑奎光刊本，第11页。

③ 郑善夫：《郑少谷先生全集》卷五《耳鸣》，明崇祯九年（1636）郑奎光刊本，第15页。

于对世事的强烈关注,郑善夫并不热衷于悬空作学问思辨,而是更看重学问与人世的关联,以及生命最终的意义与归宿。

郑善夫前半生所交往者,大多是像他一样的文人,而极少有理学学者,因而也难以见到他在学术上有所用功及发明。据笔者考察,关键的转折点发生在正德七年(1512)、正德八年(1513)的两年间,在此间郑善夫先后遇见了湛若水、黄绾与王阳明三人。郑善夫在初入文苑时,与之诗文唱和的是李梦阳、何景明等新晋的文坛领袖,而在其转向儒林时,与之商谈学术的又是湛若水、黄绾、王阳明三位新晋的理学宗师,这实在是他本人的幸运。更为幸运的是,此前正德五年(1510)十一月,黄绾也刚与王阳明、湛若水两人相识,随后三人共同治学,已暂时确立了对于理学的共同立场。据黄绾自述:"予三人者自职事之外,稍暇,必会讲,饮食起居,日必共之,各相砥砺。"①又据正德七年(1512)王阳明《别湛甘泉序》云:"吾与甘泉友,意之所在,不言而会;论之所及,不约而同;期于斯道,毙而后已者。"②湛若水回忆此期与王阳明相处,亦云:"入司验封,众志皆通,孚于同朝,执经相从。"③湛、黄、王三人不仅志同道合,相交莫逆,甚至已相约未来共隐天台、雁荡,穷余生以钻研圣贤之道。是故郑善夫在遇见三人之时,并非接触到三位不同学派的一流学者,而是接触到了由三位一流学者所共同主张的同一种学问。正德七年(1512)郑善夫遇见湛若水之时,湛若水刚与王阳明自京师分别,湛、王二人正处于最为融洽、契合的阶段,此时王阳明已经龙场悟道,初步建立起了自己的心学体系,湛若水与之印证、启发与订补,同样获益良多。尽管湛、王二人的学术有别于正统的程朱理学,在当时尚未被世人认可,甚至遭到若干讥讽与排斥,但这种学脉上的分别,对于尚以文人自居的郑善夫而言却无足轻重。郑善夫乍一接触湛若水的学问,立刻为之折服,据其事后追忆:"向岁获侍吴门,奉承教言,袛服至今,几欲抠侍门下以毕所志,辄以人事相违。"④湛若水与郑善夫为同科进

---

① 吴光等编校:《王阳明全集(新编本)》,杭州:浙江古籍出版社,2010年,第1428页。

② 吴光等编校:《王阳明全集(新编本)》,杭州:浙江古籍出版社,2010年,第246页。

③ 湛若水:《湛甘泉先生文集》卷三十一《阳明先生王公墓志铭》,清康熙二十年(1681)黄楷刻本。

④ 郑善夫:《郑少谷先生全集》卷十八《与湛甘泉》,明崇祯九年(1636)郑奎光刊本,第26页。

士，且不以文章著名，能令后者"几欲抠侍门下"者，自然是传承自陈献章而又与王阳明商定过的理学学问。同年，郑善夫又遇见了黄绾。据黄绾《少谷子传》云："少谷子为户部主事，督税吴江之浒墅。予过而遇之，握手与予语，竟日而别，别犹眷恋，曰：'吾亦自此遁矣，子不我弃，其将访子于天台、雁荡间乎！'"①虽然郑善夫只与黄绾做了竟日长谈，但同样触动极大，两人因此订下了未来之约，后来郑善夫也果然履约而赴。与湛若水、黄绾的相遇，无疑对郑善夫产生了极大的心灵震撼，但尚不足以令其彻底抛弃文学辞章。湛、黄二人自幼即踏入理学门径，对文学之事并未倾注太多热情，他们虽能引发郑善夫从事学术之兴趣，却无法根除其文学之"病根"。正德八年（1513），郑善夫又在常州与王阳明相遇，两人长谈数日，郑善夫终于大悟，决意捐弃诗文小道，自此转向体悟圣学大道。据郑善夫《上阳明先生》自述："善夫蒙天不弃，癸酉岁得假毘陵之谒，猥承至教。……虽未及先生之门，然窃念先生之恩，信与生我者同死不忘也。"《答姚元肖吏部》又云："走童子时即好为文辞……晚过王伯安于毘陵，相语数日，始计之心曰：'雕虫篆刻，壮夫不为也！'乃始改念，捆摭群书而求其键。"盖王阳明也曾一度沉迷过辞章之学，弘治九年（1496）还与魏瀚等人结诗社于龙泉山寺，此后又在京师与李梦阳等诗坛领袖有过诗文唱和的经历，②与郑善夫的文学经历颇有相似之处，因而劝后者弃文入道时也就更有针对性。阳明心学传播的最大障碍，往往是学者先入为主地信奉了程朱理学，因而乍闻新论，龃龉难入，但郑善夫对于学问素无成见，这也导致他在数日之间就接受了新兴的心学，并彻底淡化了对于文学的喜好。此时与王阳明同行的弟子徐爱也对郑善夫的弃文入道十分敬佩，云："今时士大夫皆知高执事，愚窃谓高之浅矣。彼所谓高者，诚以执事文以粹然，行之卓然也，然执事岂以是自高者？……舍枝叶而务本根，抑华博而归渊塞，不越身心之间而有超乎文行之外者，此固执事之今之志。"③此时湛若水、王阳明的学问均已成体系，故郑善夫自居于弟子之列，而对黄绾、徐爱则以好友视之。郑善夫能以高卓之文名而倾心服膺湛若水、王阳明二人之学问，其识人之明与谦虚之心

---

① 黄绾撰，张宏敏编校：《石龙集》，上海：上海古籍出版社，2014年，第432页。

② 李梦阳：《朝正倡和诗跋》："诗倡和莫甚于弘治，盖其时古学渐兴，士彬彬乎盛矣，此一运会也。余时承乏郎署，所与倡和，则扬州储静夫、赵叔鸣……余姚王伯安，济南边庭实。"

③ 钱明编校整理：《徐爱 钱德洪 董沄集》，南京：凤凰出版社，2007年，第62～63页。

皆非常人可及。王阳明后来欲以衣钵相托,这应该也是其中一项重要的因素。

三、"衣钵相托"的始末缘由

与湛若水、王阳明、黄绾三人相见之后,郑善夫"与闻所谓圣学者,歉然自鄙其平生,愤悱而归,杜门五载,仍怅怅如也",[1]可见其用力于理学之诚。但此后郑善夫再次出仕,宦海浮沉,干扰心志,让其难以有更深层次的突破。在寄给湛、王、黄三人的信件中,郑善夫多次提及了这一烦恼,类似"善夫此数岁始知门路,然又汩汩没没,未有归宿。回思十余年间,才脱欲关,寻堕理障,一身百骸无非病痛"[2]等语,已纯是学者体悟之感受。既堕理障,郑善夫决定再次寻访三子以成己志。正德十二年(1517),郑善夫访阳明之庐而不遇,于是又赴昔日与黄绾的天台之约。初次相见之时,黄绾对郑善夫评价极高,谓其"英禀过人,于此学一闻辄了","所造既高,世俗污利谅无能染,朋游之贤必无执事之比"。[3]此后黄绾又与应良等人商定学问,更获进展,因而与郑善夫再度相逢天台之时,"昼伐松枝,夜烧榾柮,与少谷子对坐,剧谈尧舜以来所传之道,六经百家、礼乐刑政、天文地理、律历之源流及二氏之所以同异,极于天地之间,无一不究。少谷子亦尽出其平日所著述者以质予"。[4]郑善夫深感自己不足,喟然叹曰:"吾逐迹泉石之奇、寓情风尘之表,以求吾志,吾已谓吾至矣。今绎子之言,吾肠胃得无秽乎?膏肓得无病乎?吾其涤脏洗髓以与子游,子能为我居乎?"[5]黄绾之兄为此还特意建造了少谷亭,以供郑善夫留宿。应良亦来与郑、黄两人相会,三人共游同学,前后凡数月之久。因为父母赠典未获,郑善夫于次年决定再次出仕,但临别时又与黄绾相约,不久后当辞官重来寻访,以共老此山。尽管郑善夫因为早卒而未能践约,但在晚年病重之时,他追

---

① 郑善夫:《郑少谷先生全集》卷十《石龙书院记》,明崇祯九年(1636)郑奎光刊本,第4页。

② 郑善夫:《郑少谷先生全集》卷十八《与湛甘泉》,明崇祯九年(1636)郑奎光刊本,第27页。

③ 黄绾撰,张宏敏编校:《石龙集》,上海:上海古籍出版社,2014年,第343页。

④ 黄绾撰,张宏敏编校:《石龙集》,上海:上海古籍出版社,2014年,第433页。

⑤ 黄绾撰,张宏敏编校:《石龙集》,上海:上海古籍出版社,2014年,第257页。

述此事,仍云:"诗文小技害道,而吾为之,吾悔之矣!向非石龙、南洲二公忠诲夹持,吾有出头时耶?"①石龙、南洲即分别为黄绾、应良之号。这段难得的经历,一方面极大加深了郑善夫的理学素养,另一方面也令黄绾更为透彻地了解了郑善夫的为人。郑善夫的才识与决心,无疑给黄绾留下了十分深刻的印象,这也成为他以后向王阳明举荐郑善夫的直接动因。

正德十六年(1521),马明衡赴赣州问学于王阳明,郑善夫虽有意同行,但因为奉先人遗体,又事先与黄绾、应良相约在闽地会面,故未能成行。郑善夫原计划与黄、应二人会面之后,三人共赴西樵拜访湛若水,但二人因故未来,致使计划搁浅,郑善夫又拟独往,后亦不果。嘉靖元年(1522),王阳明返家丁父忧,黄绾见之于余姚。王阳明在施教话头更换几次之后,最终将心学门径浓缩为"致良知"三字,自此心学体系已臻完备。黄绾听闻阳明之说,大为推崇:"简易直截,圣学无疑,先生真吾师也。尚可自处于友乎?"②遂纳贽称弟子。黄绾在信受阳明心学之后,立刻想起了郑善夫,认定他正是足以传承阳明衣钵之人。黄绾迅速寄信郑善夫,述及此事:"近至越会阳明,其学大进,所论格致之说明白的实,于道方有下手,真圣学秘传也!坐间每论执事资禀难得,阳明喜动于色,甚有衣钵相托之意,执事可一来否?天地间此担甚重,非执事无足当之者,诚不宜自弃!"③黄绾拳拳之意,郑善夫自然感同身受,尽管"阳明先生有玉成至意,实切抠趋,但以出处未甚分明,故迟迟矣"。次年马明衡赴御史任,途中拜访王阳明,郑善夫又托其致信阳明:"去秋拟出门,再沮于大病,至今未复。区区抠趋寸忱,未有一日放下也。子莘往,敬布下意,万冀不弃绝于门下,不胜幸甚!"④从郑善夫这些言行判断,他十分乐于拜入阳明门下,以承担起"衣钵传承"的重任,甚至嘉靖元年(1522)秋天即一度筹划启程,只是因为重病纠缠才未能果行,然则"出处未甚分明"云云绝非是推脱婉拒之词,而势必另有不得已的苦衷。

---

① 方豪:《题少谷先生遗稿》,载郑善夫:《少谷集》卷二十三附录上,文渊阁四库全书本。

② 沈善洪主编,吴光执行主编:《黄宗羲全集》第七册,杭州:浙江古籍出版社,2005年,第318页。

③ 黄绾撰,张宏敏编校:《石龙集》,上海:上海古籍出版社,2014年,第344页。

④ 郑善夫:《郑少谷先生全集》卷二十《上阳明先生》,明崇祯九年(1636)郑奎光刊本,第26页。

笔者认为，郑善夫"出处"一语，当指嘉靖改元之后的再次出仕而言。今考郑善夫《与思道》云："近士夫中多劝善夫可速出。善夫私念，出处决不可轻，穷达断自有命。前此仆仆道途，旅进旅退，于君亲未补毫分，而身心所失奚止寻丈？倘不我录，顾当安诸命焉已矣！"盖正德十四年（1519）郑善夫上疏谏阻武宗南巡，遭受廷杖后幸得不死，而前后因谏阻而死者达十一人，最终也未能拦住武宗南下。此事对郑善夫震动极大，他本来颇为关注世事，渴望建功立业、流芳青史，因而功名之念一直萦绕在心，挥之不去。经此一役，他一方面后悔未听应良之言，感慨"近日之祸，悔不用兄之言，岂亦近名之弊，遂至此乎"，另一方面也发现"倘今日与十一子同死，不过是泡沫同澌矣"，因而"归志甚锐，自今以往，更无复功名系恋"，[①]父母赠封命下，立即请辞而去。在寄给好友的信件之中，郑善夫也反复为此事检讨，认为"上下不交，君子以俭德避难。善夫近日之祸正蹈此失着，所以谈虎独变也"，[②]"善夫三月之祸，几为沟中之断，要其实亦是就于近小者之弊也"，[③]亦即在君主昏庸之时，根本听不下谏言，即使臣子为此舍身，一样改变不了结果，只会死得毫无分量。这一事件同时也给郑善夫带来了哲学上的体悟，让他的境界更为提升，在《与钟偕甫》一书中自云："走近来于生死关上益见得明白，更不复忧疑矣。以巨眼观之，天地尚不容一瞬，况其余哉！"《答孙太初》中又云："此心已无复系累，眼前富贵真不能热中矣。别后所进只此。"自辞官之后，郑善夫已决意抛弃官场富贵，从此专心于学术，是以闻王阳明欲以"衣钵相托"，自然念念心动。然而此时恰在嘉靖帝登基之初，政治情形又有所变化，原正德一朝被贬谪的官员纷纷起用，朝政似乎呈现出大有可为之相。黄绾在寄信约郑善夫前来承担阳明衣钵之时，也劝其再度出仕，理由颇有说服力："近有一书，欲执事一出，非为明时可仕，实欲因此相聚，究所未究，以卒此生耳！"[④]嘉靖元年（1522），御史朱节特疏荐举黄绾，黄绾遂自家起仕，升南京都察院经历，他劝郑善夫同样选

---

① 郑善夫：《郑少谷先生全集》卷十八《寄应南洲》，明崇祯九年（1636）郑奎光刊本，第7页。

② 郑善夫：《郑少谷先生全集》卷十八《寄黄石龙》，明崇祯九年（1636）郑奎光刊本，第8页。

③ 郑善夫：《郑少谷先生全集》卷十八《答顾华玉》，明崇祯九年（1636）郑奎光刊本，第9页。

④ 黄绾撰，张宏敏编校：《石龙集》，上海：上海古籍出版社，2014年，第344页。

择出仕,如此两人便可在官场相聚,有更多时间可以商讨学问。其余士大夫也"多劝善夫可速出",以免错过这次政治机遇,但郑善夫仍在犹豫,认为"出处决不可轻"。从前的宦海生涯,"于君亲未补毫分,而身心所失奚止寻丈",让郑善夫充满警惕,而此时的环境是否为"明时可仕",他也有着自己的判断。同年秋,郑善夫在《三与平厓》一书中云:"今世道虽有太平之望,然天下人心望治之机,譬如只力挽陷车之轮,才转动依然复故处也。且看近来一二事,识者已占其未然矣!"郑善夫并没有对眼前"太平之望"的景象过于乐观,而是认为朝局积弊太重,驳正的力量太弱,天下太平仍然遥不可期。郑善夫并未积极寻求出仕,反而声称"倘不我录,顾当安诸命焉已矣",此即他所谓"出处未甚分明"之意。具体而言,应当包含两方面的含义:其一,当前的局势是否为适合君子出仕的"明时",尚未分明;其二,自己不愿积极寻求出仕,至于是否有他人荐举,及荐举是否成功,尚未分明。若更近一层,尽管郑善夫此前已宣称"无复功名系恋",但毕竟为学者日浅,为文人日久,此刻对自己是否能真正能放下世间的功名,亦未尝分明。

嘉靖二年(1523),因为都御使周季凤、御史汪珊荐举,朝廷起用郑善夫为南京刑部郎中,寻转吏部验封司。郑善夫对此事相对冷漠,其所作《闻荐》一诗全文云:"逋客晚知几,西山言采薇。长安三丈雪,而我赏心违。隐处无人识,荐书何事飞?冥鸿天万里,空遣弋人归。"郑善夫以"逋客"自比,宁可学习伯夷、叔齐采薇西山,也不愿再入京师;宁可像冥鸿一样翱翔万里,也不愿被弋人捕获。郑善夫还指斥荐书无端多事,而"三丈雪"亦是化用李白《独不见》"天山三丈雪,岂是远行时"的典故,暗示京师并非适合前往之地。尽管内心不情愿,郑善夫最终还是接受了朝廷的任命,开始启程上路。推测其心迹,可能是因为官职设在南京,既能与时任南京都察院经历的黄绾相聚,又距离居家守丧的王阳明较近,可以更为方便地研讨学术。郑善夫自称"南曹之命于懒拙病躯最宜,崇卑不论也",[①]足见其着眼点不在官职大小,而在于官职的地点。笔者之所以做出这样的推论,还有另外的证据可以佐证:在郑善夫赴任上路之前,他已先行寄信王阳明,约定了到访的时间。据当事人黄绾叙述:"予出

---

① 郑善夫:《郑少谷先生全集》卷十九《答林德敷》,明崇祯九年（1636）郑奎光刊本,第6页。

升南京都察院经历,携家过越,闻少谷子升南京刑部郎中,未几改南京吏部郎中。有书期将至越访阳明先生,先生闻之喜,留予候之,月余不至。予至金陵而少谷子讣至。"①从王阳明的反应来看,他的确十分期待郑善夫的到访,并特意留下黄绾同候,可见"衣钵相托"之语并非客套之词。而郑善夫此时病体未愈,又在赴任途中,仍然先行约定过访阳明,以践履抠趋拜师之约,孰轻孰重一望可知。以郑善夫之资质,若经学术已大成的王阳明亲自指授,学术进展想必大有可观。遗憾的是,郑善夫因游武夷山而染风寒,最终疾革不起,与阳明的师徒之约遂成空话。郑善夫弥留之际,遗言"修身俟死,吾今更复奚憾",②迄今已数百载,此语仍风采历历,垂映典册。

---

① 黄绾撰,张宏敏编校:《石龙集》,上海:上海古籍出版社,2014年,第434页。
② 林钎:《明南京吏部验封司郎中郑少谷先生墓碑》,载《郑少谷先生全集》卷二十一,明崇祯九年(1636)郑奎光刊本,第3页。

阳明学对福建地域文化的影响

张山梁

中共平和县委宣传部

前　言

福建虽地处东南一隅,然自唐代以降,文献渐盛,传至宋朝,杨时、罗从彦、朱熹等一批大儒君子接踵而出,仁义道德之风不愧于邹鲁,以至"福建是朱学重镇"成为学界共识。明中期以后,"大江东西以《传习录》相授受,豪杰之士翕然顾化",①阳明心学亦在八闽大地悄然兴起,打破了"朱学一统八闽"的局面。正如中国明史学会会长陈支平教授所言:"王阳明及其阳明之学,是继南宋朱熹及其朱子学之后,对闽南文化的形成和发展产生了重大作用的核心元素之一。"②推而广之,完全有理由说:王阳明及其阳明之学,是继南宋朱熹及其朱子学之后,对闽学的形成和发展产生了重大作用的核心元素之一。

一、阳明足履闽地行迹

王阳明与福建素有渊源,终其一生,曾有"两次半"踏入闽地,不仅留下赫

---

① 沈定均修,吴联薰增纂,陈正统整理:《漳州府志》(光绪本),北京:中华书局,2011年,第1338页。

② 陈支平:《闽南文化普及的有益尝试——张山梁的〈王阳明读本——"三字经"解读本〉》,《闽南文化研究》2018年第3期,第114页。

赫事功,也留下过化心迹。在行经事功上,其总制汀州、漳州二府军政达四年之久,且亲履漳南山区征伐靖乱,奏设平和县治,强化了闽粤边界地区的社会治理和人心教化。

王阳明一生"两次半"入闽:第一次是正德二年(1507),赴谪贵州龙场驿途中,迁道遁迹至武夷山;第二次是正德十二年(1517),巡抚南赣汀漳等处,率兵入闽靖寇平乱;半次是正德十四年(1519)六月,奉敕勘处福州三卫军人哗变,行至丰城听闻宸濠反变,遂返吉安起义兵,赴闽半途而返,故称半次。其行迹大致可概括为:遁迹武夷、进军汀州、驻节上杭、平寇漳南、戡乱赴闽。

(一)遁迹武夷

正德二年(1507)夏天,王阳明因上疏"宥言官、去奸权、章圣德"而被贬谪贵州龙场驿,在赴黔途中,为摆脱阉官集团的随尾追杀,不得已"托言投江以脱之。因附商船游舟山,偶遇飓风大作,一日夜至闽界"①,然后奔走山径,迁道遁迹而至武夷山。其间逗留山中数月之久。后得高僧点拨,遂决策返回,并题诗壁间:

> 险夷原不滞胸中,何异浮云过太空?夜静海涛三万里,月明飞锡下天风。②

而后,取道鄱阳湖而返,并于当年(1507)十二月回到浙江钱塘,然后再次启程赴黔就任龙场驿丞。这是王阳明第一次入闽。

尽管学界对钱德洪等编撰的《王阳明年谱》所记载的阳明先生武夷山之行存有些许疑虑,但查阅建宁府、崇安县、武夷山等地方志书,也有"阳明遁迹武夷"的相关记载。《武夷山志》记述:

> 王守仁……正德初,抗疏救言官,忤刘瑾,廷杖,谪贵州龙场驿丞。

---

① 吴光等编校:《王阳明全集》,上海:上海古籍出版社,2011年,第1353页。
② 吴光等编校:《王阳明全集》,上海:上海古籍出版社,2011年,第1353页。

瑾使人要杀之，乃遁迹迂道至闽，经武夷，流连数月而去。①

《崇安县新志》的描述与《武夷山志》几近相同，记曰：

> 王守仁，正德初，抗疏救言官，忤刘瑾，廷杖谪贵州龙场驿丞。瑾使人要杀之，乃遁迹迂道至武夷，留数月始去。②

《康熙建宁府志》更是明确地指出：

> （阳明）先生谪龙场时，逆瑾欲要杀，暂脱迹武夷山中。过化之功，为多士人翕然祀之。③

除了上述地方志的记载外，其后裔王复礼④还因祖上曾"遁迹武夷"而促成移建王文成公祠于冲佑观前，并结庐于武夷山大王峰下。基于史料这般之多，窃以为"遁迹武夷"应以为是也。

（二）进军汀州

正德十二年（1517）正月，王阳明莅赣上任不久，便收到福建参政陈策、金事胡琏等所呈"前方失利"的紧急军情。鉴于当时闽粤两省领兵主帅意见不一，以致各路官兵迟顿不进的情况，他当机立断，于当日挑选两千名精兵，自赣州起兵，进军汀州，既督令各路官兵火速进剿，又实地追查失事原因。在《钦奉敕谕切责失机官员通行各属》公文中，明确记述其：

---

① 董天工编：《武夷山志》，北京：方志出版社，2007年，第568页。
② 刘超然、吴石仙主修，郑丰稔、衷干修纂：《崇安县新志》，厦门：鹭江出版社，2013年，第745页。
③ 张琦修，邹山、蔡登龙纂：《康熙建宁府志》，上海：上海书店出版社，2000年，第176页。
④ 王复礼，字需人，号草堂，钱塘人，王阳明六世裔。性孝友，著述颇多，有《武夷九曲志》《王子定论》《家礼辨定》等。

本院（王阳明自称）即于当日选兵二千，自赣起程，进军汀州，一面督令各官密照方略，火速进剿，立功自赎，一面查勘失事缘由。①

进军途中，还留下了《丁丑二月征漳寇进兵长汀道中有感》一诗：

将略平生非所长，也提戎马入汀漳。数峰斜日旌旗远，一道春风鼓角扬。莫倚贰师能出塞，极知充国善平羌。疮痍到处曾无补，翻忆钟山旧草堂。②

这是王阳明第二次入闽。

漳南战役之后，在班师回赣途中，王阳明还在汀州府逗留数日之久，并随地讲学其间，还将知府唐淳③带往赣州随军征战。

有关阳明先生此次入闽，一些谱牒亦有记述。如中国国家图书馆所藏的光绪庚辰重修浙江嵊县（今嵊州市）《剡溪王氏宗谱》（卷七"仕宦志"）中，记有明代王厚之传记一篇，题为《宁化公志》，记载其担任福建宁化县丞期间的事，有曰：

公为民无礼，故讨其词而纳之袖，民辄哗，不得已以词还民，而令以为公喉，反雁罪而听谶矣。幸王文成公莅境，得白。④

可见，阳明先生此次入闽，于国家社稷或于家族士民，都产生重大影响。

（三）驻节上杭

正德十二年（1517），王阳明率兵入闽征漳寇，"亲率诸道锐卒进屯上杭"，驻节屯兵于当时漳南道道衙所在地的上杭县。其间，王阳明住在察院行台（今

① 吴光等编校：《王阳明全集》，上海：上海古籍出版社，2011年，第599页。
② 吴光等编校：《王阳明全集》，上海：上海古籍出版社，2011年，第821页。
③ 唐淳，字文厚，广西临桂人，时任汀州知府，征寇有功。
④ 朱刚：《王阳明宁化行迹稽疑——以〈剡溪王氏宗谱〉宁化公志为中心》，《人文嵊州》2020年第1期。

上杭县城瓦子街），之后"乘贼怠弛"，赶赴漳州各营督战。平定漳南"山贼"之后，于当年四月，班师返回上杭驻地，因上杭地区久无降雨，旱情严重，应民众之请而祈雨，"一雨三日，民大悦。有司请名行台之堂，曰'时雨堂'，取王师若时雨之义也；（阳明）先生乃为记"①。其间，有感而作《祈雨二首》《回军上杭》《闻曰仁买田霅上携同志待予归二首》等不少诗句，描述其于驻节上杭的心事。此外，还为上杭城百姓修浮桥、兴教化，对上杭的政治、经济、文化、军事、教育等方面产生了深远的影响。《上杭县志》记曰：

> 正德十四年②，南赣巡抚王守仁征漳寇驻节于此。遇旱而雨，因改清风亭为时雨堂。③

（四）平寇漳南

正德十二年（1517），王阳明率兵深入闽粤交界的漳南地区④打响了他建立功业的第一仗——漳南战役。历时两个多月的征剿平乱，先后攻破了45座"山寨"（其中福建32座、广东13座），肃清了盘踞于此"掠乡村，房财物，杀良民"，为害一方长达数十年之久的山民暴乱。此外，还采取剿抚并重、恩威并济之策，妥善安置了数千名"山贼"及其贼属，使之安居乐业，得"以绝觊觎之奸，以弭不测之变"，杜绝乱乱相承之弊。息兵绥靖之后，王阳明立足于"明德亲民"的经世思想，深入分析边界地区民众沦为"流劫之贼"、社会矛盾激荡四起的原因所在，提出"析划里图，添设新县"的"开其自新之路"，探索了"添设县治，以控制贼巢"的长治久安之策，两度上疏奏请朝廷添设"平和县"，并将小溪巡检司移置枋头（今平和县芦溪镇漳汀村）。福建平和，因此成为阳明过化之地，也是其"破山中贼易，破心中贼难"理念的重要萌发地和先行践履地。

---

① 吴光等编校：《王阳明全集》，上海：上海古籍出版社，2011年，第1369页。

② 原文有误，应为正德十二年（1517）。

③ 蒋廷铨纂编，唐鉴荣校注：《上杭县志》，厦门：鹭江出版社，2014年，第42页。

④ 大致范围在今福建省平和县的九峰镇、长乐乡、秀峰乡、芦溪镇，永定区的湖山乡、湖雷镇，广东省大埔县的大东镇、枫朗镇、百侯镇、西河镇一带区域。

（五）戡乱赴闽

正德十四年（1519）六月，福州三卫军人进贵等胁迫众兵士谋叛哗变，王阳明奉命前往戡乱。行至丰城时，得知宁王朱宸濠举兵造反、直指朝廷政体一事，眼看形势紧急，当机立断，火速折返吉安调集军马，组织兵力，修理器械舟楫，准备起兵讨叛；同时向各地发出征讨檄文，揭露宁王的叛逆罪责，号召列郡起兵讨伐。仅用四十三天时间，就平息了宁王处心积虑准备十多年之久的叛乱，扶社稷于将倾。

王阳明赴闽戡乱途中，闻变而返，可谓是"半次入闽"。此次的赴闽之行，虽是半程而返，但却为其平定宁王叛乱赢得了时间与先机、赢得了主动与胜算。

二、王门闽籍门人众多

除了黄宗羲《明儒学案》列举的郑善夫、马明衡之外，还有不少与阳明交往密切的闽籍官员、士绅，曾在正德、嘉靖年间亲炙于阳明先生门下，成为闽籍阳明门人。如泉州府的邱养浩、王慎中、黄澄、叶宽、林同、郑岳、林希元、黄河清，兴化府的林富、林俊、林宽、林应骢、林学道、林以吉、朱淛、王大用、陈国英、陈大章，福州府的黄泗、马森、谢源、郭轮、黄铭介、黄中，汀州府的童世坚……他们都是阳明的门人，通过其家族内部、交游结社等方式宣扬、传播良知学，从而使阳明学在传统的朱子学重镇福建的影响逐步扩大。

王阳明与这些闽籍门人的交往经历，可从《王阳明全集》中找到蛛丝马迹。如《与马子莘》提道："莆中故多贤，国英及志道二三同志之外，相与切磋砥砺者，亦复几人？"①又如在给莆田人林以吉②的书信中讨论圣人之学时，言及：

---

①　吴光等编校：《王阳明全集》，上海：上海古籍出版社，2011年，第243页。

②　林以吉，福建莆田人，王阳明忘年交朋友林俊的侄儿。

子闽也，将闽是求；而予言子以越之道路，弗之听也。予越也，将越是求；而子言予以闽之道路，弗之听也。夫久溺于流俗，而骤语以求圣人之事，其始也必将有自馁而不敢当；已而旧习牵焉，又必有自眩而不能决；已而外议夺焉，又必有自沮而或以懈。夫馁而求有以胜之，眩而求有以信之，沮而求有以进之，吾见立志之难能也已。志立而学半，四子之言，圣人之学备矣。苟志立而于是乎求焉，其切磋讲明之益，以吉自取之，尚其有穷也哉？①

从中可见，王阳明生前有着众多的闽籍门人，并非《明儒学案》及《明史》"闽中学者率以蔡清为宗，至明衡独受业于王守仁。闽中有王氏学，自明衡始"②的论断。正如浙江省社科院研究员钱明在《王阳明及其学派论考》所指出的：

> 黄宗羲淡化处理闽中王门是有一定道理的，但不能因此得出福建地区没有阳明学者，因此也不存在"闽中王门"的结论。③

因此，福建地区还有许多值得深入挖掘的闽中阳明门生、后学，这些都无疑是阳明后学研究中有待开垦的处女地，也是构建阳明福建地域文化的切入点。正是基于这样的认知，近年来福建有关方面积极推动举办了"王阳明与平和""阳明学与闽南文化""阳明学在福建"等主题学术研讨会，以及海峡两岸阳明心学高峰论坛，颇受国内外阳明学界的关注与支持。④

---

① 吴光等编校：《王阳明全集》，上海：上海古籍出版社，2011年，第254页。
② 张廷玉等：《明史》，中华书局，1974年，第5464页。
③ 钱明：《王阳明及其学派论考》，北京：人民出版社，2009年，第385页。
④ 2018年5月，在福建平和县举办"王阳明与平和"学术座谈会；同年10月，在平和举办首届海峡两岸阳明心学高峰论坛。2019年7月，在漳州市区举办"阳明学与闽南文化"学术研讨会，并成立朱子学会阳明学专业委员会。2020年8月，在漳州举办"阳明学在福建"学术研讨会。

三、阳明后学官宦福建

自明正德以降，一大批亲得王守仁之炙的阳明弟子以及阳明后学入闽担任各种职务，如巡按福建的聂豹、耿定向、许孚远，福建参政的黄宗明、张时彻、顾梦圭，福建按察使的徐用检、邹善、江以达，福建提学的耿定力、徐即登、朱衡，知府李大钦、皇甫濂、施邦曜，郡府推官黄直、黄弘纲、徐阶，知县何春、胡邦翰、王梓，县邑教谕刘邦采、王鬵、潘日升，甚至还有谪戍镇海卫陈九川、李材等，举不胜举，无法一一详列。这些阳明门人、后学在福建各地履职，随地讲学布道，一时蔚然成风，从学者蜂拥而至，以致深度影响了福建学风，更是影响了一代代的福建人。

不少入闽履职的阳明弟子以及阳明后学，凭借其拥有的特殊政治地位，利用自身的政治影响力，充分调动各种政治、财力、人脉等社会资源禀赋，致力弘扬、传播阳明学，讲授不止，耕耘不辍，影响至深。这里列举几位阳明门人、后学，以窥见一斑。

阳明再传弟子、钱德洪弟子徐用检[①]，于明万历年间担任福建按察司副使，启发、改变了福建著名学者李贽的学术思想，并成为李贽的重要师友。正如李贽在《阳明先生年谱后语》中自述：

> 余（李贽）自幼倔强难化，不信道，不信仙、释，故见道人则恶，见僧则恶，见道学先生则尤恶……不幸年逼四十，为友人李逢阳、徐用检所诱，告我龙溪先生语，示我阳明先生书，乃知得道真人不死，实与真佛、真仙同，虽倔强，不得不信之矣。[②]

可以说，李贽是被徐用检引导，而服膺王阳明的良知学，从一名"不信

---

① 徐用检（1528—1611），字克贤，号鲁源，浙江金华府兰溪人。嘉靖四十一年壬戌（1562）进士。

② 吴光等编校：《王阳明全集》，上海：上海古籍出版社，2011年，第1779～1780页。

道""见道学先生则尤恶"的倔强者,蜕变成为一位阳明后学重要人物、泰州学派的代表,创立了绝假纯真、真情实感的"童心"说。

阳明再传弟子、邹守益弟子李材①,于万历二十一年(1593)入闽,谪戍镇海卫(今漳州市龙海区隆教乡镇海村)三年。其间,始终不忘"聚徒讲学",不遗余力地阐发阳明心学要义,以至"学徒益众",其间还定期到漳州龙江书院(今漳州市政府大院)、南靖安福寺(今南靖县靖城镇区)等地讲学布道,传授不止,以至阳明学在漳郡勃兴振发,吸引八闽学者杳至而来,成为福建王学传播中心。在《正堂书稿》中,就收录了李材与潘庭礼、吴道濂、洪启源、林凤翔等几十位漳籍阳明后学的学术问答。之后,李材还到武夷山讲会游学,其门人福建提学副使徐即登还专门修建"见罗书院",供其讲学,广招延平府、建宁府、兴化府的门徒,让"闽之士耳目新安久矣,能一旦得习课,而脱然于章句之外也乎?又能一旦因习课而豁然于习课之先也乎"②。

阳明后学许孚远③,学宗良知,为阳明正传,于万历二十年(1592)担任右佥都御史、巡抚福建,排黜玄虚,躬修务实,不遗余力地传播心学。正如其好友、素有"福建三君子"之称的叶向高④所言:

> 先生(许孚远)在闽,抚政之暇,多延见士大夫及诸生讲明理学。闽人故株守紫阳绪说,不敢为高论,而先生尺尺寸寸,一禀于伦常,其词旨贯穿淹洽,听者忘倦,以是多所感发兴起。先生又创共学书院,置膳田,捐资助文公祠,风教大行矣。⑤

同时他也使叶向高以兼容并蓄的开放态度形成自己的学术思想,避免

---

① 李材(1529—1607),字孟诚,学者别称见罗先生,江西丰城人。嘉靖四十一年(1562)进士。

② 谢肇淛:《小草斋集》文集卷六,福州:福建人民出版社,2009年,第130页。

③ 许孚远(1535—1604),字孟中,号敬庵,浙江德清人,嘉靖四十一年(1562)进士。《明史》载:"二十年(1592)擢右佥都御史,巡抚福建。""孚远笃信良知。"

④ 叶向高(1559—1627),字进卿,号台山,福清人,万历十一年(1583)进士,明代政治家、文学家。谥"文忠"。

⑤ 郑礼炬:《明代福建文学结聚与文化研究》,北京:人民文学出版社,2015年,第830页。

走向王学末流的胡同。许孚远还时常与晋江著名学者何乔远、连江名士陈第等闽籍学者多有往来，对明中后期福建学风转变影响颇大，使得转向"黜虚倡实"的好风气。

阳明同邑、后学施邦曜①，于明天启年间到任漳州知府，执掌漳郡八年期间，身体践行阳明心学，力施仁政，遇旱为祷，遇饥煮粥，恤孤怜穷，扶善锄强，治漳之功有如阳明平漳之绩，"四明施公莅吾漳八九年，漳郡之于四明，犹虔、吉之于姚江也"。②当地百姓还为其立生祠，塑像称神膜拜，誉为"施太爷"，数百年来始终如初，香火不灭。同时，施邦曜既是王阳明思想的积极继承者，又是阳明心学的修正者，对王学末流静坐恍惚偏向进行修正，强调"道要诸诚意，而工夫尽之致知格物"，格物正是修养和事功的统一；针对明末王学末流忽略事功业绩、坠入禅机的弊端，提出改变学风、更新观念，重视富强功利，培养"经济手"的主张，渴求经世人才；在"宗王而不悖朱"宗旨的指导下，施邦曜去异求同，把二者分歧调和起来。总之，施邦曜对王学的理论修正是比较突出而务实的，吸收融会了朱熹、王阳明和唯物论的一些理论特点，在格致观、知行观、功利观方面，突破了朱王的格局，向唯物论方面迈出了一步。

四、刊刻著述影响八闽

书籍是人类进步的阶梯。即使是在传播媒介繁多、技术发达的今天，书籍依然是传播文化思想的重要载体，更何况是在几百年前的明代。在明嘉靖

---

① 施邦曜（1585—1644），字尔韬，号四明，浙江余姚人，万历四十一年（1613）进士。历任顺天武学教授、国子监博士、工部营缮主事、工部员外郎。时奸臣魏忠贤当道，施邦曜不与附和。魏忠贤刁难，不成。迁任屯田郎中，期后迁任漳州知府，善于断案，辑评《阳明先生集要》。迁任福建副使、左参政，四川按察使，福建左布政使，有政绩。历仕南京光禄寺正卿、北京光禄寺正卿，改任通政使，起用为南京通政使。崇祯十六年（1643）十二月，任用为左副都御史。殁后赠太子少保、左都御史，谥"忠介"；清朝赐谥"忠愍"。

② 吴光等编校：《王阳明全集》，上海：上海古籍出版社，2011年，第1697页。

年间，《传习录》在闽重刻，闽人丘养浩①辑刊《居夷集》刻本；崇祯年间，《阳明先生集要》在漳州首刻刊发，闽人李贽辑刊《阳明先生道学钞》刻本……这些书籍的刊发，使得阳明学的影响力逐渐扩大，形成强大的学术思潮。

嘉靖三年（1524），泉州人丘养浩时任浙江姚令（余姚知县），将王阳明被贬谪贵州龙场期间的诗文汇编成《居夷集》，刻于余姚，是现存最早的阳明先生诗文集，刻于阳明先生身前，可谓是珍稀之本。该刻本现存于上海图书馆。

嘉靖七年（1528），时任监察御史、巡按福建的聂豹②与谪戍镇海卫的陈九川③都是阳明门人，相互往来商订，一起重刻《传习录》，让福建民众以更加通俗易懂、更加接地气的形式接受阳明学。陈九川在镇海卫根据漳州、福建当地学生的客观需要，有针对性地重加校正、删复纂要地编辑《传习录》六卷，再由聂豹在福州养正书院刊刻发行，成为当时福建推广阳明学说的重要书籍。正如聂豹在《重刻传习录序》所言：

> 是《录》也，答述异时，杂记于门人之手，故亦有屡见而复出者，间尝与陈友惟浚（九川），重加校正，删复纂要，总为六卷，刻之八闽，以广先生之觉焉。④

很可惜，这部在闽重刻的《传习录》现已失传。此外，聂豹还在福州重刻王阳明的《大学古本》。

---

① 丘养浩（1496—1545），字以义，号集斋，福建泉州人。正德十六年（1521）进士，拜监察御史。疏劾近侍陈钦，谪永平（今河北卢龙县）推官，未行，赐还职，授余姚知县，提督南畿学校，董视山陵大工，升南京大理寺丞转大理寺少卿，后擢右佥都御史，巡抚四川。官终江西巡抚。

② 聂豹（1487—1563），字文蔚，号双江，江西永丰人。正德十二年（1517）进士，授华亭县令，升御史，历官苏州知府、平阳知府、陕西副使、福建道监察御史，后又巡按福建，进兵部右侍郎，改左侍郎。嘉靖三十一年（1552）任兵部尚书，加太子太保，赐祭九坛，入豫章理学祠、吉安鹭洲忠节祠和青原五贤祠。

③ 陈九川（1494—1562），字惟浚，号竹亭，江西临川人。正德九年（1514）进士，授太常博士。武宗南巡寻欢作乐，疏谏反对，触怒武宗，入狱，罚跪午门五昼夜，几死廷杖，削为民。世宗即位后，复任礼部主客司郎中，又因改革旧制，得罪权贵，遭诬陷入狱，流放镇海卫。

④ 吴光等编校：《王阳明全集》，上海：上海古籍出版社，2011年，第1759页。

万历二十八年（1600），李贽被湖广金事冯应京逐出麻城，应工部尚书、总理河漕刘东星①的邀请，与学生汪本钶等人，抵山东济宁，住在刘东星官署。刘东星还派人向吴明贡借取《王文成公全书》一书，拿到济宁，供其抄录。李贽非常高兴，爱不释手，终日研读，闭户抄录，"每见其于不释手抄写，虽新学小生不能当其勤苦也"。万历二十八年三月二十一日（1600年5月3日），李贽完成了一部当人们"处上、处下、处常、处变之寂，上乘好手"②的"嘉惠后世之君子"大作——《道学钞》的编录，流传至今400多年，堪称不朽之文献。《道学钞》8卷，收录了116篇王阳明文稿、6篇有关王阳明的奏疏及其年谱。

　　天启、崇祯年间，阳明后学施邦曜担任漳州知府期间，研读《王文成公全书》之余，深感其既有"帙卷多、篇幅大"之弊，又有"携带烦、阅读难"之困，遂将其按理学、文章、经济三帙归类整理，汇编成《阳明先生集要》三编十五卷，并于崇祯八年（1635）由平和知县王立准③督刻，书成被誉为"崇祯施氏刻本"。该刻本建立了新的诠释体系和评点内容，是后来多家翻印刻本之底本，与隆庆谢廷杰刻本并列为阳明著作两个极为重要的版本。颜继祖在序中肯定了《阳明先生集要》的重要价值，大褒施邦曜的贡献，赞曰：

> 今海内学士大夫，得先生片楮只字，不啻彝鼎，钦而著蔡肃之。吾漳僻在海隅，罕睹全书，闲拾残篇，仅啜一脔，殊为恨事。四明施公敏而好学，公余取先生全集而诠次焉，分理学、经济、文章，凡十五卷，付诸杀青，与世共宝，可谓姚江之功臣，闽南之教主矣。④

　　《阳明先生集要》将阳明心学的传播发展推到了一个新的巅峰，为阳明学的传播发展做出了贡献。这部初刻于平和的著作，不仅是国人学习研究阳明学

---

　　①　刘东星（1538—1601），字子明，号晋川，山西沁水人。隆庆二年（1568）进士，工部尚书。

　　②　吴光等编校：《王阳明全集》，上海：上海古籍出版社，2011年，第1779页。

　　③　王立准，字伯绳，别号环应，浙江临海人，是阳明再传弟子王宗沐之孙，从小在家中就接受阳明学熏陶，尊崇王阳明。崇祯六年（1633）始任平和知县，九年（1636）升任连州知州，历时三年有余。

　　④　王守仁著，施邦曜辑评，王晓昕、赵平略点校：《阳明先生集要》，北京：中华书局，2008年，序言第8页。

的基本资料，同时也对阳明学走向世界有着非凡的意义。美国人亨克（Frederick G. Henke）是向西方介绍推广阳明学的第一人，于1916年出版发表的《王阳明的哲学》，其主体正是刻于平和的《阳明先生集要·理学编》的英译本。①目前，这部《阳明先生集要》（平和崇祯刻本）仅存于中国国家图书馆善本部、山东师范大学图书馆；2018年，平和县将其影印500册。

可见，福建在编辑、刊刻阳明学著述方面颇有斩获，为阳明学在国内外的传播、影响发挥了独特的作用。

五、闽南文化心学因子

明中后期，除了一大批阳明门人、后学入闽任职、谪戍、游学，将"王学"传入福建之外，还有一大批闽籍士绅、学子对"王学"的尊崇与好学，负笈远走四方，求学于阳明门人、后学，学成归梓，办学堂、招门徒，使得"王学"风靡八闽，点亮"闽中王门"的灵光。单单漳州地区，史料有记载的阳明后学就有三十多名之众。这里列举四个闽南学子，就足以说明。

闽籍阳明后学的佼佼者当属中国近代思想史上第一个杰出人物——李贽②，称赞"阳明先生门徒遍天下"，对"阳明先生书"，"不得不信之矣"，曾与"王学左派"的泰州学派何心隐等交往，并拜泰州学派创始人王艮之子王襞为师。李贽反对"以孔子之是非为是非"的"离经叛道"思想的源头，正是来自王阳明"反对传统的儒家学说，对六经持怀疑态度"③，打破了对"经"的迷信，承认主体自主道德选择合理性和必要性等观念。李贽的文学观念与创作同样受到阳明心学的影响，在继承王阳明"圣人之学，不是这等捆缚苦楚的，不是妆做道学的模样"④的基础上，强调"若失却童心便失却真心，失却真心便失却真人"⑤，极力

---

① 伊来瑞（George L. Israel）：《1916年前西方文献中的王阳明》，《第十八届明史国际学术研讨会暨首届阳明文化国际论坛论文汇编》（下），南昌：江西高校出版社，2019年，第17页。

② 日本学者沟口雄三认为中国近代思想史自李贽开始。

③ 萨孟武：《中国政治思想史》，北京：东方出版社，2008年。

④ 王守仁撰，王晓昕译注：《传习录译注》，北京：中华书局，2018年，第427页。

⑤ 李贽：《焚书》卷三《童心说》。

反对封建道德的虚伪性。李贽的这一主张对晚明文坛也具有重要的启蒙作用。

黄道周①对阳明先生的学术事功也是推崇备至。在《阳明先生集要序》《重建王文成公祠碑记》等文章中，毫不掩饰地表达了对王阳明的钦慕，发出"不同时兮安得游？登君堂兮不得语，耿徘徊兮中夜"②那种因所处时代不同而不能步入王阳明门下的遗憾与感慨。同时，黄道周在讲学时，采取"择其善者而从之"的客观态度，引用了一些陆王心学的思想观点。正是因为黄道周对王阳明事功、学术成就的尊崇以及对其学说的接受，以至于有人将其直接归入王学。尽管这样的观点有点偏执，但也有一定的道理。清代学者袁翼的观点似乎更为客观，认为："石斋湛深经术，私淑阳明而所谓心学者，微有转手。"③

李光地④虽以程朱理学为宗，但在研修朱子学的过程中，发现朱子学并非完美无缺，于是对陆王心学的思想因素也积极吸取。他曾推崇说："王阳明讲'立志'，及'人放下时须振起，人高兴时须收住'，皆是其自己得力处，言之亲切警动，亦极好。至于说万物一体处……其论甚精。"《四库全书总目提要》评价道：

> 光地之学，源于朱子，而能心知其意，得所变通，故不拘泥于门户之见。其诂经兼取汉唐之说，其讲学亦酌采陆王之义，而于其是非得失，毫厘千里之介，则辨之甚明，往往一语而决疑似。

可见，李光地是一位"朱王会通"的典型人物，与许多明末清初的闽籍学

---

① 黄道周（1585—1646），字幼玄，又字螭若、螭平，号石斋，漳州府漳浦县（今漳州市东山县铜陵镇）人，天启二年（1622）进士，改庶吉士。历官翰林院修撰、詹事府少詹事。南明隆武时，任吏部尚书兼兵部尚书、武英殿大学士（首辅）。因抗清失败被俘，隆武二年（1646）壮烈殉国，隆武帝赐谥"忠烈"，追赠文明伯。

② 吴光等编校：《王阳明全集》，上海：上海古籍出版社，2011年，第1697页。

③ 陈良武：《王学在闽南的传播及其对黄道周的影响》，《阳明学与闽南文化学术研讨会论文集》，自印本，2018年，第14页。

④ 李光地（1642—1718），字晋卿，号厚庵，别号榕村，泉州安溪人，康熙九年（1670）进士，历任翰林院编修、翰林学士、兵部右侍郎、直隶巡抚，拜文渊阁大学士兼吏部尚书。谥号"文贞"。

者一样，善于以海纳百川的胸襟，兼容并包各种流派学说，在维护朱学的尊严的同时，又能充分肯定王学的价值，甚至提出"致良知之说以辅佐朱子则可，以之攻朱子则同室操戈，是断不可"①的观点。纵观晚明至民国时期的福建学风，"朱王会通"不失为福建学者有别于其他省份的一大特色。

林语堂是近代的文学大师，积极倡导闲适、性灵的文学风格。其实最早提出"闲适"的是阳明后学、"公安三袁"之一的袁宏道，他认为"世间第一等便宜事，真无过闲适者"，提倡"闲适人生，做大自在人"。可见，林语堂的闲适、性灵文风，与李贽的童心说、汤显祖的情至说、公安派的性灵说一样，深受阳明心学的影响。林语堂景仰地称赞"王阳明讲良知，是儒家积极入世以天下为己任之成功者"②，曾手书箴言"所学非所用，不知亦能行"③，其知行观深深烙上王阳明"知行合一"的印记。不仅如此，林语堂还认为："聪明以为可，良知以为不可，则不可之；聪明以为不可，良知以为可，则可之。良知为主，聪明为奴，其人必忠；良知为奴，聪明为主，其人必奸。"④这一观点，正是继承了王阳明那种"只凭自己的良知行事，不行掩饰，不取媚于世"的思维风格。不难推断，出生于阳明奏立之县的林语堂，其思想、文风都是吸收了阳明心学的精髓。

由此可见，阳明学作为中华优秀传统文化的组成部分，同样也对闽南地区的人文思想、社会发展产生了重要影响和积极作用。可以说，阳明学改变了闽南人的思维方式，使得追求思想解放、冲破限制束缚成为闽南文化的重要因子，强化了闽南人崇尚实用、追求功利的社会伦理价值取向，推动了闽南人形成冒险、务实、多元的人文特性，促进了闽南人由"重农抑商"向"重商经商"思想观念的转变，形成了"善观时变、顺势有为，敢冒风险、爱拼会赢，合群团结、豪侠仗义，恋祖爱乡、回馈桑梓"的闽商精神文化。

---

① 吴震：《颜茂猷思想研究》，北京：东方出版社，2015年，第161页。
② 林语堂：《哀莫大于心死》，《林语堂名著全集》（第18卷《拾遗集》下），长春：东北师范大学出版社，1994年，第99页。
③ 该箴言复印件收藏于平和县坂仔镇的林语堂文学馆。
④ 林语堂：《哀莫大于心死》，《林语堂名著全集》（第18卷《拾遗集》下），长春：东北师范大学出版社，1994年，第99页。

结　语

　　王阳明与福建颇有渊源，其"两次半"入闽，留下了显赫的功绩，强化了边界地区的社会治理，也留下过化的心迹，其学说思想在福建冲破了"朱学重镇"的藩篱，得到持续继承、弘扬和发展，既形成"闽中王门"的人文体系，又深刻影响了福建地域文化，形成"朱王会通"的福建学风，同时对闽南地区的人文思想、社会发展产生重要影响和积极作用。

阳明论朱子、朱子学与四学

邱维平

福建江夏学院设计与创意学院

前　言

阳明论学，朱子几乎是他无法绕过的话题。例如在《传习录》中，他的许多论述与对话便直接或间接地与朱子的观念形成一种论辩关系。以刊刻于1518年的上卷之"徐爱录"为例，徐爱共记了14条语录，其中的12条竟然都与朱子密切相关：第1、2、6、10、13、14条皆明确地批评朱子的各种观点，第3、4、5、9、11条则是纠正弟子们心中存留的朱熹学说（徐爱所谓的"旧说"），第7条的"格物"说更是与朱子的"格物"说形成了一种紧张的对话关系。即使到了晚年，他的良知说已为越来越多士人所接受时，他仍不断地受到信奉朱子学的各方力量之质疑乃至打压，不得不一次次与之论辩。[①]不过，要注意的是，与南宋朱陆之争中的陆象山相比，阳明面对的辩手要复杂得多。近3个世纪的时光过去了，横亘在他面前的不仅是朱子及其学说，还有那些不断发展与变化的朱子后学，以及那些自朱子学流变而来的训诂、记诵等四学，可称之为异化的朱子学。后面两种学说其实很多已不属朱子原意，但后世学者往往不注意甄别，这样就容易将阳明对它们的批判视为对朱子本身学说的批判。

事实上，阳明对上述三者的态度是不尽相同的：首先，他对作为理学集大

---

① 如作于1525年的《答顾东桥书》，便是阳明面对信奉朱子学的顾璘之种种质疑而展开的一次精彩论辩。

成者的朱子保持了足够的敬意,但同时又对被神圣化的朱子之历史地位做出了自己的判定。其次,他的思想虽然多有得益于朱子,但对于后者那"有不容于论辩者"①的学说却提出了诸多的质疑,通过辨析朱子思想中如"格物"说、"知行"观等的缺陷与不足,他力图解决"学术不明"之时代大弊,由此也逐渐形成自己独特的思想体系。最后,他对朱子及其后学展开的是学术层面的讨论,但对于那些功利化的伪朱子学特别是"训诂""记诵""词章""功利之学"等"四学"却给予了最严厉的批判。因此,阳明对朱子及其学说的看法并非简单的"肯定"或者"否定"二字就能道尽,厘清他态度的不同层次,不仅有助于我们推进对"朱王(陆)异同"这个千年话题的认识,而且有助于我们进一步理解阳明心学的来源和深层内涵等。

一、尊朱又拒其于道统

阳明出生时,朱子已没近三百年。在这段时期,朱子之学说从被禁到逐渐解禁乃至成为科举考试和人心教化的权威教本,而他本人的地位也经历了从生前的被打压和歪曲到身后享祀孔庙、优入圣域的变化。因此,阳明面对的其实是两种不同的朱子形象:作为理学巨擘的朱子和被尊为"孔孟后一人"的朱圣人。前者集有宋以来周张二程思想之精华,博学多产,构建了庞大的理学体系,但同时其学又被陆象山屡屡视为"支离",1200年后便已凝固在那些汗牛充栋的著述中,成为不可更改之历史;后者则是随着前者的去世,被一步步地捧上圣坛,不可妄议(如成祖时代的饶州学者朱季友,就因为批驳朱子学而被廷杖一百,书籍亦尽毁),这其实是被意识形态化的朱子,其形象常为当权者所定义。总的来看,阳明对前者表达了足够的敬意,同时又从其心学视角出发,对后者进行了去圣化的评价与定位。

明朝开国伊始就独尊朱子之学,形成了"此亦一述朱,彼亦一述朱"的现象。在这样的背景下,自小就立志成圣的阳明自然选择的是朱子"格物致知"的成圣路径:通过不断格物穷理,以期豁然贯通至"吾心之全体大用无不明

---

① 吴光等编校:《王阳明全集》,上海:上海古籍出版社,2011年,第667页。

矣"之境。钱德洪的年谱记载了阳明十八岁时初闻格物之学,"遂深契之";而后在二十一岁时依朱子格物之训而格竹,"沉思其理不得,遂遇疾"①;二十七岁时又按晦庵之教,欲"循序致精",但"沉郁既久,旧疾发作"②。这些经历说明阳明早年的确如岛田虔次说的乃"何等狂热的朱子之徒"③。正是在对朱子学说的全心研习和实践中,阳明产生了困惑与怀疑,经千死百难,一步步地从"格物致知"说走向了"格心"说,从"知先行后"说走向了"知行合一"说等等,从而建立起迥异于朱子学的心学体系。难怪他在1511年的《答徐成之·二》中会说朱子对自己有"罔极之恩"④,通常来说,这是子女用来表达对父母养育之恩的感激之语,阳明对它的借用说明他视朱子为自己思想的重要来源(下一节将具体论述)。

除了感恩之情,阳明对朱子的学识与贡献亦不吝赞美之词。例如,他虽然批评朱子只在"考索著述上用功",但也称赞其"精神气魄大","早年合下便要继往开来",实际上是对朱子"继往圣,开来学"⑤之贡献的肯认。这在《答徐成之·二》中体现得尤为分明:"夫晦庵折中群儒之说,以发明六经、语、孟之旨于天下,其嘉惠后学之心,真有不可得而议者。"⑥因此他认为其与象山可称得上"圣人之徒"。"圣人之徒"一语出自《孟子·滕文公下》"能言距杨墨者,圣人之徒也",意指能拒异端、传圣人(主要指孔子)之道者。将朱子称为"圣人之徒",无疑是对朱子于儒学赓续所做贡献的高度评价。

当然,阳明虽感激和敬重朱子,却不愿随众人圣化甚至神化后者。早在1241年,朱子就已经享祀孔庙,"取得与周张二程并列的五大道统圣人的地位";到1336年,他更是被封为齐国公,从此像孔子那样"受到统治者的顶礼膜拜"。但阳明似乎并未将朱子视为是不可批驳的"万世圣人"⑦。比如他认为朱陆争论不休、相互讥讽,这说明二人皆"所养之未至",用阳明弟子周道通的话

---

① 吴光等编校:《王阳明全集》,上海:上海古籍出版社,2011年,第1002页。

② 吴光等编校:《王阳明全集》,上海:上海古籍出版社,2011年,第1003页。

③ 岛田虔次:《朱子学与阳明学》,西安:陕西师范大学出版社,1986年,第82页。

④ 吴光等编校:《王阳明全集》,上海:上海古籍出版社,2011年,第668页。

⑤ 陈荣捷:《王阳明〈传习录〉详注集评》,上海:华东师范大学出版社,2009年,第72页。

⑥ 吴光等编校:《王阳明全集》,上海:上海古籍出版社,2011年,第667~668页。

⑦ 束景南:《朱子大传》,北京:商务印书馆,2003年,第1114页。

就是朱子和象山涵养工夫仍未纯熟，有"动气之病"①（章太炎则认为二者意气相争，"更甚于《儒行》之'可微辨而不可面数'矣"②），故他们的气象便不及"颜子、明道"。事实上，"朱子不及颜子、明道"论不仅体现在气象方面，在道统论上更是如此。

道统论肇始于唐朝的韩愈，"至朱子而完成之"③。在《大学章句序》和《中庸章句序》等文章中，他"以道心人心之十六字诀释道统"，并详述了道统的传承过程：从"上古神圣"即伏羲尧舜禹等人"继天立极"，经"成汤文武"等，再由夫子继往开来，随后颜子、曾子、子思续传，"及孟子没而其传泯焉"。直至千年后的河南程氏两夫子出，"而有以接乎孟氏之传……虽以熹之不敏，亦幸私淑而与有闻焉"④。显然朱子有暗示自己乃程氏兄弟后道统之继任者之意，只是他没有明言。他的弟子和后学"皆坚信不移"⑤。如黄榦在《徽州朱文公祠堂记》中就说："尧舜禹汤文武周公生而道始行，孔子孟子生而道始明，孔孟之道，周程张子继之，周程张子之道，文公朱先生又继之，此道统之传历万世而可考也。"⑥明初的大儒薛瑄则把朱子直接比作孔子："尧、舜、禹、汤、文、武之道，非得孔子，后世莫知所尊。周、程、张子之道，非得朱子，后世莫知所统。孔子之后，有大功于道学者，朱子也。""故孔子集群圣之大成、朱子集群贤之大成，其揆一也。"⑦

然而，阳明似乎并不认可朱子在道统中的地位。虽然遍检阳明之文录，都找不到"道统"二字，但在《别湛甘泉序》《象山文集序》《朱子晚年定论序》等序言中，他都清楚地表达了自己的道统论：圣人之学根由尧舜禹相授之十六字心法，孔颜曾孟相续而传，孟子没后则息，"千五百余年，濂溪、明道始复追寻其绪。自后辨析日详，然亦日就支离决裂，旋复湮晦"⑧。显然，在起源、孟子

---

①　陈荣捷：《王阳明〈传习录〉详注集评》，上海：华东师范大学出版社，2009年，第124页。

②　章太炎等：《国学大师说儒学》，昆明：云南人民出版社，2009年，第7页。

③　陈荣捷：《朱子新探索》，上海：华东师范大学出版社，2007年，第287页。

④　朱熹：《四书章句集注》，北京：中华书局，2011年，第2～3页。

⑤　陈荣捷：《朱子新探索》，上海：华东师范大学出版社，2007年，第287页。

⑥　黄榦：《黄勉斋先生文集》，文渊阁四库全书本，第568页。

⑦　薛瑄：《丛书集成初编·薛文清公读书录》，北京：中华书局，1985年，第44页。

⑧　吴光等编校：《王阳明全集》，上海：上海古籍出版社，2011年，第202页。

后的断裂以及周程的接续等方面,阳明采用了朱子的说法,区别在于阳明凸显了颜子、明道的意义而取消了小程子和朱子的位置。阳明为何一再坚持"朱子不及颜子、明道"的看法？究其原因,在于他"夫圣人之学,心学也。学以求尽其心而已"之论断。这种尽心之学强调在"心地上用功"[①],"一于道心也"[②]而又能发之于父子兄弟朋友乃至天下万物。这样,能"不迁怒,不贰过"的颜子、主张"动静一如"和"无将迎无内外"的明道皆被认为是心学也就是圣人之学的传承者,而"多学而识,在闻见上用功"[③]的子贡、侧重于"道问学"的朱子则被视为偏离了圣人之学的正宗(现代新儒家的代表牟宗三亦判定朱子学说乃儒家正统之歧出,故称之为"别子为宗")。阳明经常批评的周程之后"自后辨析日详,然亦日就支离决裂"之现象,矛头所指的大概就是朱子及其弟子后学等吧。

总之,阳明肯定了朱子在学问层面的继往开来之贡献,但在气象和道统等方面,又视其在颜子、明道之下,从而将朱子"去圣化"。这显然是由他重立大本而不重考索著述的心学立场影响所致的。

二、承继朱子学又超越朱子学

阳明对朱子自身学说的态度,简言之,就是承继中超越。说承继,是指阳明基本是沿着朱子的命题构建起自己的学说的;说超越,是指他通过否弃朱子的格物致知说等,形成了自己的良知学思想体系。作为"渊微""精密"而又权威化的朱子学说的追随者和"背驰"者,阳明的心理是复杂而坚定的,我们可以通过对他的三句话的解读探寻他的这一心理。

第一句话是在1520年回复罗钦顺的一封信中说的:"平生于朱子之说,如

① 陈荣捷:《王阳明〈传习录〉详注集评》,上海:华东师范大学出版社,2009年,第80页。

② 吴光等编校:《王阳明全集》,上海:上海古籍出版社,2011年,第216页。

③ 陈荣捷:《王阳明〈传习录〉详注集评》,上海:华东师范大学出版社,2009年,第80页。

神明蓍龟。"①正如许舜平所言："后人动辄谓先生毁谤晦庵。"②因此往往不太相信阳明这句话的真实性，认为这仅是他为了不与朱子之说产生大的冲突而使用的策略性说辞。应该说，这样的理解对阳明是不太公允的。

上一节我们曾提到，阳明年轻时就精研朱子之学，尤其推崇其中的格物致知说，虽然后来他开辟出自己的思想天地，但正像唐君毅指出的："然自细处看，则阳明之学，归宗近象山，其学之问题，则皆承朱子而来；其立义精处，正多由朱子义，转进一层而致。"③他的问题意识和诸多重要命题，确实大都源自朱子而非一般人认为的陆象山：前者如龙场悟道前的关键难题"物理吾心终若判而为二"④，便是他对于朱子成圣工夫屡试屡挫而产生的结果；后者如"格物即格心说"则是从朱子的"格物致知说"曲折转出的。此外像"知行合一说""《大学》古本论"等皆由批驳朱子的相应学说而推出。至于"尽乎天理之极而无一毫人欲之私"的至善论、良知乃独知说等则直接"借助于朱子"⑤，难怪他会说："若其余文义解得明当处，如何动得一字"⑥。显然，阳明虽然自龙场后持"是陆非朱"⑦之立场而终身未变，但一则他的思想乃孕育于朱子之学（陈来就说："整个阳明哲学的概念和结构都与《大学》有更为密切关联，这也是阳明受到宋学及朱子影响的表现之一。"⑧），二则他虽然在许多方面批判朱子所论，但正如上节提到的，他亦高度认可朱子"折中群儒之说，以发明六经、语、孟之旨于天下"之贡献，因此他才声称自己对朱子是怀着"罔极之恩"的。这样，"神明蓍龟"之誉即使有些策略性意味，亦不能否认其中包含对朱子之学

① 陈荣捷：《王阳明〈传习录〉详注集评》，上海：华东师范大学出版社，2009年，第151页。

② 陈荣捷：《王阳明〈传习录〉详注集评》，上海：华东师范大学出版社，2009年，第70页。

③ 唐君毅：《中国哲学原论——原教篇》，北京：中国社会科学出版社，2006年，第187页。

④ 吴光等编校：《王阳明全集》，上海：上海古籍出版社，2011年，第1003页。

⑤ 陈荣捷：《王阳明〈传习录〉详注集评》，上海：华东师范大学出版社，2009年，第275页。

⑥ 陈荣捷：《王阳明〈传习录〉详注集评》，上海：华东师范大学出版社，2009年，第70页。

⑦ 束景南：《阳明大传："心"的救赎之路》，上海：复旦大学出版社，2020年，第728页。

⑧ 陈来：《有无之境：王阳明哲学的精神》，北京：生活·读书·新知三联书店，2009年，第133页。

的真实情感。

第二句话来自《传习录》卷上第98条的记载："吾说与晦庵时有不同者，为入门下手处有毫厘千里之分。"阳明之心学乃自朱子学转出，或是后者的延续，但须强调的是，这种延续是批判与超越式的延续，"他思想发展的过程，无疑是对朱学的批判和摆脱朱子权威的过程"①。观其文录，仅《传习录》就直接"查引朱子共二十次……然凡所引，或全与朱子针针相对"②。虽然论争甚多，但阳明认为自己与朱子的分歧主要是在"入门下手处"。朱王"入门下手处"有何差异？《传习录》第6条："朱子错训格物，只为倒看了此意，以尽心知性为物格知至，要初学便去做生知安行事。"第30条："后儒不明格物之说，见圣人无不知，无不能，便欲于初下手时讲求得尽。"结合朱子的格物说（"是以《大学》始教，必使学者即凡天下之物，莫不因已知之理，而益穷之，以求至乎其极"），可知这里是批评朱子以"格物穷理"为入门事。阳明反对从知识入手，认为应从"修身""立心"开始，应"从喜怒哀乐未发之中上养来"。但衡今对此的解释较为精到："阳明所云入门处，于周、程之主敬存诚近，与宗门之修禅定同。晦庵则以格物穷理为入门，道问学而尊德性，毫厘千里者以此。"③意思是朱子认为须以"道问学"为"尊德性"的基础与前提，强调知识对德性的不可或缺；阳明则主张先立大本，"主敬存诚"为第一义，德性之养成不必经由知识的不断累积而达至，而知识在德性的养成过程中自然会出显。应该说，这是一种为学次第的不同，是成圣成贤之工夫阶次的不同。

必须指出的是，形成为学次第差异的根源是二者对于"心"之认识的不一致。在朱子，心虽具众理，但同时其又受气禀所拘而"所发不尽合理"④，就存有论而言，心与理断无法为一，故"必穷尽天地万物之理，然后吾心之明觉，与之浑合而无间"，这样便不能不依靠"外来闻见""以填补其灵明"⑤，因此自然主张"格物穷理，乃吾人入圣之阶"。但阳明则认为"心即理也。此心无私欲

---

① 韦政通：《中国思想史》，长春：吉林出版集团，2009年，第880页。

② 陈荣捷：《王阳明〈传习录〉详注集评》，上海：华东师范大学出版社，2009年，第272页。

③ 陈荣捷：《王阳明〈传习录〉详注集评》，上海：华东师范大学出版社，2009年，第70页。

④ 陈来：《朱子哲学研究》，上海：华东师范大学出版社，2000年，第225页。

⑤ 黄宗羲：《明儒学案》，北京：中华书局，1985年，第180～181页。

之弊,即是天理",主张直入本心,"不须外面添一分"①,故"其格物之功,只在身心上做"②。

因对心与理之关系看法的根本差异,遂至"格物"与"格心"这一"入门下手处"的毫厘千里之别,二人其他种种不同大都由此而来:在阳明看来,像朱子那样"先去穷格事物之理",既"无着落处"也"始终是没根源",由物理(知识)而明性理(道德)的格物路径,容易导致支离烦琐而与身心无涉;在册子、名物上用功,易使后学沉溺于训诂记诵等学中而远离圣学;知先行后使知行分离而导致知之不行;等等。此外,如对"道心"与"人心"及"未发之中"与"已发之和"等二分、著述繁多和《大学》新本分章补传等现象的批评,亦是由"入门下手处"之异而延伸出来的。值得注意的是,"入门下手处"的分别是从龙场开始的,"圣人之道,吾性自足,向之求理于事物者误也",阳明这一深刻体悟标志着对朱子心与理二元论和格物说的否弃,从此他与朱子渐离渐远,与陆象山渐趋渐近,并且在批判前者和完善后者的过程中最终形成了致良知心学体系。

第三句话是《朱子晚年定论序》中说的:"予既自幸其说之不谬于朱子,又喜朱子之先得我心之同然。"这是阳明1515年对作《朱子晚年定论》动机的概括,意思是朱子晚年已经自悔其先前之说,转向了陆象山之心学,因此自己的学说其实无异于朱子之学,世人亦应"无疑于吾说,而圣学之明可冀矣"。五百年来,不少学者对阳明这一说法进行了解读。陈荣捷先生认为阳明在这里表明了欲与朱子之学"归一"的想法③,另外一些当代学者则将其视是"会通朱陆""和会朱陆"思想之表达。束景南先生则否定了这些判断,在2020年出版的《阳明大传》一书中,他认为阳明"一生都持批判否定朱学的立场,从来没有想要'合会朱陆''会通朱陆'"④。他的证据是阳明在写《朱子晚年定论》的同时,还自定了《大学》古本,做了《格物说》,它们"都是严辨朱陆之学、批判朱

---

① 陈荣捷:《王阳明〈传习录〉详注集评》,上海:华东师范大学出版社,2009年,第17页。

② 陈荣捷:《王阳明〈传习录〉详注集评》,上海:华东师范大学出版社,2009年,第221页。

③ 陈荣捷:《王阳明〈传习录〉详注集评》,上海:华东师范大学出版社,2009年,第269页。

④ 束景南:《阳明大传:"心"的救赎之路》,上海:复旦大学出版社,2020年,第736页。

学的,这才是阳明的真实想法"①。

我们知道,阳明与朱子学的分道扬镳始于龙场悟道,自此后他的人生"都在与朱子的系统奋斗"②,因此就学说而言,他的确未曾表现出与朱学会通的意图。除了束先生所举的《大学》古本和《格物说》外,《朱子晚年定论》及序言刊刻(1518年)后阳明的思想发展轨迹亦是有力的证据:1519年的"良知之悟",1526年和1527年的"王门四句教"和"王门八句教"的提出,1527年征思田前作的《大学问》等等,这些标志着他已经完全"否弃了《朱子晚年定论》",建立起了属于自己的思想体系,因此非但未与朱学实现会通,反而进一步深化了与后者的差异。这样看来,在《朱子晚年定论序》中说的"自幸"与"又喜"应不是他内心的写照,而是以调和之姿态缓解己说与官方朱学之间的紧张,"聊借以解纷"③。

综上可知,阳明对朱子学说的态度也是充满张力的。一方面,他自18岁初闻格致之学到37岁龙场悟道,近20年的时间里,循朱子之训苦觅成圣之方,虽不得入,然亦知朱学于己之意义,故"盖不忍抵牾朱子者,其本心也"。另一方面,从21岁格竹致疾开始,他便对朱学有所怀疑,直至放逐黔地,勘破生死后"悟朱学之非,觉陆学之是"④,从此在不断与朱学的辩驳中逐渐完善、超越陆学,最终建立起自己的心学体系。他与朱学的渐离渐远皆因其于艰难困苦中体悟到的良知之道,"不得已与之抵牾者,道固如是"⑤,他坚信"致良知"方是儒学正道,心学方是孔门嫡传,因此就阳明本人来说,实际上是不存在和朱学会通、归一之努力的,他的真正目标是要厘清朱子学中"不明"的地方,如对知识与德性的含混不清等,从而凸显心的意义与力量,回归与彰显自孔孟以来的主体性学说。"会通"与"归一",主要是后世一些学者如东林学派士人等试图完成的工作。

---

① 束景南:《阳明大传:"心"的救赎之路》,上海:复旦大学出版社,2020年,第728页。
② 韦政通:《中国思想史》,长春:吉林出版集团,2009年,第880页。
③ 吴光等编校:《王阳明全集》,上海:上海古籍出版社,2011年,第1030页。
④ 束景南:《阳明大传:"心"的救赎之路》,上海:复旦大学出版社,2020年,第433页。
⑤ 陈荣捷:《王阳明〈传习录〉详注集评》,上海:华东师范大学出版社,2009年,第151页。

三、批判"四学"又源于朱子学

在阳明文录中，经常可看到"先儒""后儒后世之儒""世儒/世之儒者/世之学者"这样的称谓（仅《传习录详注集评》中，"先儒"就出现了大约13次，"后世之儒/后儒"出现了大约17次，"世之儒者/世儒/世之学者"出现了大约10次），若不加甄别，很容易混淆三者，模糊阳明对他们态度的差异性，甚至给人以阳明诽谤朱子的印象。因此，厘清三者之区别，对于正确认识阳明对朱子及其学说的态度是不无意义的。

三个称谓中，"先儒"是有特定内涵的，往往指那些已经逝世的可以从祀孔庙的著名儒者。在孔庙中，主祀孔子，其他享祀的包括四个等级，即一等"四配"、二等"十二哲"、三等"先贤"和四等"先儒"。在1712年被作为唯一一个非孔子亲传弟子而提升为"十二哲"之前，朱子一直属于"先儒"行列，所以阳明说的"先儒"主要指的是朱子（有时也指二程）。"后儒"一般是在讲述圣人之学后提到，比如《传习录》第11条中说"圣人只是要删去，后儒却只要添上"，第52条则是在解释完孟子之"执中无权犹执一"一语后提到"后世儒者"的。因此，这个称谓是包含朱子及其后学甚至"世儒"等在内的。"世儒"的意涵则稍微复杂。东汉的王充认为"世儒"是些只会讲解经书的儒生，"好信师而是古，以为贤圣所言皆无非，专精讲习，不知难问"[1]，因此不如那些著书立说的"文儒"。三国时的曹植则在《赠丁廙》一诗中写道："君子通大道，无愿为世儒。""世儒"与"君子"相对，大概相当于"俗儒"。不过从阳明有时用"世儒"，有时又用"世之儒者"看，他指的"世儒"应是泛指当世的儒者，当然也有"俗儒"的意味。

阳明提到"先儒"时，基本上是与之论辩某个具体问题。如《王阳明〈传习录〉详注集评》第111条是与弟子讨论朱子"以学为效先觉之所为"之说法，第317条则是批评程颐和朱子"解格物为格天下之物"的不合理处。对"后

---

① 黄晖：《论衡校释》，北京：中华书局，2017年，第155页。

儒"，阳明批评他们或"不明圣学"①，或沉溺于立言著述②，或初学便要"讲求得尽"③，或"只得圣人下一截"④等等，总之是偏离了圣人精一、求放心之旨，支离烦琐。显然，矛头有时亦是指向朱子的。不过，需要强调的是，虽然阳明和象山一样都批评朱子"支离"，但在《紫阳书院集序》和《答徐成之·二》中，他又认为是后世学者自身的原因导致支离琐屑，朱子本非支离。⑤在1522年的《与陆元静》中，他更是指出："先儒之论所以日益支离，则亦由后学沿习乖谬积渐所致。"⑥这种矛盾现象，概因阳明认为朱子虽"汲汲于训解"，但其并非"玩物"，而是为了防止学者躐等而"失之妄作"，"使必先之以格致而无明，然后有以实之于诚正而无所缪"，意即朱子本人是"格致"与"诚正"、"涵养"与"进学"兼顾的，但后学则往往偏于一隅，皓首穷经，"求之愈繁，而失之愈远"⑦。至于对"世儒"的态度，因其与"后儒"有重叠处，所以还是以批评其"舍心逐物"⑧为主。但又经常把"世儒"和训诂、记诵、词章和功利之学等联系在一起⑨，对于这"终身劳苦于身心，无分毫益"⑩的"四学"，阳明视之为彻底背离圣学的"异端"，认为它们甚至在杨墨老释之下⑪。

朱子本身之学说肯定不在"四学"范畴内，事实上，正如沟口雄三所说，作

---

① 陈荣捷：《王阳明〈传习录〉详注集评》，上海：华东师范大学出版社，2009年，第77页。

② 陈荣捷：《王阳明〈传习录〉详注集评》，上海：华东师范大学出版社，2009年，第27页。

③ 陈荣捷：《王阳明〈传习录〉详注集评》，上海：华东师范大学出版社，2009年，第40页。

④ 陈荣捷：《王阳明〈传习录〉详注集评》，上海：华东师范大学出版社，2009年，第51页。

⑤ 陈荣捷：《王阳明〈传习录〉详注集评》，上海：华东师范大学出版社，2009年，第273页。

⑥ 吴光等编校：《王阳明全集》，上海：上海古籍出版社，2011年，第160页。

⑦ 吴光等编校：《王阳明全集》，上海：上海古籍出版社，2011年，第667页。

⑧ 陈荣捷：《王阳明〈传习录〉详注集评》，上海：华东师范大学出版社，2009年，第73页。

⑨ 参看《王阳明〈传习录〉详注集评》第49、143条，《尊经阁记》和《别湛甘泉序》等文。

⑩ 陈荣捷：《王阳明〈传习录〉详注集评》，上海：华东师范大学出版社，2009年，第51页。

⑪ 吴光等编校：《王阳明全集》，上海：上海古籍出版社，2011年，第195页。

为"道德实践之学"①的朱子学与训诂注疏词章之学等是相对的,比如在《大学章句序》中,朱子就认为:"俗儒记诵词章之习,其功倍于小学而无用。"②概训诂注疏之学乃汉学主流,以朱子学为代表的宋学则重在经文的义理阐发,故成了邓广铭所谓的"对汉学的反动";而记诵词章又与科举考试密切相关,阳明在作于1525年的《万松书院记》中就指出"然自科举之业盛,士皆驰骛于记诵辞章,而功利得丧分惑其心"③,岛田虔次认为,宋代士大夫的内心深处大多"把科举作为功利主义的象征"④。可见,"四学"本身也是深为朱子所批判和拒斥的。然而,一方面,由于朱子学向外穷理的成圣路径本身"还可旁通于词章、考据"⑤,另一方面,自元代开始其学说逐渐官学化,成为科举考试依据的权威教材,因此如元汴所言,朱子学虽大兴,"然特习其说以猎取科第,影响剽窃,而朱子之宗旨转晦"⑥。元朝的吴澄则认为嘉定后朱门就已经慢慢坠入记诵词章等俗学了:"夫既以世儒记诵词章为俗学矣,而其为学亦未离乎言语文字之末。此则嘉定以后朱门末学之敝,而未有能救之者也。"⑦明初的胡居仁也发现当时的朱子学人"已堕入训诂注释、词章功利的歧途"⑧。可见,后来的学者走到了朱子当年批判与否定的道路上,明显背离了朱子学的本意。

对于"四学",阳明的批判甚烈。在1525年所作的四篇书院记中的三篇(《稽山书院尊经阁记》《重修山阴县学记》《万松书院记》)与《答顾东桥书》等中,都可看到相关文字。尤其是《答顾东桥书》,在被称为"拔本塞源论"的结尾部分,阳明悲愤地说道:"三代之衰,王道熄而霸术焜;孔、孟既没,圣学晦而邪说横……于是乎有训诂之学,而传之以为名。有记诵之学,而言之以为博。有词章之学,而侈之以为丽。"世之学者不再关注"复心体之同然"的圣学事

①　沟口雄三:《中国的思想》,北京:中国财富出版社,2012年,第113页。
②　朱熹:《四书章句集注》,北京:中华书局,2011年,第3页。
③　吴光等编校:《王阳明全集》,上海:上海古籍出版社,2011年,第213页。
④　岛田虔次:《朱子学与阳明学》,西安:陕西师范大学出版社,1986年,第77页。
⑤　徐复观:《中国思想史论集》,上海:上海书店出版社,2004年,第31页
⑥　严佐之等编:《历代"朱陆异同"文献汇编》(第1册),上海:上海古籍出版社,2018年,第31页。
⑦　严佐之等编:《历代"朱陆异同"文献汇编》(第1册),上海:上海古籍出版社,2018年,第343页。
⑧　冈田武彦:《王阳明大传》,重庆:重庆出版,2015年,第95页。

业,纷纷借知识技能"济其私而满其欲",天下几成名利场,"功利之毒,沦浃于人之心髓,而习以成性也,几千年矣"。但阳明并未绝望,"所幸天理之在人心,终有所不可泯,而良知之明,万古一日。则其闻吾'拔本塞源'之论,必有恻然而悲,戚然而痛,愤然而起,沛然若决江河而有所不可御者矣!"①可见,阳明"平生冒天下之非诋推陷"②而力倡良知圣学,直接的原因就是试图克服"四学"等横行造成的天下学绝道丧之危机。

不过,尽管危机的责任不该归于朱子本身的学说,但阳明不止一次地认为危机的根源在于"学术之不明"。如写于1526年的《寄邹谦之·三》中就说:"后世人心陷溺,祸乱相寻,皆由此学不明之故。"③也就是社会乱象只是表象,源头在于"学术不明"。阳明文录中,表达"学术不明"之意的语句甚多④,大体上,它们包含两方面意思:一则是指圣学自周程后隐没不彰。如写于1527年的《答以乘宪副》开头:"此学不明于世,久矣。"⑤"此学"即指良知心学,依阳明之道统论,心学即是圣人之学。二则是指朱子学说存在的不足。如《传习录》第134条所言:"今世致知格物之弊,亦居然可见。"⑥这里指的正是上节论及的朱子以"格物穷理"为入门下手处导致的"物外遗内,博而寡要"之弊病。其实,这两层内涵是一体两面的关系:正是朱子学本身有外求和烦琐等弊病,加之后来的官学化,遂使圣学偏离"求尽吾心"的宗旨,长久湮晦而不显,这才是世人纷纷踏上入功利之途无法自拔的深层原因:"则今之大患者,岂非记诵词章之习!而弊之所从来,无亦言之太详、析之太精者之过欤!"⑦因此,正像阳明弟子黄绾所说的,要改变"今日海内虚耗,大小俱弊"的局面,

---

① 陈荣捷:《王阳明〈传习录〉详注集评》,上海:华东师范大学出版社,2009年,第118页。

② 陈荣捷:《王阳明〈传习录〉详注集评》,上海:华东师范大学出版社,2009年,第94页。

③ 吴光等编校:《王阳明全集》,上海:上海古籍出版社,2011年,第172页。

④ 如《王阳明全集》第154页,"此学不明";第153页,"道之不明";第156页,"学之不明几百年矣";第172页,"皆由此学不明之故";第186页,"此学不明于世久矣";第194页,"学术不明"。

⑤ 吴光等编校:《王阳明全集》,上海:上海古籍出版社,2011年,第186页。

⑥ 陈荣捷:《王阳明〈传习录〉详注集评》,上海:华东师范大学出版社,2009年,第100页。

⑦ 吴光等编校:《王阳明全集》,上海:上海古籍出版社,2011年,第194页。

唯有"明学术而已"①，在阳明，就是通过对朱子学中偏离圣学之部分展开持续批判，重新接续尧舜禹以来的求放心、致良知之道统，这才是拯救天下的根本所在。

需要再次指出的是，阳明对朱子学的超越不是完全推倒重来，而是承继中超越。在《紫阳书院集序》的结尾，阳明写道："庶几乎操存讲习之有要，亦所以发明朱子未尽之意也。"②"发明朱子未尽之意"可视为他"明学术"的主要内涵：朱子虽为理学集大成者，但其学并非如明初大儒薛瑄所说的"自考亭以后，斯道大明，无烦新著"③，而是仍有罅漏，特别是他设定了一条经"道问学"而通往"尊德性"的成圣之路，将具有不同法则的二者视为同是一理，使学者常常溺于前者，导致后者落空。阳明龙场之后，就开始划清二者的界限，否定了"道问学"作为实现"尊德性"的前提，"只在此心纯天理上用功"④，从而使圣学从那种支离烦琐的桎梏中挣脱，回归到孟子和象山那种直接简易的路子。要之，他拒"事事物物上皆有定理"而主"心即理"，否"知先行后"而倡"知行合一"，驳所谓的"格致诚正"次第而熔于"致良知"之一炉，构建起自己直入本心、内外一如的心学体系。因此，虽然有论者认为"象山心学在'大本大原处'为其确立了基础，而象山心学的'粗''沿袭之累''非纯粹和平'等瑕疵则成为其构建'精一心学'的学术动力"⑤，但显然，阳明心学产生的更重要的"学术动力"实来自朱子学。

———————

① 黄绾：《黄绾集》，上海：上海古籍出版社，2020年，第688页。

② 吴光等编校：《王阳明全集》，上海：上海古籍出版社，2011年，第202页。

③ 侯外庐、邱汉生、张岂之主编：《宋明理学史》（下卷），北京：人民出版社，1984年，第3页。

④ 陈荣捷：《王阳明〈传习录〉详注集评》，上海：华东师范大学出版社，2009年，第76页。

⑤ 李承贵：《陆象山对阳明心学形成的双重意义——基于王阳明的视角》，《学术研究》2020年第1期，第31页。

直觉与语言

——宋明新儒学心性工夫论中的可说与不可说

李永杰

福建省委党校哲学部

前　言

在宋明新儒学那里,心性工夫理论得到充分的发展,不论是程朱还是陆王都对心性工夫做了诸多论述。虽然相关的论述很多,但他们对心性工夫论的总结不多,且偏于模糊。心性工夫理论,不论是杨时"体验未发之中",还是李侗的"静坐默识",还有朱熹的"持敬""主静",乃至于阳明先生的"致良知"工夫,所强调的都是对内在经验的体悟。这种内在的直觉在一定程度上是不可说的,只能靠主体的悟性来把握,但这种工夫论要得到传承和发扬,又必须被言说,只有说出来的东西才能得到传播;否则,这种个体性、私人性极强的体验就会随着主体退出历史舞台而湮没在历史中。因此,这种不可说还必须说,但概念化的哲学运思范式是无法真正呈现致良知的直觉经验,无法解释儒学心性论的"体知性""境域性"特点是宋明儒学走向内在化的重要表现。①要完成"说不可说"的任务,就需要借助于直觉化的语言。

---

　①　张卫红:《由凡至圣:阳明心学工夫散论》,北京:生活·读书·新知三联书店,2016年,第3页。

一、心性工夫论在宋明新儒学框架中的位置

儒学在先秦的孔孟时代，重点在于"立教"，两汉虽然推尊儒学，但汉儒偏于传经，"并未真能了解孔、孟立教之真精神、真形态以及其真实内容"，而魏晋隋唐则不是儒学的时代，"至宋儒，始把儒家原有的真精神弘扬提炼出来，而成为一纯粹的'内圣'之教"，宋儒强调"成德之教"，"成德便须作内圣工夫，所以又可称为'内圣之教'"。①宋儒不仅像牟宗三先生所说的提炼了儒学真精神，凸显"内圣之教"的重要意义，还把儒学发展成为一个庞大精微的理论体系。心性工夫论是这一理论体系的一个重要方面，我们要把心性工夫论放在整个体系框架中理解，才能够更准确地把握心性工夫论的丰富内涵。

宋儒为儒学奠定了坚实的形而上学基础，这一工作始于周敦颐。周敦颐在《太极图·易说》中借用道家的理论资源来为儒家设定了一个本体论，该文很短，我们摘抄如下：

> 自无极而为太极。太极动而生阳，动极而静；静而生阴，静极复动。一动一静，互为其根。分阴分阳，两仪立焉。阳变阴合，而生水、火、木、金、土。五气顺布，四时行焉。五行，一阴阳也；阴阳，一太极也；太极，本无极也。五行之生也，各一其性。无极之真，二五之精，妙合而凝，乾道成男，坤道成女。二气交感，化生万物，万物生生而变化无穷焉。惟人也，得其秀而最灵。形既生矣，神发知矣，五性感动而善恶分，万事出矣。圣人定之以中正仁义而主静，立人极焉。故圣人与天地合其德，日月合其明，四时合其序，鬼神合其吉凶。君子修之吉，小人悖之凶。故曰，立天之道，曰阴与阳；立地之道，曰柔与刚；立人之道，曰仁与义。又曰，原始反终，故知死生之说。大哉易也，斯其至矣！

对于这段话，侯外庐等人主编的《宋明理学史》将其概括为四个层次，第

---

① 牟宗三：《宋明儒学的问题与发展》，上海：华东师范大学出版社，2004年，第11页。

一个层次从"自无极而为太极"到"太极，本无极也"，这一部分主要探讨宇宙生成论。第二层次从"五行之生也"到"化生万物，万物生生而变化无穷焉"，主要讲万物化生论。第三层次从"惟人也，得其秀而最灵"到"小人悖之凶"，主要探讨人性论。第四层次从"故曰，立天之道"到"斯其至矣"，这是全文的总结。①道家的太极本来是探讨宇宙本源的理论，儒家主要探讨人的问题，而周敦颐把有关世界本源的理论和儒家的仁、义、礼、智结合了起来，把自然律和道德律结合了起来。《易说》的第一个层次探讨了世界的本源是什么，世界是如何来的，而第二个和第三个层次则将世界的本源与儒家的道德学说结合了起来。圣人之所以是圣人，是因为获得了宇宙的精华，他"与天地合其德，日月合其明，四时合其序，鬼神合其吉凶"，圣人是儒家道德的楷模，他所体现出的道德正是天德的体现，是宇宙根本的体现。同样的道理，儒家所讲的仁、义、礼、智、信，还有忠、孝、仁、义，礼、义、廉、耻等道德意识也都是源自天德，只是圣人禀赋了天德且能够充分彰显出来，而普通人做不到这些，需要"学而后知之"。这就为宋明理学所倡导的价值观念和道德规范找到了形而上的依据，宋明理学所追求的内圣成德根源就在于天理，也就是说无极太极之说乃是人伦道德的理论依据，朱熹又说"太极只是一个理字"，性理之学的合法性根源就在于太极，在于天理。

儒学从来都无意于建立一个包罗万象的抽象哲学体系，宋儒之所以提出"天理"的本体论，其目的在于论证现实道德规则的合理性，忠、孝、仁、义，礼、义、廉、耻等道德观念源于天理，人们自然不能违背这些观点。心性修养工夫论在这个体系中占据什么位置呢？笔者认为，在宋儒看来，忠、孝、仁、义，礼、义、廉、耻等道德观念和道德意识有了坚实的理论基础还不够，这些道德观念和道德意识要想真正发挥作用，还必须入心入脑，成为人们言行的准则和基本信念，才会真正发挥社会作用。而心性修养工夫论就是要深切地体悟这些道德理念，体悟"存天理灭人欲"的深刻内涵，体悟本身就是一个道德信念坚定起来的过程。建构形而上的依据是让人明白必须尊崇道德规则的原因，偏于理性认知，而心性工夫理论则在于让人们对道德规范产生情感和认同，并

---

① 侯外庐、邱汉生、张岂之主编：《宋明理学史》上册，北京：人民出版社，1997年，第61页。

将其内化为"自家"的东西。"体验未发之中""默坐澄心""主静""持敬"等修养工夫并不是像禅宗一样仅仅是一种禅修的入定，而是对道德意识的深切体悟。因此，心性修养工夫论是奠基于宋儒的本体论基础上的，不管是程朱的"理"本论，还是陆王的"心"本论，他们在完成了本体论建构之后，最重要的事情就是展开心性修养工夫，做实实在在的"存理灭欲"道德实践，进而坚定儒家的道德信念。宋儒的努力是有效果的，牟宗三用具体的例子来说明宋儒的修养效果，唐末五代是一个礼崩乐坏、斯文坠落的时代，道德败坏的典型例子是冯道，此人一生竟事唐、晋、汉、周四姓六帝，在封建社会，忠臣不保二主，而这个冯道竟然做了四朝的臣子，他还自鸣得意，自号"长乐老"，不以此为耻，反以之为荣。① 而经过了宋儒的社会教化，整个社会的道德水准得到了整体的提升，典型的例子就是出现了文天祥这样宁折不屈的道德楷模。

二、直觉化的语词及其特征

语言的基本职能是表情达意，语言可以分为书写的语言、言说的语言和内在语言。能够书写下来的语言是较为精确的、较为确定的语言。言说的语言是口头语言，能够发出声音的语言，言说的语言要比能够书写下来的语言丰富，有很多语言可以言说，但未必都能够落实到书写的文字上，比如有些方言中的表述很难"翻译成"普通话，因此也就很难落实到书写文字上。内在语言是个人思考所使用的语言，"内在语言"是西方中世纪神学家奥古斯丁（Augustine of Hippo）提出来的概念，这种语言直接呈现意义，阿奎那（Thomas Aquinas）继承和发展了奥古斯丁内在语言的有关论述，甚至还提出，内在的语言是上帝的语言，人类所获得的"来自上帝"的启示都是通过内在语言实现的，外在语言只是一种被创造物。② 后来语言哲学界所争论的"私人语言"也就是"内在语言"。书写的语言、言说的语言、内在语言，这三种语言从前者到后者，内涵越来越丰富，但其内涵的清晰性却在下降，书写的语言

---

① 牟宗三：《宋明儒学的问题与发展》，上海：华东师范大学出版社，2004年，第17页。

② 陈嘉映：《简明语言哲学》，北京：中国人民大学出版社，2013年，第9页。

是非常明确、非常清晰的,而言说的语言,其内涵的清晰性已经不如书写的语言了,内在语言就更不清晰了。索绪尔（Ferdinand de Saussure）说过,"若不是通过语词表达,我们的思想只是一团不定形的、模糊不清的浑然之物……在语言出现之前,一切都是模糊不清的"。①内在语言具有模糊性,只有表达出来,成为语言,最好是能够落实到文字上,思想才会清晰起来。笔者认为,从概念化的理性思维来看,索绪尔说的是对的,但是从直觉化思维来看,这种认识未必正确。索绪尔所谓的"清晰"是符合概念化的理性思维的清晰,而不是符合直觉化思维的清晰。恰恰是这种"模糊性"能够呈现直觉化思维的东西,而且能够将这种直觉化思维的内容准确呈现出来,模糊性在一定程度上可能就是准确性。有一句俗话叫作"茶壶里煮饺子,肚里有货倒不出",这句话在一定程度上就能够表达"说不可说"的困境。主体或许已经对某个直觉化内涵有了深切的体悟,但这种体悟却无法用清晰的、概念化的语言表达出来,这就是"说不可说"的困境。"说不可说"不是主体内部没有内容可说,而是主体内部有丰富的内容,但这些内容无法找到确切的外在语言表述出来。这种"说不可说"的困境是不是就意味着,我们不要去努力了,反正你也说不出来,就没有必要去说了? 不是的,这种"不可说"的意思是无法用概念化的科学语言说清楚,但是用其他的更适合表达这种直觉化内涵的语言却是"可以说"的。直觉化的语言有多种,人的手势、姿态、表情、声音等都可以表达某种心境。语言文字也可以,这里的语言文字从字面上虽然与概念化的语言文字并没有差别,但它却沾染着浓厚的直觉化内涵。语言是交流的媒介,其旨在把一种内在的东西传达给对象,直觉化的语词把主体所想表达的东西压缩到语词中,这种语词被对象接受,在对象的心中"解压",释放出所要传达的丰富内涵,这就完成了传情达意的职责。直觉化的语言与概念化的语言在传情达意过程中的差别在于,接受这一语词的对象本身需要对该语词所要表达的直觉化内涵有一定的体悟,也就是说,受众内心要有与语词所要表达的内涵大致相似的内在"前见",这种"前见"与语词所要呈现的意义产生了共鸣,才能完成表达直觉化体悟的职能。伽达默尔（Hans-Georg Gadamer）说,任何

---

① 费尔迪南·德·索绪尔著,高名凯译：《普通语言学教程》,北京：商务印书馆,1980年,第157页。

理解和解释都依赖于理解者和解释者的前见。①直觉化的语词之所以能够传达直觉化内涵是因为传播者和接受者都有内在的"人同此心，心同此理"的直觉化体验，一个外在的、浸润着直觉性灵气的语词是可以把这种内在化的内涵"移送"给另一个有"心同此理"的对象的。

在宋明理学的著作中，存在很多直觉化的语言，这些语言内涵十分丰富，但却很难用"查字典"的方式把其内涵做准确的界定，只有通过体悟宋明儒学思想家的体悟，才能够把握其内涵。这些语词看似笼统、模糊，无法用概念化的语言穷尽其内涵，但经过长期的"行思坐想""默坐澄心""身体之、心验之"的工夫之后，其内涵还是能够被读者把握的。

三、宋明新儒学表征心性体验的词汇

赵汀阳在一篇探讨中国哲学身份问题的文章中指出，中国思想的许多概念具有文学化的具象性特征，甚至"与其说是概念不如说是意象"，而另一些概念则实质上只是形容词，比如玄、虚、空、静等，这些形容词"指向主观经验，其感悟或可至深，但无理论功能"，也难以在逻辑上进行分析和定义。②宋明儒学心性工夫论中的很多概念，尤其是那些描述心性修养的用语，更是具备赵汀阳所说的这些特征。宋明新儒学的很多思想家都曾出入佛老，他们的这些经历对于其理解儒学产生了深刻的影响，使得宋明新儒学援佛入儒，把佛教的一些修炼方式引入儒学。这一点尤其体现在心性修养工夫上，宋明新儒学的心性修养工夫论非常强调个性的内在体验，这种内在体验沾染了诸多参禅悟道的色彩，但新儒学不是佛学，他们对内在体验的参悟不是为了遁入空门，而是为了改善人的心灵，进而增益社会秩序，推动社会进步。宋明新儒学心性修养论中有很多都是难以明确言说的，而是需要靠直觉的体悟的语言，需要靠个体在修养实践的基础上去解悟程朱陆王的心性修养的文字。本文以宋明新儒学的若干语词为例，展示心性工夫论的不可说之处，同时也通过这

---

① 伽达默尔著，洪汉鼎译：《真理与方法——哲学诠释学的基本特征》（上卷），上海：上海译文出版社，1999年，序言第7页。

② 赵汀阳：《中国哲学的身份疑案》，《哲学研究》2020年第7期，第6页。

些语词展示心性修养工夫论是如何"说""不可说"的。

若干宋明新儒学描述心性修养工夫论所体悟的精神境界的词汇如下。

未发之中。《中庸》有"喜怒哀乐未发谓之中，发而皆中节谓之和"之说，所谓体验"未发之中"就是体验"喜怒哀乐未发谓之中"的状态，杨时是二程弟子，他最早提出强调体验"未发之中"的命题，这一命题被称为是"道南指诀"。此处的"未发之中"应该是一种内涵丰富的心理状态，而非"无过无不及"所能穷尽其要旨。我们无法用概念化的语言说清这种内在经验，杨时讲："夫至道之归固非笔舌能尽也，要以身体之，心验之，雍容自尽于燕闲静一之中，默而识之，兼忘于书言意象之表，则庶乎甚至矣。反是，皆口耳诵数之学也。"①未发之中是无法用语言来把握的，只有靠"身体之，心验之"才能获得体证，否则将会落入"口耳诵数之学"，这种"口耳诵数之学"只能认识浅表，而无法真正体悟"中"的本真意涵。因此，体验"未发之中"最关键的不是靠语言文字，而是靠直觉的体悟，靠"身体之，心验之"。"某尝有数句教学者读书之法，云：'以身体之，以心验之，从容默会于幽闲静一之中，超然自得于书言象意之表。'此盖某所为者如此。"②只有"身体之，心验之"的认识方式才能够把握"未发之中"。体验"未发之中"到底是体验什么？所体验的内容不是玄虚缥缈的，而是有内涵的，这就是儒家的道统，"道心之微，非精一孰能执之？惟道心之微而验之于喜怒哀乐未发之际，则其义自见，非言论所及也"③。"身体之，心验之"的根本内容是道心，在"体之""验之"的过程中，让道心成为整个精神世界的主导，牢固地树立起坚定的道德信念。

湛然虚明。宋明新儒学在描述"身体之，心验之"的直觉体悟的境界时，常常使用"湛然虚明"这一用语。李侗在《延平答问》中曾指出："大凡人理义之心何尝无？唯持守之，即在尔。若于旦昼间不至梏亡，则夜气存矣。夜气存，则平旦之气未与物接之时，湛然虚明气象可见。此孟子发此夜气之说于学者极有力，若欲涵养，须于此持守可尔。"④孟子的"存夜气"在一定程度就是心性

---

① 杨时：《龟山集》卷十七，文渊阁四库全书本第1125册，第277页。

② 杨时：《龟山集》卷十二，文渊阁四库全书本第1125册，第233页。

③ 杨时：《龟山集》卷十四，文渊阁四库全书本第1125册，第255页。

④ 《延平答问·戊寅十一月十三日书》，朱杰人等编：《朱子全书（修订本）》（第13册），上海：上海古籍出版社，2010年，第320页。

修养状态的一种表述,而李侗则用"湛然虚明气象"来对应"存夜气"。那么到底什么是"湛然虚明"的状态呢?这是一个带有明显的直觉色彩的表述方法,所表述的就是一种内在的心理状态。李侗所说的这种状态就是由静坐默识、涵养持守、消除私欲所达到的"沛然的境界"。①朱熹在《朱子语类》中也多次使用"湛然虚明"字样,"心之全体,湛然虚明,万理具足,无一毫私欲","人心如一个镜,先未有一个影象,有事物来方始照见妍丑,若先有一个影象在里,如何照得人心本是湛然虚明,事物之来随感而应,自然见得高下轻重","大率把捉不定,皆是不仁,问曰:心之本体湛然虚明,无一毫私欲之累,则心德未尝不存矣,把捉不定则为私欲所乱,是心外驰而其德亡矣","释氏只要空,圣人只要实,释氏所谓敬以直内,只是空豁豁地更无一物,却不会方外,圣人所谓敬以直内则湛然虚明,万理具足",湛然虚明是"具足万理""无一毫私欲"的心理状态,这种状态是体悟圣人仁德的心理状态,它与佛教所追求的"空"有本质的区别。

虚灵不昧。虚灵也是宋明理学常用的一个词,用来表示心性修养的心理状态。朱熹讲:"人心至灵,虽千万里之远,千百世之上,一念才发,便到那里,神妙如此","此心至灵,细入毫芒纤芥之间,便知便觉。六合之大,莫不在此。又如古初去今是几千万年,若此念才发,便到那里……这个神明不测,至虚至灵,是甚次第!"②强调了"心"的"至虚至灵"。朱熹弟子陈淳在解读"明明德"的时候指出,"虚灵不昧皆属气,此当详本文全句,其曰明德者,人之所得乎天而虚灵不昧以具众理而应万事者也,此句皆是解明德两字,为言所谓明德者,是专以理言之谓,人之所得乎天者是得于天之理,谓虚灵不昧者是状此德之光明"③。在陈淳看来,明德就是虚灵不昧的心理状态。学者杨俊峰认为,人心的"虚灵"主要在于人的"知觉"。④朱熹讲,"有知觉谓之心"⑤,"知觉便是心

①　王巧生:《二程弟子心性论研究》,武汉:湖北人民出版社,2016年,第178~179页。
②　黎靖德编:《朱子语类》卷十八,北京:中华书局,1986年,第404页。
③　《北溪大全集》卷三十,文渊阁四库全书本。
④　杨俊峰:《心理之间:朱子心性论研究》,北京:中国社会科学出版社,2014年,第106页。
⑤　黎靖德编:《朱子语类》卷一四〇,北京:中华书局,1986年,第3340页。

之德"①，这种虚灵状态就是"思虑未萌而知觉不昧"②。虚灵不昧的心是把握道心的根本，但人心也有人欲之心，"人只有一个心，但知觉得道理底是道心，知觉得色臭味底是人心"③。是人心还是道心，由所知觉的对象决定，知觉道理的是道心，知觉人欲的则是人心，朱熹的这种"知觉"在一定程度上也和现象学创始人胡塞尔（Edmund Husserl）所谓的"意向性"类似，是一种心理的"意向性"。但笔者认为，朱熹所谓的"知觉"未必是现代汉语中的"知觉"，朱熹所谓的"知觉"可能存在"直觉"的意涵，它不仅仅是概念化的认识论范畴，而是一种直觉化的词语。虚灵不昧主要是一种心理状态，这种状态是体悟道心的基础，没有虚灵不昧的心理，人就无法体悟道心，无法有效以理制欲，提升自我道德意识。

此外，还有"莹澈无瑕""洒落气象""光风霁月"等。

进行心性修养的若干词汇如下。

持敬。敬所强调的是一种心理状态，持敬就是要是自己长久地保持这种心理状态。敬是宋明理学非常重视的一个心性修养概念，朱熹在多种意义上讲敬。第一，敬就是"降伏人心"。朱熹说："人只有个心，若不降伏得，做甚么人。"人之所以为人而区别于其他动物，关键是人有人心，人心支配着人行善事，但人也是动物，人之超越动物之处就在于人心能超越动物的本能，能够用仁义礼智来规范自我，人也能堕落，也有诸多本能的欲望，关键要降伏得住人心，使人向善。"圣人千言万语，只要人不失其本心。""古人言志帅、心君，须心有主张，始得。"④人要成其为人，就要管教住自己的心。第二，敬就是"专一"。朱熹晚年高弟陈淳在《北溪字义》中对"敬"有这样的归纳，"所谓敬者无他，只是此心常存在这里，不走作，不散慢，常惺惺地惺惺，便是敬"。保持收敛身心，注意力集中于一件事情上，"主一只是心主这个事，更不把别个事来参插。若做一件事，又插第二件事，又参第三件事，便不是主一，便是不敬"。专

---

① 黎靖德编：《朱子语类》卷二十，北京：中华书局，1986年，第465页。

② 《晦庵先生朱文公文集》卷三十二，朱杰人等编：《朱子全书（修订本）》（第21册），上海：上海古籍出版社，2010年，第1419页。

③ 《晦庵先生朱文公文集》卷七十八，朱杰人等编：《朱子全书（修订本）》（第24册），上海：上海古籍出版社，2010年，第2010页。

④ 黎靖德编：《朱子语类》（第1册），北京：中华书局，1986年，第197页。

一于一件事，就是敬，"敬者，一心之主宰，万事之根本"。① "虽无人境界，此心常严肃，如对大宾然，此便是主一无适意。又如人入神祠中，此心全归向那神明上，绝不敢生些他念，专专一一，便自不二不三，就此时体认，亦见得主一无适意分晓。"②陈淳还指出，敬字与诚字不相关，但却与恭字相关，恭是从容貌上来说的，敬则是从心上来说的。"敬，功夫细密；恭，气象阔大。敬，意思卑曲；恭，体貌尊严。"③陈淳对敬的诠释可谓尽得乃师真传，朱熹也有诸多关于专一的阐发，"敬，莫把做一件事看，只是收拾自家精神，专在此。今看来诸公所以不进，缘是但知说道格物，却于自家根骨上煞欠缺，精神意思都恁地不专一，所以功夫都恁地不精锐。未说道有甚底事分自家志虑，只是观山玩水，也煞引出了心，那得似教他常在里面好！如世上一等闲物事，一切都绝意，虽似不近人情，要之，如此方好"④。做持敬功夫的大敌就是缺乏定力，内心驰骛于外物，受外在影响巨大，时而悲，时而喜，心为物欲所隔塞，放纵、浮躁的心难以被约束。人心昏，则不明，不明就难以提升自我德性，自我应有的慧根也难以充分发挥施展。在朱熹看来，不仅要能够保持敬的内在状态，还要坚持这种状态，使得自己长久地保持这种不放纵的状态，"人心常炯炯在此，则四体不待羁束，而自入规矩。只为人心有散缓时，故立许多规矩来维持之。但常常提警，教身入规矩内，则此心不放逸，而炯然在矣。心既常惺惺，又以规矩绳检之，此内外交相养之道也"⑤。第三，敬就是"惺惺也"。《宋元学案》中有关于"惺惺"状态的解释是，"'惺惺'乃心不昏昧之谓，只此便是敬。心若昏昧，烛理不明，虽强把捉，岂得为敬"⑥。朱熹论敬的地方很多，但敬却并非他的最终目的，毋宁说，敬只是达到目的的一种手段，最终目的是境界的提撕，德性的超拔，"敬，德之聚也"。这也是儒家"内圣外王"之道在宋明理学的体现，敬强调内修，但内修之目的是开出外王，提升社会理论道德的水准。第四，敬就是"收敛身心也"。收敛身心，常使自我保持警醒和觉解，这是敬畏伦理的内在

① 陈淳:《北溪字义》，北京：中华书局，1983年，第35页。
② 陈淳:《北溪字义》，北京：中华书局，1983年，第36页。
③ 陈淳:《北溪字义》，北京：中华书局，1983年，第37页。
④ 黎靖德编:《朱子语类》（第1册），北京：中华书局，1986年，第215～216页。
⑤ 黎靖德编:《朱子语类》（第1册），北京：中华书局，1986年，第200页。
⑥ 黄宗羲:《宋元学案》（第2册），北京：中华书局，1996年，第1548页。

要义之一。朱熹说："人常须收敛个身心，使精神常在这里。似担百斤担相似，须硬着筋骨担。"要经常保持如担重担一样，保持自我内心的高度警觉。"学者须常收敛，不可恁地放荡。""才高，须着实用工，少见许多才都为我使，都济事。若不细心用工收敛，则其才愈高，而其为害愈大。""学者为学，未问真知与力行，且要收拾此心，令有个顿放处。"①敬这种心理状态是提升自我心性修养的重要途径，只有时时刻刻让自己保持在敬的状态中，心性修养才会得到精进。

主静。静是保持心灵的宁静，这是冥想德性的环境，朱熹就有很多有关静的论述，比如朱熹非常强调学习环境静。关于读书要静心，朱熹的论述很有特色。静心首先要有一个安静的外在环境，"关了门，闭了户，把断了四路头，此正读书时也"②。夜阑人静的外在环境可以使得心静下来，当然外在环境并不起决定作用，有一些人即便环境幽静，也不能保证其不心猿意马。但毕竟外在环境会影响到心境，朱熹举例说明之。昔日陈烈先生读书苦于记性差，"一日，读孟子'学问之道无他，求其放心而已矣'，忽悟曰：'我心不曾收得，如何记得书！'遂闭门静坐，不读书百余日，以收放心；却去读书，遂一览无余"③。心没有收敛起来，所以读书效果不好，记不住所读之内容，陈烈为了提高读书效果，先闭门静坐，让自己的心在安静的环境中静下来，收敛起来，之后读书效果就提升了。外在环境只是外在条件，关键的是保持内心的宁静。读书不得急迫，急迫则心不静。"凡看圣贤言语，不要迫得太紧。"④读书要有悠闲自在的心。"读书闲暇，且静坐，教他心平气定，见得道理渐次分晓。"⑤只有心情悠闲才能理会得书中道理。"读书，放宽着心，道理自会出来。若忧愁迫切，道理终无缘得出来。"⑥忧愁、极度欢喜等情绪会影响心情的平静，当然也会影响读书的效果。读书不要瞻前顾后。读书"只忍下着头去做，莫要思前想后，自有至说。只忍下着头去做，莫问迟速，少问自有至处"⑦。读书切忌

---

① 黎靖德编：《朱子语类》（第1册），北京：中华书局，1986年，第201页。

② 黎靖德编：《朱子语类》（第1册），北京：中华书局，1986年，第163页。

③ 黎靖德编：《朱子语类》（第1册），北京：中华书局，1986年，第177页。

④ 黎靖德编：《朱子语类》（第1册），北京：中华书局，1986年，第185页。

⑤ 黎靖德编：《朱子语类》（第1册），北京：中华书局，1986年，第178页。

⑥ 黎靖德编：《朱子语类》（第1册），北京：中华书局，1986年，第164页。

⑦ 黎靖德编：《朱子语类》（第1册），北京：中华书局，1986年，第164页。

懈怠和心猿意马。"今人看文字,多是以昏怠去看,所有不子细。"①懈怠昏沉的心灵是不可能领会高深道理的。所以朱熹说:"学者观书多走作者,亦恐是根本上功夫未齐整,只是以纷扰杂乱心去看,不曾以湛然凝定心去看。不若先涵养本原,且将已熟底义理玩味,待其浃洽,然后去看书,便自知。"②读书要收敛身心。"学者读书,须要敛身正坐,缓视微吟,虚心涵咏,切己省察。"③"观书,须静着心,宽着意,沉潜反覆,将久自会晓得去。"④读书还要有庄重虔诚的心态,"且如读十句书,上九句有心记得,心不走作,则是心在此九句内,是诚,是有其物,故终始得此九句。若下一句心不在焉,便是不诚,便无物也"⑤。

涵养。涵养重在反复玩味体悟,最终获得较为深入的体验。只有经历过反复的涵养工夫,人才能对圣人道理了然于胸。李侗教育朱熹,"但常存此心,勿为他事所胜,即欲虑非僻之念自不作矣。孟子有夜气之说,更熟味之,当见涵养用力处也。于涵养处着力,正是学者之要,若不如此存养,终不可为己物也。更望勉之"⑥。要反复玩味,"熟味之"才能真正有真切的体悟和把握,这种体悟就是涵养的结果,如果缺乏真切的涵养工夫,则所学终非"为己之物"。在解答《论语》的时候,李侗说:"颜子深潜纯粹,于圣人体段已具,故闻夫子之言,即默识心融,触类洞然,自有条理。"⑦颜回之所以能够达到"圣人体段"是因为他"深潜纯粹",是经历了真正的涵养工夫的,因此我们领悟圣人道理,需要"默识心融""触类洞然"。朱熹问涵养,李侗回答:"近日涵养,必见应事脱然处否?须就事兼体用下工夫,久久纯熟,渐可见浑然气象矣。"⑧李侗也强调要在"事兼体用下工夫",而且要"久久纯熟",才能真正有所体悟。涵养不仅要从阅读圣贤文字中体悟,也要在静坐默识中体悟,更要从"事兼体用"的具体层面下工夫。涵养是一种工夫,其目的是要领会圣人道理,领会天理。陈淳讲,学习《论语》要"操存涵养之","则孟子七篇皆醇醇乎仁义王道之谈,于是而学

---

① 黎靖德编:《朱子语类》(第1册),北京:中华书局,1986年,第177页。
② 黎靖德编:《朱子语类》(第1册),北京:中华书局,1986年,第178页。
③ 黎靖德编:《朱子语类》(第1册),北京:中华书局,1986年,第179页。
④ 黎靖德编:《朱子语类》(第1册),北京:中华书局,1986年,第181页。
⑤ 黎靖德编:《朱子语类》(第1册),北京:中华书局,1986年,第191页。
⑥ 朱杰人等编:《朱子全书》(第13册),上海:上海古籍出版社,2002年,第309页。
⑦ 朱杰人等编:《朱子全书》(第13册),上海:上海古籍出版社,2002年,第313页。
⑧ 朱杰人等编:《朱子全书》(第13册),上海:上海古籍出版社,2002年,第339页。

焉，则有以为体验充广之端至于中庸一书，则圣门传授心法，程子以为其味无穷，善读者玩索而有得焉，则终身用之"，[①]只有经过真切的涵养操存才能把握《孟子》精义，也才能够继续进入《中庸》。

除此之外，还有"静坐默识""身体之、心验之""存养""养性"等。

四、借助于直觉化的语言坚定信念

在儒家看来，"自天子以至于庶人，一是皆以修身为本"（《礼记·大学》），心性工夫论就是修身的工夫，上文所提到的心性修养的概念就是包含着直觉体悟的词语。解读这些词语，单靠文字恐怕难以做出令人满意的诠释，要充分穷尽这些词汇所包含的内涵，必须借助于读者自己的直觉体验。

这些词语都只是"筌""笼"之表，它所承载的内涵才是工夫论的本真内涵，而工夫论的目的是要修养者坚定儒家理念。它所要达到的不是知识性的了解，而是要超越知识认知层面的悟性，使得儒家所倡导的忠孝仁义、礼义廉耻等价值观念真正在"存理灭欲"的修养工夫中入心入脑，内化于心外化于行，成为自己内在的东西，成为自然而然的东西。

上文所列的几个着重强调主观体验的术语是宋明新儒学常用的文字，这些文字也充分彰显了宋明儒学的特征。要想真正把握宋明新儒学的精粹，我们就必须熟悉并真正领会这些词语的内涵。赵汀阳认为，"试图绕过理性和逻辑的思想很难成为理论，深刻的体验可以成就伟大的文学，但不是哲学"。[②]确实，中国的传统哲学可能很难称为标准的"西方式"的哲学，儒学尤其是以程朱陆王为代表的宋明新儒学，其本质上并非为了理论而理论，其宗旨在于道德实践，在于引导人们成圣成德。在程朱陆王看来，如果理论不能引导人们在德性修养上有所进步，那这个理论即便再精致，也是没有意义的。中国的文脉自近代以来一分为二：一个是传统的注重主观体验的、文学化的文脉，但由于受西学东渐的影响，也由于文化转型使得现代人已经无法像古代人那

---

① 《北溪大全集》卷十五，文渊阁四库全书本。
② 赵汀阳：《中国哲学的身份疑案》，《哲学研究》2020年第7期，第7页。

样对传统典籍了如指掌,因此传统的儒学研究方式已经仅仅变为少数专业知识分子的事情了,传统的心性修养工夫论更是凋敝得连学术界对此的研究也是少数。另一个是西学的中国化,中国人对西学的兴趣超过了中国传统哲学,熟悉西学的知识分子用西学的思维逻辑和分析框架分析解读中国哲学,中国的传统思想被西学"改制"成为连中国人都觉得陌生的"他者"。这种状况虽然看似略有悲观,但却是无法改变的事实,或许中国正在实现一个伟大的文化创新,一个更加适合中国社会的文化正在综合创新中形成。

闽学与王学互动的异笔书写

肖满省

福建师范大学文学院

前　言

明代中期以后,作为官方意识形态的程朱理学日益走向僵化,其学术上的弊端也日益凸显。在这样的时代背景下,王阳明乘其弊而起,高扬"心学"旗帜,倡导"良知"工夫。因其学说简易可行,于是有席卷天下之态势。《明史·儒林传》总述当时的学术情形说:

> 原夫明初诸儒,皆朱子门人之支流余裔,师承有自,矩矱秩然……学术之分,则自陈献章、王守仁始……姚江之学,别立宗旨,显与朱子背驰,门徒遍天下,流传逾百年,其教大行,其弊滋甚。嘉、隆而后,笃信程、朱,不迁异说者,无复几人矣。[①]

风靡天下的阳明心学,对明清以来的学术思想产生了极为深远的影响。随着王阳明心学的流行风靡,原本占据科举考试正统地位的程朱理学,急遽淡出学者的兴趣范围而走向边缘化。在这样的时代文化背景下,以朱子学为宗的闽学面临前所未有之挑战,"朱王之辨"成为明代中后期闽地诸儒最关注的学术话题。与福建接壤的浙江、江西、广东都是王学的"地盘",身陷这样的

---

① 张廷玉等:《明史·儒林传》,北京:中华书局,1974年。

心学"包围圈"中,朱子学故乡的闽地学者,书写了独具特色的王学抗争与接受史。

一、闽地学者对王学的抗争与接受简况

与全国朱子学研究急趋式微的形势相反,明代福建程朱理学的研究仍保持着十分兴盛的局面,而且在与王学论辩中有很大的发展。清代学者李光地《重修蔡虚斋先生祠引》中说:

> 吾闽僻在天末,然自朱子以来,道学之盛,为海内宗。至于明兴科名,与吴越争雄焉。暨成、弘间,虚斋先生崛起温陵……前辈遵岩王氏谓自明兴以来尽心于朱子之学者,虚斋一人而已。自时厥后,紫峰陈先生、次崖林先生皆以里闬后进受业、私淑,泉州经学遂蔚然成一家言。时则姚江之学大行于东南,而闽士莫之遵,其挂阳明弟子之录者,闽无一人焉,以此知吾闽学者守师说践规矩而非虚声浮焰之所能夺也。①

八闽是朱子过化之地,是闽学的故乡,自紫阳崛起之后,吾闽学术遂骎骎日进,一改往日风化落后之局面,"道学之盛,为海内宗"。由于这样的历史地理因素,宋元以来的闽地学者拳拳服膺程朱之学,表现出非常明显的传道、卫道精神。尤其是阳明心学席卷天下之时,"而闽士莫之遵,其挂阳明弟子之录者,闽无一人焉"。在心学风行的刺激下,闽地学者爆发出前所未有的研究程朱理学的浪潮,在泉州,蔡清倡之于前,陈琛、林希元等继之于后,"泉州经学遂蔚然成一家言"。其中,尤以易学与四书学成就最为显著。闽地学者的这些相关著作,虽不能简单归结为为反对心学而作,但其中无疑隐含着与王学抗争的因子。从这个意义上说,闽地学者对王学的抗争,也正是阳明心学在闽地的另一种传播和被接受。在姚江心学风靡全国的时候,福建学者表现出极

---

① 李光地:《重修蔡虚斋先生祠引》,《蔡文庄公集》附录,清乾隆七年(1742)蔡廷魁刻本,《四库全书存目丛书》集部第43册。

为强烈的卫道精神，他们奋起与王学争论，坚守程朱理学的思想阵地，形成了明清福建学术的主流。关于这一段时期闽学发展的历史，张伯行的《道南源委》、蒋垣《八闽理学源流》、黄海《道南统绪》、李清馥《闽中理学渊源考》《闽学志略》等著作都有很详细的载录。

然而，李光地所谓"而闽士莫之遵，其挂阳明弟子之录者，闽无一人焉"的说法，其实并不符合历史全部事实。李光地是清初最突出的朱子学者，其言论有维护程朱正统的"政治官宣"需要，所作"祠引"又是一种特殊的文体，并没有现代学术论文所要求的严谨、客观，因此，有关说法不免溢美夸大或以偏概全。王阳明学说产生后，也迅速传入福建，对福建学者产生了影响。《明史》称："闽中学者率以蔡清为宗，至明衡独受业于王守仁。闽中有王氏学自明衡始。"[①]马明衡，字子莘[②]，福建莆田人，正德十二年（1517）进士，授太常博士。他被认为是福建王学中最著名的人物，黄宗羲《明儒学案》声称："闽中自子莘（马明衡），无著者。"[③]但福建王学并不仅于此。钱明《闽中王门考略》[④]一文考列了史籍所载福建王学二十余人，郑礼炬又撰《〈明儒学案——粤闽相传学案〉王守仁福建门人考》新增福建王学十余人，文章说："王守仁的学术以江西一省尤其以南赣为中心……福建因得地利之近便，先得王学的沾溉，遂使闽中朱子学一统天下的局面发生变化。"[⑤]以上所述，其实都存在着"管中窥豹，见其一斑"的倾向，因为传世文献在很大程度上限制了我们的视野。考之于历史事实，受王阳明心学影响的闽地学者数量及规模其实远不止于此。日本内阁文库所藏孤写本、晚明闽南同安人黄文炤所著的《道南一脉诸儒列传》一书，就保存了许多有关闽地学者与王学门人往来的资料。后文将对此展开详细论述，兹从略。

①　张廷玉等：《明史》卷二一七《马明衡传》，北京：中华书局，1974年。

②　《明史·马明衡传》作"字子萃"，应有误。详阅李平：《〈明史·朱湛、马明衡等传〉正误一则》，《史学月刊》1995年第3期。

③　黄宗羲：《明儒学案》，北京：中华书局，1985年，第655页。

④　钱明：《闽中王门考略》，《福建论坛（人文社会科学版）》2007年第1期。

⑤　郑礼炬：《〈明儒学案·粤闽相传学案〉王守仁福建门人考》，《中国典籍与文化》2015年第1期，第45页。

二、《闽中理学渊源考》书写闽地学者对程朱理学的
坚守与对王学的批判

北宋时期,闽北的杨时等人求学洛阳,得二程之真传,开辟了"道南学派"的先河。南宋的朱熹集理学之大成,开创了闽学。由于地域之关系,闽地学者表现出强烈的尊崇程朱理学的学术特性。到了明代中后期,心学崛起并流布天下,但福建大多数学者却坚守程朱理学,并与王阳明心学展开激烈的争论。明清时期,程朱理学都处于官方的正统地位,王学因此被视为"异端""邪说"。在上述多重因素的影响下,学术史关于闽学与王学之辨的书写,多凸显闽地学者对程朱理学的坚守与对王学的批判。这尤以李清馥的《闽中理学渊源考》最具代表性。

李清馥,字根侯,福建泉州安溪县人,清初大学士李光地之孙。所著《闽中理学渊源考》叙述闽学流派,上自北宋龟山,下迄明末诸儒,系统地梳理了宋元明时期闽学兴起发展演变的过程,素为学界所重视。《四库提要》说:"清馥幼侍其祖光地,多闻绪论,故作是编,一禀家训,尚有典型。虽意崇桑梓,而无讲学家门户异同之见。"①可见四库馆臣对该书是颇为认可的。

实际上,该书并非如四库馆臣所说"无讲学家门户异同之见",其在叙述明代中后期闽学发展流派时,尤其凸显对程朱理学的坚守与对王阳明心学的批判。在该书的《自序》中,李清馥说:

> 是道南者赓续,虽名为衍绪,而倡作则实为开先,非独闽省一方所赖,而实千古正学之宗也。由元阅明成化间,蔡虚斋、陈剩夫、周翠渠诸贤,后先讲学,起而倡述之,经学称一时之盛。中明以后,学术漓杂,迄于季造,决裂判散,使后生晚出,不复见先正本来之懿。先公感焉,尝论吾闽之学,笃师承,谨训诂,终身不敢背其师说,以为近于汉儒传经遗意,公

① 李清馥撰,徐公喜等点校:《闽中理学渊源考》卷首,南京:凤凰出版社,2011年,第10页。

余讲切,每持此论以救末学之偏。其意远矣。清馥窃谓,近代异同之习胜者,穷经实践之功微也。今欲卑训诂而读经,蔑师资而求道,犹航断港绝潢以望至于海也,不亦难哉？自洙泗以来,群哲相承,虽众论纷纭,莫不以至圣为折中之准；濂洛以后,英贤日懋,虽支流各异,莫不以紫阳为论学之宗。尝考紫阳之书,明训诂,溯师传,力行一生,使后人知圣功由下学以上达者,其效于今益光矣。今日不问师承,不稽传注,目空前辈,簧惑后人,是宜贤者之所为戒。譬犹守家之子,忘厥高曾矩矱,其可乎？①

道南一派,"实千古正学之宗",而陆王心学,则是异端邪说。所谓"中明以后,学术漓杂,迄于季造,决裂判散""不问师承,不稽传注,目空前辈,簧惑后人",这些尖锐的批评无疑都是针对明代中晚期流行的王阳明心学而言的。

在叙述各家各派学术源流时,也时时体现着作者"扬朱抑王"的鲜明立场。书中总论福州府"隆、万以后诸先生学派"说：

前辈尝言,古人罢黜百家,独尊孔氏之旨者,欲其道术之一也。明之中叶,喜新立论,诋讥前儒,渐趋诡僻,士习由是多歧。其始盖由一二聪明才辩之徒,厌先儒敬、义、诚、明、穷理、格物之说,乐简便而畏绳束,说者谓其端肇于南宋之季,朱子彼时曾痛切言之,谓此事实关世变,明之末造,得无类是乎？三山先正,如叶氏朝荣、翁氏兴贤、卢氏一诚诸公,于波靡俗弊之余,独屹然为师表,指南维持,终不坠□(引者按：此处原文疑有脱字),《易》之硕果,《诗》之典型,盖近之矣。②

书中总论泉州府"嘉、隆以后诸先生学派"说：

嘉、隆以后,大抵风气一变,多与程朱有违言者矣。如遵岩王公与荆川、双江诸公切劘其学,亦多良知之余,然其任心废学之弊,未甚纰缪

---

① 李清馥撰,徐公喜等点校：《闽中理学渊源考》卷首,南京：凤凰出版社,2011年,第12页。

② 李清馥撰,徐公喜等点校：《闽中理学渊源考》卷四七,南京：凤凰出版社,2011年,第559页。

也。……馥按：姚江王氏之学盛行，学者多趋简便，宗而和之，惟闽挂弟子之录者甚少。隆、万以降，风气渐染，其所趋异矣。然其硕德雅望，在吾郡如苏紫溪、黄文简、李文节、王恭质、何镜山、李衷一诸公，亦尚先民是程，著言立说，犹述旧规。可知一代风气，自虚斋先生师弟讲明倡起，流风数十世未艾，仁贤之遗教远矣哉！《明史》载闽中一代学术，多宗虚斋之学，其来固有渐矣。[1]

对整个时代的观察与论述，凸显其"扬朱抑王"的学术倾向，对某个学者的评论介绍也都着眼于此。如书中评介同安林希元说：

按：先生未及蔡文庄之门，所学皆文庄之学也。正、嘉间，王学纷披，专讲良知之旨，先生与净峰诸公，独守师说，所著朱陆异同之论，可为后学折中，至批摘王学，诚不遗余力矣。其时温陵尚有王氏用汲、三山郑氏世盛、江右罗氏钦顺，皆与余姚枘凿，而罗公尤与先生往复称同志。[2]

（林希元）晚年退归，无日不以读书解经为事，其学专主程朱，尝恨不得及虚斋先生之门。于良知新说，尤所不喜。[3]

又评介惠安张岳说：

公之学私淑于蔡文庄，友于紫峰、次崖，而与王文成枘凿不相入者也。时良知之学满天下，而独公弗是也。尝渡江与阳明论学三日，不合，退而辑《圣学正传》《载道集》诸编以见志。……又按：耿司马定力祠记略曰，公之学以戒慎立本，而不恃知觉，以穷理居要而不事笾豆，以实践为

① 李清馥撰，徐公喜等点校：《闽中理学渊源考》卷六九，南京：凤凰出版社，2011年，第725页。

② 李清馥撰，徐公喜等点校：《闽中理学渊源考》卷六三，南京：凤凰出版社，2011年，第679页。

③ 李清馥撰，徐公喜等点校：《闽中理学渊源考》卷六三，南京：凤凰出版社，2011年，第680页。

归宿而不侈讲论,本末次第,较然不疑焉。①

又评介晋江王慎中说:

> 按先生受学于易愧虚而渊源于蔡文庄者,维时良知之说方行,先生
> 宦游南服,与龙溪、双江相讲切,亦契会其宗旨。迨退归,年甫逾壮耳。
> 后祭愧虚先生文曰:"知向道而不力,颠垂白而悾侗。慨灭质以溺心,误
> 师传之正宗。"……其曰灭质、溺心、误师传者,或于王学悔遁而遡厥师
> 承所自乎?前辈造诣,与年俱进,未知所至何如?今观其出处去就,大节
> 确乎不移。②

以上不厌其烦地征引原文,其意义无非是为了说明《闽中理学渊源考》在
叙述明代中后期闽学流派发展时,着意于凸显闽地学者对程朱理学的坚守与
对王阳明心学的批判。

《闽中理学渊源考》"扬朱抑王"的学术立场,对后代闽学研究产生了巨大
的影响。陈易园在《福建文献研究》中说:

> 宋自南渡而后,中原涂炭,周、张、二程之道,悉集于闽,朱熹既统其
> 大成,真德秀复起而承其后,海滨邹鲁之风,至是而盛大矣。(按:当时从
> 朱熹游者,凡四百余人,再传弟子及私淑者尤众,几于户言孔孟,人习程
> 朱,大哲名儒,难以计数。)……
>
> 明初,太祖以节义风天下,泊乎永乐,摧残正士,诛戮儒生,学者遂不
> 敢矜言节义。成化弘治之时,清和咸理,吾闽大君子复接踵而起,而龙岩
> 陈真晟、晋江蔡清,其卓卓者也……其时,陈白沙(献章)讲主静之学,而
> 莆田周瑛(字梁石,学者称翠渠先生)与之为友,告之以学当以主敬为主,
> 居敬则心存,然后可以穷理,自六经之奥及天地万物之广,皆不可不穷,

---

① 李清馥撰,徐公喜等点校:《闽中理学渊源考》卷六三,南京:凤凰出版社,2011年,
第684页。

② 李清馥撰,徐公喜等点校:《闽中理学渊源考》卷六七,南京:凤凰出版社,2011年,
第705页。

积累至多,则能通贯,而于道之一本,则得之矣。所谓求诸万殊,而后一本可得也。白沙亦不能屈也……

惠安张岳,学术以程朱为宗,作草堂学则,首存养之要,继以礼仪威仪之节,而求端于未发,以为之本。尝与王守仁论明德亲民之旨……守仁不能屈……

同安林希元,于嘉靖朝初次上疏,首以务正学为言,晚有更定大学经传定本及所著《四书存疑》。盖谓守仁以格物为本,混乱致知,思有以救其弊而正之也……

盖闽学衍于朱氏,其不夺于异说,有如此者。①

龙岩陈真晟、晋江蔡清、惠安张岳、同安林希元等人都是其中突出的代表人物。陈真晟,字晦德,号剩夫,又自号布衣,学者称剩夫先生或陈布衣。洪武间,漳浦滨海倭患猖獗,其父亲自泉中调戍漳州之镇海卫,陈真晟即出生于此。他生于明成祖永乐九年(1411),卒于宪宗成化九年(1473),曾任漳平县学教谕。《明史·儒林传》说:"陈真晟学无师承,独得于遗经之中。"清代朱子学者雷铉②在《经笥堂文钞·漳平县朱子祠记》中说陈剩夫"安贫乐道,其所著书,无非示人以朱学之梯航",是明代福建著名的朱子学者。周瑛,字梁石,号蒙中子,又号翠渠,福建莆田人,生于明宣德五年(1430),卒于正德十三年(1518)。宪宗成化六年(1470)进士,先后任广德知州,南京礼部郎中,抚州、镇远知府,四川右布政使等职。他曾从学于陈真晟,颇得其朱子学之肯綮,明人周志渠说:"理学名臣翠渠公……天不欲使紫阳道脉历再世而斩,故祖得以续其传。"③周瑛对明代前期朱子学的贡献,主要表现在坚守朱子学之正宗,抨击当时开始盛行的陈献章心学。周瑛与陈献章虽是多年的好友,但在学术思想上却又分道扬镳。陈献章心学的特点是贬朱而尊陆,实开王阳明心学之先声。周瑛极力反对陈献章的心学,批判他学术不正,实际上是禅学,明人何乔

---

① 陈易园:《福建文献研究》,福建师范大学图书馆藏抄本。

② 雷铉,字贯一,号翠庭,宁化人。清雍正癸丑(1733)进士,改庶吉士,历官左副都御史。著有《翠庭诗草》《象山禅学考》《阳明禅学考》《经笥堂文钞》《读书偶记》《励志杂录》等。

③ 周志渠:《翠渠摘稿序》,见《翠渠摘稿》卷首,文渊阁四库全书本。

远说:"其时白沙陈公之学盛行,名公卿咸为折节,翠渠周公辞而辟之。非白沙为禅学者,周翠渠也。"①

由此可见,陈易园在《福建文献研究》中着重要呈现的也就是福建学者在捍卫程朱理学方面所做出的贡献。这样的书写方式一直延续到现当代的闽学研究中。

三、《道南一脉诸儒列传》书写闽地学者对王学的接受与融合

"由于清初尊朱黜王的影响,明代闽学诸儒在《闽中理学渊源考》《道南源委》等著作中皆被塑造成朱子学的纯粹拥戴者,成为抵制王学的典范"②。我们因此形成了明清时期闽地学者坚守程朱理学的直觉印象。但是,日本内阁文库所藏孤写本、晚明闽南同安人黄文炤所著的《道南一脉诸儒列传》(以下简称《道南》),却为我们展现了明代中晚期"朱王之辨"历史情实的另一番景象。该书记载了许多关于闽地学者与王学往来的资料,借由该书,我们可感受明代中晚期"朱王之辨"在闽地热烈开展的学术氛围。

《道南》一书共二十二卷,全书采用纪传体的编纂体例,载录了自杨时以来八闽大地重要理学家的生平事迹和学术思想,为闽学研究提供了极为宝贵的原始资料。尤其引起我们兴趣的是,该书在为明代闽学人物作传记时,特别重视其与王学的交流、碰撞;在材料的攫取上,常注意于那些朱王相契合之处;在黄文炤所下的按语中,又多指出朱王学说的相通性。这一编纂旨趣,集中展现了黄文炤对明代中晚期"朱王之辨"这一学术热点的关切、思考和回应。

与前述《闽中理学渊源考》(以下简称《闽中》)尊崇程朱理学、排挤陆王心学不同,《道南》一书对王阳明心学持认可的立场。在黄文炤看来,王阳明心学的崛起,并不是对程朱理学的否定,而是对程朱理学的发展;王阳明心学的兴盛,并不会引起程朱理学的衰微,相反是为程朱理学带来新生和活力。他

---

① 何乔远:《名山藏·周翠渠》,北京大学图书馆藏善本丛书《明清史料丛编》,北京:北京大学出版社,1993年。

② 林春虹:《日本内阁文库藏孤写本〈道南一脉诸儒列传〉考论》,《齐鲁学刊》2018年第1期,第129页。

在"剑学总论"中说：

> 叶台山先生有言："……夫延学之盛衰，亦吾闽之所视以为轻重者
> 也。"旨哉言乎！……熙朝隆、万间，朱敬轩出而一中心性之旨，朗然复
> 明。……是时王龙溪、罗近溪诸公皆因敬轩入闽，会讲于七台九曲之间，
> 剑学为之一振。盖自紫阳、勿轩没后，讲堂前草深一丈，不图今日复见寒
> 泉精舍气象也。夫剑学，非闽学之所视以为盛衰者乎？前茅后劲，代各
> 有人，过此以往，应星穴之祥而演道南之一脉者，振振未有艾也。岂惟剑
> 学而已哉！①

黄文焜感叹自宋代朱熹（紫阳）、元代熊禾（勿轩）之后，南剑州（延平）的
学风开始走向没落，直到明朝的隆庆、万历年间，出现了朱敬轩这么一位突出
的学者，昌明学术，闽北的理学研究风气才重新振作起来。朱敬轩即朱成文，
是朱子的后裔。《道南》一书中载其传记说：

> 朱成文，字希纯，别号敬轩，剑南人，考亭之裔孙也。……令于潜，有
> 善政，时时会王龙溪。厥后龙溪访之于武夷，罗近溪自盱来会剑津，相与
> 发明姚江学脉，津津乎有味。其言之也，显证密诣，学问愈粹。②

朱成文曾担任于潜县（属浙江临安府）的县令。由于地域的便利，朱成文
得以"时时会王龙溪"，并与王学门人建立了良好的学术友谊。后来，王龙溪
（王畿）、罗近溪（汝芳）又特地到福建来拜访朱成文。在黄文焜看来，正是朱
敬轩积极与王门弟子展开互动，才促成了"剑学为之一振"的盛况。

然而，对于《道南》热情赞颂的朱成文，《闽中》对其学术方面的记载却只
说他"时与田一庵、王龙溪、钱绪山会讲天真书院，究心理学"③。对于同一历史
人物，《道南》高度推崇，《闽中》则轻描淡写，两相对比，黄文焜对阳明心学的

---

① 黄文焜：《道南一脉诸儒列传》卷七，日本内阁文库藏写本。
② 黄文焜：《道南一脉诸儒列传》卷七，日本内阁文库藏写本。
③ 李清馥撰，徐公喜等点校：《闽中理学渊源考》卷八四，南京：凤凰出版社，2011年，
第854页。

推崇之情显而易见。

除此之外，我们再略举几例，以见《道南》《闽中》在记载闽学、王学交流与互动上的明显差异：

1. 马森

《道南》载："马森，字孔养，别号钟阳，侯官人。……居恒讲明理学，与欧阳德、邹守益、罗洪先三先生相质正，书札往来，要以良知为宗。"①并且大篇幅引录了马森的心学言论。但《闽中》却主张马森之学"要以程朱为宗"，并解释说："朱氏《经义考》谓恭敏亦守心学之说，与朱、蔡有违言者，而本传称其究心程朱之学，今以本传为据。"②而无只言片语引述其具体言论。

2. 林学道

《道南》载："林学道，字致之，莆田人。初从蔡文庄，后从王文成学，皆高弟。"③《闽中》载录"学正林致之先生学道学派"，却只说他曾"从蔡文庄受学，复之江西，从王文成订良知之说"，并且说："再考，公从学于蔡、王二先生，其平日为学大旨未知如何。至恭敏马公之学，《闽书》并蒋氏《闽学源流》皆以为宗程朱之学者。"④这是先定马森为宗程朱之学者，并进而隐然由学生的学术路线推断其师也是以程朱为宗。

3. 黄仲昭

《道南》载："黄潜，字仲昭，以字行，别号未轩，莆田人。……曾会陈白沙，白沙与之语累日，且告以为学须静一。返而作《静思录》。"⑤《闽中》则载："黄潜，字仲昭，尝与陈献章、周翠渠往来议论。凡圣贤一言一行，惟求践履之实，平生刻苦为学，务究道德性命之原，羽翼程朱……"⑥明确指明其羽翼程朱的根本宗旨。

---

① 黄文炤：《道南一脉诸儒列传》卷十，日本内阁文库藏写本。
② 李清馥撰，徐公喜等点校：《闽中理学渊源考》卷四五，南京：凤凰出版社，2011年，第548页。
③ 黄文炤：《道南一脉诸儒列传》卷十二，日本内阁文库藏写本。
④ 李清馥撰，徐公喜等点校：《闽中理学渊源考》卷五五，南京：凤凰出版社，2011年，第606页。
⑤ 黄文炤：《道南一脉诸儒列传》卷十二，日本内阁文库藏写本。
⑥ 李清馥撰，徐公喜等点校：《闽中理学渊源考》卷五十，南京：凤凰出版社，2011年，第576页。

类似上述情况的"异笔书写"尚有不少，此处不一一列举。除对理学家个体记载有诸多差异，二书对各地域学风的总体评论也不一样。

如前所述，《闽中》对明代中晚期福州府、泉州府学风的评价，是强调其对程朱理学的坚守。《道南》一书"总论三山学术"则说：

> 迨乎马孔养、王懋复二先生出，以不学不虑之宗，恢有体有用之学，其书或言退藏，或言持志，或言种子，或说敬止，或说无我，或说良知……绍千圣之单传，膺七闽之领袖，其在斯人与！其在斯人与！①

其"泉学总论"又曰：

> 是时泉士饮河充量，渐撤斯道藩篱，故有担簦而游王龙溪之门者，有力主从祀之议以白沙、阳明为必可师者。至是百川汇海，浙粤七泉之水合流而同归矣。②

《闽中》重视闽学对程朱理学的坚守和对王学的批判，《道南》则凸显闽地学者有关心学的内容，并且努力将闽学与心学融合、汇通为一。两相对照，可以明显看出《道南》《闽中》关于明代中后期闽学与王学交流互动有关记载的"异笔书写"。

四、《闽中》《道南》关于闽学与王学互动"异笔书写"探因

在看到《闽中》《道南》关于闽学与王学互动的记载存在明显的"异笔书写"的基础上，我们要进一步去探寻形成这种"异笔书写"的原因。

如前所述，《闽中》一书之所以崇信程朱理学、批判阳明心学，既是由其历史、地理、文化背景决定的，也与其作者为李光地之孙的身份有着密切的关

---

① 黄文炤：《道南一脉诸儒列传》卷十，日本内阁文库藏写本。
② 黄文炤：《道南一脉诸儒列传》卷十八，日本内阁文库藏写本。

系。但是，同样生活于闽南的黄文炤却对王学积极推崇。这同样与时代背景及学者个人的学术兴趣相关联。正如"天下大势，分久必合"一样，学术研究也大体也遵循着"正—反—合"的发展规律。历史进入晚明时期，曾经激烈争执的"朱王之辨"也出现了融合的趋势。成书于晚明时期的《道南》一书就鲜明地体现了黄文炤融合、汇通朱、王学说的特点。

黄文炤对朱王的融合汇通，以《朱子晚年定论》为基本立足点。他在凡例中说：

> 宋有朱陆之辨，今有朱王之辨，而吾道几于诟矣，均之未读《晦翁晚年定论》也。宋人知有此论，鹅湖之徒必无聚讼；今人知有此论，弹□□（引者按：此处疑有阙文）者扪心退矣。所以，是编多载翁晚季遗言。①

黄文炤指出，宋朝的朱陆之辨、明朝的朱王之辨，使得程朱理学成为时人"诟病"的对象。然而，这样的争论其实都是学者没有认识到朱陆、朱王学说在深层次上的相互契合，没有领会朱子晚年的精神，而王阳明编纂的《朱子晚年定论》正是朱王之间相互契合的集中体现。因此，他对《朱子晚年定论》推崇备至。他说：

> 《晦翁晚年定论》，考之群书，当是翁己酉以后语，是时行年六十矣。书原错出全集，披沙拣金始自姚江，编贝贯珠备于海门。岁癸丑（按：万历四十一年），炤再谒海门老师于剡上，蒙师嘉惠是书，读而叹曰……是书专提本领，何尝支离？以是知后之学者，自支自离，于先生无与也。是书谛言知行合一，何有先后，以是知后之学者，自先自后，于先生无与也。知先生章句而不知先生遗书……何以信先生轲以后一人哉！今问是书于世儒，多有白首成切（引者按：此处文字疑有误）罕窥者，此亦朱门表章朱学者之过也。此姚江、剡溪所以为吾侪罔极之恩也。愚是编一依周老师所定。而自孟子说"求放心"下则以琴庄《补遗》续焉。噫！尽之矣。②

---

① 黄文炤：《道南一脉诸儒列传》卷首，日本内阁文库藏写本。
② 黄文炤：《道南一脉诸儒列传》卷二，日本内阁文库藏写本。

　　黄文炤指出,王阳明(姚江)、周汝登(海门)编纂的《朱子晚年定论》是"专提本领""谛言知行合一"。这一阐发契合朱子学的根本精神。《朱子晚年定论》为后学准确、精到地理解朱子学的思想核心,提供了极大的帮助。"此姚江、剡溪所以为吾侪罔极之恩也。"也就是说,在黄文炤看来,王学不仅不是"异端邪说",而且是朱子学的功臣。因此,他编撰《道南》一书,在指导精神上,"一依周老师所定",也就是将《朱子晚年定论》奉为考察明代中后期闽学发展之圭臬。

　　在历史上,黄文炤被视为明代朱子学派的重要传人,史传说他"专性命之学,潜心力行"①。林孕昌曰:"吾郡自紫阳(朱熹)过化以后,学脉火传,至蔡文庄(蔡清)师弟薪而扬之,近何司徒(何乔远)倡学于泉山,家省庵(林学曾)开讲于不二,又灯而燃之,黄氏季殳,司徒同学友也。……尝有取于《朱子晚年定论》,其学以未发为宗,其教以躬行为本。"②也就是说,黄文炤虽然有取于《朱子晚年定论》,但其学术宗旨仍然是以程朱理学为归宿的。《道南》一书,何乔远为之作序并高度评价,认为该书"不惟搜罗之勤,见吾闽学之盛,而实大阐龟山之传"③,同样也是将其作为道南学派的重要传承者之一。

　　然而,考之于宋明学术思想史,所谓"朱子晚年定论"说,是王阳明与程朱派进行朱陆之学异同论战的产物。自著名的"鹅湖之会"以后,朱陆学术之间的异同一直是宋元以来学者热烈讨论的话题。元明以来,一直有学者致力于会通朱陆。明代的程敏政可以说是"朱子晚年定论"说的始作俑者,早在弘治二年(1489),程敏政编纂的《道一编》就提出了"朱子晚年定论"说,他认为朱陆二家的思想"始异而终同",将朱陆思想同异分为三个阶段:始焉如冰炭之相反,中焉则疑信相参半,终焉若辅车之相依。王阳明承袭了程敏政的《道一编》并加以发展,编成了《朱子晚年定论》一书。但是,"朱子晚年定论"的说法,一开始就受到程朱学者的猛烈批判。罗钦顺指出,程、王关于朱子早年、中年、晚年论著的界定是违背事实、没有依据的,而且许多学者明确指出王氏的"阴

---

①　林学增、吴锡璜:《同安县志》,台北:成文出版社,1967年,第946页。

②　李清馥撰,徐公喜等点校:《闽中理学渊源考》卷七七,南京:凤凰出版社,2011年,第803页。

③　黄文炤:《道南一脉诸儒列传》卷首,日本内阁文库藏写本。

谋"：陈建《学蔀通辨》批评阳明"专取朱子议论与象山合者"入编，且"颠倒早晚，以弥缝陆学，矫诬朱子而匡误后学"。孙承泽作《考正晚年定论》，指出王阳明"不言晚年始于何年，但取偶然谦抑之词或随问而答之语，及早年与人之笔录之"，是"借朱子之言以攻朱子"。①现代许多学者也都持有类似的主张，吴长庚教授指出，王阳明编《朱子晚年定论》，"显然是援朱入陆，阳朱阴陆"，"他通过对朱子书信的选辑，把仅仅体现了朱子心学思想的部分资料，扩大为代表晚年思想的定论，为他自身的心学思想张本。为了选择合于自己思想的资料，他又不加考证，颠倒时间，毋论早晚，随意抉取，把改造了的朱子学拉到了陆子一边"。②束景南先生也指出，此书在"朱子晚年定论"说的掩盖下，"以陆学攻朱学，以陆化朱学消解朱学"。所谓"朱子晚年定论"的调和之说，不过是王阳明对其一贯的"是陆反朱"的心学立场的一种掩饰与托词，也是针对当时程朱派的攻讦与自己干犯官方程朱理学禁网的巧妙的自我保护与反讽。阳明提出"朱子晚年定论"的真实目的，不过是要将朱学陆化，以此消解朱学，尊崇陆学。③

正是这部"援朱入陆，阳朱阴陆"的《朱子晚年定论》，成为黄文炤融合汇通明代中后期"朱王之辨"的学术根基。依照学术派系的"门户之见"，黄文炤可以说是或有意（或无意）落入王学设置的"陷阱"之中。然而，与清代受主流意识支配而严于朱王之辨的闽学史著作相比，黄文炤的《道南》一书具有彰显时代精神的特殊学术价值。

结　语

"朱王之辨"是明代中后期的学术热点，与闽地学者的关系尤其密切。然而同一件历史事实，在不同的学术史著作中呈现出截然相反的面貌。长期以

① 吴长庚：《朱子晚年定论·点校说明》，载《朱陆学术考辨五种》，南昌：江西高校出版社，2000年，第87页。

② 吴长庚：《朱陆学术考辨五种》，南昌：江西高校出版社，2000年，序言第14页。

③ 束景南、姜美爱：《朱陆之学论战与〈朱子晚年定论〉的诞生——一桩五百年来"陆化朱学"理学公案的破解》，《孔子研究》2018年第5期，第49页。

来,学术界对闽学与王学关系的探讨,大多基于《明儒学案》《闽中》等著作的相关记载,学者对明代中后期"朱王之辨"的认知因受到材料限制而形成了片面性观点。所幸有黄文炤《道南》这样的"异笔书写",使我们对历史事实的认知得以更为客观全面。《孟子》云:"尽信书,不如无书。"这也再一次告诫我们,对文献材料的使用切不能被"一言堂"误导。

王阳明“庭前格竹”辨析＊

徐　涓　彭　钧

福建江夏学院阳明学研究院

前　言

明代大儒王守仁（1472—1529），浙江绍兴府余姚县（今余姚市）人，号阳明子，学者称之为阳明先生，亦称王阳明。阳明乃心学集大成者，与孔子、孟子、朱熹并称为孔、孟、朱、王。王阳明不仅集心学之大成，而且在文治武功上都取得极大成就，一生所历之事跌宕起伏、扣人心弦，特别是其“庭前格竹”之事，更是让人匪夷所思。阳明“庭前格竹”是怎么回事？他为何要“格竹”？他到底有无“格竹”？

一、王阳明“格竹”事件

阳明如何“庭前格竹”？据王阳明弟子钱德洪、王汝中所辑《王阳明年谱》记载，明孝宗弘治五年壬子（1492），王阳明21岁居越，“是年为宋儒格物之学。先生始侍龙山公于京师，遍求考亭遗书读之。一日思先儒谓众物必有表里精粗，一草一木，皆涵至理。官署中多竹，即取竹格之，沉思其理不得。遂遇疾。

＊　本文为2019年国家社会科学基金“日据时期（1895—1945）台湾儒学研究”（19XZX008）的阶段性成果。

先生自委圣贤有分,乃随世就辞章之学"①。早年阳明在京师侍奉父亲,遍读朱子之书,求证其格物之说,遂而见官署之竹,于是取而格之,久之即生病,于是感叹儒家圣贤难做,故而想舍弃儒学,钻研文学。据此可知,钱德洪等认为阳明"格竹"地点为京师,"格竹"乃为验证朱子格物之说。有学者考证,认为王父在弘治三年至五年(1490—1492)皆居住于越,况王氏余姚故宅周围遍植竹树,"故阳明先生只能在余姚家中格竹"②。

又据《传习录下》记载,王阳明曾告诫弟子说:"众人只说'格物'要依晦翁,何曾把他的说去用!我着实曾用来。初年与钱友同论做圣贤,要格天下之物,如今安得这等大的力量;因指庭前竹子令去格看。钱子早夜去穷格竹子的道理,竭其心思,至于三日,便致劳神成疾。当初说他这是精力不足,某因自去穷格,早夜不得其理,到七日,亦以劳思致疾。遂相与叹圣贤是做不得的,无他大力量去格物了。及在夷中三年颇见得此意思。乃知天下之物本无可格者;其格物之功,只在身心上做;决然以圣人为人人可到,便自有担当了。这里意思,却要说与诸公知道。"③这则为阳明弟子记录阳明"格竹"故事的详细版本,阳明为了把朱子"格物"理论用于实践,曾与一位钱姓朋友一起去格竹,钱子格竹三日致病,阳明认为他定是精力不济,故自己亲自去格,格七日遂至病。而后在夷中三年也就是正德三年至五年(1508—1510),阳明对朱子格物加以反思,体悟到天下外物格之难尽,不如反躬自身,在自家身心上做工夫。

关于王阳明"格竹"事件,后学皆认为此事极其不可思议,束景南认为此事当发生在"成化二十二年,因格竹致疾失败,怀疑宋儒格致之学"④,此时阳明15岁。陈来认为此事当为17岁之前干的幼稚事,"这个'庭前格竹'的故事见于阳明自述,其为阳明早年思想发展历程的一个重要事件,自无可疑。不过,如果这件事确实发生在阳明随父寓京师时,那也应该是他17岁以前的事情"⑤。陈氏此说根据三点:一说此事源于阳明自述弟子所录,确实发生过无

① 钱德洪、王汝中:《王阳明年谱》,北京:力行要览发行所,1933年,第8页。
② 诸焕灿编著:《阳明先生年谱引证》,杭州:浙江古籍出版社,2018年,第16页。
③ 邓艾民注:《传习录注疏》,上海:上海古籍出版社,2012年,第265页。
④ 束景南:《王阳明年谱长编》(第1册),上海:上海古籍出版社,2017年,第59页。
⑤ 陈来:《有无之境:王阳明哲学的精神》,北京:人民出版社,1991年,第132页。

疑；二是阳明17岁之前正好随父亲寓居京都，刚好暗合钱德洪所记阳明在京都官署"格竹"；三是"格竹"一事较为荒诞，只有不成熟小孩子才会去做，成年人绝不会干。"事实上，阳明把朱子的格物哲学了解为面对竹子的沉思，可以说是宋明哲学史上绝无仅有的。绝大部分理学家，尽管可以不赞成朱子格物理论，但还没有人把朱子思想误解到这个程度。而就阳明的过人才智来说，这种误解就更不应该发生，因此，对这一事件的唯一合理解释就是，它是阳明青少年时代即他的思想还完全不成熟的时期所发生的。"①陈来表示，阳明把朱子"格物"理解为"格竹"，这是对朱子"格物"的严重误解，这种误解只能发生在阳明处于心智不成熟的少年时。

历史上"格竹"故事是否真有其事？且来看看阳明同时代的其他弟子的说法。其实关于阳明"格竹"故事，阳明好友兼弟子顾应祥（1483—1565）就认为阳明并未有"格竹"之事，顾氏曰："《传习录》云：众人只说'格物'要依晦翁……愚谓此非阳明公之言也，门人附会之言也。"②顾氏明确表示，《传习录》中"格竹"一说非阳明之言，实乃门人敷衍附会之语。

顾应祥小阳明11岁，可以说与阳明属于同时代人，弘治十八年（1505）登进士，"公少尝从阳明、增城二先生游"③，他早年便追随阳明游学。正德六年（1511）正、二月间，"黄绾荐引顾应祥来受学"④，三月，阳明携黄绾、徐爱、顾应祥、王元正等人春游，夜宿功德寺，并有诗文唱和。此后，顾应祥曾多次向王阳明问学。正德十二年（1517）还与阳明一起讨贼，顾应祥"乃得广东佥事。得领东道汀、漳山寇起，毒螫三省，中丞王公伯安讨之。公以奇兵挫其锋，擒卤首雷振、温火烧等千四百余级"⑤。1517年，明廷派王阳明率领顾应祥一起平定赣、粤、闽交界地区的叛乱，顾应祥在广东、阳明在赣州，双双夹击乱军。顾氏可以说与阳明曾亲密接触，跟随阳明时间很长。

尤其是阳明去世后，顾应祥为维护并弘扬阳明心学做出重要贡献，孙奇逢撰《理学宗传》"明儒考·王门弟子"一栏论述道："文成殁，门人传良知之学

---

① 陈来：《有无之境：王阳明哲学的精神》，北京：人民出版社，1991年，第132页。
② 顾应祥：《静虚斋惜阴录》卷三，明刻本。
③ 焦竑辑：《国朝献征录》卷四八，明万历刻本。
④ 束景南：《王阳明年谱长编》（第2册），上海：上海古籍出版社，2017年，第604页。
⑤ 焦竑辑：《国朝献征录》卷四八，明万历刻本。

者日流于无善无恶,应祥乃作《致良知说》以告同门者,曰:'先生之学,大要在致良知一语,在《中庸》谓之谨独,在《孟子》谓之几希一念之差,舜跖之所由分也,今之讲致良知者,非不明白透彻,考其行事似有大不相类者,无乃体认之功未至,而有认欲作理之病乎?'读王龙溪《致良知议略》,应祥摘其中可疑者数则以辩明之。又读《续刻传习录》,见门人问答之言多有未当于心者,摘出作《传习录疑》,曰:'非疑阳明先生也,疑门人传录之伪也。'"①顾应祥为健康传播阳明心学做了三件事:一是撰《致良知说》以明阳明学旨要;二是辨析《致良知议略》指出可疑者;三是作《传习录疑》以辩明门人之伪。事实上,顾应祥还是一位科学家,他曾撰写《弧矢算术不分卷》,还解释元代李冶的《测圆海镜分类释术》等。由此可见,顾应祥的看法应该是可靠的。然而历史上因为《传习录》一书影响很大,现代学界大多已接受阳明"格竹"一事真实存在的看法,从而忽略了阳明弟子顾应祥的否定性看法,其实学界中批评与否定阳明"格竹"的大有人在,详见第四节论述。

《王阳明年谱》《传习录下》中"格竹"之事,原出于《续传习录》,由弟子黄直(1500—1579)于嘉靖中记录,《王阳明年谱》中"格竹"记载也是根据黄直所记,"德洪概是据阳明之言而有是条记载。阳明之言见之于《传习录》"②。可见,"格竹"故事来源于阳明弟子黄直的讲述,《续传习录》现编入《传习录下》卷,"下卷内容比前两卷博杂,且没有像前两卷那样经过阳明的亲自审阅"③。黄直生于1500年,嘉靖二年(1523)进士,拜入阳明门下较晚,跟随阳明时间不长。又,阳明"格竹"一事,黄绾所撰《阳明先生行状》以及湛若水撰述的《阳明先生墓志铭》皆未提及,当知,此二人乃阳明生前莫逆之交,阳明与此二人在正德五年(1510)还订立终身之盟,"甘泉湛若水、石龙黄绾来兴隆寺讲论学问,三人遂订终身共学之盟"④,可见三人交情极其深厚,若真有实事,为何行状及墓志铭皆未言及?

至此,阳明"格竹"故事便更加扑朔迷离,阳明到底有无"格竹"之事?阳

① 孙奇逢:《理学宗传》卷二一,清光绪刻本。

② 程海霞:《检讨钱德洪系〈王阳明年谱〉之立场——以阳明的早年经历为例》,《复旦学报(社会科学版)》2010年第5期,第125页。

③ 钱明:《〈阳明全书〉的成书经过和版本源流》,《浙江学刊》1988年第5期,第76页。

④ 束景南:《王阳明年谱长编》(第2册),上海:上海古籍出版社,2017年,第574页。

明或其弟子为何要讲述"庭前格竹"？姑且认为，阳明并未真正做过"格竹"之事，《王阳明年谱》《传习录下》中的文献只能说明阳明叙述过此事或其弟子曾假借阳明之口叙述过此事，此事可能是阳明的嬉笑怒骂之言，也可能是阳明弟子的附会之语。

二、阳明论"格物"

阳明的学术有一个特点，他在哲学思辨上极有创见，是一位非常有原创性的思想家，正是这样，他的学术便呈现出六经注我的特点，哪怕虚构事实也在所不惜。这里有一则事实也可以从旁加以佐证。阳明《朱子晚年定论》著成后，罗钦顺致信阳明提出批评："偶考得何叔京氏卒于淳熙乙未（1175）时朱子年方四十有六尔……今有取于答何书者四通以为晚年定论。至于《集注》《或问》，则以为中年未定之说，窃恐考之欠详，而立论之太果也。"①罗氏指出阳明时间考证方面的欠缺。阳明则回答自己乃迫不得已，"其为《朱子晚年定论》，盖亦不得已而然。中间年岁早晚，诚有所未考，虽不必尽出晚年，固多出于晚年者矣。然大意在委屈调停，以明此学为重"②。一个"不得已而然""以明此学为重"，道出阳明立论的六经注我的本色，明知考证朱子书信的时间有偏差，但依然让材料从属于自己的心学体系。

"庭前格竹"故事的讲述，也正是为王门"格物"理论张本。此故事的提出乃是作为朱子"格物"学说的一个实践，阳明或其弟子用"格竹"致病这样一个结果，旨在用日常生活事例来形象化阐述朱子"格物"之分裂心与理的错误，用以证明阳明学"格物"理论的系统完整性。

据阳明弟子徐爱记载："不知先生居夷三载，处困养静。精一之功，固已超入圣域，粹然大中至正之归矣。"③阳明居住于贵州龙场三年，此龙场在万山丛中，居民尚未开化，阳明教民筑房。又书籍难以带入此荆棘之地，阳明反思以前所读书籍，久之便开悟圣人"人心惟危，道心惟微，惟精惟一，允执厥中"

---

① 罗钦顺：《罗整庵先生存稿》卷一《与王阳明书》，上海：商务印书馆，1936年，第6页。
② 邓艾民注：《传习录注疏》，上海：上海古籍出版社，2012年，第154页。
③ 邓艾民注：《传习录注疏》，上海：上海古籍出版社，2012年，第5页。

的"精一"之道。这"精一"之道，体现在格物上，就是不于外事外物处求至善，"至善是心之本体，只是明明德到至精至一处便是"①。阳明认为朱子所谓"事事物物皆有定理"乃是义外，格物不能让心逐于外，"格物"便是"存天理灭人欲"，"格物"也是"明明德"。

阳明龙场悟道，就是体悟到"格物"非是心逐外物而穷其理。据《传习录》载："问格物。先生曰：'正其不正以归于正也。'"②阳明阐释格物之义，打破时人如一些朱学末流的支离破碎的做法，其解释"格物"之"格"为"正其不正以归于正"。阳明在《答顾东桥书》中说："'格'字之义，有以'至'字训者，如'格于文祖''有苗来格'，是以'至'训者也。然'格于文祖'，必纯孝诚敬，幽明之间无一不得其理，而后谓之'格'；有苗之顽，实以文德诞敷而后格，则亦兼有'正'字之义在其间，未可专以'至'字尽之矣。如'格其非心''大臣格君心之非'之类，是则一皆'正其不正以归于正'之义，而不可以'至'字为训矣。且《大学》'格物'之训，又安知其不以'正'字为训，而必以'至'字为义乎？如以'至'字为义者，必曰'穷至事物之理'，而后其说始通。是其用功之要，全在一'穷'字，用力之地，全在一'理'字也。若上去一'穷'，下去一'理'字，而直曰'致知在至物'，其可通乎？"③阳明认为，《大学》格物之"格"，当以"正"字来训，意谓正其不正以归于正。又，阳明在去世前一年编定的《大学问》中又重申这一看法，"格者，正也，正其不正以归于正之谓也。正其不正者，去恶之谓也，归于正者，为善之谓也。夫是之谓格。《书》言'格于上下'，'格于文祖'，'格其非心'，格物之格实兼其义也"④。阳明认为"格物"乃是正其不正而归于正，意谓去恶存善。

阳明解释"格物"之"物"也自有一套，他认为"心外无物。如吾心发一念孝亲，即孝亲便是物"⑤，人心之仁与天地万物为一体，一切天地万物皆乃吾心中之物，"大人者，以天地万物为一体者也，其视天下犹一家，中国犹一人焉。

---

① 邓艾民注：《传习录注疏》，上海：上海古籍出版社，2012年，第7页。

② 邓艾民注：《传习录注疏》，上海：上海古籍出版社，2012年，第57页。

③ 邓艾民注：《传习录注疏》，上海：上海古籍出版社，2012年，第103页。

④ 吴光等编校：《王阳明全集（新编本）》（第3册），杭州：浙江古籍出版社，2010年，第1019页。

⑤ 邓艾民注：《传习录注疏》，上海：上海古籍出版社，2012年，第57页。

若夫间形骸而分尔我者，小人矣。大人之能以天地万物为一体也，非意之也，其心之仁本若是，其与天地万物而为一也。岂惟大人，虽小人之心亦莫不然，彼顾自小之耳。是故见孺子之入井，而必有怵惕恻隐之心焉，是其仁之与孺子而为一体也；孺子犹同类者也，见鸟兽之哀鸣觳觫，而必有不忍之心，是其仁之与鸟兽而为一体也，鸟兽犹有知觉者也；见草木之摧折而必有悯恤之心焉，是其仁之与草木而为一体也，草木犹有生意者也；见瓦石之毁坏而必有顾惜之心焉，是其仁之与瓦石而为一体也：是其一体之仁也，虽小人之心亦必有之。是乃根于天命之性，而自然灵昭不昧者也，是故谓之'明德'"①。人心之仁可与天地万物为一体，大人之心昭然不昧，虚灵明澈，因其无私欲隔断，故能存天理之本然，而小人之心则为私欲阻隔，大学之道，便是去其私欲之蔽，自明其明德，复与天地万物一体之本然，这就是格物，所有世间之物皆与吾心之仁为一体，何来心外之物？

阳明认为"格物"非只是《大学》之始，而是贯穿于《大学》各条目之始终，"'格物'者，《大学》之实下手处，彻首彻尾，自始学之圣人，只此工夫而已。非但入门之际有此一段也。夫'正心''诚意''致知''格物'，皆所以'修身'，而'格物'者，其所用力，日可见之地。故'格物'者，格其心之物也，格其意之物也，格其知之物也"②。阳明认为自己对于"格物"的理解绝不是时人所批评的是内而非外，也不是专注于反观内省而忽略讲习讨论之功，也不是着意于本原纲领而脱略于支条节目之烦琐。阳明认为自己的所谓"格物"包括朱子《大学或问》中阐述的"格物"之九条，然"格物"要领、方法皆与朱子理解不同。

三、朱、王"格物"之异同

王门学者以"格竹"致病为例证，在于说明朱子"格物"入手处或称"格物"方法、要点之不可取，然朱、王"格物"之终极目标是一致的，那就是最终达到超凡入圣的境域。

---

① 吴光等编校：《王阳明全集（新编本）》（第3册），杭州：浙江古籍出版社，2010年，第1015页。

② 邓艾民注：《传习录注疏》，上海：上海古籍出版社，2012年，第152页。

朱、王"格物"入手处不同。朱子"格物"乃由外入内着手,而阳明"格物"路径为由内而外。阳明曾多次批判朱子"格物"中"即物而穷理"易陷溺于外物,失却本心,从而割裂心与物,以"格竹"为例,寻理于竹子之上,无异于缘木求鱼,路径不对,故不可取,"先儒解'格物'为格天下之物,天下之物如何格得?且谓一草一木亦皆有理,今如何去格?纵格得草木,如何反来诚得自家意?"①阳明以为天下无心外之物,如何能去格外物?纵然格得,又如何能通向诚意?

据徐爱记载《传习录》第二条:

> 爱问:"'知止而后有定'朱子以为'事事物物皆有定理',似与先生之说相戾。"
> 先生曰:"于事事物物上求至善,却是义外也。至善是心之本体,只是明明德到至精至一处便是。然亦未尝离却事物,本注所谓'尽夫天理之极而无一毫人欲之私'者得之。"②

阳明妹婿兼弟子徐爱一直以来接受的都是朱子学说,他认为阳明格物学说与朱子不同,故而疑惑相问。朱子最著名的为《大学·格物致知补传》,提出:"所谓致知在格物者也,言欲致吾之知,在即物而穷其理也。盖人心之灵莫不有知,天下之物莫不有理,惟于理有未穷,故其知有不尽也。是以大学始教,必使学者即凡天下之物,莫不因其已知之理而益穷之,以求至乎其极。"③朱子认为,人心皆有灵,而万物皆有理,理未穷而知亦不尽,致乃推其极也,知便是智,推极吾之智以达到不尽,格为至,物乃事,穷至事物之理欲其极处无不到,最后到达物格知至,物格便是物体之表里精粗皆穷尽,知至便是吾心之全体大用皆通明。

朱子"格物"强调内外皆做工夫,其格物理论的要点可以总结为:(1)"即物而穷其理";(2)人心之灵莫不有知,天下之物莫不有理;(3)理未穷,知亦不

① 邓艾民注:《传习录注疏》,上海:上海古籍出版社,2012年,第263页。
② 邓艾民注:《传习录注疏》,上海:上海古籍出版社,2012年,第7页。
③ 朱杰人等编:《朱子全书》(第6册),上海:上海古籍出版社,2002年,第20页。

尽；(4)因其已知之理而益穷之；(5)久而久之，豁然贯通；(6)物之表里精粗皆到，心之全体大用皆明。总体来看，朱子格物注重从外而内做工夫，注重外在知识的积累，"旧学商量加邃密，新知培养转深沉"，做两头的工夫，反反复复由外而内，由内而外，最后合内外而为一，但入手处由外而内很确定。而阳明注重从内而外做工夫，先发明本心以先立其大本，而后以心来统摄万事万物，然后不断在事情上磨炼，一而再再而三地由内而外、由外而内，最后也是合内外而为一，但入手处由内而外无疑义。

诚然，朱子强调格物，确实要求要不断于事物上去穷理，据《朱子语类》记载：

> 遇事接物之间，各须一一去理会始得。不成是精底去理会，粗底又放过了；大底去理会，小底又不问了。如此，终是有欠阙。但随事遇物，皆一一去穷极，自然分明。①
>
> 世间之物，无不有理，皆须格过。②
>
> 格物穷理，有一物便有一理。穷得到后，遇事触物皆撞着这道理：事君便遇忠，事亲便遇孝，居处便恭，执事便敬，与人便忠，以至参前倚衡，无往而不见这个道理。③
>
> 上而无极、太极，下而至于一草、一木、一昆虫之微，亦各有理。一书不读，则阙了一书道理；一事不穷，则阙了一事道理；一物不格，则阙了一物道理。须着逐一件与他理会过。④
>
> 格物，只是就事上理会；知至，便是此心透彻。⑤

朱子如此教导学生格物，当时便有学生问："格物则恐有外驰之病？"朱子回答说："若合做，则虽治国平天下之事，亦是己事。'周公思兼三王，以施四事。其有不合者，仰而思之，夜以继日，幸而得之，坐以待旦。'不成也说道外

---

① 朱杰人等编：《朱子全书》（第14册），上海：上海古籍出版社，2002年，第466页。
② 朱杰人等编：《朱子全书》（第14册），上海：上海古籍出版社，2002年，第466页。
③ 朱杰人等编：《朱子全书》（第14册），上海：上海古籍出版社，2002年，第470页。
④ 朱杰人等编：《朱子全书》（第14册），上海：上海古籍出版社，2002年，第477页。
⑤ 朱杰人等编：《朱子全书》（第14册），上海：上海古籍出版社，2002年，第478页。

驰！"学生又问："若如此，则恐有身在此而心不在此，'视而不见，听而不闻，食而不知其味'，有此等患。"朱子回答说："合用他处，也着用。"学生接着又问："如此，则不当论内外，但当论合为与不合为。"①朱子点头表示赞同，这就要求学生合内外而不能分。更有学生问："而今格物，不知可以就吾心之发见理会得否？"朱子认为还是需要从事物上去格，不然内心会越来越狭窄："公依旧是要安排，而今只且就事物上格去。如读书，便就文字上格；听人说话，便就说话上格；接物，便就接物上格。精粗大小，都要格它。久后会通，粗底便是精，小底便是大，这便是理之一本处。而今只管要从发见处理会。且如见赤子入井，便有怵惕、恻隐之心，这个便是发了，更如何理会。若须待它自然发了，方理会它，一年都能理会得多少！圣贤不是教人去黑淬淬里守着。而今且大着心胸，大开着门，端身正坐以观事物之来，便格它。"②朱子所谓"去黑淬淬里守着"的就是那种只关注吾心之发现处的格物之人，他们闭目塞听，心胸狭小，朱子强调格物要从事物上去格，格物非只格心。纵观朱子一生学术成就，其遍注群经，学问研究上及天文、下通地理，于诗歌、绘画、书法、兵法等无所不究，这都与其"即物以穷理"之由外而内的"格物"观密切联系。

阳明极力批判朱子"格物"说乃析心与理而为二，他在《答顾东桥书》中说："朱子所谓'格物'云者，在'即物而穷其理'也。即物穷理是就事事物物上求其所谓定理者，是以吾心而求理于事事物物之中，析心与理而为二矣。"③阳明认为朱子阐释的"格物"要领还是在事事物物中寻求定理，此乃求理于外而非内，容易导致心驰于外而不可收摄，阳明进一步举例来论证朱子"格物"析心与理为二之非，"夫求理于事事物物者，如求孝之理于其亲之谓也。求孝之理于其亲，则孝之理果在于吾心邪？抑果在于亲之身邪？假而果在于亲之身，如亲没之后，吾心遂无孝之理欤？见孺子入井，必有恻隐之理，是恻隐之理果在于孺子之身欤？抑在于吾心之良知欤？其或不可以从之于井欤？其或可以手而援之欤？是皆所谓理也，是果在于孺子之身欤？抑果出于吾心之良知欤？以是例之，万事万物之理莫不皆然，是可以知析心与理为二之非

---

① 朱杰人等编：《朱子全书》（第14册），上海：上海古籍出版社，2002年，第468页。

② 朱杰人等编：《朱子全书》（第14册），上海：上海古籍出版社，2002年，第466页。

③ 邓艾民注：《传习录注疏》，上海：上海古籍出版社，2012年，第100页。

矣"①。阳明认为，求孝若于亲之身而不于己之心，则亲没而孝何在？如此则可知孝在己心而非亲之身，求恻隐之理于孺子之身，也是告子义外之说，所以孟子才深辟之。这些都是分裂心与理的做法，是错误的。

据《传习录》载：

> 士德问曰："'格物'之说，如先生所教，明白简易，人人见得；文公聪明绝世，于此反有为审，何也？"
>
> 先生曰："文公精神气魄大，是他早年合下便要继往开来，故一向只就考索著述上用功；若先切记自修，自然不暇及此；到得德盛后，果忧道之不明。如孔子退修六籍，删繁就简，开示来学，亦大段不费甚考索。文公早岁便著许多书，晚年方悔，是倒做了。"②

这是一段非常有趣的对话，学生不解朱子如此睿智之人解释"格物"却如此烦琐，而阳明"格物"之说明白简易，却是何以至此？阳明回答，朱子早年皆在文章著述上下工夫，而晚年却悔误不及，方回归本心以切记自修。于是阳明43岁著《朱子晚年定论》，47岁刊刻此书，"师阅之，喜己学与晦翁同"③，以为自己"格物"之学与朱子晚年之学相契合。

朱、王"格物"终极目标相同。朱子"格物"之最终目的是通达内外、心与理一、超凡入圣，这就是物格致知，物格致知的状态就是"众物之表里精粗无不到，而吾心之全体大用无不明"，朱子称"物格知至"为"凡圣关"，"《大学》物格、知至处，便是凡圣之关。物未格，知未至，如何杀也是凡人。须是物格、知至，方能循循不已，而入于圣贤之域纵有敏钝迟速之不同，头势也都自向那边去了"④。当学生问朱子格物是否要合内外，朱子回答："物格后，他内外自然合。"⑤这种内外相合还是一种表里澄澈，"物格是要得外面无不尽，里面亦清

---

① 邓艾民注：《传习录注疏》，上海：上海古籍出版社，2012年，第100页。
② 邓艾民注：《传习录注疏》，上海：上海古籍出版社，2012年，第65页。
③ 陈荣捷：《王阳明〈传习录〉详注集评》，上海：华东师范大学出版社，2009年，第251页。
④ 朱杰人等编：《朱子全书》（第14册），上海：上海古籍出版社，2002年，第480页。
⑤ 朱杰人等编：《朱子全书》（第14册），上海：上海古籍出版社，2002年，第477页。

澈无不尽,方是不走作"①的状态,这种表里一贯、物我一体的状态,就是朱子在《大学章句》里所阐释的"明德者"因能"具众理而应万事",故而"明明德"便是"盖必其有以尽夫天理之极,而无一毫人欲之私"②。阳明与朱子格物目标一致,他说:"'格物'如《孟子》'大人格君心'之格,是去其心之不正,以全其本体之正。但意念所在,即要去其不正,以全其正,即无时无处不是存天理,即是穷理,'天理'即是'明德','穷理'即是'明明德'。"③阳明认为,人心为私欲所隔断,故而需要反复"格物"去蔽,方才不断明德复性,"孩提之童,无不知爱其亲,无不知敬其兄,只是这个灵能不为私欲遮隔,充拓得尽,便完完是他本体,便与天地合德。自圣人以下,不能无蔽,故须'格物'以致其知"④。凡夫之人,不断格物,充拓本体,久久为功,以心统摄万物,整合内外,便能成贤成圣,"致吾心之良知,致知也;事事物物皆得其理者,格物也,是合心与理而为一者也。合心与理而为一,则凡区区前之所云,与朱子晚年之论,皆可以不言而喻矣"⑤。可见,阳明格物的终极目标也是通达内外、心与理一、超凡入圣,阳明曾直言不讳,自己格物理论与朱子晚年理论一致。

朱子"格物"之说前后确实不同,朱子自39岁编纂《程氏遗书》之后,受到程颐之"涵养须用敬,进学则在致知"影响,更加注重小学工夫,在其后来成书的《大学或问》中明确提出"涵养为格物致知之本"。朱子晚年"格物"理论确实有心学转向,从这个角度说,朱、王"格物"理论终有一致处。

四、后学评阳明"格竹"

阳明到底有无"格竹"?后学对此看法不一,试举几家来分析一二。

阳明"格竹"故事确实很荒诞,每天面对竹子,去探求竹子中的道理,却让自己病倒,这种"格物"方法不要也罢,后学大多批评阳明"格竹"做法。

---

① 朱杰人等编:《朱子全书》(第14册),上海:上海古籍出版社,2002年,第477页。
② 朱杰人等编:《朱子全书》(第6册),上海:上海古籍出版社,2002年,第16页。
③ 邓艾民注:《传习录注疏》,上海:上海古籍出版社,2012年,第15页。
④ 邓艾民注:《传习录注疏》,上海:上海古籍出版社,2012年,第78页。
⑤ 邓艾民注:《传习录注疏》,上海:上海古籍出版社,2012年,第100页。

(一)批评阳明"格竹"

明代东林书院创办人顾宪成(1550—1612)批判王守仁"心学"及其末流不遗余力,他说:"晦庵先生所得未可轻议,格物一说,阳明以格竹子一事便推倒,蒙未以为然,晦庵亦深细,常思晦翁如大本钱客,南北茶饭俱有,在人自取,此等议论自应受人驳,但不应受南皋驳耳。"①顾氏认为,朱子格物之说细致深刻,阳明以格竹一件事为例证便想推倒其说,极不可取,朱子学术博大精深,后学可以根据需要各取所需,也可以受后学批判,但不应受到不恰当的批驳。清代朱子学者李光地(1642—1718)的批判更加犀利尖锐,他说:"《语类》中穷理只就自家身上求之一段说格物其精,王阳明因格竹子致病,遂疑朱子之说,岂知朱子原未尝教人于没要紧处枉用心思也,人与物本同一性,禽兽真心发现处与人一样。"②李氏认为,《朱子语类》中记载朱子教学生穷理从自家身上求,此段格物论很精粹,然阳明便因格竹致病而怀疑朱子学说,其实朱子从未教人在细枝末节上去格物。李光地说:"伯安以'格竹子'为'格物'原非朱子本意,今人讲'格物'便如此说,反为姚江所笑。只以择善明善知性等观之,便自了然天下之理,皆是吾性所谓择善者。"③可见当时很多学者谈论格物便以"格竹"为例,而李氏认为阳明本身以"格竹"为"格物"便早已失却朱子本意,故不可取。

(二)认为阳明并未"格竹"

认为阳明并未"格竹"的首推其弟子顾应祥,他认为《传习录》中"格竹"之说乃门人附会。他说:"《传习录》云:众人只说'格物'要依晦翁……。愚谓此非阳明公之言也,门人附会之言也。若果有此言,则诬朱子甚矣。朱子《大学》注谓格尽天下之物,固似难行,然其所谓格物者,即事观理,穷之而至其极也,又曰'格物'以理言,致知以心焉,亦是身心上说,何尝在物上推究?今竹子有何是非,可格七日之久而成疾乎,自愚也,非朱子之本意也。"④顾氏认为,《传

---

① 顾宪成:《南岳商语》,《顾端文公遗书》,清康熙刻本。
② 李光地:《榕村语录》卷一,文渊阁四库全书本。
③ 李光地:《榕村语录》卷一,文渊阁四库全书本。
④ 顾应祥:《静虚斋惜阴录》卷三,明刻本。

习录》中"格竹"一说并非阳明之言,此乃门人敷衍附会之语。如果阳明真有此说,则是对朱子的误解。朱子"格物",从来都是针对身心而说,并未从单纯物上去探究,何况竹子并无是非对错,何来格竹之人却致病之说,此等做法乃自己愚笨,与朱子无涉。

清代理学学者罗泽南(1808—1856)也认为阳明并未真去"格竹"过,他在《姚江学辨》中说:"程子九条言格物之功,罔不切于身心,此条谓求之性情,固切于身,然一草一木亦皆有理,不可不察……若夫亭前竹子之说,不过阳明设言以嘲格致之学者耳。彼将格生竹子之道乎,万物禀天地之气以生,形形色色莫非孕此二五之精,不劳如此之审索也。以智慧之阳明,七日尚不解竹子之道,阳明何若是之愚乎?以不学而知之,良知七日尚不解竹子之理,良知何若是之昏乎?以不肯格物之阳明,于日用伦常不肯稍为穷究于一竹子,竟格至七日而成病,又何舍其所当格而格其所不必格者乎?此嬉笑怒骂之言,实未尝有其事耳。"①罗氏认为,所谓庭前格竹之说,不过阳明嬉笑怒骂之言,嘲讽那些死死恪守程朱"格物致知"的末学,况且以阳明之聪明睿智,怎么会去做如此愚笨事情?阳明"格竹"七日却不解竹子之道,阳明何其愚蠢?良知七日还不解竹子之理,良知何其昏昧?况且"格竹"还致病,简直无法理解,唯一的解释就是并未有"格竹"之事,所谓"格竹"不过是阳明的戏谑之语。

(三)阳明"格竹"与朱子格物可以互参亦皆有不足

清代全祖望认为阳明"格竹"与朱子格物可以相互参照,皆有可取,他说:"格物之小者,夫程子谓一草一木亦所当格,后儒议之,而阳明以格竹子七日致病矣,然不知多识亦圣人之教也。又尝曰:多闻阙疑,多见阙殆矣。参而观之,则草木鸟兽之留心,正非屑屑于无物之不知,而如阳明所云也是,则格物之说,可互观而不碍也。"②多识广见亦圣人教导,留心鸟兽草木,亦可增进见闻。阳明"格竹"正是对"格物"理论的践行。

现代学者冯友兰对朱、王二人"格物"理论有较为客观的评价,既指出二人之优点,也揭示出二者之不足,他说:"《大学问》和朱熹的《格物补传》,是心

---

① 罗泽南:《姚江学辨》卷二,清咸丰九年(1859)刻本。
② 全祖望:《经史问答》卷七,清乾隆三十年(1765)刻本。

学和理学两派的代表作，两派的目标都是使人成为完全的人，但两派各有其入手处。心学的入手处是'致良知'，理学的入手处是'即物穷理'。《格物补传》由'穷物理'转入'穷人理'，所以显得两橛。心学专讲'穷人理'，所以显得直接。"①冯氏所论，正揭示出朱学"格物"从"即物穷理"入于"诚意正心"的困境，而王学"格物"即"格心"入于"诚意正心"则显得直截了当。"王守仁研究朱子之理那段经验，是从另一方面证明'即物穷理'的困难。研究竹子需要一套观察自然的方法，专靠'沉思'是不行的。《格物补传》虽然讲'即物穷理'，却没有提出怎样'穷'的方法，这就使'即物穷理'成为空谈。"②冯氏认为，研究竹子需要观察自然的科学方法，不能仅靠冥思苦想，而朱子"即物穷理"也很容易沦为空疏之谈。"格竹"就一定要用经验分析的方法？那历代诗家墨客如何能临竹赋诗？他们又如何能把竹子当作高标逸志的精神象征？此当另论，在此不宜展开。

结　语

阳明是否真的做过"庭前格竹"一事？根据《王阳明年谱》《传习录》记载，确有其事，然阳明弟子顾应祥则阐明并无此事，顾氏认为所谓《传习录》记载"格竹"事件乃弟子附会之言。历史上很多后学都对阳明"庭前格竹"极其不理解，他们对此事大多持批评或否定态度，无法理解智慧如阳明却对朱子"格物"误解如此之深。其实合理的解释是，《王阳明年谱》《传习录》只是讲述了一个"庭前格竹"故事，这个故事可能是弟子附会之言，也或者是阳明的嬉笑怒骂之语，其目的是要批判朱学末流的那种心驰外物式的"格物"之弊端，从而证明王学"格物"的系统正确性。

---

① 冯友兰：《中国哲学史新编》（下），北京：人民出版社，2001年，第238～239页。
② 冯友兰：《中国哲学史新编》（下），北京：人民出版社，2001年，第239页。

"致良知"与"超生死"

——王阳明破生死关圆融智慧之探微

武　韦

西北政法大学哲学与社会发展学院

前　言

在生死问题上,宋儒大多沿袭了先秦儒家不论死生、以生为重的一贯基调,主张"不须将死生便做一个道理求"①,否定了将生死作为为学内容的必要性。到了明时,王阳明突破了这种对生死存而不论以及不将生死作为为学内容的传统,将生死问题提到"尽性至命之学"的高度进行探究,并得出只有真正体证到心之本体,才能超越生死,进而实现安身立命的结论。

王阳明之所以能够在生死问题上实现如此大的转向,得益于其切己而深邃的生命体验,特别是在龙场顿悟生死的经历。关于龙场大悟之事,王阳明弟子钱德洪记:"吾师阳明先生出,少有志于圣人之学。求之宋儒不得,穷思物理,卒遇危疾,乃筑阳明洞天,为养生术。静摄既久,恍若有悟,蝉脱尘坌,有飘飘遐举之意焉。然即之于心若未安也,复出而用世。谪居龙场,衡困拂扰,万死一生,乃大悟'良知'之旨。"②此中意思不难理解:一则说明王阳明龙场大悟之收获在于揭"良知"之旨,二则讲明此良知乃是"万死一生"之结果,三则

---

① 程颢、程颐:《二程集》,北京:中华书局,1981年,第153页。

② 钱德洪:《阳明先生年谱序》,载吴光等编校:《王阳明全集》卷三七,上海:上海古籍出版社,1992年,第1357页。

表明良知是"破生死""得心安""成圣人之学"之密钥。那么，良知与生死之间是什么关系？它经历了怎样的丰富和发展？王阳明的生死智慧何在？这将是本文着重探究的问题。

一、良知与生死

在王阳明这里，以"天理"为内容和规定的良知是心之本体，它以虚灵不昧、昭然明觉为特点，同时又因具有"普遍性"与"绝对性"，所以是永恒流转、无有生灭的存在。人若能通过反求本心了知良知之无限义与永恒义，则必知欲达超越生死之目的，必须突破有限形骸之束缚，以有限的个体生命冥合无限的宇宙生命，寓有限之生命于无限之本体之中。然而，昭明灵觉的良知一方面只是心的本然状态，另一方面又会遭到遮蔽无法澄明，因此，需要以"致"的工夫使其从"本然状态"变为"实然状态"，从"遮蔽"走向"澄明"，而这一过程也是践行生死的过程。

（一）知良知则知生死

良知与生死的密切联系在于，识得良知之无限，就能开显超越性的主体，即"真己"，然后通过以真己与无限的宇宙乾坤相冥合的方式，通达"大化"的圣境，破除人对形骸生灭的执着，从而泯灭生死。具体来说，人之所以有生死的挂碍，在于人有躯壳的"小己"。作为躯壳的小己虽是人所依存且不可放弃的，但是王阳明对其态度则是负向的，原因在于小己是"累心"的存在：一方面形骸的小己有生灭，故人总以一己之身打量生死，从而纠缠于生死不可自拔；另一方面，它因有内生"欲念"为动力，不断使人堕于无休止的逐欲活动中从而丧失自己的"本真"（良知）。因此王阳明把执着于小己的人称之为"小人"，"若夫形骸而分小我者，小人矣"①。在价值取向上排除了小己。与小己相待的是真己，二者既相互区别又相互联系。关于真己，王阳明说："这性之生理，发

---

① 吴光等编校：《王阳明全集》卷二六《大学问》，上海：上海古籍出版社，1992年，第968页。

在目便会视,发在耳便会听,发在口便会言,发在四肢便会动,都只是那天理发生,以其主宰一身,故谓之心。这心之本体,原只是个天理,原无非礼,这个便是汝之真己。"①简言之,真己是人心之本体,是耳目口体所以视听言动之缘由,是具有超越性的本真的存在,而小己则与之相反,它是人的形体,由五官四肢等构成。二者的关系是,真己决定和支配小己,小己服从真己,"若无真己,便无躯壳,真是有之即生,无之即死"②。真己因为是具有超越性的本真的存在,所以能够超脱生死之外,而小己则因由五官四肢聚集而来,故有生死散灭的牵连。也正因为真己的超越性,人可以通过成为此存在来消解迷失在欲望中的小己,进而摆脱一切身体欲念,消除由生死带来的种种烦恼,进入天人相通的生命无限敞开的境界。

真己与良知异名而同实,理由可得见于王阳明对真己的如下规定:一方面,从心体具有感应功能来看,真己是与万物同体者。此处之"同体",非将天地万物纳入人之躯壳小己,而是指人心与万物之间的感应关系,如王阳明所说,"你只在感应之几上看,岂但禽兽草木,虽天地也与我同体的,鬼神也与我同体的"③,"感应之几"即人心之一点"灵明"。借此灵明,人可以去观照天地万物,天地万物也能向人心朗现和绽放自身,若人心之灵明消失,那么"吾心之灵毁,则声、色、味、变化不得而见矣。声、色、味、变化不可见,则天地万物亦几乎息矣"④。也正是凭借此灵明,"我"在感应万物的过程中,不会觉得"物我有对",反而会生发"物莫非己"的"与天地万物为一体"之精神体验。"物莫非己",不仅可以将天地万物视为"己"之一身,还可以从天地万物的始终看到自己的始终,再从无穷尽的始终看到无穷尽的生死,从而视生死为平常事。另一方面,从人是天地之"心"来看,真己是万物的主宰者,"人者,天地万物之心也;心者,天地万物之主也。心即天,言天则天地万物皆举之矣"⑤。天地万

---

① 吴光等编校:《王阳明全集》卷一《传习录上》,上海:上海古籍出版社,2011年,第36页。

② 吴光等编校:《王阳明全集》卷一《传习录上》,上海:上海古籍出版社,2011年,第30页。

③ 吴光等编校:《王阳明全集》卷三《传习录下》,上海:上海古籍出版社,2011年,第124页。

④ 钱德洪:《阳明先生年谱附录一》,载吴光等编校:《王阳明全集》卷三六,上海:上海古籍出版社,2011年,第1338页。

⑤ 吴光等编校:《王阳明全集》卷六《答季明德》,上海:上海古籍出版社,2011年,第214页。

物原本无心,天心或天地的精神因人心、人的精神才得以揭示和阐发,"为天地万物之宰者,非吾身乎?其能以宰乎天地万物者,非吾心乎?"①如若离却作为人之灵明的"心",那么天之高、地之深、鬼神之吉凶灾祥便毫无意义。而无论是感应万物的灵明还是赋意义与万物或作为天地万物的主宰的"心",它都是作为"心之本体"的良知,因此可以说,良知即是真己。

概言之,真己是心之本体,它与万物同体,观照并主宰着天地万物。而"良知者心之本体",故真己与良知实乃一物。良知真己虚灵明觉,又是天地流行化育之枢机,因而随天地永恒流行化育,未尝止息,又因其"亘万古,塞宇宙"②,"无分于人我,无间于幽明,无变于生死"③,所以超脱于时空之外,不生不灭。迁流不居、不生不死即是永恒义、无限义,人若识得此,自然不会受限于有限的躯壳,沉沦于暂时的生死之中。所以说,识得良知真己就是人破除生死的起点,反之,就会因显现小己而隐覆真己,造成沉沦生死的后果。为使真己免遭隐覆,从生死中得到解脱,王阳明提出了"致"的工夫。

(二)致良知即行生死

所谓"致良知",要义有二:一方面是"自明"本心之良知,另一方面就是通过践行良知不断使其得以"涌现",最终达到无蔽且显现自身的境界。良知真己,吾人本性自足,不假外求,"某近来却见得良知两字日益亲切简易……缘此两字人人自有,故虽至愚下品,一提便省觉"④,故人人都具有可超脱生死的能力。人人虽有此种能力,但它只是潜在的而非现实的,只有当人通过"致良知"的工夫使良知"和融莹彻,充塞流行"时,人才能现实地以本体之无限超越生死之有限,故"致良知"的工夫极为重要,它关乎着人能否从根本上实现对生死的超越。

---

① 钱德洪:《阳明先生年谱附录一》,载吴光等编校:《王阳明全集》卷三六,上海:上海古籍出版社,2011年,第1338页。

② 吴光等编校:《王阳明全集》卷二《答欧阳崇·一》,上海:上海古籍出版社,2011年,第80页。

③ 束景南编:《阳明佚文辑考编年·祭袁德彰文》,上海:上海古籍出版社,2012年,第579页。

④ 吴光等编校:《王阳明全集》卷六《寄邹谦之》,上海:上海古籍出版社,2011年,第204页。

王阳明指出良知之所以被沉沦和被障蔽，主要源于私欲之阻隔、习心之障碍以及气质之固蔽。首先是"私欲"对良知的阻隔。良知是天理，此天理"无私欲之蔽"，也"不须外面添一分"，但凡从外面添着一分原不属于良知天理的思虑，就是私欲，人在此私欲的驱动下，恒驰逐于声色犬马之物，遂使良知天理隐而不彰、吾人之真性匿而不显。其次是"习心"对良知的障蔽。习心是理学家普遍接受且经常使用的一个观念，一般而言，习心指的是人与外物交接时由后天习染、习惯等因素交互作用影响而成的观念，它是人依据自身有限经验而形成的一种偏见，这种偏见容易导致人在起心动念时无法保持"意之中和"，遂使所发之"意"及其指向之"物""失正"，从而悖逆至善之良知。关于私欲与习心的关系，王阳明指出"本体原是明莹无滞的……不免有习心在，本体受蔽"①。私欲是良知受蔽的状态，而毫无疑问，习心就是私欲产生的原因。最后是气质对良知的固蔽。王阳明继承宋代理学家有关气质的观点，认为气质是后天形成的对某一事物固定的态度，故要求学者能常做"变化气质"之工夫。《传习录》载王阳明答陆原静有关气质之疑问一事："良知本来自明。气质不美者渣滓多，障蔽厚，不易开明。质美者渣滓原少，无多遮蔽。略加致知之功，此良知便自莹彻。些少渣滓如汤中浮雪，如何能作障蔽？"②此是从良知本体出发，对变化气质工夫所做的解释。良知本体原自明自觉、虚灵无碍、圆满自足，但气质会对其造成不同程度的障蔽，这些障蔽使得吾人觉悟至善本体时困难重重，甚至导致本心不显，自丧其真。正是这三方面的原因，吾人才会错把躯壳小己视作真身，牵连于小己所发之私欲，从而迷失真己，堕落生死，正所谓"心之本体，无所不该，原是一个天。只为私欲障碍，则天之本体失了"③。

　　为使本心还复朗鉴，归真心（真己）为物主，从逐物生解而迷丧本真中解脱出来，王阳明提出了几种有效之工夫对治这三种染污：首先是"反求本心"。

---

　　①　吴光等编校：《王阳明全集》卷三《传习录下》，上海：上海古籍出版社，2011年，第117页。

　　②　吴光等编校：《王阳明全集》卷二《传习录中》，上海：上海古籍出版社，2011年，第68页。

　　③　吴光等编校：《王阳明全集》卷三《传习录下》，上海：上海古籍出版社，2011年，第95页。

就本体论而言,本心是万有之本体;就知识论而言,本心自本自根、自明自觉,虽冲漠无朕而森然毕具,因此是一切知识之根源;就人性论言之,本心是吾人之真性。一言之,本心"无不具足",心外无物无理亦无事,故人不应迷丧自所本有而向外妄求,否则人不仅会丧失其"主体"资格,还将一无所得。其次是"省察克治"。私欲等念均从起心动念处生发,故人应先从起心动念处下手,息止思虑,然后通过省察克治的工夫把好色好货好名好生等私心逐一搜寻出来挨个拔掉。复次是"复知行本体"。知行不二,说的是一个工夫。人不能光停留在对天理的自省以及对私欲的察识之上,还应当切实通过行的工夫对知进行效果的检验,否则只是嘴上说天理谈私欲,内心真实情况无法得到验证;最后是"事上磨炼"。只有反复在具体事情上进行磨炼,人才能逐渐进入孟子"不动心"的境界,当外界丝毫的动静都无法动摇心性时,私欲自然断尽,良知自然恢复其大明之本然,真己自然"立得住"。此些工夫倘若修养得笃实深纯,吾人愈能挺立自家与天地万物共其之真性,使真己不为形骸所锢,离系小己,通达物我内外,从而破除生死之挂碍。

谈生论死本是严肃之事,致良知即行生死的说法更让人从"在生死中"产生焦虑,但随着王阳明有关"乐"学思想的加入,人在破缚锢的过程中显示出了活泼泼的生机,生命在获得超脱后亦得到了"光明"的大气象。

二、良知与乐

"乐"是儒家哲学发展史上的一个重要范畴,在儒家哲学中占有重要的地位。在王阳明之前,乐大多时候被固定为一种具体的情感范畴,与人在日常生活中所体验到的感性快乐相当,而王阳明则将其进行改造,通过"乐是心之本体""良知即是乐之本体"的规定将其提升到即本体即境界的高度进行阐发,认为良知与乐"不一不二",致良知即在致乐。致良知的目的在于破生死关,而乐的存在保证了人可以在破生死关的过程中获得"幸福"(自足圆满的情感体验)。

（一）儒家"乐"学之渊源

自孔子创立儒家学派时，"乐"的思想就被提了出来。孔子认为乐是圣贤之学应当具备的内涵，《论语·学而》曰："学而时习之，不亦说乎？有朋自远方来，不亦乐乎？人不知而不愠，不亦君子乎？"其对颜子的称赞也是："贤哉，回也！一箪食，一瓢饮，在陋巷，人不堪其忧，回也不改其乐。贤哉，回也。"（《论语·雍也》）孟子将乐作为人生的最高追求与理想，"君子有三乐，而王天下不与存焉。父母俱存，一乐也；仰不愧于天，俯不怍于人，二乐也；得天下英才而教育之，三乐也"（《孟子·尽心上》）。此外，孟子还把"诚"与乐相联系，阐发了其"大乐"的思想，"万物皆备于我矣。反身而诚，乐莫大焉。强恕而行，求仁莫近焉"（《孟子·尽心上》）。周敦颐将"诚"作为"圣人之本"①，认为"圣，诚而已矣"②，指出圣人之境就是一种"诚体之乐"，同时在《通书·颜子》中对"颜子之乐"进行阐发并将之与"诚体之乐"互发，认为"颜子之乐"就是"诚体之乐"，"夫富贵，人所爱也，颜子不爱不求，而乐乎贫者，独何心哉？天地间有至贵至爱可求，而异乎彼者，见其大、而忘其小焉尔！见其大则心泰，心泰则无不足，无不足则富贵贫贱处之一也。处之一则能化而气，故颜子亚圣"③。少时曾游学于周敦颐门下的程颐说："昔受学于周茂叔，每令寻颜子、仲尼乐处，所乐何事。"④认为颜子所乐并非时人所说的"乐道"，"使颜子以道为可乐而乐乎，则非颜子矣"⑤。而是"心"与"理"合一时所达到的"从心所欲不逾矩"的"循理之乐"，"古人言：'乐循理之谓君子'，若勉强，只是知循理，非是乐也。才到乐时，便是循理为乐，不循理为不乐，何苦而不循理，自不须勉强也"⑥。程颢则发挥了周敦颐"诚体之乐"的思想，将"仁"纳入这一思想中，认为"孔颜之乐"就是"体万物一体之仁之乐"，指出人只要识得万物据"仁"生生不息，且自己与天地万物同体痛痒，就能获得"万物一体"之乐，而这也与孟子"大乐"的

---

① 周敦颐：《周敦颐集》，北京：中华书局，1990年，第12页。

② 周敦颐：《周敦颐集》，北京：中华书局，1990年，第14页。

③ 周敦颐：《周敦颐集》，北京：中华书局，1990年，第31页。

④ 程颐：《颜子所好何学论》，《二程集》，北京：中华书局，2004年，第577页。

⑤ 程颢、程颐：《二程集》，北京：中华书局，1981年，第1237页。

⑥ 程颢、程颐：《二程集》，北京：中华书局，1981年，第186页。

思想相通。朱熹则发展并改造了程颐"循理之乐"的思想,认为"乐道"与"乐于循理"是相互补充的,"乐道"讲的是工夫,"循理"讲的是本体和境界,在工夫和境界中,更应该注重工夫的践行,通过工夫实现"人欲尽处,天理流行",以人的身心动作与天理的自然流行之间的和谐统一作为颜子之乐的所在。

由此可见,"乐"学思想发展的脉络是非常清晰的,并且其在发展过程中显现的一个重要特点就是,作为具体情感想超越自身而又未能完成对自身的超越,而这种"即情感又超越情感"的实现以王阳明所提出的"良知即是乐之本体""乐是心之本体"为标志。

(二)良知即是乐之本体

王阳明所谈的"乐"是一种至高的本体和境界,他说:"乐是心之本体。仁人之心,以天地万物为一体,欣合和畅,原无间隔。来书谓人之生理,本自和畅,本无不乐,但为客气物欲,搅此和畅之气,始有间断不乐……'时习'者求复此心之本体也,'悦'则本体渐复矣,'朋来'则本体之欣合和畅充周无间,本体之欣合和畅本来如此,初未尝有所增也。……良知即是乐之本体。"[①]此间意思归结起来有以下几点:首先,乐是心之本体,此本体如良知不假外求那样为人心所"固有"。"固有"还意味着本体之乐是人心"本来如此"的,求此乐(致乐)即是回复到心的本然状态。值得注意的是,在王阳明的哲学中,"本然"就意味着"当然",乐虽以本然状态存在于人心,但其发用流行会在各种因素的作用下招致遮蔽、歪曲,因此需要通过修养工夫使其从发用后不完善的状态回归到原来合理的、正常的状态。其次,本体之乐还是一种境界之乐,这种乐是吾人"会物我为一原",显现出无待之本体后超越人己、物我之隔碍而获得的"浩浩然与天地同流"的一体同流之精神体验。此境界之乐为人所固有,人若入此境界,身心自然"欣合和畅"。复次,此乐必须"自家体认"而不可向外言求,正所谓"反身而诚则即此而在矣"[②]之内涵,并且对此乐越是体认得深,此境界越是纯熟。最后,顺任良知就可获得本体之乐,"良知即是乐之本体",

---

① 吴光等编校:《王阳明全集》卷五《与黄勉之》,上海:上海古籍出版社,2011年,第194页。

② 吴光等编校:《王阳明全集》卷二《传习录中》,上海:上海古籍出版社,2011年,第70页。

"尔那一点良知,是尔自家底准则。尔意念着处,他是便知是,非便知非,更瞒他一些不得。尔只不要欺他,实实落落依着他去做,善便存,恶便去,他这里何等稳当快乐"①。良知是至善,知是知非,人只要依循他去做,自然产生符合良知之"真乐"。除去即本体即境界的真乐,王阳明也谈七情之乐。

七情之乐在他指的是人的具体感性之乐,此乐源于良知自然流行之发用,同时也是良知被障蔽的原因,因为"七情有着,俱谓之欲,俱为良知之蔽"②。并且,圣人和常人既有本体之乐,也有七情之乐,二者的区别在于"所主"不同,圣人能保持此本体之乐,而常人总是执着具体情感从而迷失了此本体之乐,以至于自加迷弃、自求忧苦。关于二者的关系,阳明以"本体之乐不外七情之乐"来进行说明:"乐是心之本体,虽不同于七情之乐,而亦不外于七情之乐。"③具体来说,本体层面的乐与经验层面的七情之乐可从体用关系层面进行理解:一方面,"七情顺其自然之流行,皆是良知之用"④。七情之乐是本体之乐之自然流行,本体之乐则在此七情之乐的流行发用中得以呈现,二者是"不离"的。另一方面,"盖良知虽不滞于喜怒忧惧,而喜怒忧惧亦不外于良知"⑤。良知本体如同太虚,廓然大公,原无一物,因此良知"不滞"七情之上,七情在良知中"一过而化"。于是乎,"本体之乐不外于七情之乐"也就可以表述为"本体之乐不离不滞七情之乐"。

对于二者的关系,蒙培元先生认为,本体之乐就是"真乐",是"真己之乐"。真乐与七情之乐的关系好比"真己与躯壳的关系"⑥,真己主宰躯壳,躯壳不离真己,因而真乐必须通过具体的感性的情感活动得以呈现和实现。陈来先生说:"真乐与七情之乐的区别,严格地说,并不是理性与感性的区别,也

---

① 吴光等编校:《王阳明全集》卷三《传习录下》,上海:上海古籍出版社,2011年,第92页。

② 吴光等编校:《王阳明全集》卷三《传习录下》,上海:上海古籍出版社,2011年,第111页。

③ 吴光等编校:《王阳明全集》卷二《传习录中》,上海:上海古籍出版社,2011年,第70页。

④ 吴光等编校:《王阳明全集》卷三《传习录下》,上海:上海古籍出版社,2011年,第171页。

⑤ 吴光等编校:《王阳明全集》卷二《传习录中》,上海:上海古籍出版社,2011年,第65页。

⑥ 蒙培元:《情感与理性》,北京:中国人民大学出版社,2009年,第280页。

与理性与感性的相互对立与排斥无关。另一方面，真乐亦绝不能被混同于七情之乐。真乐作为理想精神境界的特征与七情之乐的关系是由'不离不滞'的特殊模式建立起来的。"①此"不离不滞"的特殊模式已见于上文，兹不赘述。

在王阳明对二者关系的把握上，杨国荣先生认为"王阳明区分作为心之本体的乐与七情之乐的同时，又强调本体之乐不外于七情之乐，七情作为情总是有其自然流露的一面"，"乐在此已不是狭义的特殊情态（与哀或苦相对者），而是泛指主体的一般情感体验"，"以乐为心之本体的内在理论意蕴首先便在于避免对情感的过度强制，并使之在主体意识中得到适当的定位"。②总而言之，王阳明不排斥和否认人的感性情感，而是主张七情的发用要以良知作为依据，能顺良知当其情得其体，就是真乐，"乐是心之本体。顺本体是善，逆本体是恶。如哀当其情，则哀得本体，亦是乐"③在"情"处于被压制状态的时期，王阳明能够肯定"七情"的合理存在，表明了他对人的感性之维的真切关注。

（三）致良知即是致乐

顺良知即得真乐（真己）的前提在于良知的澄明得到了保证，但现实是，良知总会在各种因素的影响下受到遮蔽。人若放失良知，就会陷溺七情，迷丧真乐，因此"致良知"这一切实践履工夫十分必要，它关乎人能否实现真乐（真己），并且这一过程也是良知与真乐一起明澈和实现的过程。为了恢复良知原自莹彻、本来著明的样子，破除外尘与内心、外物与内我的绝待，获得内外融释，一体同流的无滞着的洒脱之乐以及欣合和畅之乐，王阳明提出了"戒慎恐惧"以及"发愤""照物"的工夫。

"戒慎恐惧"思想源自《中庸》："君子戒慎乎其所不睹，恐惧乎其所不闻，莫见乎隐，莫显乎微，故君子慎其独也。"王阳明继承并发挥了这一思想：

> 夫君子之所谓敬畏者，非有所恐惧忧患之谓也，乃戒慎不睹，恐惧不

---

① 陈来：《有无之境：王阳明哲学的精神》，北京：北京大学出版社，2013年，第228页。
② 杨国荣：《心学之思：王阳明哲学的阐释》，北京：生活·读书·新知三联书店，2015年，第68～69页。
③ 陈来：《中国近世思想史研究》，北京：商务印书馆，2003年，第619～626页。

闻之谓耳。君子之所谓洒落者，非旷荡放逸，纵情肆意之谓也，乃其心体不累于欲，无入而不自得之谓耳。夫心之本体，即天理也。天理之昭明灵觉，所谓良知也。君子之戒慎恐惧，惟恐其昭明灵觉者或有所昏昧放逸，流于非僻邪妄而失其本体之正耳。戒慎恐惧之功夫无时或间，则天理常存，而其昭明灵觉之本体，无所亏蔽，无所牵扰，无所恐惧忧患，无所好乐忿懥，无所意必固我，无所歉馁愧怍。和融莹彻，充塞流行，动容周旋而中礼，从心所欲而不逾矩，斯乃所谓真洒脱矣。是洒落生于天理之常存，天理常存生于戒慎恐惧之无间。①

总的来说，"戒慎恐惧"就是要廓清私欲之昏蔽，保持"良知"之"昭明灵觉"，不使纤尘蒙之，而"无滞着"的洒脱之乐境与此"戒慎恐惧"之工夫是不离不二的，有了"戒慎恐惧"之工夫，洒脱之乐才能像天理一样常存。王阳明的弟子王龙溪对其"戒慎恐惧"与"洒脱"的思想进行了阐发，"乐是心之本体，本体是活泼，本是脱洒，本无挂碍系缚。尧舜文周之兢兢业业、翼翼乾乾，只是保任得此体，不失此活泼脱洒之机，非有加也。戒慎恐惧是祖述宪章之心法。孔之疏饮，颜之箪瓢，点之春风沂咏，有当圣心，皆此乐也。……惧与乐非二也，活泼脱洒由于本心之常存，本体常存由于戒慎恐惧之无间。乐至手舞足蹈而不自知，是乐到忘处，非荡也。乐至于忘，始为真乐。故曰至乐无乐"②。"至乐"就是洒脱，洒脱是心之本体，戒慎恐惧则是洒脱的工夫，二者即本体即工夫、不一不二。

关于"发愤"和"照物"，王龙溪也有所记载：

先生过嘉禾，诸友会宿于东溪山旁，请问愤乐之义。先生曰："此是夫子终身受用之实学。知夫子之乐则知夫子之愤，知夫子之愤则知夫子之乐。愤是求通之义。乐者心之本体，人心本是和畅，本与天地流通，才有一毫意必之私，便与天地不相似。才有些子邪秽渣滓搅此和畅之体，

---

① 吴光等编校：《王阳明全集》卷五《答舒国用》，上海：上海古籍出版社，2011年，第190页。

② 王龙溪：《王龙溪语录》，台北：广文书局，1997年，第117页。

便有所隔碍而不能乐。发愤只是去其隔碍，使邪秽尽涤、渣滓尽融，不为一毫私意所搅，以复其和畅之体，非有所加也。愤乐相生勉焉，日有孳孳，不知老之将至。夫子至诚无息之学。"①

圣人之心如明镜，只是一个明，则随感而应，无物不照，未有以往之形尚在，未照直形先具者。……只怕镜不明，不怕物来不能照，讲求事变亦是照时事，然学者却须先有个明的功夫。②

心犹镜也。圣人之心如明镜，常人心如昏镜。近世格物之说如以镜照物，照上用功，不知镜尚昏在，何能照？先生之格物如磨镜而使之明，磨上用功明了后亦未尝废照。③

"发愤"就是通过去除"意必"恢复良知"和畅之体"而求心与天地相流通工夫。"意必"也即人对某种对象的执着，当人有意必时，说明人有了私我之心，沉沦了自家的良知。因此只有去除意必，小己之私才能被涤除，良知才得以澄明，当澄明的良知得以朗现，其就如明镜一般，无物不照，无物不显。反之，人与万物不仅处于昏聩状态，还会落于物我对待之中，自丧其原来无限之生命。一言以蔽之，良知无蔽和澄明，才能使人朗现万物，使万物向人绽放自身，从而获得人与万物"全体莹彻""无有隔碍"的同体之乐。

洒脱之乐以及万物同体之乐的获得，意味着吾人通过实现真己获得了真乐，换句话说，完成了"还复其性命之本然，通天地万物为一贯"④的目标，实现了主体的挺立以及主体生命本然真实状态的回归。到此，吾人可以超生入死耳。

---

① 王龙溪：《王龙溪语录》，台北：广文书局，1997年，第317页。

② 吴光等编校：《王阳明全集》卷一《传习录上》，上海：上海古籍出版社，2011年，第12页。

③ 吴光等编校：《王阳明全集》卷一《传习录上》，上海：上海古籍出版社，2011年，第20页。

④ 黄宗羲：《明儒学案》，北京：中华书局，1985年，第496页。

三、德福一致：良知之乐对生死的超越

真乐的获得意味着人通达了一贯为儒家所追求的"不仅没有牵扰、恐惧、忿懥、歉馁、愧怍、紧张、压抑等各种心理纠纷与动荡，而且是从心所欲不逾矩，是道德境界与本真情态的合而为一"①的"洒脱"之境以及"个体的生命存在价值得到了肯定"②且万物的存在也得到了观照的泯除时空、物我界限且与宇宙万物同体的"天人合一"之境。人在此境中，面对人生的种种际遇都能做到不将毁誉得失、荣辱利害滞留于心，始终超然物外，和乐自得，也能视天下无一物非我，以积极有为之态度担起并完成"参赞天下之化育"的使命，实现生命之"不朽"，圆融"尽性至命"之学。

（一）成仁以得心安

王阳明从孔子"女安则为之"（《论语·阳货》）以及孟子"仰不愧于天，俯不怍于人"观点中提出了"心安"的思想，认为"此心安处，即是乐也"③。"安"在他是一种十分重要的情感状态，指人在自觉顺从良知的情况下所达到的一种仰不愧于天、俯不怍于人的长远、持久、平和的心境。对现世的人来说，寻得心之"安处"，尤为重要。孔子讲"女安则为之"，是把"仁"作为安与不安的标准，王阳明心之"安处"，大抵也不出孔子之意。

"仁"是儒家最为核心的思想，"成仁"亦是儒家不断追求的目标，它是儒家"万物一体"思想的具体落实。万物一体思想的发展有着清晰的脉络：《中庸》载："惟天下之至诚，为能尽其性；能尽其性，则能尽人之性；能尽人之性，则能尽物之性；能尽物之性，则可以参赞天下之化育；可以参赞天下之化育，

---

① 陈来：《有无之境：王阳明哲学的精神》，北京：北京大学出版社，2013年，第228～229页。

② 黄文红：《论王阳明本体之乐》，《湖北大学学报（哲学社会科学版）》2014年第4期，第26页。

③ 吴光等编校：《王阳明全集》卷三《传习录下》，上海：上海古籍出版社，2011年，第112页。

则可以与天地参矣。"①"君子诚之为贵。诚者非自成己而已也，所以成物也。成己，仁也；成物，知也。性之德也，合内外之道也。"②此两处"参赞天地之化育""成己成物""合内外之道"也就是"万物一体"思想的体现。孟子继承并发展了这一思想，提出"万物皆备于我，反身而诚，乐莫大焉"③以及"君子所过者化，所存者神，上下与天地同流"④的观点。到了宋明时期，"万物一体"的思想得到了丰富的阐释，张载从"天人一气""万物同性"出发，提出了"民胞物与"的思想："乾称父，坤称母；予兹藐焉，乃混然中处。故天地之塞，吾其体；天地之帅，吾其性。民，吾同胞；物，吾与也。"⑤程颢于《识仁篇》中提出"仁者，以天地万物为一体，莫非己也"⑥。又说"学者须先识仁。仁者，浑然与物同体"⑦。王阳明在《大学问》中阐发了此义。他指出，万物一体的根本在于人与生俱来的"一体之仁"。天命赋予人以仁，因而使得人看到孺子坠井便生恻隐之心，看到鸟兽哀鸣便生不忍之心，看到草木被摧折就生悯恤之心，看到瓦石被毁坏就生顾惜之心。此仁心灵昭不昧，是圣凡皆具的"明德"。凡人失却这明德，不明物莫非我，桎梏于形骸之躯而自私、自小，将自家生命与天地万物截然离析，因而变成了"小人"。"大人"则不同，他能时刻反躬明德，"视天下犹一家，中国犹一人焉"⑧。也能做"明明德"的工夫，"立其天地万物一体之体也"⑨。这种明明德的工夫，落实在实际生活中，就是"亲民"，也即将一体之仁广推于民，并在此"成物"的过程中实现"成己"的目标。能自成并能成物，也就达到"德盛仁熟"之地了。

　　总之，因为人有着一体之仁，也有贵于万物的"灵明"，所以人天然地要担起观照万物，特别是贴切生民之困苦荼毒、完成"赞天地之化育"的责任和

---

① 朱熹：《四书章句集注》，北京：中华书局，1983年，第32页。
② 朱熹：《四书章句集注》，北京：中华书局，1983年，第34页。
③ 朱熹：《四书章句集注》，北京：中华书局，1983年，第350页。
④ 朱熹：《四书章句集注》，北京：中华书局，1983年，第352页。
⑤ 张载：《张载集》，北京：中华书局，1978年，第62页。
⑥ 程颢、程颐：《二程集》，北京：中华书局，1981年，第15页。
⑦ 程颢、程颐：《二程集》，北京：中华书局，1981年，第16页。
⑧ 吴光等编校：《王阳明全集》卷二六《大学问》，上海：上海古籍出版社，1992年，第968页。
⑨ 吴光等编校：《王阳明全集》卷二六《大学问》，上海：上海古籍出版社，1992年，第969页。

使命,这不仅是良知的要求以及圆满的人生境界不可或缺的部分,更是由"尽性"到"知天"再到"乐天"的生命境界的升华。值此之时,人就能堂堂正正立于天地间,心安理得地生活在现象世界中。

(二)达至善以获不朽

以精神不朽去超越生死,这是王阳明致良知的终极指向。王阳明说"人孰无死"①,"生死命道,有生之所不能免也"②。死是人无法躲避的,但是"把生身命子看得来太重,不问当死不当死,定要婉转委屈保全,以此把天理却丢去了。……也不过做了个百千年的禽兽"③。因此,人应该死得其所。所谓得其所,也就是顺应良知之天理的意思。换言之,人若能在日用常行、应事接物时顺任并践行良知,达到所到之处皆是天理的至善之地,那么相伴而来的就是人的精神之不朽。能实现精神不朽,意味着人实现和完成了对生死的超越,这种超越对人来说,就是至乐,也可称之为"至福",它不同于物质层面所享受的幸福,而是精神层面所享受到的幸福,因不以外境变化而有所增减,所以是快乐的最高表现形式。一言之,至善与至福是相一致的。

德盛仁熟以得幸福,这是儒家一贯的德福一致观,如《中庸》载孔子言:"舜其大孝也与!德为圣人,尊为天子,富有四海之内。宗庙飨之,子孙保之。故大德必得其位,必得其禄,必得其寿。"孟子说:"古之人修其天爵,而人爵从之。""修其天爵,以为吾分之所当然者而。人爵从之,盖不待求之而自至也。"(《孟子·告子上》)而王阳明的良知说不光是对此思想的沿袭,也是对其进行发展的结果,这主要表现在以下两个方面:一方面,良知是至善之天理,是人心之本然,原就无一丝私欲杂念在其中,人顺此良知,不外率性为善,这在源头保证了动机的有效性;同时良知本来无滞、与物无对,人率此良知应事接物,自然有无滞着的洒脱之乐和与万物同体的和畅之乐,这并非人刻意追求

① 吴光等编校:《王阳明全集》卷二五《祭永顺宝靖士兵文》,上海:上海古籍出版社,2011年,第964页。

② 吴光等编校:《王阳明全集》卷三二《祭张叙人文》,上海:上海古籍出版社,2011年,第1212页。

③ 吴光等编校:《王阳明全集》卷三《传习录下》,上海:上海古籍出版社,2011年,第103页。

的结果；人在"行道"的过程中体察并实现良知赋予人的道德生命，从而超越生死，获得不朽，这也是自然而然，无一分人欲夹杂其中的。康德认为，德福一致实现的前提在于世间所有人德行的圆满，但这是完全不可能的，因为不存在德行圆满的人，德行圆满只存在于上帝那里，因此人的幸福只能由上帝来保证。而在王阳明这里，良知为人所固有，它融至善与至乐为一体，只要能够体认它，就能以刚健有为的精神在个体生死超越与天地万物安顿的联系中超越有限通达无限。总而言之，他把超越生死、获得不朽的力量通过本性自足、当下圆成的良知交付于人本身，而不是梵天、上帝等外力量。另一方面，他是以"冥于道"的方式实现不朽的，这与传统儒家大不相像。传统儒家认为生命的不朽可以是人格精神，"君子疾没世而名不称焉"（《论语·卫灵公》）；可以是功业，"舜为法于天下，可传于后世"（《孟子·梁惠王下》）；也可以是道义，"其身殁矣，其道犹存，故谓之不朽"（《中论·夭寿篇》）；还有更典型的"三不朽说"，"太上有立德，其次有立功，其次有立言"（《左传·襄公二十四年》）。但阳明认为以气节、功业而名，不是生命的最高价值，"不可以事功气节名矣"[①]，因为"名也者，人之所不可期。虽修短枯荣，变态万状，而终必归于一尽。……固已化为尘埃，荡为泥沙矣。而君子之独存者，乃弥久而益辉"[②]。人不可借助功业气节实现常存，能使自己成为永恒的根本在于，行道而合于道。道的本体是良知，而良知并不限于"立德、立言、立功"这些具体的行为，它的最高指向在于人与万物的同一，只有在此境界中，人才能"浩浩然"与万物同流，与天地并久，与日月并明，成为不朽的存在。

　　牟宗三先生从王阳明的良知说中发展出了"无限智心"，在阐释他的"圆善"思想时，他说："圆教必透至无限智心始可能。无限智心能落实而为人所体现，体现之至于圆极，则为圆圣。其实义完全得见：既可依其自律而定吾人之天理，又可依其创生遍润之作用而使万物（自然）有存在，因为德福一致之实践（真实可能）亦可得见：圆圣依无限智心之自律天理而行即是德，此为目的王国；无限智心于神感神应中润物、生物，使物之存在随心转，此即是福，此

---

　　① 吴光等编校：《王阳明全集》卷三《传习录下》，上海：上海古籍出版社，2011年，第96页。
　　② 吴光等编校：《王阳明全集》卷二八《祭刘仁徵主事》，上海：上海古籍出版社，2011年，第1035页。

为自然王国(此自然是物自身层之自然,非现象层之自然,康德亦说上帝创造自然是创造物自身之自然,不是创造现象义的自然)。两王国'同体相即'即为圆善。圆教使圆善为可能;圆圣体现之使圆善为真实的可能。至圣神位,则圆教成。圆教成则圆善明。圆圣者体现圆善于天下者也。此为人极之极则矣。"①此语点透了王阳明至善人性与至乐幸福境界的可能性与现实性。

总之,达至善并获得不朽,是每个人自足的生命境界。人于此境界中,夭寿不二,"当生则生,当死则死",没有丝毫对死的畏惧感和对生的虚无感,焕发出的尽是透彻、融释的"光明"气象。

结 语

王阳明没有对生死采取"存而不论"的态度,而是肯定了人的生死念头,并将其作为性命之学的终极旨归。他承认人生最大的忧患是生死,"生死有命,有生之所不能免也"②。最难以破除的关口也是生死,"人于生死念头,本从生身命根上带来,故不易去"③。哪怕是他本人,也"自计得失荣辱皆能超脱,惟生死一念尚未觉化"④。最终通过"俟命"这样一种直面死亡的特殊方式体证到"自由无限心"(良知),借助此心与无限宇宙本体之合一才化解了这唯一尚未化解的"生死之念",以不累于生死的旷达心境超脱生死之外。与良知的觉化以及生死念头的破除相伴而来的,是其体悟到的"胸中洒洒"的妙不可言的真乐、至乐,此乐于他,是"处于情感又超越情感,达到理性又超越理性"⑤的精神体验与精神境界。在良知的指引以及至乐的相伴下,他以"此心光明"的生命气象实现了他的不朽。

---

① 牟宗三:《圆善论》,台北:学生书局,1985年,第305~335页。

② 吴光等编校:《王阳明全集》卷三二《祭张淑人文》,上海:上海古籍出版社,2011年,第1212页。

③ 吴光等编校:《王阳明全集》卷三《传习录下》,上海:上海古籍出版社,2011年,第108页。

④ 钱德洪:《阳明先生年谱序一》,载吴光等编校:《王阳明全集》卷三三,上海:上海古籍出版社,2011年,第1227页。

⑤ 李天道主编:《中国古代人生美学》,北京:中国社会科学出版社,2008年,第287页。

综言之，良知本体以及致良知工夫的提出，以生死关怀为其内在精神，但此本体与工夫并非沉闷、无生命力的，而是活泼洒脱的。死亡的必然性虽然造成了有生之属生命内部的焦虑以及与外境之间的紧张，但人却能以光明之良知，证真己之永恒，得至乐之体验，入大化流行之境界，消融这种焦虑和紧张，以"当生则生，当死则死"的坦然心境从容面对一切，顺应生命的自然。因此一切问题的关键诚如王阳明所说，"无非是致其良知"①而已，只有知晓良知是即本体即工夫、即工夫即境界的存在，才能知晓良知之妙用，体得王阳明破生死关圆融智慧之所在。

---

① 吴光等编校：《王阳明全集》卷二《传习录中》，上海：上海古籍出版社，2011年，第79页。

王阳明赴任南赣巡抚前后
与督军漳南之战

——兼析王阳明手札《与曰仁诸弟书》丰富的历史信息

董 华 李 平
中国明史学会王阳明研究分会

一、临危不惧勇于担当

近千言的王阳明手札《与曰仁诸弟书》写于正德十二年（1517）二月十三日，是王阳明到赣州就职后所写的最早的家书。手札中的主要内容包括了何时离开南昌、抵达赣州的时间、路途遭遇的贼情与处置情况、就职后即遇到的军政交困及如何处置漳南之战等史事，[①]以及问候家乡家人朋友及弟子等情况，涵盖了国事家事及作者本人心态变化诸方面详细内容。

在手札中，王阳明没有提及他赴任南赣巡抚前的内心矛盾和思想变化过程，而从史料的记载看，王阳明从接到任职命令到最终赴任，其实有一个痛苦的思考和抉择过程。

正德十一年（1516），四十五岁的王阳明在南京任事务清闲的鸿胪寺卿一职。九月十四日接到吏部任命书："奉圣旨王守仁升都察院左佥都御史，巡抚南、赣、汀、漳等处地方，写敕与他。钦此。钦遵。"[②]其时，面对南、赣、汀、漳

---

① 尤其是漳南剿贼之急迫，赣州属邑被贼围困而又缺乏精兵强将的困难。
② 吴光等编校：《王阳明全集（新编本）》，杭州：浙江古籍出版社，2010年，第316页。

等地愈演愈烈的贼乱,兵部和正德皇帝都认为王阳明是巡抚南赣汀漳、平定江西叛乱的最合适人选,加上前任巡抚文森又托病推辞,[①]于是兵部尚书王琼又推荐了文武兼济,且熟悉江西情况[②]的王阳明,并在七月份就得到了正德皇帝的同意(见《明武宗实录》),于是内阁便将王阳明内定为下一任南赣巡抚。接到朝廷任命后,王阳明最初的考虑,是以身体病弱等原因于十月上《辞新任乞以旧职致仕疏》请求辞职退休。他首先在疏中反映自己身体状况极差:"……臣原任南京鸿胪寺卿,去岁四月尝以不职自劾求退,后至八月,又以旧疾交作,复乞天恩赦回调理,皆未蒙准允。黾勉尸素,因循日月,至今年九月十四日,忽接吏部咨文……兼以疾病多端,气体羸弱,待罪鸿胪闲散之地,犹惧不称;况兹巡抚重任,其将何才以堪!……"[③]从中可以知道,当时王阳明的身体状况确实十分欠佳,在南京任职时也处于长期养病状态。他主要担心巡抚职责重大,而自己因病难以承接。其次,王阳明自幼失母,是祖母岑氏一手带大的,他孝心极重,在疏中提道:"臣自幼失慈,鞠于祖母岑,今年九十有七,旦暮思臣一见为诀。去岁乞休,虽迫疾病,实亦因此。"[④]说明王阳明上此疏时尚在南京,未归返浙江老家与祖母团聚。先前王阳明多次上疏恳请辞职退休,主要就是因病因孝。由于地方军情紧急,朝廷于十月二十四日和十一月十四日又两次催促王阳明动身上任。由于路途遥远,王阳明的辞职退休报告尚未等到批复,在十月二十四日朝廷又命令王阳明:"尔前去巡抚江西南安、赣州,福建汀州、漳州,广东南雄、韶州、惠州、潮州各府及湖广郴州地方。抚安军民,修理城池,禁革奸弊。一应地方贼情、军民、钱粮事宜,小则径自区画,大则奏请定夺。钦此。钦遵。"[⑤]十一月十四日兵部又下达命令催促,并严厉斥责了

---

①　正德十年（1515）十二月,朝廷下令调走平叛无功的南赣巡抚陈恪,而以公勉仁改任,但旋于次年正月议罢,并改任文森为南赣巡抚,文森却畏惧不敢赴任,直至七月以病辞归,其违抗朝命拖延时日达七个月之久。朝廷无奈之下即下令命王阳明赴任南赣巡抚。王阳明与文森本是契友,二人早在正德六年（1511）九月之前即已相识并多有交往。正德八年（1513）十月到正德九年（1514）四月,两人同为南京太仆寺少卿,关系至密。参见束景南:《王阳明年谱长编》,上海:上海古籍出版社,2017年,第637、732、743页等。

②　王阳明在正德五年（1510）三十九岁时曾任江西庐陵知县,理政有方,口碑极好。

③　吴光等编校:《王阳明全集（新编本)》,杭州:浙江古籍出版社,2010年,第315～316页。

④　吴光等编校:《王阳明全集（新编本)》,杭州:浙江古籍出版社,2010年,第316页。

⑤　束景南:《王阳明年谱长编》,上海:上海古籍出版社,2017年,第918页。

都御史文森"迁延误事",见奉敕书切责:"乃敢托疾避难,奏回养病,见今盗贼劫掠,民遭荼毒。万一王守仁因见地方有事,假托辞免,不无愈加误事?""奉圣旨:'是既地方有事,王守仁着上紧去,不许辞避迟误。钦此。'"①等到十二月初二日,吏部最终的批复终于到了,不同意他辞职退休报告:"该臣奏为乞恩辞免新任仍照旧职致仕事,奏奉圣旨:王守仁不准休致。南、赣地方见今多事,着上紧前去,用心巡抚,钦此。"②从以上史料记载看,南、赣巡抚一职由于责任十分重大,是经朝廷反复考虑推荐,乃至皇帝本人决策拍板的。虽有多人候选,但在择用王阳明任职一事上朝廷的态度十分坚决。在此紧急情况下,王阳明其实也做好了赴任的思想准备。这方面,可通过一些事例反映出来。首先王阳明"闻报忧惭,不遑宁处,一面扶疾候旨,至浙江杭州府地方……"③十二月初二日收到朝廷的最终批复后,王阳明再也无法推辞了,就携夫人等于十二月初三日起程,前往江西赣州。其次,王阳明在浙江老家还未上任巡抚之前,就已开始处理南赣地方的事务,如十一月二十五日,④他在回复福建兵备佥事胡琏的《批漳南道教练民兵呈》时批示:"兵不在多,惟贵精练。事欲可久,尤须简严。所募打手等项,更宜逐一校阅。必皆技艺绝伦,骁勇出众,因张别队,量才分等,使将有余勇,兵有余资,庶平民不致于冗食,临难可免于败师。"⑤十一月二十六日,王阳明又批复《批漳南道进剿呈》,由于遥远距离等的阻碍,一方面王阳明深感"兵难遥度",同时又要兵备胡琏充分做好剿贼准备后,要"事贵乘时",抓紧有利时机剿贼。最后,从王阳明赴任前与朋友弟子的交流看,在极其凶险的形势面前,当国家遇有危难时,王阳明表现出了常人难有的从容镇定。王文辕⑥对王阳明的弟子季本说,王阳明此行必定成功,季本问何以如此肯定,王文辕回答道:"我试探过他,其心不动也。""触之不动"

① 吴光等编校:《王阳明全集(新编本)》,杭州:浙江古籍出版社,2010年,第317页。
② 吴光等编校:《王阳明全集(新编本)》,杭州:浙江古籍出版社,2010年,第317页。
③ 吴光等编校:《王阳明全集(新编本)》,杭州:浙江古籍出版社,2010年,第317页。
④ 据天启《赣州府志》卷一"疆界"载"自本府驿路至省城一千二百里,至南京二千八百一十里,至北京五千六百七十里",以日行百余里的速度,八月十九日王阳明升为都察院左佥都御史与南赣巡抚的重要布告在约五十天后的十月中下旬就传到了南赣汀漳一带,南赣等地的官军于是向王阳明请示作战方略,其呈书在十一月下旬递至浙江杭州王阳明处。
⑤ 吴光等编校:《王阳明全集(新编本)》,杭州:浙江古籍出版社,2010年,第1130页。
⑥ 王文辕,字司舆,又作思舆,王阳明友人。在手札《与曰仁诸弟书》中有提及。

和圣贤言及的"未发之中"，所指就是思想的实践状态。如果在精神世界反复预演过更困难的状况，那么到了现实情境中，就不会措手不及。可以说，尽管遇到了个人身体极差，南、赣、汀、漳等地方形势危急等巨大困难，王阳明最终还是以国家民生利益为出发点，从良知之心出发，临危受命，毅然接受了南赣巡抚这一艰巨岗位的挑战。

二、路途艰险处惊不乱

如果说王阳明最终是经过一番激烈的思想斗争后，毅然走上了赴任南赣巡抚的长路的话，那么他从离开南昌的第一天起，就遇到了一连串的凶险和困难。这些凶险困难以及王阳明的处置应对，在手札《与曰仁诸弟书》中均有详尽的记叙。

王阳明是于正德十一年（1516）十二月初三日从浙江杭州出发的。在冬寒逼人、路途遥远、身体状况极差的情况下，他水陆兼程，与夫人诸氏等在春节前赶到南昌。其间拜访了宁王和孙燧等江西军政大员后，又于正月初三日匆匆乘舟前往赣州赴任，从时间上看是比较紧张仓促的。王阳明在赴赣途中，遇到的第一个凶险，就是在万安遭遇贼乱："十三日末，至万安四十里，遇群盗千余，截江焚掠，烟焰障天。"[1]在这突发的事变前，随行人员大为惊恐，并有退缩之意。"妻奴皆惧，始有悔来之意，地方吏民及舟中之人，亦皆力阻，谓不可前。"[2]此时此刻，王阳明从容不迫，以疑兵之计应对众贼："鄙意独以为我舟骤至，贼人当未能知虚实，若久顿不进，必反为彼所窥。乃多张疑兵，连舟速进，示以有余。"[3]"结为阵势，扬旗鸣鼓，如趋战状"，趁流贼心神未定之际，王阳明指挥随行的商船联结成进攻队形，快速推进，"贼人莫测所为，竟亦不敢逼……"[4]从中也可看出王阳明知己知彼、胆识过人、深得兵家智慧，做到了心学与兵学的完美统一。

---

① 束景南：《王阳明年谱长编》，上海：上海古籍出版社，2017年，第927页。
② 束景南：《王阳明年谱长编》，上海：上海古籍出版社，2017年，第927页。
③ 束景南：《王阳明年谱长编》，上海：上海古籍出版社，2017年，第927～928页。
④ 束景南：《王阳明年谱长编》，上海：上海古籍出版社，2017年，第928页。

正月十六日抵达赣州后，王阳明遇到的困难接踵而来。首先，因一路艰辛，水土不服，王阳明"齿痛不能寝食"，可见其牙病极重，甚至严重影响到了日常生活。因为"前官久缺之余，百冗纷沓，三省军士屯聚日久"，从去年二月至王阳明上任接手，①南赣巡抚也缺位近一年了，王阳明"只得扶病莅事"。带病坚持处理沉积的军政事务。其次，漳南平贼战事不理想和信丰城被群贼围困，也让王阳明郁闷不安。由于信丰县城被贼围困，王阳明"连夜调发，即于二十日进兵赣州属邑。复有流贼千余突来攻城，势颇猖獗，亦须调度"②，可见王阳明到达赣州后一直是处于临战的高压状态，因而不能亲往漳南前线督战，"汀、漳之役遂不能亲往。近虽陆续有所斩获，然未能大捷"③，至于信丰之役，"属邑贼尚相持，已遣兵四路分截，数日后或可成擒矣"。更让王阳明揪心的是赣州兵极疲，仓促招募，缺乏军事骨干人才，"未见有精勇如吾邑闻人赞之流者"，"巧妇不能为无米粥，况使老拙婢乎？"应该说，王阳明初到赣州上任，遇到的困难比他的前任更大更多。从弘治八年（1495）设置南赣巡抚起至王阳明已是第六任了，数十年间的贼乱在嘉靖三十四年（1555）《虔台续志》里有记载的不到十次，规模最大的当属正德六年（1511）形成最高峰的大帽山④寇乱，"议得大帽山等处流贼攻围所县城池，势甚猖獗，巢连三省，众以万计，必须大举方底削平"，"正德辛未（1511），江西闽广三省交界山谷贼首张番坛、李四仔、钟聪、刘隆、黄镛等聚徒数千，流劫乡村，攻陷建宁、宁化、石城、万安诸县，支解平民，捉掳官吏，僭号称王"⑤。经过广东、福建、江西三省军事合剿，

① 据天启《重修虔台志》卷四"事纪一"第56页，王阳明前任巡抚陈恪于正德十一年（1516）二月离任。

② 束景南：《王阳明年谱长编》，上海：上海古籍出版社，2017年，第928页。

③ 束景南：《王阳明年谱长编》，上海：上海古籍出版社，2017年，第929页。

④ 又名大望山，有"盗贼圣山"之称，地处赣闽粤三省交界处，离各处县域甚远，主要在赣长宁县（今寻乌县）、闽长汀县、粤兴宁县一带，南北走向，"环绕三百余里"。闽、广、赣三省均从各自管辖的地域来介绍大帽山，"（大帽山）为三省毗邻之通称……若以广义言，凡三省毗邻之县，皆可通称，非必确指兴宁也"，见民国《长汀县志》卷二"大事志"第14～15页。

⑤ 黄志繁主编，刘敏点读，刘松校对：《江西地方珍稀文献丛刊·虔台续志》，南昌：江西高校出版社，2018年，第69～70页。

最终平息贼乱，"总计擒斩首从七千有余，俘获贼一千八百有奇……"①相较之下，作为巡抚的王阳明所遇到的剿贼任务之艰巨，是远超前任各巡抚的。仅福建漳南、广东三浰和江西横水、桶冈的贼众数量，就大大超过了正德六年（1511）之总数。曾任庐陵知县的王阳明，不可能不了解邻近的南、赣地区的复杂动乱形势。面对如此巨大的困难，王阳明一方面竭尽全力布置各项剿贼措施，实施十家牌法，大力选练民兵，迅速集结力量等，另一方面他也在内心深处有不少的感叹，所以在手札中向自己的弟子、妹夫曰仁②吐露了自己的真心："过此幸无事，得地方稍定息，决须急求退。曰仁与吾命缘相系，闻此当亦不能恝然，如何而可，如何而可！"③

王阳明在赴任的途中和上任后的初期，先后遇上了众贼袭击、身体多病、战事危远、政务沉重、人才紧缺等困难，但他都能以国家利益为重，以民生为重，不顾艰险勇于担责，展现了为国为民的圣人情怀。与此同时，他也有平凡人的感情世界与追求，常常憧憬"山水中间须著我，风尘堆里却输侬"的田园生活，而这一点恰恰也是其圣人情怀的丰富体现而不是缺失。

在面对众多的困难和艰险时，日理万机的王阳明，乡思万里，惦记着家乡的亲人、朋友——希望以这样深切的思念来慰藉自己生活的艰辛。在手札里，这样的亲情流露更让我们感受到圣人情怀的质朴感人。

王阳明首先惦记的是志同道合的朋友，他希望有真才实学的朋友来帮助自己的事业："不知闻人赞之流亦肯来此效用否？"当然，他更怀念的是与众友人同游："行时见世瑞，说秋冬之间欲与曰仁乘兴来游。"④他尤其关切北海新居的建设和经营情况，⑤希望自己退休归隐后有与众友安顿之所。对于黄舆（司舆）、世瑞、允辉、商佐、勉之、半珪"凡越中诸友"等谆谆教诲，要大家"朋友群居，惟彼此谦虚相下，乃为有益"。对于自家弟弟，更是再三嘱咐其不要虚

---

① 黄志繁主编，刘敏点读，刘松校对：《江西地方珍稀文献丛刊·虔台续志》，南昌：江西高校出版社，2018年，第70页。

② 即徐爱（1487—1518），字曰仁，号横山，浙江余姚马堰（今属宁波慈溪）人。正德二年（1507）师事王阳明，为王阳明的第一个入门弟子，有"王门颜回"之称。时任南京工部郎中，正五品，于正德十三年（1518）五月十七日因病去世。著有《横山集》。

③ 束景南：《王阳明年谱长编》，上海：上海古籍出版社，2017年，第929页。

④ 意指来赣州。

⑤ 徐爱在浙江东苕溪买了田园。

度时光："趁曰仁在家,二弟正好日夜求益,二弟勉之!""有此好资质,当此好地步,乘此好光阴,遇此好师友,若又虚度过日,却是真虚度也。"对于家乡长辈,王阳明敬重有加："克彰叔公教守章极得体,想已如饮醇酒,不觉自醉矣。"对于继子正宪,王阳明也提出了殷切希望。王阳明认为"正宪读书极拙",不能指望考取功名,只要能孝敬长辈,友爱兄弟姊妹,守望门户就好了。

王阳明军旅繁重,不顾疲倦,寒冷的夜里在油灯下充满深情地书写了近千言的手札《与曰仁诸弟书》,到最后结束时仍意犹未尽："日中应酬怱甚,灯下草草作此,不能尽,不能尽。"这让我们看到了一位智者,一位长者,一位内心世界极其丰盈充实的圣人。

三、一札在手纵览历史

王阳明的手札《与曰仁诸弟书》,不只是一封普通的家书,它的内容涉及王阳明所处的明代中期复杂动荡的历史背景,涉及王阳明赴任南赣巡抚前后一个时期的思想波澜,涉及王阳明如何从追求圣人目标到实践圣人伟业的重要转变,涉及王阳明丰满的人性世界与生活态度。同时,这封手札对于研究王阳明赴任南赣巡抚初期,尤其是督军漳南战役前后的一些重要历史节点也有参考与启示。

(一)王阳明在浙江候旨待命的有关情况

从王阳明正德十二年(1517)正月二十六日的《谢恩疏》看,王阳明是在杭州候旨的。在此之前他先后于正德十一年(1516)九月十四日、十月二十四日、十一月十四日接到三道朝廷命令,待吏部十二月初二日最后批复"不准休致"时,已是第四次催促王阳明上任,且语气愈加严厉。在杭州王阳明能尽快得到朝廷消息,他一边养病一边准备出发,"闻报忧惭,不遑宁处,一面扶疾候旨,至浙江杭州府地方"。待十二月初二日见到批复后,王阳明携带妻奴于第二天便上路了:"随于本月初三日起程……"①与此同时,王阳明在杭州府便于

---

① 吴光等编校:《王阳明全集(新编本)》,杭州:浙江古籍出版社,2010年,第317页。

了解南赣地方剿贼消息。另外，关于朝廷兵部推荐一事，王阳明也应该有所听闻。兵部尚书王琼在正德十一年（1516）八月十九日，就推荐了王阳明任南赣巡抚，并得到了批准。此事在《国榷》卷五十中有记叙："正德十一年八月戊辰，南京鸿胪寺卿王守仁为左佥都御史巡抚南、赣、汀、漳。"①王琼在推荐中提出："照得先因南、赣等处四省接境，地方无官节制，以此添设巡抚都御史一员，专一禁防盗贼，安辑居民。今未及一年，凡升调都御史陈恪、公勉仁、文森、王守仁共四员。内文森迁延误事，见奉敕切责，乃敢托疾避难，奏回养病。见今漳州盗贼纵横，民遭荼毒。脱或王守仁亦见地方多故，假托辞免，或在途迁延，不无愈加误事？合无早请写敕本部，差人赍捧驰驿，昼夜前去南京，交与守仁，上紧前去南、赣地方⋯⋯"②"正德十一年八月二十五日，具题奉圣旨：'是既地方有事，王守仁着上紧去，不许辞避迟误。钦此。'"③从中可知，王阳明是在八月十九日被任命为都察院左佥都御史的。九月十四日王阳明在南京接到吏部任命书后，交割完毕即赶往浙江老家与家人团聚。离开南京前经反复考虑，他仍以自己身体状况极差等原因在十月份上疏朝廷恳请批准自己辞职退休。而此时南、赣地方贼乱愈演愈烈，情形十分危急。巡抚一职长期缺位影响了四省兵马协调剿贼，尤其是文森以病托辞后，朝廷大为恼火，所以尽管王阳明言辞切切，身体确实不好，皇帝与兵部、吏部都认为王阳明是不二人选，坚持催促王阳明上任。

（二）王阳明抵达赣州的时间

王阳明何时抵达赣州上任，现有的《王阳明全集》等有多种不同的表述。年谱中记叙，"以是年正年十六日开府"；王阳明在正德十二年（1517）正月二十六日写的《谢恩疏》中提到其达到赣州的时间，"至次年正月十六日，已抵赣州接管巡抚外"④；在正德十二年（1517）正月二十五日写的《给由疏》中提出到其达到赣州的时间，"于正德十二年正月十六日前到赣州地方行事"⑤；正

---

① 束景南：《王阳明年谱长编》，上海：上海古籍出版社，2017年，第901页。
② 束景南：《王阳明年谱长编》，上海：上海古籍出版社，2017年，第901页。
③ 束景南：《王阳明年谱长编》，上海：上海古籍出版社，2017年，第902页。
④ 吴光等编校：《王阳明全集（新编本）》，杭州：浙江古籍出版社，2010年，第317页。
⑤ 吴光等编校：《王阳明全集（新编本）》，杭州：浙江古籍出版社，2010年，第318页。

德十二年（1517）五月初八日的《闽广捷音疏》中写道："臣于本年正月十六日始抵赣州地方行事……"①而在同日的《申明赏罚以励人心疏》中写道："臣于本年正月十五日抵赣……"②在正德十二年（1517）所写之信《与黄诚甫·二》中，王阳明写道："区区正月十八日抵赣。"③从王阳明手札里表述的情况来看，王阳明是正月十六日到达赣州的，"十六日抵赣州，齿痛不能寝食"④。从记叙时间的节点看，手札的书写时间为二月十三日，离王阳明抵赣的时间不足一月，加之又是王阳明亲手书写，记忆上不太可能出错，因此王阳明正月十六日抵达赣州的时间是比较可靠的。

（三）王阳明任职巡抚初期的剿贼情况

王阳明心急如焚赶到赣州上任后，当务之急就是必须迅即处置远近两处声势浩大的贼乱，这在手札里有详尽的记叙。远处的汀、漳剿贼之战的初期战斗正在展开，据《明史》卷一百九十五《王守仁传》："明年（1517）正月，督副使杨璋等破贼长富村，逼之象湖山，指挥覃桓、县丞纪镛战死。"⑤表明正月的漳南战事是由杨璋具体指挥的。另外，从兵部尚书王琼推荐王阳明的情况看，兵部也认为平定漳南是当务之急。因此一些学者认为王阳明抵赣后先决定发起漳南平寇之役的分析是值得商榷的。虽然王阳明早在上年年底给胡琏的批复中再三提醒既要捕捉战机："今打手民快等，兵既已募集，仰该道上紧密切，相机剿扑。"也要擒贼擒王："惟在歼取渠魁，毋至横加平善。"同时还特别强调"其大举夹攻行详议"，认为三省夹攻巨贼之事尚须通盘考虑。让王阳明忧虑的是距离漳南前线过于遥远以至于难以调度指挥，"看得兵难遥度，事贵乘时"。⑥就在王阳明抵赣后第三天，或许尚未收到王阳明正月初在南昌所制定的《剿捕漳寇方略牌》和正月中下旬在赣州作的《案行广东福建领兵官进

① 吴光等编校：《王阳明全集（新编本）》，杭州：浙江古籍出版社，2010年，第325页。
② 吴光等编校：《王阳明全集（新编本）》，杭州：浙江古籍出版社，2010年，第330页。
③ 束景南：《王阳明年谱长编》，上海：上海古籍出版社，2017年，第949页。
④ 束景南：《王阳明年谱长编》，上海：上海古籍出版社，2017年，第928页。
⑤ 张廷玉等：《明史》，北京：中华书局，1974年，第5160页。
⑥ 吴光等编校：《王阳明全集（新编本）》，杭州：浙江古籍出版社，2010年，第1130页。

剿事宜》①，福建官兵在知晓王阳明佯退实进、虚张声势的剿寇方略之前，就在广东、江西官军未投入夹攻的情况下发起了攻击。②从《闽广捷音疏》中有关胡琏的呈报中可知："……各职统领军兵五千余人进至长富村等处，见得贼众地险，巢穴数多，兼且四路装伏，势甚猖獗。克期于正德十二年正月十八日等各分哨路，从长富村至阔竹洋、新洋、大丰、五雷、大小峰等处与贼交锋。"③漳南剿贼战役在正月十八日正式打响。由于此时王阳明尚在赣州而无法在一线指挥督战，福建官兵贸然发动攻击，致使初战受挫，正月二十四日，④指挥覃桓、县丞纪镛等人因马陷深泥而被突围冲出的贼徒杀害。一直高度关切并想亲往漳南指挥剿贼战事的王阳明，此时之所以无法脱身，是因为近在眼前的"赣州属邑"信丰也被大批流贼围城，致使其无法腾出更多精力亲往漳南督战，且由于距离等原因，赣州信丰等地的贼乱信息可以在两三天内送达赣州虔台（南赣巡抚府衙），而福建漳南剿贼的动态就至少要等待半个月了。⑤

正德十二年（1517）三月十五日的《参失事官员疏》也详尽地记载了这次盗贼围困赣州信丰县城的情况："正德十二月二月初七日，有龙南强贼突来地名崇仙（属信丰）屯扎。""强贼突来本县小河（属信丰）住扎，离县约有四十余里，乞要发兵策应。又据申报，本月初九日，有龙南流贼六百余人突至城下……"⑥尤为严重的是，围城与解围的战事一直在激烈地进行，从时间上看，正是发生在王阳明抵赣上任后的二十多天后。广东浰头贼首池大鬓（池仲容）

　　① 此录文中写道"广东之兵，集谋稍缓，声威未震，意在倚重狼达土军，然后举事"，表明了王阳明此文针对的是在广东兵发起进攻的正月二十四日之前的粤军军情，且此文语气较为缓和，未体现王阳明二月十三日之后在收到福建指挥覃桓、漳浦县丞纪镛殉职败报后的愤怒，故此文应作于正月二十四日之前。
　　② 正月底在收到王阳明所定的包括兵力配置、慑敌之术等方面的进兵方略后，福建官兵及时调整了战略战术，并取得了后来二月十九日、二十日的象湖山大捷。
　　③ 吴光等编校：《王阳明全集（新编本）》，杭州：浙江古籍出版社，2010年，第322页。
　　④ 黄志繁主编，刘敏点读，刘松校对：《江西地方珍稀文献丛刊·虔台续志》，南昌：江西高校出版社，2018年，第77页。
　　⑤ 据吴光等编校：《王阳明全集》，杭州：浙江古籍出版社，2010年，第348页，王阳明于本年七月初五日作于赣州的《议夹剿兵粮疏》"又事干各省，道途相去近者半月，远者月余"，可知自闽南汀漳等地至赣州须时半个月左右，而漳南前线到赣州足有八九百里之遥，艾洪、胡琏等人所呈的覃、纪殉职的战报，可能于二月中旬前后送抵虔台。
　　⑥ 吴光等编校：《王阳明全集（新编本）》，杭州：浙江古籍出版社，2010年，第319页。

和龙南贼首黄秀魁纠集两千余贼徒，与赣州、南安所属各县派来的官兵激烈对杀，官军受挫，损失惨重。众贼围城的原因，除了抢夺财物外，亦可能是为了牵制赣军以呼应支援漳南众贼。手札对此次战事也有记叙："连夜调发，即于二十日进兵赣州属邑。复有流贼千余突来攻城，势颇猖獗，亦须调度。"[①]并提到因此耽搁了亲往福建指挥剿贼之战，"汀、漳之役，遂不能亲往"。手札中提到的"二十日"，应是指正月二十日，"突来攻城"，当指贼寇突袭信丰县城，"进兵赣州属邑"当然是王阳明首先考虑到先平定赣州府属辖县域的大规模贼乱。这里王阳明接到各地剿贼战事报告后，迅速做出了决策，他在手札里认为"近虽陆续有所斩获，然未能大捷，属邑贼尚相持，已遣兵四路分截，数日后或可成擒矣"[②]，这说明此时信丰解围之役还未结束。从《参失事官员疏》的记叙看，王阳明的"已遣四路兵分截"所指的四路兵，可能是安远招抚义官叶芳的一支、大庾峰山弩手一支、南康打手一支和安远县知县刘瑀率领的一千民兵。

二月十三日之后，在"赣州属邑"被贼围困的战事趋于安定后，王阳明遂迅即亲自督战漳南剿贼之役了。在何时离赣，何时到达福建长汀、上杭等地的问题上，学界也存在不同的意见。结合王阳明手札里透露的有关信息，或许可以澄清相关问题。

从王阳明作于这年六月十五日之后的《钦奉敕谕切责失机官员通行各属》的记叙看，他应该是在接到福建官员的受挫军报后，才决定带兵前往福建长汀、上杭指挥剿贼战事的。在初到赣州期间，因为须选拣民兵整顿军备和通过十家牌法稳定地方，同时还要医治自己的病体，所以王阳明初期是在赣州指挥漳南战役的。王阳明在《钦奉敕谕切责失机官员通行各属》中提道："'为急报贼情事，已经密具方略，行各官遵照，约会广东官兵，克期夹攻，随据各官呈称，指挥覃桓、县丞纪镛，在广东大伞地方，遇贼突出，抵战身死……'参看各官兵顿兵不进，致此败衄，显是不奉节制，故违方略。正宜协愤同奋，因败求胜，岂可辄自退阻，倚调狼兵，坐失机会？本院即于当日选兵二千，自

---

① 吴光等编校：《王阳明全集（新编本）》，杭州：浙江古籍出版社，2010年，第928页。

② 吴光等编校：《王阳明全集（新编本）》，杭州：浙江古籍出版社，2010年，第929页。

赣起程,进军汀州。"①说明王阳明接到福建官员战事受挫的败报,知道福建与广东官兵配合不力致使初战失利,显然是十分愤怒的,且王阳明在当天就提兵自赣起程,进军汀州了。而在作于二月十三日的手札《与曰仁诸弟书》中,却并未体现王阳明此种愤怒之情,②因此王阳明应是在二月十三日之后方收到漳南败报并进屯汀、漳前线的。另据王阳明于正德十二年(1517)二月二十五日所奏《给由疏》:"缘臣系巡抚官员,见在福建漳州等府地方督调官军,夹剿漳浦等处流贼,未敢擅离。"③说明二月二十五日前,王阳明已到漳州、汀州等地,④即便这是更多地想向朝廷表明自己已亲临漳南一线督战,王阳明也已抵达汀州府上杭县⑤等离漳州不远处,故王阳明离赣具体时间应在二月十三日作《与曰仁诸弟书》之后的数日间。另据三月十五日王阳明向朝廷所奏的《参失事官员疏》,王阳明直至三月份才获悉并上奏二月十一日南安府经历王祚被执一事,这亦可表明因王阳明已于二月十三日之后的数日间奔赴长汀、上杭指挥前线战事,所以其直到三月十五日才处理此事。王阳明二月下

---

① 吴光等编校:《王阳明全集（新编本）》,杭州:浙江古籍出版社,2010年,第571页。

② 吴光等编校:《王阳明全集（新编本）》,杭州:浙江古籍出版社,2010年,第1796~1797页。

③ 吴光等编校:《王阳明全集（新编本）》,杭州:浙江古籍出版社,2010年,第318页。

④ 据《与曰仁诸弟书》,王阳明从正月初三日从南昌出发,初十日到达吉安并留宿两晚,十三日又在万安遭遇贼乱,并最终在十六日抵赣州。携家带口的王阳明以走水路为主,十一天即赶了一千二百里路,平均每天要赶一百多里。按同治《赣州府志》,赣州至长汀县治约有三百六十里。另外,据民国《长汀县志》卷十九"交通志"表明,长汀县城通往上杭边界回龙塘共有十三铺,每铺十里,凡一百三十里;另据康熙《上杭县志》卷五"武备志",上杭县城通往长汀边界一路上共有十铺,共一百里。如此,则自汀州至上杭二百四十里路途间皆有官府铺递之接应,王阳明进屯上杭一路上还是较为便利的。所以王阳明率军在二月十六日前后自赣州经陆路出发,日均行六七十里,并在二十五日前后赶完八百里路程身临漳州等地初步看也较合理。

⑤ 汀漳分守道和漳南分巡道驻地都在上杭,因而王阳明必当赶赴上杭驻军督战。

句进军漳南的感怀之诗《丁丑二月征漳寇进兵长汀道中有感》，①也从另一个方面做了说明："将略平生非所长，也提戎马入汀漳。数峰斜日旌旗远，一道春风鼓角扬。暮倚贰师能出塞，极知充国善平羌。疮痍到处曾无补，翻忆钟山旧草堂。"②另外，王阳明在上杭曾题《书察院行台壁》："正德丁丑三月，奉命征漳寇，驻军上杭。"③说明王阳明三月已抵上杭。④王阳明在这年五月二十八日《致毛纪札》："守仁始至赣，即欲一申起居。因闽寇猖獗，莅事未数日而遂往督征。"⑤六月中所作之信《与黄诚甫·二》"二月往征漳寇，四月班师"⑥也可说明问题。

据束景南教授考证，王阳明是在得知进攻受挫后，迅速在二月十九日领兵由赣州进屯长汀、上杭并亲自坐镇察院督战的。⑦据《阳明先生年谱》载："十有二年丁丑，先生四十六岁。正月，至赣。以是年正月十六日开府。才旬日，即议进兵。二月十九日乘晦夜衔枚并进，直捣象湖，夺其隘口。三省奇兵从间鼓噪突登，乃惊溃奔走。遂乘胜追剿。已而福建兵攻破长富村等巢三十余所，广东兵攻破水竹、大重坑等巢一十三所，斩首从贼詹师富、温火烧等七千有奇，俘获贼属、辎重无算，而诸洞荡灭。是役仅三月，漳南数十年逋寇悉

---

① 此诗于嘉靖六年（1527）《汀州府志》卷十七中题作《长汀道中□□诗》。李晓方教授曾指出，在王朝视野下，地处赣闽粤边区的瑞金是一个"群盗肆虐"与"民风强悍"的县域。明清瑞金县志的编纂者们为改变这一地方形象，通过挖掘、夸大、拟制和限定性解释王阳明在瑞金的史迹以及瑞金本土的历史人文资源，创造出一系列相关的地方性知识，从而将瑞金塑造成"阳明过化之地"与"节义文章之乡"。参见李晓方：《"阳明过化之地"与"节义文章之乡"：明清瑞金县志对地方形象的建构》，《赣南师范学院学报》2016年第1期。同样地，嘉靖《汀州府志》编撰者为将汀州打造成"阳明过化之地"，或曾对王阳明在汀州一带的史实加以润饰、筛选和限定性解释，而后将其收入《艺文志》等处。因此本诗抑或是府志编撰者经过润改后的结果。且此志还录有王阳明所作的《南泉庵漫说》（《王阳明全集》题作《回军上杭》）、《四月壬戌复过行台□□□》（《王阳明全集》中此诗为《闻曰仁买田雪上携同志待予归二首》中的第一首）等六首，总共约占王阳明赣州诗总数的六分之一，然其中多首皆与《王阳明全集》所载题句相异，其是否为真仍待考证，今从《王阳明全集》。
② 束景南：《王阳明年谱长编》，上海：上海古籍出版社，2017年，第933页。
③ 束景南：《王阳明年谱长编》，上海：上海古籍出版社，2017年，第938页。
④ 束景南：《王阳明年谱长编》，上海：上海古籍出版社，2017年，第933页。
⑤ 束景南：《王阳明年谱长编》，上海：上海古籍出版社，2017年，第953页。
⑥ 束景南：《王阳明年谱长编》，上海：上海古籍出版社，2017年，第934页。
⑦ 束景南：《阳明大传："心"的救赎之路》，上海：复旦大学出版社，2020年，第796页。

平。四月，班师。"表明王阳明抵赣上任后，没顾得上调养病体即开府制订平乱方案，不过十日，就与部下商议平漳南寇乱之方略。另有学者认为，王阳明在正月十六日已赴福建指挥剿贼战事，这可能是将《钦奉敕谕切责失机官员通行各属》中没有关联的两段记叙联结起来："本院于本年正月十六日抵赣莅事……本院即于当日选兵二千，自赣起程，进军汀州。"①忽略了其中王阳明是在二月十三日之后得到此报告后怒不可遏并挥兵漳南。在这种情形下，王阳明作《案行漳南道守巡官戴罪督兵剿贼》，斥责了闽粤失事官员，并要求其加强协调，伺机破贼而勿倚调狼兵。而后王阳明"……当日即自赣州起程，亲率诸军进屯长汀、上杭等处"②此后王阳明率军沿着沿途官府铺递，往东过雩都县，再过会昌县北部，③之后迅速于二月下旬抵达瑞金、长汀、上杭等地。

王阳明所带的军队，可能主要是刚参加完解围信丰县城任务的萧承指挥的兴国义兵和部分官兵机快。因为在王阳明上报的《闽广捷音疏》等奏疏和下发的公移中，一直没有江西官兵的记叙，王阳明所带的"二千人"可能一直是担负警卫和接应前线的任务，"先生自提江西兵，往来接应"④。其奏疏中言选兵二千，可能是为了向朝廷表明自己是准备充分以一举歼敌的，而从南、赣"兵粮寡弱"⑤、城邑被围的严峻局面，和南赣巡抚军令难以传达且集兵困难的严峻局面来看，⑥ "二千"这一数字是值得存疑的。《丁丑二月征漳寇进兵长汀道中有感》"数峰斜日旌旗远，一道春风鼓角扬"体现了王阳明所领军队有一定规模，然而现有史料却未发现有随军赣兵指挥官参战记录的记载，也从侧面说明了赣兵主要是负责守护王阳明。第二种可能性是王阳明率二千兵至

---

① 吴光等编校：《王阳明全集（新编本）》，杭州：浙江古籍出版社，2010年，第571～572页。

② 吴光等编校：《王阳明全集（新编本）》，杭州：浙江古籍出版社，2010年，第325页。

③ 会昌县城北八十里有承乡巡检司，此地有官军守护，较为安全。

④ 冯梦龙、邹守益原著，张昭炜编注：《王阳明图传》，上海：上海古籍出版社，2017年，第90页。

⑤ 吴光等编校：《王阳明全集（新编本）》，杭州：浙江古籍出版社，2010年，第333页。

⑥ 甚至于直到这年五月二十八日，王阳明在致札兵部尚书王琼时还直言南赣巡抚施政行事之艰难："且地连四省，事权不一，兼之敕旨又有不与民事之说，故虽虚拥巡抚之名，而其实号令之所及止于赣州一城，然且尚多抵牾，是亦非皆有司者敢于违抗之罪，事势使然也。今为南、赣，止可仍坐视，稍欲举动，便有掣肘。"参见束景南：《王阳明年谱长编》，上海：上海古籍出版社，2017年，第952～953页。

长汀一带后,因赣州这边守卫空虚,担心山贼又来攻打,所以在知晓了前线战况,闽广军力足够①且路途相对安全的情况下,王阳明又令赣兵大部返回赣州加强警戒,而自己则留下一批熟悉情况、富有战力的属僚军士马不停蹄地直趋上杭。

在王阳明的亲自督战下,闽粤官军密切配合,奋勇击贼,在三月下旬就已取得了战役的胜利。在上杭为百姓祈得春雨后,王阳明即于四月十三日班师由长汀返赣。二十九日,王阳明经过瑞金县,适逢春旱,遂又往东山寺(净众寺,现为瑞金市委党校)向定光佛大和尚祈雨,五月初五日,甘霖果然在七日之内降下。三十日,王阳明在瑞金有家书致其四侄王正思等,勉其立志为学。五月初一日,王阳明见长汀在下雨,而邻近的瑞金却处于苦旱当中,遂心生悲悯有感而作《祈雨二首》。②

五月初二日,王阳明抵达同处旱情的会昌,便又往赖公祠(翠竹祠)向赖神求雨。五月初五日,王阳明抵雩都,③恰逢甘霖普降,"(王阳明)班师过雩,父老趋迎。时积雨初晴,公赋诗慰劳之"。④王阳明大喜,于是亲撰告文,遣瑞金县署印主簿孙鉴回瑞金净众寺、会昌县知县林信回会昌翠竹祠代致谢意,并兴然赋诗《还赣》⑤一首慰劳雩邑父老。⑥此时早在正德六年(1511)即与王

① 据光绪十四年(1888)《平和县志》序文"维时王文成公督二省兵歼夷之",也说明了王阳明是以闽粤两省之兵平定漳南的。

② 平定漳南之乱后,王阳明即已思寻着如何平定南安和郴州一带的贼乱,"寇盗郴阳方出掠"正体现了王阳明此种心情。朱思维老师对此二首诗亦做了考证。参见朱思维:《王阳明巡抚南赣和江西事辑》,南昌:江西人民出版社,2010年,第159页。

③ 亦有学者据清同治十一年(1872)《会昌县志》王守仁《昭告会昌显灵赖公辞》:"维正德十二年,岁在丁丑五月乙亥(五月初二日),越五日己卯(五月初六日),钦差巡抚南、赣、汀、漳等处,都察院左佥都御史王守仁,昭告于会昌县受封赖公之神。为会昌民田禾早枯,祷告灵神,普降时雨。"而指出王阳明是五月初二日抵达会昌,并一连求雨五日,直至初六日,而后于初七日到雩都,初八日回到赣州。参见朱思维:《王阳明巡抚南赣和江西事辑》,南昌:江西人民出版社,2010年,第159~160页。

④ 清同治十三年(1874)《雩都县志》卷十"人物"。

⑤ 李晓方教授考证此诗并非作于瑞金,而是雩都。参见李晓方:《"阳明过化之地"与"节义文章之乡":明清瑞金县志对地方形象的建构》,《赣南师范学院学报》2016年第1期,第62页。

⑥ 吴光等编校:《王阳明全集(新编本)》,杭州:浙江古籍出版社,2010年,第784页。

阳明结识的雩都何春、何廷仁、黄弘纲也闻风前来谒见王阳明，①听其讲学，并陪游罗田岩（善山）。王阳明一行特去拜谒了罗田岩濂溪阁，而后王阳明作了一首怀周敦颐遗咏的怀古诗《游罗田岩怀濂溪先生遗咏诗》②。

五月初八日归赣后，王阳明上《闽广捷音疏》报捷，以及《申明赏罚以励人心疏》以请求朝廷给予令旗令牌，明赏罚之典以便宜行事。有学者指出，同日王阳明还曾札致兵部尚书王琼，即《王阳明全集》卷二七《与王晋溪司马·二》。③而据此札内容："贼巢积聚亦为一空……况敢暮夜扑剿……其在南、赣，实创见之事矣……今各巢奔溃之贼，皆聚横水、桶冈之间。"应是指正德十二年（1517）六月二十日子时官军夜袭南安诸寇，焚其积聚一事。故此札当作于七月初五日，并与《议夹剿兵粮疏》《南赣擒斩功次疏》一道送往京师。④

结　语

从王阳明的《与曰仁诸弟书》可知，尽管面临艰难的处境与复杂的形势，王阳明仍不顾病体羸弱等一系列困难，最终毅然临危受命，走上了前往赣州的艰辛赴任之路，并竭心尽力地承担起了巡抚八府一州的历史重任，真正做到了舍小家为大家。然其身处庙堂之上、离乡万里之远，却仍不忘心系山泽草野，以及对故乡亲朋热烈真挚的怀念，对子弟门人学道成仁的期许，对早日归乡的衷心盼望，其内心的苦酸甜辣都栩栩展现于手札方寸之间，一位内心

---

① 正德六年（1511），王阳明在吏部任职，为会试同考试官，受学门人日众。这年何春、何廷仁、黄弘纲或皆来京师参加会试并得识阳明。于是次年四月，何春开辟观善岩（罗田岩）读书讲学其中，并请王阳明为其作序，王阳明遂为其作"观善岩"大字与《观善岩小序》。王阳明归赣后，黄宏纲、何廷仁等先后来向其受学。参见束景南：《王阳明年谱长编》，上海：上海古籍出版社，2017年，第659～660页。

② 束景南：《王阳明年谱长编》，上海：上海古籍出版社，2017年，第942页。

③ 束景南：《王阳明年谱长编》，上海：上海古籍出版社，2017年，第943页。

④ 传说，王阳明回到赣州后还亲笔题写了"功泽弘庇"四个大字送往会昌，并遣会昌知县林信亲往翠竹祠代谢。后来，会昌人便将王阳明题赐做成巨幅鎏金匾额，悬挂于翠竹祠内。当然，今天所见此匾字体上与阳明先生手书似有差异，不知是其间毁于战火后后人模仿重拟，还是当初阳明先生并未题字，因为县志里关于祈雨事记载之外，对匾额一事并无文字表述。

情感复杂而丰盈的超脱圣人形象于是乎跃然纸上。与此同时,《与曰仁诸弟书》记述翔实可据,澄清了王阳明何时抵赣莅任、何时赴漳南平寇等一系列尚待厘清的历史问题,对于研究王阳明赴任南赣巡抚初期的一些历史节点有着重要的史学价值。此外,对于王阳明自漳南凯旋归赣途中的史实,也值得我们做进一步的探索。

附表　王阳明督军漳南战役前后所上奏疏、所发公文及家信诗文

时间	王阳明所在地	王阳明所上奏疏、所发公文及家信诗文
正德十一年(1516)十一月二十五日	杭州	作《批漳南道教练民兵呈》批复福建兵备佥事胡琏伺机剿贼
正德十一年(1516)十一月二十六日	杭州	作《批漳南道进剿呈》批复胡琏相机剿贼
正德十二年(1517)正月初(以下均为此年)	南昌等地	颁《剿捕漳寇方略牌》授闽广二省进兵方略
正月十六日	赣州	颁《巡抚南赣钦奉敕谕通行各属》
正月中下旬	赣州	颁《选练民兵》《十家牌法告谕各府父老子弟》《案行各分巡道督编十家牌》《告谕各府父老子弟》《案行广东福建领兵官进剿事宜》
正月二十六日	赣州	上《谢恩疏》,致札《与王晋溪司马·一》予兵部尚书王琼
二月十三日	赣州	作《与曰仁诸弟书》致徐爱等
二月中旬	赣州	有手札致湛若水,告南、赣战事,论儒、释之道
二月十三日之后数日	赣州	《案行漳南道守巡官戴罪督兵剿贼》斥责闽粤失事官员,并要求其加强协调,伺机破贼
二月中下旬	汀州	作《丁丑二月征漳寇进兵长汀道中有感》
二月二十五日	上杭县等处	上《给由疏》
二月二十五日后数日	漳州府等处	颁《案行领兵官搜剿余贼》令官军乘胜速攻可塘,搜擒余猾
三月十五日	同上	上《参失事官员疏》
三月中下旬	同上	作《与希颜台仲明德尚谦原静》贺其门人高中进士
三月下旬	同上	颁《奖励福建守巡漳南道广东守巡岭东道领兵官》《告谕新民》,作《游阴那山》诗二首
四月上中旬	漳州府(回上杭途中)	作《回军上杭》诗与《祈雨辞》
四月十三日	上杭	作《喜雨三首》

续表

时间	王阳明所在地	王阳明所上奏疏、所发公文及家信诗文
四月十七日	汀州	作《闻曰仁买田雪上携同志待予归二首》答徐爱，作《书察院行台壁》《时雨堂记》与诗《题察院时雨堂》
四月三十日	瑞金	作家书《赣州书示四侄正思等》
五月初一日	瑞金	作《祈雨二首》
五月初五日	雩都	作《东山寺谢雨文》《昭告会昌显灵赖公辞》与诗《还赣》
五月初六日左右	雩都	作诗《游罗田岩怀濂溪先生遗咏诗》
五月初八日	赣州	奏《闽广捷音疏》《申明赏罚以励人心疏》

草稿与语录体：从草稿思维看
王阳明的《传习录》

陈永宝

厦门大学哲学系

前　言

　　草稿（sketch）是艺术创作过程中的一种形式，也是一种思维方式。与之相关的类似概念为素描、图示。相比而言，后两者在某一个层面上均是草稿思维的"再描述"或"具体化"，三者常常混合使用。因此，我们既要草稿思维，又需要将其与素描与图示等诸多概念放在一起进行讨论，方可将问题说明清楚。

　　草稿思维的一种重要表现形式是素描，因此，我们借助于对素描的诠释即可揭示理解草稿思维的主要特征。让-吕克·南希（Jean-Luc Nacny）指出：

　　　　素描是形式（forme）的敞开。这可以用两种方式来思考：一个开端、启程、本源、遣派、冲动或草拟的意义的敞开。根据第一种意义，素描唤起了描绘的姿势而不是被描摹的形象。根据第二种意义，它指示了形象的本质的未完成性，形式的未完成结或非整体化。无论以何种方式，素描一辞保持着一种动态的、活力的、发端的价值。①

――――――――――――

① 让-吕克·南希著，尉光吉译：《素描的愉悦》，郑州：河南大学出版社，2016年，第1页。

这里，让－吕克•南希通过素描给出了草稿思维的四个特征：原初性（开端、启程、本源、遣派）、潜在性（描绘的姿势而不是被描摹的形象）、未完成性（非整体化）和目的指引性（动态的、活力的、发端的）。这种思维与中国美学思想中的"不了"思维十分相近。幽兰（Yolaine Escande）说：

> 中国文人绘画与书法，尤其是草书，与"不了"之画，所强调的并不是已完成的图作，亦即立刻能了解、无需解释，而不引起任何争论的图作；反而强调"不了"的画，让观者按照自己的想象力与感受去理解的草稿的图。但由于这种图作并不是之后完成的作品的第一个阶段，只能称之为"迹"，是能够"印"人"心"之"迹"。①

这里，幽兰所表达出来的也是一种草稿思维，亦是在突出草稿思维的原初性（迹）、潜在性（让观者按照自己的想象力与感受去理解）、未完成性（不了）与目的指引性（"印"人"心"之"迹"）。草稿思维并不仅只是中国艺术绘画中关于草图、素描、笔画等技艺手法的描述，在中国古人的世界里更表现为一种对世界的思考方式，这便是"文从道出"②的思想。这种思考方式在中国哲学的研究领域，表现出来的形式多为格言和语录体的文体样式。这两种形式，主要是通过几句简短的话将人的思维从困顿的窘境中脱离出来，重新赋予它一个新的开端、发展空间、不具体约束，以获得精神上的指引，这是中国传统思想中的一个典型特征。而这一特点，类似于禅宗的"答非所问"的传道之法，以"非明晰性"的特点为受困者打开一个思维的前空间或新向度，但两者不能等同。

---

① 幽兰：《草稿与不了的颂扬：中国艺术词汇的美学解析》，《哲学与文化》2018年总第534期，第27页。
② "文从道出"或"文道合一"的思想出自《朱子语类》。朱熹说："道者，文之根本；文者，道之枝叶。惟其根本乎道，所以发之于文，皆道也。"参见黎靖德编：《朱子语类》，北京：中华书局，1986年，第3319页。

一、草稿思维与中国文化

什么是草稿？刘千美指出：

> 草图的法文esquisse、英文sketch，均来源自意大利文schizzo，含有
> 急忙草率的暴力倾向之意。不过，在欧洲的词典里，通常从艺术作品的
> 角度来定义草图的内涵，亦即，草图是未完成的、草略的画；画家用草图
> 画出最初的意念、作为后来有可能呈现细节的作品的预备。①

幽兰将草稿思维做了进一步详细的诠释，指出：

> 以法文与欧洲语言来说，草稿、草图、略图（esquisse/sketch）首先
> 是指之后完成的作品的"首要阶段"（un"premier temps"）。另一个意
> 义则与esquisse一字的字源有关。据法文字典esquisse源自意大利文
> schizzo。原意是"泼洒的液体造成的污点""泼出的污水"（tache que fait
> un liquid qui gicle）；意味"匆匆忙忙作的事"（faire sur le champ, travailler à
> la lâte），总含有急忙草率的暴力倾向。②

以上两则材料的核心在于"首要""初次体验""对想象的许诺"③，它们亦
是草稿思维的典型特征。草稿思维所针对的既是作品完成前的第一个阶段，
也指相对于"已完成的作品"的一个参照存在。

草稿思维在中国哲学或中国文人艺术思想里是较为常见的。幽兰说：

---

① 刘千美：《草稿思维与艺术实践专题》，《哲学与文化》2020年总第550期，第1页。

② 幽兰：《草稿与不了的颂扬：中国艺术词汇的美学解析》，《哲学与文化》2018年总第
534期，第27～28页。

③ 幽兰：《草稿与不了的颂扬：中国艺术词汇的美学解析》，《哲学与文化》2018年总第
534期，第28页。"对想象的许诺"是狄德罗（Denis Diderot，1713—1784）1765年的《沙龙》
中的说法。

中国传统文人绘画理论,所重视的与工笔画相对比的"写意"画,可以说是与草图很有关的画。简言之,中国文人艺术理论与实践主要关心的不是华丽色彩完成的工笔画作品,而是草稿、草图、"不了"之类的作品。①

这也就是说,在中国传统文人的思维中,以"虚空""不了"等核心观念构成了文人创造的一个追求向度,即超越时空,不为时空拘囿。准确来说,唐宋之际所产生的文人思想风气更接近于这种虚静的创作模式。

在中国的传统思维中,文人对时空对人的拘囿是持警惕状态的。自先秦以来,他们就以各种形式(书、画、文等)的创作来突破时空对人的约束,以求突破对时空的狭隘偏见。于是,中国古代先民追求一种超时空的评价维度,如庄子说:"正则静。静则明。明则虚。虚则无为而无不为。"(《庄子·庚桑楚》)。这是中国古代文人对时间的一个基本衡量标度。老子的"虚而不屈,动而愈出"(《道德经·第五章》),荀子的"虚一而静"(《荀子·解蔽》),张载的"太虚无形"(《正蒙·太和篇第一》),朱熹的"虚明不昧"均是这种思想的表达。而这一特点,在草稿思维中得到了充分表达。

草稿思维对时空的把握,亦可看成徐复观对中国古代文代思想中"不将不迎"思想的表达。徐复观说:

> 知物而不为物所扰动的情形,正如镜之照物。"不将不迎",这恰是说明知觉直观的情景。其所以能"不将不迎",一是不把物安放在时空的关系中去加以处理。因为若果如此,便是知识追求因果的活动。二是没有自己的利害好恶的成见,加在物身上。因为若果如此,便使心为物所扰动,物亦为成见所歪曲。②

也就是说,草稿思维正体现着中国传统哲学中的时空观。中国古人以时

---

① 幽兰:《草稿与不了的颂扬:中国艺术词汇的美学解析》,《哲学与文化》2018年总第534期,第28页。
② 徐复观:《中国艺术精神》,台北:学生书局,1966年,第82页。

空为存在空间，却不受时空所限。他们以时空作为安身立命之道，却期望逃脱出时空而寻求自我存在的新境界。这也就是中国古代文化，特别是两宋文人追求的一个创作的动力与目标指向。这也是一种草稿思维。

这种现象在宋代绘画上表现为一种"留白"，而在文字中则表现出"无须多言"。实际上，我们的古文体系，也意图在用最少的文字表达出可理解的事物镜像。他们之所以如此选择，除了时代的文风使然，还因为后人的解读保留出"可诠释的空间"，而不将"空间锁定"致无法展开。

当然，草稿思维本身并不完美，有一定的缺憾性。正如其定义中所言，它是完成的作品的"首要阶段"，有着"匆匆忙忙"的外显特征，给人一种"急忙草率的暴力倾向"。因此，它常被看成是"泼洒的液体造成的污点""泼出的污水"也就不足为奇。如果以作品的完整度作为标准来进行衡量，草稿无疑就是一种"垃圾"，即"泼洒的液体造成的污点""泼出的污水"。这就如同作家或画家在创作过程中，由于对"已画（作）之物不满意"，愤然将其撕毁而投入垃圾桶里的那个废纸一样，看似没有任何价值。

但草稿的价值也正是在于这种"愤然"。因为这种"愤然"所体现出来的是作者创作中的"真实"，这也是西方近些年来对草稿感兴趣的一个原因。虽然成熟的完整作品可以给人一种精神震撼，但草稿所展现出来的那种"残缺"却是一种临近的"真实"。无疑，草稿是贴近人本身的。

中国古代思想自宋以后，以人为核心的文道取向日渐明显。吴中杰指出：

> （北宋中期）儒学和美学是互为动力的两个方面，二者同是围绕"庆历新政"的社会现实而展开的。……适应儒学尊道宗经的需要，在美学领域里也出现了一股经世致用思潮，这就是自觉地要求文艺为政治改革和社会改革服务，摆脱宋初孱弱无力的文风。①

以上既可见北宋中期以后书文与绘画之间不可分割的联系，亦可见书文与绘画中体现出对"真实"感的追求与向往。因此，宋明理学一代的文人中，

---

① 吴中杰主编：《中国古代审美文化论》（第一卷），上海：上海古籍出版社，2003年，第284页。

既有入世的对真实世界的体悟与感知,也有对超越世界的追求与向往。这是草稿思维的一个典型特征。

在中国古代留存下来的文本中,草稿式的文本得以流传的较多。这些草稿式的文本主要表现为诗、词、歌、赋和语录体著作。如儒家的《论语》,道家的《老子》等;唐代的诗;宋明诗、词与语录体文本等。这其中,语录体因摆脱了字数与格律的约束,成为有宋以来草稿思维的一个典型。如朱熹的《朱子语类》、王阳明《传习录》。这些语录体文本既有因简练而带来的传播广义性,也有因草稿思维带来的灵活性与实用性。语录体的草稿思维,既打开了解惑的渠道,又为行动者保留了行动的自由。

二、草稿思维与语录体

一般认为,语录体是理学家由佛教禅宗的传道方式而引入理学体系中,如清朝学者江藩(1761—1831)和钱大昕(1728—1804)曾坚持理学家的语录体来自佛教的说法,[①]但这种说法明显存在着问题。陈立胜说:"语录体的兴起一般都追溯到那些重视口传的禅宗大师门。……不过,需要指出的是……后来流行的唐代禅师的语录体著述如《大珠慧海禅师语录》《庞居士语录》等,多是在宋以后加工形成的。"[②]可见,理学家的"语录体"来自禅门的学说,虽不是空穴来风,但不能简单判断其禅宗之源。其中可以指出的是,之所以有此判断,是因为语录体本身体现出来的"不拘囿于时空"与"当下表象"的特点,这颇类似于禅宗悟道之法。

---

① 江藩指出:"儒生辟佛,其来久矣,至宋儒,辟之尤力。然禅门有语录,宋儒亦有语录;禅门语录用委巷语,宋儒语录亦用委巷语。夫既辟之而又效之,何也?盖宋儒言心性,禅门亦言心性,其言相似,易于浑同,儒者亦不自知而流入彼法矣。"(江藩:《国朝汉学师承记（附国朝经师经义目录 国朝宋学渊源记）》,北京:中华书局,1983年,第190页)钱大昕说:"释子之语录,始于唐;儒家之语录,始于宋。儒其行而释其言,非所以垂教也。君子之'出辞气,必远鄙倍'。语录行,而儒家有鄙倍之词矣。有德者,必有言;语录行,则有有德而不必有言者矣。"(钱大昕著,陈文和、孙显军校点:《十驾斋养新录》,南京:江苏古籍出版社,2000年,第382~383页)

② 陈立胜:《理学家与语录体》,《社会科学》2015年第1期,第130页。

对于宋明学者，语录体开启了诠释思想的一种全新方式，演化为一种经世致用的新文风。语录体的再次出现反映了宋代"以俗语为书"的时代风气。①这既反映了宋代经济发达对文学的促进，也说明了一种新的教育思维的出现与兴起。

然而，明清之后，语录体逐渐退出历史舞台。这既有语录体本身存在的问题，也有对语录体解读时读者所出现的问题。

首先，我们先看一下语类体文本存在的问题。陈立胜总结了以下几条：一是语录体文本存在之可理解的问题。也就是说其中的大量俚语、俗语与方言的摄入，会给后来阅读者带来理解上的困难。二是语录体存在可信性的问题。大多数的语录体多为弟子记诵师说，因其门人资质不同，有曲解之嫌。三是语录与经典的关系问题。这个问题的指向是侧重经典还是固守师说的关系问题。因语录体"显则易明，畅则易入，近则易信，亲则易从"的特点，故难免有守师说而轻原典的弊端。②这些问题发展到明清之际，出现了"因语录而废经典"和"因语录而废文章"两个弊端。为清人袁衷（1502—1547）、田艺蘅（1524—？）、顾炎武（1613—1682）等人所批。

其次，需要明晰的是，因语录体存在的问题是语录体本身的问题，还是语录体使用者所出现的问题？这是讨论语录体的关键。也就是说，后世学者因语录体而废弃对经典的学习，显然我们不能将这个问题的归因安置在语录体本身之上。如同我们不能责怪《诗经》的关雎篇有诱人淫乱之嫌，语录体对经典的拒斥，不是语录体本身的问题，而是一种"对语录体解读的失误"。因为语录体作为一种文体，是对经典的有效补充。它本是与经典互为支撑，为经典的传播起到积极作用，为何出现买椟还珠的现象，这值得我们深思。

于是，问题的朗现似乎指出了解决的方向，即要求我们从明清之际的批判视角看语录体的思维中跳脱出来，重新用草稿思维介入和解读，似乎可以找语录体问题的源头及其本有的存在意义。

以上所述，草稿思维的核心观点有原初性、潜在性、未完成性与目的指引性四个方面。于是，我们可借用草稿思维的这四个特点来重新审视语录体文

---

① 陈立胜：《理学家与语录体》，《社会科学》2015年第1期，第130页。
② 陈立胜：《理学家与语录体》，《社会科学》2015年第1期，第138～139页。

本，得到完全不同于清人的理解世界。

首先，语录体所记载的文字均为师说的原初思想。这也就是说，门人弟子虽可能资质不同，但所记载的背景均为"师说"。这种原初性不是再创造和再发展，而是基于原初语言的记述。即使存在南宋黎靖德等对《朱子语类》的再编排，但朱熹的原话是"原初性"依然未曾改变。这个"原初性"因其脱口而出，不加修饰，往往更能显示出语者的"真"。这个"真"相对于他完整的文本体系（如书信、札子等），由于直接面对受众（门人、听者等），所呈现出来的是更接近于"师者"真实的"当时想法"。这符合草稿思维中的"原初性"特征。

其次，语录体是存在巨大的潜在性的。相对于完整的书信与札子，师者个别的语句更加具有可启发的空间。如《朱子语类》中记述："天有春夏秋冬，地有金木水火，人有仁义礼智，皆以四者相为用也。"①此句前无背景铺陈，后无解释之语，读者观其语句，各有内在的解释。也就是说，语录体因此缺失了时空环境的限制，多给了读者一个自由发挥的空间。

再次，语录体多是未完成作品的语句集合，这与格言相似。以通常的思维来看，"未完成的"应不具备实用价值或理论价值。如前者缺乏功能的完备性，后者缺乏逻辑的一贯性。因此，在很长的一段时间内，语录体语句因逻辑的有待考证，及语句之间的逻辑矛盾，常被学者质疑存在的合理性与合法性。这是一种常识思维，或者说是一种非草稿思维。这种思维的结果是拒斥语句发展的"可能性"。也就是说，在一般的思维框架中，语句是"死"的，是固定不变的；但在草稿思维中，语句是"活"的，是可以发展或生长的。而后者这个发展与生长，既不改变语句原来试图表达的含义，又因自由量度而有扩展和发展壮大的可能，给了后人诠释的空间。

最后，"未完成性"提供了一种潜能，一种"如何都可以"的"自由潜能"。它没有束缚，自由自在，但又在规定的方向之中。这如同射线一线，方向恒定，发展无限。这就是目的指引性。近代学者对朱熹关于理气理论中语句的解读，也出现了不同方向与判定结果。朱熹说："或问'理在先，气在后'。曰：'理与气本无先后之可言。但推上去时，却如理在先，气在后相似。'"②冯友兰认为

---

① 黎靖德：《朱子语类》，北京：中华书局，1986年，第11页。
② 黎靖德：《朱子语类》，北京：中华书局，1986年，第3页。

朱熹这里用的是"逻辑在先"的标准,牟宗三认为朱熹用的是"形而上的先在"的标准,而劳思光则认为朱熹用的是"理论次序"的标准。[①]学者们关于朱熹的这条语录体文字的多维解读,不能得出"某位学者错了"的结论,而是印证了语录体本身具有草稿思维的自由、多维和目的指引性的特点。

这犹如我们素描是在白纸上划几条基本的轮廓线条,那么这个"素描画"的基本范围就被确定下来了。这就是说,无论我们是否选择继续"画"下去,"画"本身已经目的实现而不能改变。但是,在这个轮廓上是继续添加几笔,或者着上不同的颜色,或是改变自己的绘画初衷,都是可以的。这是这个草稿思维的自由。

因此,草稿既是一种围绕确定性而产生不确定自由的开始,亦是不确定性得以存在的根基。语录体同样存在这样的特点:一个语句出现后就不会消失,它是确定的;但是,在它的基础上添加语句或者做多维诠释,都是可以被接受的。语句因其强烈的目标指向与未完成性,使自己区别于书信与札子等确定性文本,本身有了生命,也就有了活力。

三、《传习录》的草稿思维

在中国哲学的研究领域,草稿式的文本存在较多。以儒家为例,记录孔子言行的《论语》,记录朱熹言行的《朱子语类》及记录王阳明言行的《传习录》,均是这种思维的典型代表。语录体相对于书信体、札子、行状等文体,表现出来的是一种未完成性。但它与诗、词、歌、赋等还不一样,具有明显的指向性。也就是说,语录体既不是漫无目的的随感而发,也不是一篇完成的、清晰的观点叙述。它更像一个指路者,将行走的方向向问路者指出,又无法告知问路者具体的路程详情(还有多远、几个路口、有无危险)。也正因为如此,语类体给人以框架,却又不束缚人的思维,似乎要完成的目标是孔子所言的"从心所欲不逾矩"(《论语·为政》)的思想境界。

---

① 陈永宝:《论朱熹"理先气后"的界定标准》,《三明学院学报》2018年第5期,第86～87页。

(一)《传习录》的原初溯源

王阳明在《传习录》中对徐爱等弟子的回答，是建立在对朱熹《四书集注章句》的讨论背景下。这是本语录体文稿存在的原初性根基。在阳明的众多语录中，他表达的，一是对朱熹思想中天理人欲思想的肯定，二是对朱熹思想的修正与评判。王阳明说：

> 必欲此心纯乎天理，而无一毫人欲之私，此作圣之功也。必欲此心纯乎天理，而无一毫人欲之私，非防于未萌之先，而克于方萌之际不能也。[1]

王阳明的此段论述明显继承了朱熹的"灭人欲，存天理"之说，这是他对朱熹思想的肯定。这其实决定了朱熹与王阳明不论从哪个角度来看，都应该属于一脉，而不是并列的两支。至于王阳明的致良知一说，也是对朱熹思想的继承和发展，而不是对陆九渊思想的照抄。因此，无论从何种角度来说，朱熹与王阳明并不能被说成是两支、两脉，甚或是对立的两端、两极，而应该认为王阳明是对朱学的继承与创新。但王阳明对朱熹思想的修正与评判，也是非常显见的。这常被后世学者用来进行二者的区分。

邓艾民在《传习录注疏》中指出：

> 王守仁以"恻隐、羞恶、辞让、是非即是气"，与朱熹说微有不同。朱熹认为四者是情，情虽与气有关，但看说明情是"性之动"或"性之发用"，很少直接与气相联而言。[2]

刘述先也指出：

> 阳明之学虽与朱学格格不入，其学始于格物新解，即以朱子为批评

---

① 邓艾民注：《传习录注疏》，基隆：法严出版社，2000年，第213页。
② 邓艾民注：《传习录注疏》，基隆：法严出版社，2000年，第200页。

之对象。晚年写"大学问"，对其本身的体验自有种透澈的发挥，然其理论之规模却仍需要借朱子之以反而益显。在此义下，也可谓朱学为王学之一重要渊源。①

这足见王阳明的《传习录》与朱子学的原初性关联。王阳明的弟子钱德洪指出：

> 昔南元善刻《传习录》于越，凡二册。下册摘录先师手书，凡八篇。其答徐成之二者，吾师自谓"天下是朱非陆"，论定既久，一旦反之为难。②

同样也足见上述的关联。也就是说，从草稿原初性的角度来看，《传习录》并非小说式的从无至有的创造，也非诗歌式的感性而发，而是基于前期朱熹遗留文本的再思考。这个启示是《传习录》在草稿思维中凸显的"迹"。

（二）《传习录》的潜在发展

王阳明语录中备受学者关注的应为天泉证道。

> 丁亥年九月，先生起复征思、田，将命行时，德洪与汝中论学。汝中举先生教言曰："无善无恶是心之体，有善有恶是意之动，知善、知恶是良知，为善去恶是格物。"德洪曰："此意发如何？"汝中曰："此恐未是说究竟话头；若说心体是无善、无恶，意亦是无善、无恶的意，知亦是无善、无恶的知，物是无善、无恶的物矣。若说意有善、恶，毕竟心体还有善、恶在。"德洪曰："心体是'天命之性'，原是无善、无恶的；但人有习心，意念上见有善恶在，格、致、诚、正、修，此正是复那性体功夫。若原无善恶，功夫亦不可消说矣。"③

① 刘述先：《朱子哲学思想的发展与完成》，台北：学生书局，1982年，第517页。
② 邓艾民注：《传习录注疏》，基隆：法严出版社，2000年，第148页。
③ 邓艾民注：《传习录注疏》，基隆：法严出版社，2000年，第394页。

《传习录》的这段记述，表现了它作为语录体在传承中出现的分歧。这里王畿（1498—1583）点明了争论的关键点在于"话头"。这是语录体最显明的特征。如果将上面这段文字看成一个确定而完整的对话，将会对王阳明思想逻辑产生歧义性的理解。即使王阳明本人给出回应，这个由歧义性的理解所导致的逻辑矛盾现象还是一直存在。王阳明说：

> 二君之见，正好相资为用，不可各执一边。我这里接人，原有此二种，利根之人，直从本原上悟入，人心本体原是明莹无滞的，原是个未发之中；利根之人一悟本体即是功夫，人已内外一齐俱透了。其次不免有习心在，本体受蔽，故且教在意念上实落为善、去恶，功夫熟后，渣滓支得尽时，本体亦可尽了。汝中之见，是我这里接利根人的；德洪之见，是我这里为其次立法的。①

我们暂且不管王阳明是否具有调和的倾向，单从王阳明给出的解释来看，这亦是一个无限追问逻辑的难题：利根之人和习心之人在逻辑上如何区分。也就是说，这还是一个语录体的草稿思维问题，依然需要进一步的诠释与发展。不管王阳明是否对"四句教"做出解释，诠释的潜在性依旧存在。而这种潜在性，既有王学的发展的可能，亦也消亡的可能性。

（三）《传习录》的未完成性

《传习录》的潜在性标明了它本身未完成性的特点。所谓的"未完成性"，除了前面谈到的潜力，还有一个方面就是"非完整性"。从这种角度说，即使我们暂不考虑《传习录》成书过程中的删减与编排，只以它呈现出来的当代样式，便足以说明它存在的价值与意义。

实际上，未完成性的特点使《传习录》为后世学者的诠释保留出一定的空间。在这个空间内，解读者会像"欣赏画作"一样展开各种联想，用自我在此观时所产生的思想来脑补《传习录》中的语句含义，给出一个自我想要的或适

---

① 邓艾民注：《传习录注疏》，基隆：法严出版社，2000年，第394页。

合自己的解答。因为这个解答有自我参与的成分，它不再是复制式或者命令式的被动接受，而是主动式的自我参与。读者不需要完全赞同王阳明及其门人的观点，如对朱熹晚年定论的评价是否合理，对致良知思想的诠释是否到位，这些将不再是读者面对的问题。

对于读者而言，《传习录》的未完成性是开启读者思考的燃点，至于如何知、行，则是读者理解后所做出的决定，因而读者的选择不是对王阳明思想的命令式执行。因此，以草稿思维来看《传习录》，读者与王阳明都是自由的。王阳明不会对读者负责而成为他自己；而读者也不用推卸责任要学会为自己负责。因此，从草稿思维来看，刘宗周（1578—1645）对王阳明及阳明后学的批判在读者这里均可以被忽略。于是，读者不再被哲学史的知识体系拘囿，也不用被过多的"负面评价"所牵制，而只与作者对话，并汲取对自己有用的思想营养。

从未完成性的角度来看《传习录》，读者既不必计较他的天理思想与朱熹天理思想的异同，也不必在意他给出的"朱子晚年定论"是否合理，甚至不必关切冯友兰、牟宗三、劳思光、刘述先等当代儒者对他的评价。读者只需要直接面对文本，体会文本直接呈现出来的"感觉"，像欣赏一幅画作一样，与《传习录》思想本身产生某种共鸣。

而对于诠释的是否正确，能否符合王阳明的原意，及这种诠释是否得当，已经不是读者的重点。这种草稿思维更接近于王阳明的"知行合一"思想。由此，读者不必担心被晦涩的文字阻隔，亦不必担心权威思想的介入，因此这个思想构成的一部分，是读者与王阳明共同完成的结果而与他人无关。

（四）《传习录》的想象力与启示

在中国传统的绘画领域，讲究"意在笔前"与"画在意在"，这在中国传统的绘画创作上并不是什么新奇的思想。但这种思想鲜见于对理学作品的解读。特别在科学和技术思想的干预下，我们对宋明理学的解读偏向"对与错"两个维度。这是有问题的。

无论是《朱子语类》还是《传习录》，它们存在的价值不能被简单地局限在知识的传授和道德的训导，而应该是激发读者想象力并给予道德的启示。也就是说，我们对宋明理学的存世文本的研究，并不应该完全局限于"复原"古本或原意这些简单的维度。虽然这很重要，但复原一个当代"朱熹"，或是一个当代"王阳明"对现实生活的意义不大。相反，以他们的思想为起点，融合当代生活中的各种元素，才是研究宋明理学应有的一条路径，这也是王阳明提倡的"知行合一"思想。

在草稿思维中，想象力与启示性是两个重要的方面。当这两个方面与《传习录》遭遇，我们所看到的就不再是"教条式的文字记述"，而是一幅以"书的样态"呈现出来的"画作"。在阅读过程中，因读者的主要目的只在想象力与启示性上，因此不必介意"自己的理解是否符合王阳明本意"；不必在意语句中"哪里需要读，哪里可以省略"；不必完成将其一口气读完，可以不受时空的限制，一切顺其自然，在阅读中体会着孔子所言的"从心所欲不逾矩"的境界。

在草稿思维中，我们可以暂时从对错、好坏的价值判断思维中解脱，因为草稿思维中发掘的就是作品本来带来的启示。因此，在王阳明众多的文本中，《传习录》的语录体体裁先天比其他完整的作品更具吸引力，就源于它给读者带来的"读书在于读己"的思想体验。

结　语

对于王阳明《传习录》的解读浩如烟海，使人眼花缭乱。众多研究成果中的复原思想（符合王阳明原意）、比较思想（其对朱熹的解读是否符合朱熹本意）、逻辑论证思想（道德的逻辑论证）虽异彩纷呈，但于普通民众用处甚微。于是，研究成果逐渐成了学者之间评断写作功力的谈资，这其实违背了王阳明立学致用的初衷。同时，由于部分学者拘囿于对《传习录》"正确"的解读，在研究过程中也出现逻辑至上和史料真理等的局限，进而导致语录体在知识论思维拷问下无法立足，而处于式微的状况。陈立胜总结说：

> 至于王阳明之《传习录》，有正说，有反说，有庄说，有谐说，有横说，有竖说，有显说，有密说等，表达之生动性与多样性，在理学语录类已臻化境。阳明之后，亦不乏语录著述问世，但无论从思想的深度抑或是表达的多样性看，难免给人江河日下之感。而随着反理学思潮对语录体的

批判，语录体走向式微，也就顺理成章了。①

　　这里点明了旧有思想对语录体研究产生的问题，也反映了《传习录》在传承中由于过多的限制而式微的趋势。

　　综上，草稿思维是一种以美学角度来探讨问题的方式，它避开理性的、逻辑实证主义的思维来看待文本。将文字文本上升到画作的角度来欣赏，可为王阳明理学的传播提供一条新路。当然，这种角度本身也存在着风险，可能出现语录体文本面临的"因语录而废经典"和"因语录而废文章"两个弊端，这也是需要被注意的。总之，用草稿思维来看《传习录》，探讨一条研究《传习录》的新路，需要被包容，也需要被发展、修正和总结。

---

① 　陈立胜：《理学家与语录体》，《社会科学》2015年第1期，第140页。

熊十力与王阳明*

陈迎年

华东理工大学哲学研究所

前　言

阳明心学具有怎么样的当代价值？是政治哲学的，还是思辨形而上学的？是道德的，还是知识的？等等。现代新儒家特别是熊十力在这方面的先行讨论，无法回避。

熊十力不仅开创了学宗阳明的"熊十力学派"，而且这也可以借指近代中国受王阳明影响的"哲学家群体"。对于自己学宗阳明，熊十力并不讳言，甚至把阳明推举为孔子之后几千年中的第一人。熊十力也曾以阳明自比，其体用论、天人论等都可以看作是对王阳明"良知"的当代价值的揭示。①不过，熊十力又不断强调自己归宗于《易》。这样，《易》与阳明心学的关系，或者说阳明的"良知"如何继承发挥了"大易"，便不能不成为考察的焦点。

---

*　本文为国家社科基金后期资助一般项目"国家与心性：牟宗三政治哲学批判"（19FZXB063）的阶段性成果。

①　把熊十力的体用论、天人论当成是王阳明心学的当代诠释，来说明阳明心学的当代价值，似乎会遭遇些许尴尬：对于熊十力的体用论、天人论，论者也是众说纷纭，莫衷一是。换言之，我们本来想以 A 来说明 B，但现在 A 并不比 B 更好理解，那么 A 是否选错了的问题便生起了。不过，众说纷纭、莫衷一是也可以不是一种缺乏，而恰恰表明熊十力搔到了王阳明的某个痒处，因此才能吸引众人的讨论，指示出阳明心学当代价值的某种可能性。从可能性出发，这里追问的重点是，对熊十力的"玄学"的众说纷纭，揭示了王阳明"心学"的现代转化过程中的何种困境？

一、良知即本体

王阳明与熊十力都把良知与《易》牵系一处。

且不论阳明玩易，仅熊十力《读经示要》"略说六经大义"，首讲《易经》，却是洋洋洒洒，比重大过其他五经的总和。按熊十力的理解，《易》为五经之原，五经根本大义，皆在于《易》，于是理解了《易》，便等于理解了孔子，理解了儒家文化。但易道广大，如此重要的《易》之"要"又何在呢？熊十力指出："乾坤为《易》之纲宗。纲宗得，而全《易》可识矣。"由此出发，熊十力在乾与坤、心与物、阴与阳、翕与辟、天与人、质与力、理与气、理与欲、形与神、形与性、能与所、善与恶、治与乱、君子与小人等的"相反相成"中，盛言天人不二、体用不二、翕辟成变、生生不息诸"相反相成的法则"，把本体、实体、道体、仁体、心体等理解为"相反相成的整体"。

良知方面，阳明学以致良知立宗，良知者，"本心之良知"也，"吾心之良知"也，即是天理，即是心之本体，即是性，即是《易》。这真可谓"打成一片"。总的来说，"打成一片"也就是心即理、心即性、知行合一、天人合一、有无不二、体用不二等。但是，既然已经"打成一片"了，那么除了证会默契之外，又如何能够分而言之呢？难道每一次言说本身，不也就存在着对"打成一片"的破坏与背离吗？《传习录》下有一条。侃问："先儒以心之静为体，心之动为用，如何？"先生曰："心不可以动静为体用。动静时也，即体而言用在体，即用而言体在用，是谓'体用一源'。若说静可以见其体，动可以见其用，却不妨。"熊十力赞其为"证真之谈"，并接着强调说："所以，体用可分而实不可分。此意只可向解人道得，难为不知者言也。""实不可分"即"打成一片"，"可分"显然只能是"证真"之后的方便事情，即阳明所谓"横说竖说皆是"之乐矣。两方面结合，熊十力说良知即本体，有如下环节。

1.即用显体，把阳明的"良知""本心"解释为"本体""实体"，即是乾坤"相反相成的整体"。

熊十力自谓，少时读阳明"无声无臭独知时，此是乾坤万有基。抛却自家无尽藏，沿门持钵效贫儿"诗，觉得很难理解：我的心并不是先在之物，根本无法超脱天地万物，反倒是随我的身出生后方有，那么如何可以说"良知"即是"乾坤万有基"呢？后读《列子·天瑞篇》而有"脱然神悟"，实体的心也就是"宇宙的心"，或者说"宇宙精神"。不过，既然说"我"的本心、良知即是实体的心、宇宙的心，那么小大、人天之间显然还是有别的，如何"脱然神悟"的问题似乎还是未明的。从方法论上，熊十力解释说，"脱然神悟"就是"即用显体"。

2.实体是一，强调阳明心学即乾坤互含的玄学。

当熊十力把阳明的本心特别理解为乾坤相反相成的整体时，"心"便同时包括了"心"与"物"。"《新论》故指出实体即是吾之本心，此非外在，更不容向外穷索，要在反求自证，此《新论》之旨也。本心即是实体，而又曰有实体乎？是头上安头也，是妄执也，《新论》何曾如是乎？"心既是用，又是体；既是乾心，又是乾坤互含的心物整体，这当然是玄学。熊十力赞曰：中国学术本原，确在乎是，而异乎西洋学者之搏量构画。在此，本心、良知等远离了一切颠倒私欲，而得其绝对精神、宇宙精神之正，即是本体、实体。这便是"理即心"："实体是一，而其成变化，即现为万物，乃于一一物中，随在皆为其宰。《新唯识论》无非发挥此义。是故克就吾人而言，则说实体为吾人所以生之理。是理也，乃周运乎吾身之中而为之主者，故名以本心。"

3.心外无物，指出阳明建立完成了唯心论体系。

心是乾坤相反相成的整体，是本体心、实体心，则心外必然无物。熊十力表彰说："识得本心，则万化万变，万事万物，万理万德，皆反己体认而得其源。《大易》所谓大生广生之蕴，不疾而速不行而至之神，富有日新之盛，一求诸己而已足矣。"不过，心外无物既可以就传统的道德实践来说，强调生命实践中"理即心"与"心即理"的一滚和循环往复，而为玄学的；也可以特别强调知识因素，而为科学的和现代政治学的。熊十力念念不忘"量论"，原因正在此。牟宗三的良知坎陷，也可溯源至此。对良知坎陷的赞叹与挖苦等，同样能够在熊十力这里找寻到线索。

4.过墙抽梯，承认觉感心并非就是本心、实体。

这里的麻烦是，乾心与坤物实体"不一不异"，虚灵觉感心不即是本心，但本心又无法离虚灵觉感心而显。因此，本心必兼两相，吾人必须有觉感（明觉心），而同时又没有觉感（虚寂心）。没有觉感，是说这种觉感并非"思维中所构画的一种境界",或者其他任何一种意必固我;有觉感,是说吾人"亲证实在而实与之为一"。合而言之,"《新论》则直指本心,通物我内外,浑然为一,正以孟氏所谓'反身而诚'者得之,非是思惟之境"。

综上所述,熊十力对王阳明"良知"的第一层理解,是良知、本心的一滚说,把乾坤、心物、阴阳等都收摄为一,说良知就是本体、实体。相应地,这里的本体、实体也是体用的一滚说,虽标举"体"之名,但实说"法尔道理",是指天地宇宙间"阴阳相待而变化成,万物繁然并生,至赜而不可恶,至动而不可乱"的"自然"。

二、良知不即是本体

熊十力阳明学的第一层要义,便是把王阳明的良知说为本体。但是,熊十力又批评说,阳明以良知为本体"乃大谬":

> 王阳明倡致良知之学,与余今所提出之智,其义旨本相近。(先圣早以崇智之道教人,而废绝已久,余故重提。阳明言"良知",本承孔门所说之智而开演之。但阳明有时将良知说为本体,此乃大谬,盖为禅宗所误耳。若去其禅学之谬处,则良知即是智,亦不背圣学。)余最喜阳明为求智者指示用力之要在一"致"字。致者,推扩之谓。吾人于所本有之智必尽力推动与扩大之。推动之道无他,损除其害智者而已。

其中意思,分说如下。

1.良知非即是本体,而只是智。

以良知为本体,是即用显体;以良知为智,则是举体成用。即用显体,熊十力把良知理解为乾坤互含、体用不二的整体,现成具在。举体成用,则良知即便属乾心,但仍然只是心用或者说心的觉感之能,也即"智"。

2.智非即是本心,而为本心之明,是为性智。

不是心的所有的"主观义"都可以称为智,智(知、良知)只指本心之明,而不包括习心之用。因此熊十力又特别称此智为"性智"。这样的智就是"自明

之慧",也即本心的自我震动。

3.智非孤明,而必推扩。这点颇难解。先看熊十力的三段话:

> 船山抨击阳明之良知说,以为良知只是孤明,不足靠。读者每不解孤明之义。余曰:船山意谓良知只是一个空洞的知,没有情意的力用,所以说为孤明。实则船山此意,若以之言知识,当无不可;而以之言良知,便大谬。……船山以智为孤明,不独诬阳明,其于孔子所宗之仁恐犹未彻在。阳明言致良知,而坚主知行合一,则智、仁、勇三德皆备,可知已。

> 阳明反对格物,即排斥知识,则由其学杂老与禅,遂成大错。后来王船山、顾亭林抨击阳明,虽不心妥当,然其救弊之意可取也。

> 阳明言良知,则以为良知无所不知,而改变《大学》格物之本义。殊不知,民智未进时,即缺乏格物之知,其所谓道德者常是大不道。

这三段可以归为两条。第一段独自为一条,指船山"良知只是孤明"说为"大谬",认定阳明的良知定非"孤明"。但第二、三段合为一条,与上文所引"阳明有时将良知说为本体,此乃大谬"云云相呼应,似乎是说阳明的良知有孤明之弊。察熊十力意思,良知无所不知,则有封闭僵化之弊,以为"本来现成"、"本来具足"、无须他求,是为"现成良知",即所谓"孤明"。

这里似乎有个两难:若有情意的力用,有习染心,那么智虽然为开放的智、接物的智,但却不是纯净、清净的性智呈现,不是本心之明的自我震动;若没有情意的力用,那么智虽然是性智、本心之明,但却有孤明之弊,有封闭僵化之虞。于是,也就有了《读经示要》中颇近矛盾的判法。一方面认为阳明见地较朱子为深,"心即理"中已经包含、承认了心能了别"在物"之理;另一方面又批评阳明"不免遗物","过于忽视知识",失《大学》格物本义。一方面强调阳明致知之说"无可易",另一方面又认为格物之义"宜酌采朱子"。

4.心在君位,唯心论成,智还是本体。

心在君位,则智能照物复不滞于物,此时熊十力不再坚持"本心"(本体)与"本心之明"(智)的区分,反复宣说此"智"即为"本体"。这时熊十力的唯心论也就建成了。这个建体立极的唯心论虽由觉悟而来,但熊十力却强调它不能不有两步。第一步,"唯保任固有性智"。第二步,"玄学要不可遮拨量智者,见体以后大有事在"。熊十力认为:"若谓见体便游乎绝待,可以废绝量智;抑或看轻量智,以格物致知之学为俗学,无与于大道,此则前贤所常蹈其弊,而吾侪不可复以之自误而误人也。"这里的"自误而误人",是说因为特重"现成良知",阳明及阳明后学有"沦空滞寂,臒废大用"之病。一方面,熊十力认为王阳明本身无病,此病源于"王学末流""安享现成"的懒惰和情识;另一方面,熊十力又将其归于王阳明本身的未善。

但是,若站在哲学唯在见体,而见体唯在保任固有性智的立场上看,现成良知正是见道悟体,何来"自误而误人"之说?关键在于,如何理解第一步性智与第二步量智的不同?它是一种自相矛盾、一种思维不清,抑或其中有熊十力的侧重,而标示出一种判教、一种古今之辨?

三、间隙或至微

"阳明以身作则,继述孔子《大易》之道也。独惜其杂染禅法,丧失孔子提倡格物之宏大规模。王学终无好影响,此阳明之巨谬也。"这里看似在批评阳明,而实把阳明"现成良知"的"孤明"之病推原于释道,其中有儒释道判教。在熊十力看来,"佛氏日损之学,以断尽一切惑为极则","起厌求离",而有"抗拒造化生生"的"反人生""毁宇宙"之论。即就佛教自体贪、后有贪、嗣续贪、男女贪、资具贪等"五贪"为说,熊十力指出:"凡有生命之物莫不有此五贪。倘五贪灭尽,则生物将绝其类,而宇宙大生命,所谓大生广生者,自当随生物俱绝。"

把欲望当成生命的本己现象,思以成全之,当是儒学正德、利用、厚生说题中应有古义。不过,在传统的困乏经济条件下,儒家也多是从节欲的角度,而非从扩大生产、提高生产力水平等角度解决之。这并不是因为古人的目光短浅,或者思维有缺憾等,而只是因为人不能超越他的历史阶段。至资本主义文明,随着知识爆炸、科技昌明,生产力水平方才有显著提高。因此,对阳明之巨谬、佛老之孤明等批评,实又含有古今之辨,一方面承认其对知识、科学等问题的讨论非如今天之盛、之重,没有把它们从玄学、修身的框架中剥离出来而获致一种独立、专门之学,另一方面却并不强古人所难,而要求今天的

中国人切实承担起自己的职责,应运以成量论。

不过,在古今之辨中,还有熊十力的中西判教。熊十力并不认为只要生产力高度发达了,社会产品极大丰富了,法律制度健全了,人类的问题便可以解决了。熊十力认为,自下而上通过发展生产、建立契约等以满足人类欲望的道路是有限度的,人类必须同时有自上而下的道路,从对自己本性的体证中获得一种绝对统一性或必然强制力,以统摄群生。

在此很容易就可以批评熊十力西学无体认而唯中学"果亲证实在而直与之为一"的看法为武断,但这样最多的只是一种外部讨论,并可能因此错失对熊十力的真正批评。西学是熊十力的"酒杯",而他心中的"块垒"更值得关注。熊十力"良知是本体"与"良知是智"两个判断之间的"至微"处,究竟如何理解?

1.熊十力对此"间隙"是有自觉意识的。

或问:"心不即是本体。而《新论》却又说心即本体,其义云何?"熊十力答曰,"即用显体",则"心即本体";"举体成用",则"心即是智"。不过,若就"体用不二"言,熊十力的解答并不能令人满意。下面接着便有问题:既然"即用显体",为什么不说"物即本体"?既然"举体成用",为什么不说"物即是寂"?

2.为此熊十力分别"法尔道理"与"继成道理"。

熊十力解释说,"法尔道理"系"借用佛典名词。法尔言自然,儒者言天,亦自然义。自然者,无所待而然,物皆有待而生,如种子待水土、空气、人工、岁时始生芽发茎等。今言万有本体,则无所待而然。然者,如此义。他自己是如此的,没有谁何使之如此的,不可更诘其所由然的,故无可名称而强名之曰自然,或法尔道理";"继成道理"则据《易》之"继善成性","言吾人必继续其性分中本有之善,以完成吾之性分。盖本体在吾人分上,即名为性。而人之既生,为具有形气之个体,便易流于维护小己之种种私欲或恶习而失其本性,易言之,即物化而失其本体。故人须有继成之功,以实现其本体"。

如此说来,良知即是"乾坤互含"的"本体"的说法,是在显"法尔道理";良知是"乾统御坤"的"性智"的说法,则是在明"继成道理"。法尔道理,乾坤平权,欲望、习心等有了本体论的依据,顺躯壳起念不即是恶,熊十力在此强调"不起空见,不作虚无相,不生厌离欲"而立天下为公、天下一家、万物各得其所、群龙无首等义。继成道理,心在君位,乾统御坤,阳明统御阴暗,心灵统御物质,善统治恶。这是传统的人生论、工夫论、心性论、修养论等所常言的,这个时候,人生自强自立,唯在存养乾道以健统坤,以"趣求超越躯壳之灵性生活"。"证真"成为第一义。

3. 但问题是,"法尔道理"是否善恶二元,"继成道理"是否为独断论?

"法尔道理",以相反相成为法则,因此便生是否为二元论的疑问。"继成道理",无有矛盾,那么人们又会追问:乾智为主,来自自然主义的生命体验,仍是古代迷信天帝之遗教,抑或是专从好的方面看人生的单纯愿望或信仰?

熊十力解释说,乾坤两种势用实只是一个势用。圣人不说一元生乾、生坤,不许建元以统万物,但却并非不承认万物有元,这个元不同于宗教的天帝或哲学家的一性论者,而是归藏于乾元、坤元互含的自身。因此熊十力强调自己的唯心论不同于其他一元唯心论,唯者只是殊特义,非唯独义。但是,以一元归藏于万物自身,由实体内部的矛盾而卒至化除矛盾而归合一,则无论"法尔道理"还是"继成道理",似乎都是纯善无恶的,似乎无须"继成道理"而人间已经是天国了。

4. "图摹的理型世界"问题。

若仅就传统而言,熊十力的阳明学已经是通玄入微,而无以复加了。但熊十力阳明学的现代意义正在于引入了中西判教,而要求有新的内容。因此,在"法尔道理"与"继成道理"之间,熊十力加入了"图摹的理型世界"这个第三层。这个世界与"法尔道理"的关系有如山水画与山水本身的关系。至于它与"继成道理"的关系,则有些复杂。一方面,就构画图摹而言,它尽管非性智而为量智,但究竟还是人之弘道,因此也还是"继成道理"。但另一方面,理型世界为一铸型,虽然空洞,但却足以成为宰制吾人生活的外在形式,并非传统修养工夫意义上的拔除习染障弊所能容纳,因此它又不属"继成道理"。

如果说"法尔道理"与"继成道理"的区分就是要明了天人不二、天生人成的生生大化真机而与之同一,那么"理型世界"的加入则是要讨论"人成"的"方式"和"限度"究竟何在?

四、"自上而下"与"自下而上"的循环往复

熊十力对阳明学的"现成良知"提出了批评。在他看来,现成良知偏重天事,安享现成,不显人能,因此无所事事,最终导致体用皆丧,而自己的"新唯识论""体用论"则天人不二,特重"天待人而成",因而便能避免"沦空滞寂,隳废大用"之病。不过也必须看到,既然王阳明的"致良知"是熊十力学问的重要来源,则熊十力自己也很难摆脱"现成良知"的责难。熊十力曾强调"人不天不因""天不人不成",合而观之,便是"天人合德,性修不二"。表面看来,这里生生不息、大化流行,而与现成良知不同。但实究其意,仍是无所事事。这是因为,天是天然具足之净性,人是后起之净习,天人都是纯白而无染,所谓的"成"与"创"等只是封闭循环,并无增加丝毫新内容。这里已经没有了相反相成的法则。所谓的"修学",根本无须外求,不过是"复性"罢了。而"复性",就是"唯是反求实证相应""性智""觉悟"等,也即对于现成良知的"保任"。

也正因为本性具足、良知现成,熊十力一方面反复声明玄学要"证会",另一方面则毫不含混地指出可以"反知"。一会儿强调反知保任,一会儿强调推扩成知,这便引人疑惑:如果熊十力不是昨是而今非、自相矛盾的话,那么如何理解这一"有间"?

1. 划界。

表面看起来,熊十力比阳明心学更进一步,在科学知识昌明的时代,贬低格物、轻视量智,力主体用不二的唯心论,似乎已经让哲学吞并了科学,而不容知识有独立的地位,表现出很强的侵略性。但究其实,熊十力不过是防守的一方。熊十力之所以强调哲学必须高谈本体,穷究万化根源,修学复性,以保任固有性智为要,正是因为这是他为哲学所划定的最后活动范围,一个退无可退的范围。与此相应,就如同康德剥离出知性,熊十力同样并不认为性智即可取代量智、道德修养即可成就科学知识,而是承认知识独立的地位和范围。在这里,不但不可以心外无物、摄所归能,反而是"能随所转,直是有所无能"。这样,熊十力实际上是为知识和道德划定了界线,前者是"现象"的,后者是"本体"的。

2.自下而上的联合。

熊十力指出,哲学以实测为"基""始"。这表明,熊十力本身有从经验以通玄的自下而上的联合之路。唯因其特重见体,所以跟"划界"思想一样,这一自下而上的联合之路往往被论者忽视。观其论程朱、阳明《大学》格物之说,特别强调"有可注意者",正是强调哲学不能封闭僵化,道德也并非天赋万古不易的神物。如果安享于现成的"证"或"觉",不愿正视人类实践的发展和社会历史的进步,那么其所谓的本体常是情识,其所谓道德者常是大不道。

3.自上而下的联合。

经验、知识是基、始,但却不是生命的全部。从知识论上讲,正如康德的知性为自然立法,经验必须获致某种统一性(统觉、时空、范畴等)方能生成知识,它们却是心的自发性的产物。从社会契约论上讲,若无高一层的统一性(正义、至善、共和国的强制力等),则今日立约而明日可解约,反复无常,只因一时利益的转变,而永久和平绝无法实现。因此,熊十力才需要有统御坤物的乾心本心。照此说来,熊十力的见体证本只是指示了一种虚的统一性,但是虚以统实,正是这种统一性开辟了自由之门,让人可以各正性命,去实实在在地从事各自想要从事的事业。

4.人的有限性。

"自上而下的联合"与"自下而上的联合"构成了一种循环往复,为人开辟出了一种本源"时间",体用、天人、质力等因此不一不异,获致了它们的"辩证"性。熊十力在此说生生不息,而不能不有"信仰"的因素。这是因为,纯粹从逻辑上讲,"乾坤互含"的"法尔道理"一方面固然意味着乾心统御坤物的可能性,但另一方面却也不能排除坤物压倒乾心的可能性,这样的例子比比皆是。从整个宇宙来看,坤物统御乾心也可以是一种"继成道理",只不过它不是"人"的,而是"物"的"继成道理"。这是一种道家义的"天人合一",而熊十力有"人"的"生生不息"则是儒家义的"天人合一"。

当然,熊十力非常清楚,所谓的本心即常道也是在"虚以控实"的意义上讲的,是在强调人类追求真善美的发展这一仁心不可缺少,而并非意味着"先王之道"亘古不易。若是后者,则奴隶制的真善美便是永恒法则,人的自由、平等就只能是笑话。熊十力说:"凡人以圣贤自命,其有不为禽兽者乎?凡人不志于圣贤,其有得免于禽兽者乎?"此诚可叹也!

贺麟"新心学"学术价值的再认识

——《近代唯心论简释》出版前后的往事新说

林可济

福建江夏学院阳明学研究院

前　言

贺麟先生（1902—1992），字自昭，是我在北京大学哲学系读书时的老师。他在西南联大任教时的学生陈修斋、张世英两位老师，为我们讲授西方哲学史和黑格尔哲学的课程。那个时候，老教师们在接受"思想改造"，和学生接触不多。1978年，党的十一届三中全会以后，才有了个别请教、开会相处的机会。我退休后，在为研究生讲"中西哲学比较"课程时，重读了贺先生的学术著作和他翻译的书。当《贺麟全集》陆续出版，有机会看到他的学生张祥龙写的"出版说明"，感慨良多。张祥龙说，他一直觉得，贺先生"对于现代中国哲学事业的贡献，还没有为学界充分认识和估计"。我深有同感。实际上，贺先生可以与金岳霖、冯友兰、汤用彤等大师并列而当之无愧。人们比较熟悉冯友兰先生的"新理学"，而对作为现代中国重要的哲学家、翻译家、哲学史家的贺先生，虽知其作为翻译家的贡献，但对于他作为哲学家和哲学史家的成就，对于他的"新心学"，却知之不多，甚至有所误读。

一、贺先生的国学根底、留学经历和"新心学"的三本代表作

贺先生于1902年11月3日,生于四川金堂县五凤镇的世代耕读之家,从小得益于祖父和父亲在国学方面对他的教育。他父亲教他读《朱子语类》和《传习录》等宋明理学的经典。就学于当地的新式小学、中学时,他又广泛涉猎各种新学书籍。1919年,他以优异成绩考入清华学校后,受梁启超、吴宓的亲自指导,先后在《晨报》副刊和《东方杂志》上发表《戴东原研究指南》《严复的翻译》等文章。

1926—1930年,他先后在美国奥柏林学院、芝加哥大学、哈佛大学及其研究院学习和研究西方哲学史。伦理学教师耶顿夫人(Mrs. Yeaton)对他影响极大,是他接触黑格尔、斯宾诺莎的开始。著名哲学家格林(T. H. Green)、怀特海(Alfred Whitehead)、鲁一士(J. Royce)等人的讲课和著作,对他从原来的新机械主义向新黑格尔主义的思想转型,起着引领的作用。尤其是鲁一士融合东西哲学的特征,给他后来中西哲学融会贯通的研究方向的形成,以关键性的导向。1930—1931年,他到德国柏林大学直接学习德国古典哲学,深刻认识到:要深入研究黑格尔哲学,非要先研究康德和斯宾诺莎不可。1931年回国后至1955年,他在北京大学哲学系先任讲师两年,后任教授。1955年以后,调中国社会科学院哲学研究所从事研究工作,曾任西方哲学史研究室主任。

在留学期间,他接受了西方学术的严格训练。德国古典哲学、英美新黑格尔主义和宋明理学(特别是陆王心学),是他融会贯通后逐步创立的"新心学"的思想养料。他的"新心学"有三本标志性的代表作,分别是:《近代唯心论简释》(1942年由重庆独立出版社出版)、《当代中国哲学》(1945年由重庆胜利出版公司出版)和《文化与人生》(1947年由商务印书馆出版)。其中《近代唯心论简释》侧重于哲学理论的创造与阐发,《文化与人生》侧重于哲学理论在文化与人生的应用,两书体用结合,形成姐妹篇。《当代中国哲学》是在《五十年来的中国哲学》的基础上扩充、汇集而成,内容涉及中西哲学与时代思潮的演变,以及对知行问题的讨论与发挥。

除此以外,主要的著作还有:《德国三大哲人处国难时之态度》(1931)、《知难行易说与知行合一说》(1943)、《现代西方哲学讲演集》(1984)、《黑格尔哲学讲演集》(1986)、《哲学与哲学史论文集》(1990)等。

二、《近代唯心论简释》的基本观点与主要内容

贺先生学贯中西,博古通今,对于斯宾诺莎、康德、黑格尔哲学,以及中国古代儒家学说(特别是宋明理学)研究精深。他将新黑格尔主义与陆王心学相结合的唯心主义,作为自己哲学思想的主导观点,逐步形成了他自创的"新心学"。正如他自己所说:在1949年前是赞同"心为物之体,物为心之用""心即是理"的唯心观点的,所以"我是从新黑格尔主义观点来讲黑格尔,而且往往参证了程朱陆王的理学和心学"[①]。

《近代唯心论简释》是贺先生的第一本论文集,是他一生著述中的"最灿亮夺目者"。共有论文15篇,另加1篇附录,为柏林大学教授亨利希·迈尔(Heinrich Maier)写的《最近五十年的西洋哲学》。

首篇论文《近代唯心论简释》,1934年3月发表在天津《大公报》的《现代思潮》周刊上。它的发表标志着"新心学"哲学思想的开始。有人称它为贺麟"哲学思想的宣言",说"以后的许多文章都是此文所阐述的基本思想的扩充与引申"。[②]由于这篇论文提纲挈领地统领全书的其他论文,作者便以之作为书名。

该文开宗明义写道:"心有二义:(1)心理意义的心;(2)逻辑意义的心。逻辑的心即理,所谓'心即理也'。心理的心是物,如心理经验中的感觉、幻想、梦呓、思虑、营为,以及喜怒哀乐爱恶欲之情皆是物,皆是可以用几何方法当作点线面积一样去研究的实物。……逻辑意义的心,乃一理想的超经验的精神原则,但为经验、行为、知识以及评价之主体。此心乃经验的统摄者、行为的主宰者、知识的组织者、价值的评判者。自然与人生之可以理解,之所以有意义、条理与价值,皆出于此'心即理也'之心。故唯心论又常称为精神哲学。

---

① 贺麟:《五十年来的中国哲学》,北京:商务印书馆,2002年,第126～127页。
② 贺麟:《近代唯心论简释》,北京:商务印书馆,2011年,第369页。

所谓精神哲学,即注重心与理一,心负荷真理,理自觉于心的哲学。"①

贺先生认为,心与物是不可分的整体,"灵明能思者为心,延扩有形者为物","心为物之体,物为心之用。心为物的本质,物为心的表现"。当然,这里所说的表现,有程度高低之分:自然之物表现精神之程度较低,而文化之物表现精神之程度较高。"故唯心论者,不能离开文化或文化科学而空谈抽象的心。"否则,这个心就成为无内容、无生命的了。因为"唯心论"这个名词容易被误解,所以贺先生认为也可称唯心论为"唯性论"。这个"性"(essence)为物之精华,为理性所决定的自由意志,应付环境而产生的行为、所养成的人格,就是一个人的"性格"。

唯心论又可以称为"理想论"或"理想主义",在不同的语境中有不同的称谓:"就知识之起源与限度言,为唯心论;就认识之对象与自我发展的本则言,为唯性论;就行为之指针与归宿言,为理想主义。"②中国古代的心学家所说的"心即理",多指天赋的道德意识,贺先生上述关于"心"的界说,显然吸取了德国古典哲学家康德、黑格尔关于理性的见解,把心与理性、理想融合起来了。他强调指出,作为人之"本性"的理性,是"构成理想之能力(reason is the faculty of ideals)",而作为人的认识和行为的指针的"理想",是人的最高精神能力,"乃超越现实与改造现实的关键,且是分别人与禽兽的关键③。而"逻辑意义的心,乃一理想的超经验的精神原则",是"经验的统摄者、行为的主宰者、知识的组织者、价值的评判者。自然与人生之可以理解,之所以有意义、条理与价值,皆出于此心即理也之心"。该书的其他论文皆围绕这个基本思路展开,所以,它虽然不是系统著作,却也有着深刻的内在联系。

《时空与超时空》的上篇,发挥康德的时空观点,认为"时空是理";下篇论超时空,认为道体超时空,体道之境界也超时空。作者说,时空是理,是自然知识、自然行为所以可能的心中之理,或先天标准。吾人行为之遵循时空标准,转就行为之为理性的时空标准,故有其自由自主成分。联系到宋明理学,陆象山有"心即理"之说,王阳明有"心外无理,心外无物"之说。在时空问题

---

① 贺麟:《近代唯心论简释》,北京:商务印书馆,2011年,第1~2页。
② 贺麟:《近代唯心论简释》,北京:商务印书馆,2011年,第5页。
③ 贺麟:《近代唯心论简释》,北京:商务印书馆,2011年,第6页。

上，陆象山"不似康德，而更似黑格尔"，而王阳明则"更近于康德"。贺先生把中国传统哲学的"理"引进康德学说，抓住康德时空不是外界的客观实在，而是心中固有的、作为自然知识和自然行为所以可能的先天条件这一点，集中阐发自己的心学思想。黑格尔集康德的心的能动性和斯宾诺莎的"实体的理则性"这两条线之大成，就是即心即理。关于"时空是理"的观点有力地支持了理性主义，并与《论意志自由》《论道德进化》两篇文连接起来。作者认为，道德上自由意志的基本原则，不外乎"求放心""知几""尽性"，而道德进化纯粹属于历史发展。中国传统哲学王阳明的良知与致良知说，是贺先生的自由观重要思想来源。在天人合一、知行合一中，他最注重的是主体的作用，他的自由观是理学与心学的合一，而最终归于心学。

《知行合一新论》曾在西南联大哲学讨论会上讲演过，编入《国立北京大学四十周年纪念论文集》，是全书中"至关重要的一篇文字"。文章开始就指出，"知行合一与王阳明的名字，可以说是分不开的"。接着对"知""行""合一"三个概念，分别做出透彻的解释，并用斯宾诺莎的"身心平衡论"和西方现代心理学来解释王阳明的"知行合一论"。作者提出"普遍的知行合一论"（即"自然的知行合一论"）这个新概念，以与"价值的知行合一论"（即"理想的知行合一论"）相区别，指出前者讲的是"是如此"，后者讲的是"应如此"。联系到宋明理学，作者认为，"价值的知行合一论"可分两派：一派为"理想的价值的知行合一论"；一派为"直觉的或率真的知行合一论"。"前一派以朱子为代表，后一派则是阳明所创立、所倡导的。"朱、王两人都坚持知先行后、知主行从之说，但又有不同。朱子的问题只限于"知行何以应合一"及"如何使知行合一"方面。"他完全没有涉及自然的知行合一方面，也没有王阳明即知即行的说法。"但朱、王两人的学说并不冲突，因为在学理上持知行合一观的人，于修养方面，可任意选择理想的朱子的路线，或直觉的阳明的路线。"朱子虽注重坚苦着力的理想的知行合一，但他讲涵养用敬，讲中和讲寂感时，已为王阳明的直觉的知行合一观，预备步骤。王阳明虽讲直觉的知行合一，但当他讲知行之本来体段时，已具有浓厚的自然的知行合一观的意味。故自然的知行合一论，实由程、朱到阳明讨论知行问题的发展所必有的产物。"①

---

① 贺麟：《近代唯心论简释》，北京：商务印书馆，2011年，第70、75～76页。

《宋儒的思想方法》以很大的篇幅与注意力，着重讨论了直觉方法，提出了贺先生独特的见解。他说："直觉是一种经验，复是一种方法。所谓直觉是一种经验，广义言之，生活的态度、精神的境界、神契的经验、灵感的启示、知识方面突然的当下的顿悟或触机，均包括在内。所谓直觉是一种方法，意思是谓直觉是一种帮助我们认识真理，把握实在的功能或技术。"①直觉方法不同于抽象的理智方法，但绝不能认为它是无理性或反理性的。作者认为，理智与直觉是能够而且应该相互结合，如果用直觉方法去分析朱熹和陆象山的思想方法，陆是"先理智的直觉"，"注重向内反省，回复本心"，表现为反省式；朱是"后理智的直觉"，"注重向外体认物性，读书穷理"，表现为透视式。两者殊途而同归。②作者将朱熹的直觉方法与西方哲学家狄尔泰、柏格森、斯宾诺莎的直觉法进行了比较。还对王阳明的"良知""致良知"做出阐发，指出，王阳明的"良知"即陆象山的"回复本心"，"致良知"是"寻着了体用兼赅的学说"。而陆、王之说，若与西方思想比较，"可说是略近于康德的道德律。康德的所谓道德律即是我固有之，非由外铄，心与理一的良心或本心"③。此文贯通中西，极有分量，新意甚多，是全书的亮点之一。

　　《怎样研究逻辑》和《辩证法与辩证观》两篇文章对于深入理解他讲的逻辑之心与直觉方法紧密相关。作者指出，知的本质是逻辑，而研究逻辑只能采取数学的精神，数学上有所谓"公则的方法"（公理的方法），也可以说是数学的直观法。其根本精神可用斯宾诺莎所谓"据界说以思想"，或康德所谓"依原则而认知"一语包括之。再加上"不问目的，但问本质"这个特性，"便算把握了逻辑的本质，认识了逻辑的精神"。这种逻辑既非抽象的形式逻辑，又非只是求片段的偶然知识的经验方法，而乃是"可以昭示我们真理的本质，帮助我把握实在，获得普遍必然而有系统的科学知识的逻辑"。④作者认为，"辩证法自身就是一个矛盾的统一"。辩证法既是方法，又"不是方法，而是一种直观"。真正做辩证法的思考是非常之难的，"这需要天才的慧眼、逻辑的严密

　　①　贺麟：《近代唯心论简释》，北京：商务印书馆，2011年，第82页。
　　②　贺麟：《近代唯心论简释》，北京：商务印书馆，2011年，第88页。
　　③　贺麟：《近代唯心论简释》，北京：商务印书馆，2011年，第92～93页。
　　④　贺麟：《近代唯心论简释》，北京：商务印书馆，2011年，第111～112、116页。

和纯思辨的训练"①。他认为，辩证法不等于辩证观，把矛盾的统一的辩证观与"以子之矛攻子之盾"那种最原始的辩证法区别开来。他指出，柏拉图奠定了辩证法的规模与基础，其核心是"破除矛盾，调解对立"。黑格尔可以说是"集辩证法之大成"。柏拉图辩证法与黑格尔辩证法的不同之处在于：（1）柏拉图尚未确立正、反、合这个辩证格式；而黑格尔确立了，并以之作为构造哲学体系的固有模式。（2）柏拉图的辩证法是超越的，比较注重主观地看待矛盾；而黑格尔的辩证法是亦超越、亦内在的，认为矛盾存在于客观事物本身。（3）柏拉图辩证法是纯理性的，与文化历史无何联系；而黑格尔辩证法是亦理性、亦经验的，认为辩证法是文化历史发展的命脉。

《五伦观念的新检讨》虽然是讲中国的事情，但作者在"旧礼教核心的三纲说"中，发现了与西洋正宗的伦理思想与西洋近代精神相符合的地方。"就三纲说注重尽忠于永恒的理念或常德而不是奴役于无常的个人言，包含有柏拉图的思想。就三纲说注重实践个人的片面的纯道德义务，不顾经验中的偶然情境言，包含有康德的道德思想。"②这种中西道德问题的比较，就涉及文化哲学问题的研究了。作者在《文化的体与用》中明确指出，"文化是道的显现"，"文化之体不仅是道，亦不仅是心，而乃是心与道的契合，意识与真理打成一片的精神"。他认为，哲学意义的体用可分为柏拉图、朱熹式的绝对体用观和亚里士多德、周敦颐式的相对体用观。根据黑格尔哲学，文化的定义为：道之凭借人类的精神活动而显现者。他指出，"自然为文化之用，文化为自然之体。文化为精神之用，精神为文化之体"。作者认为，研究吸收任何部门的西方文化，"必须得其体用之全"，反对"中学为体，西学为用"之说。③

《近代唯心论简释》一书还收集了《斯宾诺莎的生平及其学说大旨》《康德名词的解释和学说的大旨》《西洋机械人生观最近之论战》《评赵懋华〈叔本华学派的伦理学〉》《与友人辩宋儒太极说之转变》等。全书涉及贺先生哲学思想中的本体论、辩证法、知识论、知行观、文化观，我们看到：贺先生的"新心学"不是贝克莱式的，也不是柏拉图式的，而是经过新黑格尔主义改铸了的黑格

---

① 贺麟：《近代唯心论简释》，北京：商务印书馆，2011年，第117页。
② 贺麟：《近代唯心论简释》，北京：商务印书馆，2011年，第240～241页。
③ 贺麟：《近代唯心论简释》，北京：商务印书馆，2011年，第219～222、225～226页。

尔式的。他用黑格尔的辩证观融合中与西、沟通理与心。这就不难理解,贺先生为什么既接着陆王心学,又对黑格尔客观唯心论哲学情有独钟。

三、《近代唯心论简释》出版后所引起的不同评论

《近代唯心论简释》论文集于1942年出版后,马上引起社会的关注和学术界的评论。胡绳、徐梵澄、谢幼伟、陈康等人先后发表了对该书的评论文章。

胡绳以《一个唯心论者的文化观——评贺麟先生著〈近代唯心论简释〉》为题,在1942年9月重庆《新华日报》发表了批评文章。胡文一开始就批评贺著是"直觉论的神秘主义者",可能胡文没有看到,或不承认"逻辑之心"与"直觉方法"的内在联系,因而断言"这种(直觉)方法不能引导我们到真理,而只能引我们到混沌";还批评贺著主张"哲学是要单就理论上先天地去考察社会文化所应取的步骤或阶段",搞的是"超历史的范畴"。胡文着重分析了贺著"从他的唯心论的观点与立场出发,在文化批评上到底进行了怎样的工作"。胡文认为,贺著固然批评了"中体西用"说、"全盘西化"论以及"本位文化论"等,但因为贺先生是"从欧洲贩运来大资产阶级腐败时期的直觉论和神秘主义思想,回来加入旧礼教的复古营垒里去",所以他的文化观"其实是和那些说法是一丘之貉,甚至还要更落后一点"①。胡文的这个定性是否准确、恰当,人们自可见仁见智,各有评估。可以指出的是,胡文的批评着重于政治层面的定性,从学理上剖析唯心主义似嫌不足并略显粗糙甚或粗暴。

徐梵澄写的以《〈近代唯心论简释〉述评》为题的书评,于1942年发表于当时中央图书馆编印的《图书馆月刊》上。评论者虽指出贺著中有一二细微处不甚同意,但又指出,整个地看,"其努力求融会贯通中西哲学,显而易见。无论有没有偏颇的地方,却处处能见其大,得到平正通达的理解"②。

谢幼伟是贺麟在美国哈佛大学的同学,他写了《何谓唯心论?》的评论文章。该文肯定贺著是"今日中国哲学上不可多得之著作",并提出三个问题。

---

① 贺麟:《近代唯心论简释》,北京:商务印书馆,2011年,第316页。
② 贺麟:《近代唯心论简释》,北京:商务印书馆,2011年,第321页。

贺麟于1943年4月14日以书信形式对这三个问题做了回答。谢文说："何谓唯心论？此为不易回答之问题。唯心论一辞，最为人所知，亦最为人误解。数十年来，国人之谈哲学者，于唯心论一辞，虽多提及，然为唯心论下一正确之解释者，则不多觏。若进而主张唯心论，为唯心论辩护，及根据唯心论之说以谈道德文化诸问题，则更绝无仅有。有之，吾惟于贺麟著《近代唯心论简释》一书见之。"[①]由此可见，对于什么是唯心论的解释，以及"唯心论"一词在西方哲学史上的来源和它的各种意义的理解，在当时的思想文化界的认识就并不统一。

陈康曾在德国住了近10年，专攻希腊哲学。他与贺麟是在德国柏林大学时的同学。他看到贺麟1934年在天津《大公报》的《现代思潮》周刊上首次发表的《近代唯心论简释》的文章后，就写了评论文章，发表于《文哲月刊》1936年第6期。据陈康在文章中所作的说明可知，他本来就想写一篇柏拉图与亚里士多德两人关于认识主体与对象间的关系的见解的比较文章。在尚未动笔时，刚巧读到贺麟的文章，而贺文关于"心即理也"的基本观点，与他想写的文章又密切相关。于是，他把关于亚里士多德的部分搁置，缩小范围，只写柏拉图的一部分，文章的题目是《柏拉图认识论中的主体与对象》。从内容看，此文也就"成为对'心即理也'一词下一个哲学史方面的注解"。[②]

陈康的文章明确指出："'唯心论'是个不幸的名词，因为如若中国人不丢弃那不研究内容专听口号的习惯，唯心论的哲学即因为它的标题为唯心论，已是遭人误解了。'心即理也'中的'心'也将和唯心论中的'心'一样为人误解。"[③]针对贺麟文章中关于"心"的解释，陈康又指出："贺先生分别了心理的心和逻辑的心，但普通人只知道心理的心，不知逻辑的心。若以唯心论中的'心'和'心即理也'中的'心'作这心理的心解，即是以实在等于幻梦，秩序化为混乱，这样的哲学，在西洋哲学史上，虽著名的主观唯心论贝克莱的学说也还不能算。……至于心即理也中的'心'作逻辑的心解，意义甚明，这心即是理，因此，这心是存在和变易，认识和被认识的基础（Grundlage des Seins und

① 贺麟：《近代唯心论简释》，北京：商务印书馆，2011年，第322页。
② 贺麟：《近代唯心论简释》，北京：商务印书馆，2011年，第341页。
③ 贺麟：《近代唯心论简释》，北京：商务印书馆，2011年，第342页。

Werdens，des Erkennens und Erkanntwerdens），不独一切人的生活全不自觉的预先肯定这心，即是科学家终日所忙，也非别事，正是不自觉的谋规定这心。所以，肯定这心与科学研究并不是本身不能相容。"[1]

从以上评论的文章看来，徐梵澄、谢幼伟、陈康三位学者对贺先生的基本观点，对于贺先生在中西文化、哲学的交流、融合与会通，特别是试图沟通西方哲学与宋明理学方面的努力，是肯定的、认同的。由于宋明时期的理学和心学倡先秦学术之脉，兴心性义理之学，排汉儒之乖，融佛道之粹，在中国古代哲学史上起着承前启后的重要作用，许多学者或者推崇理学，或者心爱心学，自在情理之中。金岳霖、冯友兰的哲学属于"新理学"，而汤用彤、贺麟的哲学属于"新心学"。他们各有所长，所做的历史贡献都是无法抹杀的。

四、贺先生坚持"唯心主义中有好的东西"的观点

贺先生曾与他的学生陈修斋联名写了题为《为什么要有宣传唯心主义的自由？》的文章，发表在《哲学研究》1956年第3期上。该文明确肯定了古典唯心主义哲学家重要著作的价值和合理因素，对唯心主义评价中的教条主义倾向和形而上学思维方法，提出了大胆而尖锐的批评。

1957年1月22—26日，北京大学哲学系召开了中国哲学史座谈会。贺先生在会上做了题为《对于哲学史研究中两个争论问题的意见》的系统发言。他认为，哲学史虽然是唯物主义与唯心主义斗争的历史，但这种斗争与"宗教上的斗争，政治上的斗争却有很大的区别"。唯物主义者与唯心主义者的关系，"不就是革命与反革命的关系"，"有时是'青出于蓝而胜于蓝'的关系，不是红与白的关系"。唯物主义与唯心主义之间，既有"互相斗争的一面，也有互相吸收利用凭借的一面"，并不是唯物主义永远打胜仗，"唯物主义也有被较晚、较发展的唯心主义代替的时候，唯心主义也有被较晚的唯物主义代替的时候"。[2]

————————

① 贺麟：《近代唯心论简释》，北京：商务印书馆，2011年，第342页。

② 《哲学研究》编辑部编：《中国哲学史问题讨论专辑》，北京：科学出版社，1957年，第186～191页。

贺先生上述的观点遭到了关锋的尖锐批判。关锋认为"唯物主义和唯心主义是敌对的，其界限是分明的，斗争是尖锐的、没有妥协余地的"。"贺先生的'青出于蓝而胜于蓝'的议论，正是和他的唯物主义、唯心主义并没有严格、分明的界限的观点一脉相通的。""按着他对于唯物主义和唯心主义的统一性的了解，实质上就否定了它们之间的斗争性，它们的根本的敌对性。"①贺先生针对关锋的批评做了反批评，认为有的"唯心论者与唯物论者之间是朋友师生的关系，这并不妨碍他们在思想上的激烈尖锐的斗争。因为朋友师生（甚或今我与昨我）之间的学术思想的论辩与斗争可以达到非常深入细致、尖锐、激烈和艰苦的地步"。②陈修斋先生在会上发表了支持贺先生观点的意见，会后又写出《关于对唯心主义的估计问题的一些意见》一文，对"唯心主义中有好的东西"这个论断的具体含义，做出了细致的说明。③

1957年4月24日，贺先生在《人民日报》上发表了题为《必须集中反对教条主义》的文章，指出教条主义者虽然以正统的马克思主义者自居，但实际上却是陷入形而上学和唯心主义的反马克思主义者。④5月10—14日，由中国社会科学院哲学研究所、北京大学中国哲学史教研室、中国人民大学哲学史教研室在北京大学临湖轩联合召开的中国哲学史工作会议上，贺先生又发言指出，唯物主义与唯心主义的斗争并不是对抗性的，而是学术上的学者对学者的论争，不同于阶级斗争。贺先生对优秀的文化遗产，包括西方唯心主义哲学大师怀有深厚感情。他说："我对好的唯心主义是有感情的，这是对优秀文化遗产有感情。"⑤他创立"新心学"与坚持"唯心主义中有好的东西"观点，两者是一脉相承的。对"逻辑意义的心"、对"心即理"在一定意义上的认同，显而易见就是对精神和理性思维作用的认同，也是对人的主观能动性的肯定。

但是，随着反右派斗争的扩大化，关锋对贺先生的批判大大地升级了。

---

①　《哲学研究》编辑部编：《中国哲学史问题讨论专辑》，北京：科学出版社，1957年，第205～215页。

②　《哲学研究》编辑部编：《中国哲学史问题讨论专辑》，北京：科学出版社，1957年，第196～202页。

③　《哲学研究》编辑部编：《中国哲学史问题讨论专辑》，北京：科学出版社，1957年，第225～236页。

④　贺麟：《必须集中反对教条主义》，《人民日报》1957年4月24日。

⑤　贺麟：《哲学与哲学史论文集》，北京：商务印书馆，1990年，第528页。

他以"亦农"的笔名,发表了《和贺麟先生辩"矛盾斗争的绝对性"》的批判文章。针对贺先生的上述观点,他硬说贺先生把马克思主义看作为"教条",实际上是"以修正主义反对马克思主义"。更有甚者,还把贺先生的上述言论与"反动派煽动闹事,在中国制造匈牙利事件,颠覆社会主义制度的政治阴谋"联系起来。①此后,贺先生对政治上敏感的哲学问题保持缄默,埋头于纯学术的研究,专门从事翻译和讲授西方哲学。在1966年开始的十年动乱中,他被迫中断了一切学术工作。直到1978年党的十一届三中全会以后,他才取得恢复研究和翻译工作、出版译著的权利。

五、贺先生对现代中国哲学事业的两大贡献

在中西哲学交流与会通方面的学术工作,无论在1949年以前还是以后,贺先生都是卓有成效的。其主要贡献有两个:

其一是关于中西哲学思想内容与思想方法的沟通与融合。就哲学思想的内容而言,他所构思的"新心学"哲学主张,本身就是以西方的新黑格尔主义与中国古代的程朱陆王的理学和心学相结合为特征的。他的"心即理"不像中国传统哲学那样,多指心中所具有的天赋道德,而是把西方具有理性色彩的、主要是"知"的心掺和进来。他的学术追求是:先透彻地了解西方哲学,从古代到现代,特别是从康德到黑格尔的德国古典哲学,再回头结合中国的古代哲学,上溯先秦,下达明清,思考中国哲学之未来与儒家学说的现代命运,以创建中国的现代哲学。其心可鉴,其志可嘉。就哲学思想的方法而言,他把西方斯宾诺莎"理性观照"的直觉法、黑格尔的辩证法,与中国宋明理学、心学的直觉法融为一体,既"以西化中",又"以中化西",使"西化"与"化西"相结合,理性与直觉相统一,打通中西,连接古今。因为在他看来,哲学只有一个,东哲西哲,心同理同,没有不同的哲学,只有不同的表现。这是中西哲学之所以必须而且能够比较参证、融会贯通的根据。

其二是关于西方哲学,特别是康德、黑格尔和斯宾诺莎哲学的翻译和阐

---

① 关锋(亦农):《和贺麟先生辩"矛盾斗争的绝对性"》,《新建设》1957年10月号。

发。1925年他在清华学堂选修吴宓的翻译课后,就立下了以介绍和传播西方古典哲学为终身志向的决心。早期译著有:凯尔德(Edward Caird)的《黑格尔》(1936)、鲁一士的《黑格尔学述》(1936)、斯宾诺莎的《致知论》(1943)。1941年在昆明成立中国哲学会西洋哲学名著编译委员会,贺先生被推选为当时的主任委员。从那时起,他开始翻译黑格尔的重要哲学著作《小逻辑》。1949年以后,他的学术活动主要转移到介绍西方哲学和培养专业人才方面。他的主要译著还有:斯宾诺莎的《知性改进论》(1952)、《伦理学》(1958)、黑格尔的《小逻辑》(1950、1954)、马克思的《黑格尔辩证法和哲学一般的批判》(1955)、马克思的博士论文《德谟克里特的自然哲学与伊壁鸠鲁的自然哲学的差别》(1961)、黑格尔的《精神现象学》(与王玖兴合译,1962)、《哲学史讲演录》(与王太庆等合译,1959—1978)等。他对西方哲学、特别是黑格尔哲学思想的精湛研究和翻译,使"西人精神深处的宝藏"传入中国,为我们进一步深入理解和创造性地阐发马克思主义哲学,以及在哲学史思想渊源的发掘与进一步研究方面,提供了扎实的基础。

　　贺先生离开我们已经将近30年,他的论文和论文集《近代唯心论简释》发表、出版,距今已有半个多世纪了。如今,我们反思他所走过的学术道路,从中总结必要的经验与教训。周辅成先生在生前曾经说过,近百年中有一些学者,"为了发扬和提高中国的文化和哲学,做了非常坚实刻苦的工作。一点一滴,细致深入。其耿耿于怀者,一是民族与人民的自尊,一是哲学思维的精密与深度。既不作夜郎自大的民族主义者,也不作奴颜婢膝的民族虚无主义者。在这些人中,贺麟先生是一位勇敢而有成绩的开拓者"[①]。诚哉斯言,贺先生所从事"新心学"的创立,本身就是一项富有开创性的工作,既维护了民族文化的主体性,又在融合中西文化的基础之上,构建一条中国哲学现代化的阳关大道,以繁荣与推进中国现代哲学的伟大事业。

---

　　①　宋祖良、范进编:《会通集:贺麟生平与学术》,北京:生活·读书·新知三联书店,1993年,第4页。

王阳明诗歌创作的哲学分野

——以34首居越诗为例*

林　玮

浙江大学传媒与国际文化学院

前　言

作为中华帝国晚期重要的哲学思想家,王阳明的文学思想及审美情趣近年来得到了学界的一定关注。①学者们通过对阳明文学实践的考察,借鉴阳明学研究成果,对其美学思想和诗学观念做了较为细致的梳理、考辨。但对阳明文学实践的哲学意义,或者说从阳明文学文本中探求其哲学思想的文论研究尚未完全展开。王阳明创作诗歌往往为其哲学研究者引为论据,充当思辨诠释的佐证,而基于诗歌文本层面的文学研究却无重大突破。这不能不说是阳明学研究的缺憾。

据王门高弟王畿记载,王阳明青年时曾"泛滥于辞章"。因"庭前格竹"的失败,阳明"自委圣贤有分,乃随世就辞章之学"(《王阳明年谱》"二十一岁"条)②。

---

　　*　本文为浙江省教育科学规划课题"近代浙派美育思想的形成与传播"(2017SCG214)的阶段性成果。

　　①　参见左东岭:《二十世纪以来心学与明代文学思想关系研究述评》,《文学评论》2003年第3期。

　　②　类似表述尚见于王门弟子钱德洪《王文成全书·刻文录叙说》"少之时驰骋于辞章",黄宗羲《明儒学案》卷十"始泛滥于辞章",湛若水《阳明先生墓志铭》"溺于辞章之习"。此外,黄绾《阳明先生行状》及钱德洪所作《王阳明年谱》均有"以才名争驰骋,学古诗文"的记载。

27岁时,他"自念辞章艺能不足以通至道",转而沉溺于佛老,终身不以文辞为大务。尽管如此,王阳明在其后的人生中却始终没有放弃文学实践,写下了大量的诗词作品。据笔者统计,今存于《王阳明全集》中的诗词多达598首。贯穿王阳明一生的诗歌创作,不仅可以为其哲学思想的转变提供例证,更具有独立的审美价值和哲学思辨意味。尤其在阳明后期的创作中,随着其哲学体系的成熟,诗歌作品也得以为研究心学的文学取向和文学的心学意蕴提供了丰富的材料。

本文尝试以正德十六年至嘉靖五年间(1521—1526)阳明居越而作的居越诗34首为分析对象。原因有三:其一,1521年标志着阳明哲学的成熟,此后阳明标举"致良知",视其为圣学定论;[①]其二,阳明居越期间提出了极为重要的师门"四句教";[②]其三,王阳明居越后基本结束宦途,开始长达6年的退隐讲学生涯。此间,阳明诗歌几乎没有感时忧民之作,而专注于心学体系的完善。[③]因此,王阳明居越期间的哲学玄思与诗歌创作之间有密切的关联,可相互比照、印证。纵观阳明一生,诗歌创作的高峰往往出现在他人生境遇发生重大变化,哲学思想出现重要转折的时期。居越期间,在情理澄明于心,外在纷扰和枝蔓被闲居环境阻隔的情境中,王阳明的诗歌创作出现了与其哲学思想相一致的成就。

一、"致良知"的审美意味

在前人的研究中,"致良知"一般作为道德伦理或精神导向的哲学范畴而得到关注,缺乏审美体验层面上的考量。然而,王阳明创作于倡导"致良知"

---

① 王阳明在出征思田的路上致其子的信中说:"吾平生所学,只是致良知三字。"(《寄正宪男手墨》)另可参见邓艾民:《朱熹王守仁哲学研究》,上海:华东师范大学出版社,1989年,第100~105页。

② 陈来认为,"四句教的提出当在阳明居越之后,而不会早于居越时期",参见陈来:《有无之境:王阳明哲学的精神》,北京:北京大学出版社,2013年,第180页。

③ 嘉靖六年(1527),明朝廷命王阳明兼都察院左金都御史,征讨广西思田,次年王阳明病逝于归途中。而此前居越讲学的6年间,王阳明对朝廷事务都采取超然态度,甚至对影响深远的"大礼议"也不置一词。

之后的34首"居越诗",无一不是兼具美学价值与心学意义的文学作品。二者的结合,说明了"致良知"蕴含审美情趣的可能,论者于此不可不仔细辨析。

"致良知",就是要"扩充良知,至其全体","使良知致其极"。而在王阳明看来,"(良知)两字人人自有"(《寄邹谦之》),是不假外求的,也是潜在的、隐匿的和有待激活的。因此,只有"反求诸己",不断地拷问内在自我,寻求"粹然至善""灵昭不昧"的本我天性(《亲民堂记》),才能实现之。从语义角度分析,"致良知"由"致"和"良知"组成,"良知"只有经过动态的"致"的过程,才能成为"即与圣人无异"的境界(《书魏师孟卷》);"致"则意味着本体论意义上的"良知"必须以某种具体的实行为载体,才能显现出来。

王阳明说:"心者身之主也,而心之虚灵明觉,即所谓本然之良知也。其虚灵明觉之良知,应感而动者谓之意。有知而后有意,无知则无意矣。知非意之体乎?"(《答顾东桥书》)由是可见,王阳明的"致良知"之"正法眼藏"中,其实包含有强烈的"应感而动",即"意"。"意"与"外感于物,内动于情"的文学产生心理机制是同构的,这是"致良知"作为审美范畴的基本前提。

王阳明认为,心是作为"身之主"而存在的,而良知又是身体的主宰,"良知犹主人翁"(《传习录拾遗》)。①由是反推,良知与心在某种意义上是重合的,良知具有超越道德伦理的意味。牟宗三先生曾特意拈出阳明"乐是心之本体"的话头,认为其与"此心安处即是乐也"(《传习录》卷二),都是"就超越的道德本心辗转引申",而"凡言'本体',皆是当体自己之实性之意"②。可见,在王阳明的哲学中,乐与良知以心为中介,产生了必然的联系,乐是良知的本体属性之一,更是"当体自己"的切身感受。

"良知即是乐之本体"(《与黄勉之·二》),"致良知"的审美意味表现为主体自觉将儒家"乐处"沉浸于日常生活之中,甚至可以在特定语境中发挥到极致。可以说,通过种种身体体验和生活经历,"应感而动"地寻求不同的"乐",并将之作为人生终极旨趣的一个面向,即是"致良知"的一个重要表征。这当

---

① "良知是主宰"的论述,参见张祥浩:《王守仁评传》,南京:南京大学出版社,1997年,第345~348页。

② 牟宗三:《从陆象山到刘蕺山》,台北:学生书局,1979年,第222页。关于"心之本体",王阳明还有诸如"知是心之本体""定者心之本体"(《传习录》卷一)等论断,可见心之本体是多维的,可从不同属性对其进行归纳、分析。

然也通过主体在日常生活感受以及相应的文学文本实践中表现出来。

与"致良知"这种美学意味相关的是"颜回之乐"。这是儒学史上的著名话头，而阳明对颜回极为推崇。他尝直言"颜子殁而圣学亡"（《别湛甘泉序》），足见"乐"在阳明心学中的分量。根据陈立胜的研究，阳明之"乐"可以分为六种类型，即悟道之乐、生机之乐、为善之乐、隐逸之乐、闲适之乐、讲习之乐。①或限于论题，陈立胜并未深入分析这六种"乐"的美学意义，尤其对充满灵动生韵审美体验的"生机之乐"和"隐逸之乐"缺乏足够的探讨。事实上，王阳明的"乐"之体验，正建立于"应感而动"之上，种种乐处均有审美意味而形文成诗。从其"居越诗"的哲学分野来看，上述六种"乐"态之论可做如下划分：

文本类型	乐态			缘起	气象	境界
理趣诗	悟道之乐	为善之乐	讲习之乐	依自	敬畏	有我
抒情诗	生机之乐	隐逸之乐	闲适之乐	傍他	洒落	无我

阳明哲学精神的有我（以我观物）、无我（以物观物）之辨，自陈来由王国维诗论而引发，其论述已备矣。②而阳明哲学的分野在其诗歌创作中更多表现为"敬畏"与"洒落"之辨。从文体区分，前者多为理趣诗，后者则偏重抒情诗。具体来说，前者有《归兴二首（其一）》《次谦之韵》《再游浮峰次韵》《碧霞池夜坐》《林汝桓以二诗寄次韵为别》《月夜二首（其二）》《夜坐》《心渔歌为钱翁希明别号题》《书扇赠从吾》《挽潘南山》《和董萝石菜花韵》《咏良知四首示诸生》《示诸生三首》《答人问良知二首》《答人问道》《别诸生》《书扇示正宪》《送萧子雍宪副之任》等19首；后者包括《归兴二首（其二）》《夜宿浮峰次谦之韵》《再游延寿寺次旧韵》《秋声》《月夜二首（其一）》《秋夜》《登香炉峰次萝石韵》《观从吾登炉峰绝顶戏赠》《嘉靖甲申冬二十一日再登秦望自弘治戊午登后二十七年矣将下适董萝石与二三子来复坐久之暮归同宿云门僧舍》《山中漫兴》《天泉楼夜坐和萝石韵》《寄题玉芝庵》《后中秋望月歌》《中秋》《嘉靖丙戌十二月庚申始得子六月静齐以诗来贺蔼然世交之谊也次韵为谢二首》等15首。

① 陈立胜：《王阳明"万物一体"论——从"身一体"的立场看》，上海：华东师范大学出版社，2008年，第149～165页。

② 陈来：《有无之境：王阳明哲学的精神》，北京：北京大学出版社，2013年，第2～3页。

二、"依自"的"敬畏"

阳明诗中最富特色的是承接邵雍而来的理趣诗,或者说,整个宋明理学家的诗歌创作都以这一类型为典范。理趣诗作往往文字简朴质疏,谈玄说理,以个人自我修要为体验内容,直接传递出阳明修身工夫的基本旨趣。在居越诗中,理趣诗大多以次韵释客、讲学答疑的形式出现,哲人谆谆教诲之情跃然纸上。

> 珍重江船冒暑行,一宵心话更分明。
> 须从根本求生死,莫向支流辩浊清。
> 久奈世儒横臆说,竞搜物理外人情。
> 良知底用安排得?此物由来自浑成。
>
> (《次谦之韵》)

此诗以与邹守益对谈的形式,说明阳明心学的独特内涵。全诗先叙事,后说理,以"须从"和"莫向"的正反点破圣学的修行工夫。"辩浊清""搜物理"等朱子格物式的修行在诗中作为歧途而出现,在正反对峰之间显示讲习的乐趣。驳斥朱子学"随事体认天理"的做法之后,阳明感慨"良知"的自成天然,是任何"支流"与"臆说"都无法"安排得"的。全诗有叙有叹,情感波折起伏明显,自我投入的诗学效果尤以结句的设问形式彰显,具有强烈的主体意识。

以阐发自我修行体验的"依自"为主,是阳明理趣诗的形式特点。而就其体验内容而言,"依自"还表现为阳明心学的哲学面向。在与《林汝桓以二诗寄次韵为别》中,阳明直接陈述了其学"向内求"的重要特点:"万理由来吾具足,《六经》原只是阶梯。"正因为自我具足的"良知",因此"尧舜人人学可齐"。将《六经》和"尧舜"等传统权威文化符号与平凡的个体密切结合,其反差不仅富有诱教之乐,更赋予了个人无上的主体性认识,显然是"依自"。

不过,就文学色彩来说,王阳明"依自"而写的诗歌未必如是一味平述事理,也常有即景联想、意象优美之作:

断云微日半晴阴，何处高梧有凤鸣？

星汉浮槎先入梦，海天波浪不须惊。

鲁郊已自非常典，膰肉宁为脱冕行。

试向沧浪歌一曲，未云不是《九韶》声。

[《林汝桓以二诗寄次韵为别（其一）》]

此诗即景而抒，由自然转入对人事的书写，叹寻凤鸣之志破空而来；随后以"星汉""浮槎""海天波浪"为意象，宏大气魄呼之欲出。以海鸟止于鲁郊而亡和孔子膰肉不至脱冕而行的典故表达阳明居越时的高亮气节和凤鸣之愿，贴切到位。末句更将悟道之乐推至顶峰，一代宗师之气势透纸逼人，读来有登高临风之感。可以说，此诗非仅以哲思玄妙精深而得彩，更显示了王阳明的人生境界和高超的语言艺术水平，显示出二者的相得益彰。此外，居越诗中的《心渔歌为钱翁希明别号题》，讲述一个渔者自述"何如为其渔"的故事，将"斯道""良知""太和""天地""得无所得，而忘无可忘"的玄学境地融于短短84字之中，也充分彰显了阳明文学叙事技巧、哲学思辨能力和思想精神高度的统一。

若从"高歌度与春风去，幽意自随流水春"这类诗歌文本判析，阳明的"依自"工夫仿佛与"洒落"气象更为接近，但阳明之学却并非完全指向自在个体的单向维度。王阳明在居越期间所提出并坚持为"师门教人定本，一毫不可更易"的"四句教"，却主要是"敬畏"态度的主张，主体在其中处于怵惕的状态。需要做说明的是，阳明学的"敬畏"与朱子学的"居敬"有所不同。阳明认为："所谓敬畏者，非有所恐惧忧患之谓也，乃戒慎不睹，恐惧不闻之谓耳……君子之戒慎恐惧，惟恐其昭明灵觉者或有所昏昧放逸，流于非僻邪妄而失其本体之正耳。"（《答舒国用》）因此，其"敬畏"并非庄整齐肃的主敬涵养，而是维护心体之正的戒慎防检。但即便是戒慎，表现在文学创作中也同样充满"乐处"。

在《示诸生三首》中，阳明将其学修行工夫以诗句形式表现，师教之谆谆汲汲，于此可见一斑。"但致良知成德业，谩从故纸费精神"，"只从孝弟为尧舜，莫把辞章学柳韩"，这两句诗都是从正反两面讲述为学的方向，"成德业"

和"从孝弟"都是在人心伦理层面的手段，而"从故纸"与"学柳韩"则是知识性活动。在阳明看来，知识性活动必须在价值观念的统辖之内才有意义，而价值观念的提升又必须落实于伦理，即：无善无恶心之体，有善有恶意之动，知善知恶是良知，为善去恶是格物。"四句教"的前两句着眼于存在论意义上的超伦理观念，而"知善知恶"和"为善去恶"的操作层面则毫无疑问地体现出"敬畏"精神。在阳明诗歌中，他甚至运用惊险环生的各种景象来警醒学者："徒闻绝境劳悬想，指与迷途却浪惊。冒险甘投蛇虺窟，颠崖堕壑竟亡生。"在这一诗作中，"绝境""迷途""浪惊""蛇虺窟""颠崖堕壑"等语言所描绘的是种种恐怖畏人的意象；而诗歌所用的下平八庚韵，本身就极易形成短促紧张的节奏，营造出惊心触动的阅读效果，以打动读者，唤醒其良知真动真觉。尽管是关切生死根本的大问题，但在诗歌的文体形式中却自然有一种向往昭明灵觉的乐处。

"良知"始终是阳明居越诗中表述的核心主旨，而"依自"的敬畏是实现良知的必然途径。"良知即是独知时，此知之外更无知"，"知得良知却是谁，自家痛痒自家知"（《答人问良知二首》）。"独知时"与儒家传统的"慎独"具有明显的相通之处，而这显然是敬畏工夫的表征；"自家痛痒"则清晰地点明了"依自"的旨趣："个个人心有仲尼，自将闻见苦遮迷"，"人人自有定盘针，万化根源总在心"。"知"和"个个"的反复使用，在强化诗意的同时也具有某种语言层面的乐趣，或曰审美意味。再如《别诸生》："欲识浑沦无斧凿，须从规矩出方圆。不离日用常行内，直造先天未画前。"从规矩而出方圆，说明圣学当有敬畏修持；不离日用常行，说明圣学不依不傍，在个体身上就可以解决："饥来吃饭倦来眠，只此修行玄更玄。"（《答人问道》）这些日用常行和吃饭、睡眠等生活用语的入诗，恰是在以"乐"的形式传达本真的意义。可见，"依自"的日常生活实践是阳明"敬畏"工夫的载体，二者共同构成"致良知"的路径阶梯。

从阳明理趣诗的分析可以看出，"敬畏"是其诗歌创作的主要题旨之一，而"依自"作为一种哲学面向，在阳明理趣诗中不仅是修行手段，而且是探究心学的本体存在。"乐"是融洽二者入诗文形式的特殊品质。

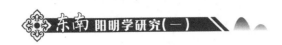

三、"傍他"的"洒落"

阳明哲学是以"洒落"为旨归而区别于朱子学的。在阳明的诗歌创作中，"洒落"的审美取向尤为重要。它以抒情为特征，触景而起兴，随感而发动，行云流水，自然秀逸。正如论者所言，阳明高雅审美情趣的重要原因是其对自然山水有着特殊的爱好。①居越诗的抒情诗中绝大部分是山水诗：

> 道人不奈登山癖，日暮犹思绝栈云。
> 岩底独行窝虎穴，峰头清啸乱猿群。
> 清溪月出时寻寺，归棹城隅夜款门。
> 可笑中郎无好兴，独留松院坐黄昏。
>
> （《观从吾登炉峰绝顶戏赠》）

此诗写由傍晚至夜归的登山全程，开篇写怀，以"日暮"衬托"登山癖"。随后描述诗人登山途中的形态，充满了融合自然的情趣：独行虎穴、作啸乱猿，可谓洒落乐态之显现；进一步而言，"行虎穴"与"乱猿群"之举中更包含着"与万物一体之乐"的基本观念。同样乐处，尚可见于"石路香草随鹿去，洞门萝月听猿吟"，"尘途骏马劳千里，月树鸱鹩足一枝"等句。值得指出的是，阳明在诗中自称"道人"，毫不掩饰庄禅影响，这在其他山水抒情诗中也颇常见，如"禅堂坐久发清磬，却笑山僧亦有心"，"历历溪山记旧踪，寺僧遥住翠微重"等。这与其理趣诗《示诸生三首》（其二）中所说的"莫道先生学禅语"是很不同的。"洒落"的闲适之乐与"敬畏"的讲习之乐在此出现明显的分野。

从阳明抒情诗的写作对象可以看出，"洒落"往往需要某种外在事物为寄托、烘衬或移情对象，才能实现。这是因为"洒落"本身包含有个体对世俗价

---

① 左东岭认为，王阳明审美情趣具有三种内涵：丰富饱满的情感、对山水的特殊爱好和瞬间感受美并将其表现出来的能力。参见左东岭：《明代心学与诗学》，北京：学苑出版社，2002年，第43～56页。

值的否定和本体价值的超越，以达到"无我"的境界，而主体情感向外转移的过程，即是"洒落"情趣释放的过程，是主体实现"忘我"的过程。这也可以理解为是精神上的"傍他"，即依傍他者才能实现洒落，依傍本身就是主体所寻找到的乐趣。

清晨急雨度林扉，余滴烟梢尚湿衣。
雨水霞明桃乱吐，沿溪风暖药初肥。
物情到底能容懒，世事从前顿觉非。
自拟春光还自领，好谁歌咏月中归。

（《山中漫兴》）

此诗写在春光之中漫游山林的一日所见所感。"急雨""余滴""湿衣""雨水"等意象的反复出现，使得全诗前四句浸透着水泽之气，清新润氲扑面而来。而在诗人看来，由这些"他者"（物情）所带来的"洒落之感"即是"世事从前顿觉非"。但阳明觉得"顿觉非"还不够，他进一步将山中漫兴的种种见闻合称为"春光"一物，由此傍而生出"歌咏月中归"的结句。既是写实，更表现出一种雍容大度、达观洒脱的人生姿态，乐趣即在"湿衣"和"歌咏"之间。

"月"在阳明抒情诗中是一颇现意象，居越诗中不仅有"且乘溪月放归蓬"的寂静、清幽，而且有"须臾浊雾随风散，依旧青天此月明"和"吾心自有光明月，千古团圆永无缺"的壮阔、奔放。同样的他者（月）可以引发两种大相径庭的"洒落"导向，前者乐处趋于静雅，后者乐处则更为宏大，可见阳明洒落之不拘一格。这种态度以其自谓，即是"君子之所谓洒落者，非旷荡放逸，纵情肆意之谓也，乃其心体不累于欲，无入而不自得之谓耳"（《王阳明年谱》"五十三岁"条）。

另外，在阳明的洒落之乐中还蕴含着更为复杂的情绪，同一意象常因诗人情绪的不同而在诗歌表意上发生微妙的变化。例如"白头"（白发）的意象：在给董沄的和韵诗中，"白头未是形容老，赤子依然浑沌心"显然是在淡化年老的身体经验，而突出闻道心学的精神体验；在《后中秋望月歌》中，阳明自谓道："当筵莫惜殷勤望，我已衰年半白头。"这则是诗人在"两度当筵望月"的精神经验之后，极力推出的身体体验。然而，无论是精神体验，还是身体体验，都未能在"洒落"之乐上实现超脱。真正的"洒落"之乐是对身体与精神的双重超越：

> 归去休来归去休，千貂不换一羊裘。
>
> 青山待我长为主，白发从他自满头。
>
> 种果移花新事业，茂林修竹旧风流。
>
> 多情最爱沧州伴，日日相呼理钓舟。
>
> [《归兴二首（其二）》]

此诗没有出现现实的"他者"，全诗跳跃式的情景描写完全是在作者想象的世界中完成的。但作者的想象仍是其所依傍的"他者"，诗中各种场景都来自阳明的现实生活经验——"白发"的意象所蕴含的身体体验被"从他"和"自"等副词的否定意味摒弃，"赤子浑沌心"的精神体验也在"青山待我"之中被消解，只有关于隐逸之乐的经验在作者对"青山""种果移花""茂林修竹""钓舟"等情景的想象中得到畅快的书写，而这种书写显然带有主体高昂的审美意识。

"洒落"之乐是儒家思想的老话题，"寻孔颜乐处"一直是宋明理学的重要旨趣。周敦颐就曾"每令（二程）寻颜子、仲尼乐处"（《程氏遗书》卷二），宋代理学公案中的"周子窗前草不除"，张载静听驴子叫，二程子赏雏鸡、观盆鱼等都是理学家"寻乐"的途径。但王阳明的洒落之乐与其前辈的"悠然胸次"明显不同。在他的诗歌创作中，承接了苏轼而来的豪放风格，而这恰是被朱熹理学所排斥的情绪——在朱熹上千首诗歌文本中，除了战胜金兵的"闻捷"系列十余首之外，几乎没有超越"温柔敦厚"气质的作品出现。而阳明则不同，在居越诗中更有"肯信良知原不昧，从他外物岂能撄！老夫今夜狂歌发，化作钧天满太清"这类的大气磅礴之作。相比较"时人不识余心少，将谓偷闲学少年"（程颢）的理学传统而言，王阳明与"老夫聊发少年狂"（苏轼）显然更为接近。阳明居越时与门人百余人设席碧霞池上，"酒半酣，歌声渐动，久之，或投壶聚算，或击鼓，或泛舟"（《王阳明年谱》"五十三岁"条）；居越时为诱导王畿求学，甚至密遣弟子与之共赌，并诳称"吾师门下日日如此"（冯梦龙《智囊全集》第510条），所有这些都与理学家的"寻乐"极不相同，它表现的不是"光风霁月"的"悠然胸次",而是一种猖狂的气度和胸襟,或者用王阳明自己的话说,是一种"狂者胸次"。

四、"狂者胸次"的美学统合

王阳明的"狂者胸次"并非与生俱来,而是在历经诸多平反战火,尤其在平藩之后而得出的切身精神感受,进而凝结为人格特质。他说:"吾自南京已前,尚有乡愿意思。在今只信良知真是真非处,更无掩藏回护,才做得个狂者的胸次。"(《王阳明年谱》"五十二岁"条)正是前辈理学家不曾经历的战场事功和更为复杂的朝廷涡旋等险恶处境("百死千难"),给了王阳明某种英雄主义气概。

"狂者"可以认为是陈来"有无之境"中的"有大我",因为"狂者"仍"有主宰",王阳明的"狂者胸次"正是在天地境界中得到完成的。①但从上述居越诗的文本分析来看,阳明的"狂者胸次"具有强烈的审美体验意识或美学精神感受。这种审美体验与被二程认定为"狂者"典型的曾皙所代表的精神取向是一致的。"颜乐点趣"是阳明诗歌中常见的典故,在居越诗中即有"秋来万木发天声,点瑟回琴日夜清","铿然舍瑟春风里,点也虽狂得我情","悠悠观化意,点也可与偕"等诗句。朱熹说:"曾点之志,如凤凰翔于千仞之上。"(《朱子语类》四十)王阳明则认为:"狂者志存古人,一切纷嚣俗染不足以累其心,真有凤凰千仞之意。"(《王阳明年谱》"五十二岁"条)可见,阳明对"狂者"的赞赏和推崇。

在阳明的居越诗中可以看出,美学层面上的"狂者胸次"具备了饱满丰富的情感和强烈的瞬间感悟能力,这既是"致良知"的题中之意,也是王阳明审美情趣的属性。"狂狷不与俗谐",因此"狂者胸次"可使学者脱离"乡愿媚世"的低级审美趣味。但就圣学而言,"狂者胸次"毕竟具有极为强烈的主体意识、自我意识,还有待于"万物一体"观念的参与和提升,即所谓"(狂者)一念克即圣人矣"。对此,阳明是自觉而警惕的。《月夜二首》完诗次日,诸生入谢,阳明即教导说:"(狂士)但见得此意,不加实践以入精微,则渐有轻灭世故,阔略伦

---

① 参见陈来:《有无之境:王阳明哲学的精神》,北京:北京大学出版社,2013年,第6~7页。

物之病……一见自足而终止于狂也。"(《王阳明年谱》"五十三岁"条)同月,门人舒国用有"敬畏累洒落"之问,阳明则详尽论述了"敬畏"与"洒落"的同一关系,认为只有实现"无所亏蔽,无所牵扰,无所恐惧忧患,无所好乐忿懥,无所意必固我,无所歉馁愧怍",才能"动容周旋而中礼,从心所欲而不逾"(《答舒国用》)。而"亏蔽""牵扰""恐惧忧患"等无不是自我主体的内心情绪,由是可见,阳明所谓"一念克"的对象正是"轻灭世故"的自己,通过消除我慢来实现自我和他者的合一,推己及万物,以达到一体之乐的境界。在消除"意必固我"以"致良知"而达"万物一体"的过程中,"狂者胸次"可谓是必经阶段,阳明理趣诗与抒情诗在"狂者胸次"中得到了美学上的统合。兹举一诗试析之:

> 一雨秋凉入夜新,池边孤月倍精神。
>
> 潜鱼水底传心诀,栖鸟枝头说道真。
>
> 莫谓天机非嗜欲,须知万物是吾身。
>
> 无端礼乐纷纷议,谁与青天扫宿尘。
>
> (《碧霞池夜坐》)

"一雨秋凉"与"池边孤月"是阳明感受到的环境之美,而随后即将笔触引入作为他者的"潜鱼""栖鸟",在已入化境的王阳明看来,它们无时不在诉说着自然的"心诀"与"道真":鱼潜水底,鸟栖枝头——顺应万物,各安其适,才是"天机";进一步而言,天机即嗜欲,此可谓"狂者"之言。引发诗人感受到自然之真、之美精神体验的基本立足点恰是"万物是吾身",即"圣人与天地民物同体"的观念。而在"万物一体"的精神世界中,诗人豪放大气的"狂者胸次"裹挟着"秋凉孤月"的抒情和"道真天机"的理趣,一并抛向辽阔的宇宙,发出"谁与青天扫宿尘"的呐喊。尽管据《王阳明年谱》载,此诗是对"大礼议"事件的"示其微",但从诗歌文本来看,阳明表现的是狂者胸次之后"万物一体"的审美感受。

五、"万物一体"的审美指向

据《王阳明年谱》"五十三岁"条,王阳明晚年居越讲学,"环坐而听者三百余人，先生临之，只发《大学》万物同体之旨，使人各求本性、致极良知"。可见，"万物同体"其实是阳明讲学的一个基本宗旨。在《大学》中，"万物一体"是通过首章"亲民"表现出来的，在这个意义上，阳明万物同体观念与程颢、张载"万物一体之仁"的思想是一致的。但在诗歌创作中，阳明的"万物一体"却更多表现为"万物一体之乐"，即具有比政治哲学更为倾向个体情感的审美指向。①

> 百战归来白发新，青山从此作闲人。
>
> 峰攒尚忆冲蛮阵，云起犹疑见虏尘。
>
> 岛屿微茫沧浪暮，桃花烂漫武陵春。
>
> 而今始信还丹诀，却笑当年未识真。
>
> [《归兴二首（其一）》]

在此诗中，诗人信笔随缰，将"白发"的身体体验与眼前的"青山"之景相对照，赋予青山不老的生命意义，并借此反观自身而得出"白发新""作闲人"的闲适乐态。诗人的"有我"意识在对"峰攒""云起"的观赏中引发了具体的记忆意象"蛮阵""虏尘"，从而使得诗人能够将自我融入对大自然的审美中。以"蛮""虏"喻"峰""云"，"狂者胸次"可见一斑。更值得注意的是，"峰攒"和"云起"始终是客观外在的自然，而"蛮阵"与"虏尘"则是阳明曾参与其中的人事，经过回忆的精神加工，阳明将自我与"峰""云"万物融为一体，完全实现了"一体之乐"。其后的"岛屿""桃花"未必写实，但同样被寄托了诗人的隐逸之乐。在对自然山水的移情之中，"他者"与"自我"实现了无隔同流，"而今始信"的"敬畏"之感遇、"却笑当年"的洒落从容也得到了自然的同一。

事实上，阳明诗歌中审美层面的"万物一体"即是"外感于物"和"内动于情"相连续的心理过程，即以起"兴"移情而实现一体同流（万物一体之乐）。

---

① "万物一体之仁"与"万物一体之乐"之间存在着类似于"拯救与逍遥"的矛盾，关于"万物一体之仁"，陈来在其论著《有无之境：王阳明哲学的精神》中已有十分详尽、深刻的分析，参见其著第239～255页。在阳明居越诗中也有"闾阎正苦饥民色，畎亩长怀老圃心"等人道主义关怀诗句，但仅《和董萝石菜花韵》一见。王阳明诗歌创作中"仁"与"乐"的对立，非本文所能涵括，有待另文专论。

这在中国古代诗学中并不罕见。然而,王阳明诗歌的独特之处在于他以自觉的心学意识为统合,将"物"与"情"圆融地结合在一起。在描绘外物的同时,投入自我乐趣,营造以"有"同"无",以"内"合"外"的诗歌境界。

> 春园花木始菲菲,又是高秋落叶稀。
> 天回楼台含气象,月明星斗避光辉。
> 闲来心地如空水,静后天机见隐微。
> 深院寂寥群动息,独怜鸟鹊绕枝飞。
>
> （《秋夜》）

从修辞结构看,此诗前两句以"花木"和"落叶"为喻体,转喻了"春"和"秋"的整体环境,暗示时光流逝的主观感受。继以楼台、星月等"他者"实景的描画,透露出诗人清幽雅静的"洒落"心态。颈联以"空水"隐喻心地,用"隐微"形容天机,是典型的"敬畏"情怀虚写,容括了全诗所抒发的情绪,是诗眼之所在。结句"寂寥"深院和"绕枝飞"的鸟鹊既是实景,也不妨被认为是诗人某种精神感受的喻体。全诗作者的描写对象有虚有实,以虚统实;修辞手法有隐喻也有转喻,以转喻结构隐喻;"敬畏"与"洒落"相伴相发,可以说是共同构成了阳明"万物一体"审美意象的典范之作。

结　语

可见,在阳明"乐"的审美体验中,"依自"与"傍他","敬畏"与"洒落"浑然一体,内外无别。"洒落为吾心之体,敬畏为洒落之功"（《答舒国用》）,二者并非体用关系,而是本体与功效或工夫之间的关系。洒落作为心之本体,自然进一步而为"狂者胸次",然后在以"致良知"为目的的"敬畏"克己之功中融为自然和畅的快乐。就此而言,阳明诗歌创作的美学意义在于:作为"致良知"动力源的"寻乐",自"依自"和"傍他"的哲学分野而形成"敬畏"（理趣）与"洒落"（抒情）两种不同的诗歌创作取向,经由"狂者胸次"统合,最终指向美学意义上的"万物一体"。

阳明心学与党员干部的道德修养

邓小琴

中共福建省委党校党建教研部

前　言

　　"王阳明热"是近年来一个富有意味的文化现象。从2010年一批趣说明史的图书畅销开始，王阳明这位从前只有文史哲学者熟知的儒学先哲进入普通读者的视野中，特别受到读书界、公务员群体、企业商界的推崇和追捧。紧接着，央视"百家讲坛"推出系列讲座"传奇王阳明""五百年来王阳明"，又把王阳明推到大众面前，使更多人在了解阳明传奇一生的同时，对他所创立的"心学"报以浓厚的兴趣。

　　当然，最有力的推手还是来自顶层。有人统计过，习近平总书记从2009年起，在各种场合提到王阳明、"心学"及其核心要旨"知行合一"，多达20余次。他为什么如此念念不忘阳明，并且把阳明心学上升到弘扬中华优秀传统文化、增强文化自信切入点和党性教育重要思想资源的高度来进行赞誉？其中深意，主要在以下几点。

　　首先，阳明心学思想与中国共产党对中华传统文化本质认识的深度契合。阳明心学的"实践"智慧和"经世致用"的思想与习近平总书记对中华传统文化的本质认识深度契合。2014年9月，习近平总书记在"纪念孔子诞辰2565周年国际学术研讨会暨国际儒学联合会第五届会员大会开幕会"上的讲话中，谈到中华优秀传统文化中蕴藏着解决当代人类面临的难题的重要启示，其中一点是"经世致用、知行合一、躬行实践的思想"，就与阳明心学思想要旨紧密相关。其次是增强文化自信的需要。自2013年以来，习近平总书记在不同的会议上高度评价中华优秀传统文化，进而提出"文化自信"，再到2017年1月"两办"下发《关于实施中华优秀传统文化传承发展工程的意见》，反映出我们党对"挖掘中华优秀传统文化价值内涵，增强文化自觉和文化自信"的迫切期待。王阳明是有世界影响的思想家，声名远播日本、朝鲜、韩国和东南亚一些国家。阳明心学有鲜明的亲民思想，被称为"平民哲学"，在社会民众中有广泛而深厚的认同度。从这个意义上说，在"需要文化自信且能够文化自信"的当前时代，阳明心学是一项宝贵的思想文化资源，对外，它的"世界性"可以发挥传播中国形象，提升中华文化国际影响力的作用；对内，它的"亲民性"汲取到中国共产党政治文化的构成中来，可以改善党的文化形象，在广大社会民众中赢得文化认同和文化共识，从而服务于中华民族伟大复兴的中国梦。再次，以德治国、以德治党和以德化民的需要。在新时代，需要运用阳明心学中的德治思想与道德修养学说推动道德文化建设。最后，树立干部道德典范的需要。针对当前部分党员干部中存在的"精神懈怠、道德堕落、消极腐败、脱离群众"的危险，需要一个像王阳明这样既有"国家至上、忍辱负重、义不容辞"的精神品格，又能"立功、立言、立德"的典型经验范本。

以德治国务先以德治党，治党务必从严，加强党员干部的道德修养是从严治党的重要环节。追溯王阳明跌宕传奇的生命历程，感悟他的心学思想智慧，在心学传统的滋养中砥砺初心，从中获取修身立志、求知做事的理念与路径，从本体和工夫上全面提升党员干部的道德修养，由此成为以德治党、以德治国、从严治党的要务。

一、王阳明生平及影响

王阳明（1472—1529），名守仁，字伯安，浙江余姚人，后迁到绍兴，葬在绍兴。因常讲学于会稽山阳明洞，自号阳明子，学界尊称他为阳明先生，是伟大的思想家、军事家、文学家、哲学家、教育家，精通儒道佛三家，心学集大成者，与孔子、孟子、朱熹合称"孔孟朱王"。

王阳明少小早慧，虽不守规矩却有做圣人的大志。十岁那年，他的父亲王华中进士第一甲第一人，也就是中了状元。阳明就跟着父亲来到京师，从师问学，立下做"圣人"的大志，并且努力往"圣人"之道上发展。怎么发展？习辞章，读儒家经典，特别是四书五经与北宋以来理学家的著作；好任侠，十五岁考察边疆；习骑射，学兵法；研神仙道学；修佛禅。二十八岁中进士，在工部、兵部、刑部担任一些小官吏。

正德元年（1506），时任兵部主事的王阳明向正德皇帝上书要求赦免因反对宦官乱政而获罪的言官，得罪了当朝大太监刘瑾，被贬逐到贵州龙场驿任驿丞。在流放途中，被刘瑾派遣的锦衣卫一路追杀，九死一生，才到达贵州龙场。在极其恶劣的生活环境中，王阳明时时面临着死亡的挑战。他给自己做了一个石椁，躺在里头去想死亡是怎么回事，死亡对我意味着什么。他不断地自问："圣人处此，更有何道？"圣人该如何面对这样的艰难困苦，安顿自己的身心性命？最终悟出吾心即道，求于吾心，就可得"圣人之道"；"圣人之道，吾性自足，向之求理于事物者误也"。这就是著名的龙场悟道。经过这一悟，王阳明就与朱熹求理于物的"格物致知"思想分道扬镳了，并开始创建自己的"心即理"思想。龙场悟道之后，阳明就在贵州各地讲学，教化四方。后来经人举荐任江西庐陵知县，通过"心学教化"和"善政辅佐"，使得当地的政风民风焕然一新。他也被朝廷提升为三品大员，任都察院左佥都御史，奉命巡抚赣闽湘粤四省交界地。

四十五岁到五十岁这段时间，则是他建功立业的"立功"阶段。他基本上在江西，做了两件大事。第一件是用了不到三年的时间平定了湖广、江西、福建、广东四省边界地区猖獗了数十年的山民暴乱。接下来又在非常仓促的情况下平定了宁王朱宸濠的叛乱。在剿匪平叛的同时，阳明深感"破山中贼易，破心中贼难"。于是他一边抓平乱，一边办书院讲授心学，教化民众，以正人心。在这个过程中，他意识到懂得"理"很重要，但实际运用更重要。所以，又在"心即理"的基础上提出了"知行合一"理论。但是令人感到意难平的是，在当时荒唐的政治生态中，王阳明的这些事功不但都没有给自己带来荣誉，反而遭到谗诬诋诬诈，蒙受各种不白之冤。这促使他的思想再一次发生飞跃，使他创立了"良知"与"致良知"学说，完成了"心学"思想体系的建构。

王阳明的晚年，不赴南京兵部尚书之任，告假回乡，专注于在江西、安徽、浙江等地讲学授徒，传播心学理论，形成旋风之势，震动朝野。到了嘉靖六年

（1527），他五十六岁，朝廷命他为两广总督，前往广西思田平叛。阳明以抚代征，和平处理了思田之乱，完成了他一生中的"三征"伟绩，即征南赣、征宁王、征思田，史誉为"三百年事功第一"。1528年，他的身体急剧恶化，向朝廷辞官回乡，未得到回应，最终没来得及回到浙江老家，病逝于江西南安大庾青龙铺，终年五十八岁。临终前面对他的门生，留下一句："此心光明，亦复何言！"

阳明心学自产生之初即产生极大的影响。因为在当时，居于主流统治地位的是主张"格万事万物以穷尽天下之理"、讲究纲常伦理秩序的朱子理学，相当保守固化。阳明心学针对朱子理学进行了创造性完善和创新性发展，它忽略纲常秩序，强调本心、主观能动性、当下性、行动性，挺立良知，简单直接，引发了中下层老百姓的极大兴趣，直接推动了儒学平民化运动，构成了对朱子学的冲击，也起到了解放思想的社会作用。在清代，阳明学尽管受到官方打压，但被誉为"同治中兴名臣"的曾国藩一生都崇拜阳明、效法阳明。进入近现代，阳明学作为一种平民哲学，被当作反抗压迫、争取平等的思想武器，重新焕发出光彩。孙中山先生的"知难行易"学说，就是由阳明"知行合一"学说发展而来。毛泽东青年时代在湖南第一师范读书时，受老师杨昌济先生的影响接触到阳明学说。1937年创作的《实践论》，虽然说是他在接受马克思主义后关于认识论的阐述，但是字里行间洋溢着阳明思想的深刻影响。

阳明文化在东亚影响很大。明万历年间，阳明著作流入日本，成为日本重要的思想资源，促进了日本的明治维新。相当一部分历史研究学者认为：错过了王阳明，中国停滞了近百年；得到了王阳明，日本有了明治维新。被中国人长期遗忘的王阳明，被日本拾起，成为其崛起之引擎。所幸时至2015年全国两会期间，习近平总书记说："王阳明的心学正是中国传统文化中的精华，也是增强中国人文化自信的切入点之一。"

二、阳明心学思想要旨及当代价值

从理论结构而言，阳明心学是以"心即理"为逻辑起点，以良知为德性本体，以致良知为修养方法，以知行合一为实践工夫的道德哲学。

首先是"心即理"的思想。王阳明悟出"心即理"，有一个过程，可以分别通过三件事来呈现。一是"阳明格竹"事件，对阳明思想产生了重要影响。阳明少读朱熹，"天下万物各有各的理"，"一草一木皆含至理"，就去格竹子，结果格出问题。他误会了"格物致知"，但他没意识到，反而认为朱熹的格物致知说有问题。所以在《传习录》中，他指出"于事事物物上求至善，却是义外也"。①二是"龙场悟道"事件，悟出"圣人之道，吾性自足"。②三是通过"南镇观花"阐释"心外无物"。《传习录》中记录了一件南镇观花的公案，非常美妙地阐述了他的思想。先生游南镇，一友指岩中花树问曰："天下无心外之物，如此花树，在深山中自开自落，于我心亦何相关？"先生曰："你未看此花时，此花与汝心同归于寂。你来看此花时，则此花颜色一时明白起来，便知此花不在你的心外。"③这个故事经常被当作唯心主义来批判，说阳明宣扬"外界事物不能独立于心而存在"的唯心论，这造成了我们对阳明心学的误解。未看花时，花与人同归于寂，这里的"寂"不是指不存在，而是王阳明所确认的事物的纯粹客观的存在状态，关键是来看花时，花"明白起来"，是从"寂"到"显"的转变。心的本体存在原本是"寂"的，包含着向"显"转化的无限可能性。但是没有人的主体的参与，事物就永远没有从寂到显的价值和机会，只有人参与了，才有价值与意义。客观存在的意义和价值，是人的主体性赋予的。存在是客观的，但存在的价值和意义是人赋予的，这才是阳明"心外无物"的真正意思。

通过这三件事，王阳明确立了"心即理"的思想要旨。一是对于"心"的体悟。首先是知觉功能，"心不是一块血肉，凡知觉处便是心，如耳目之知视听，手足之知痛痒，此知觉便是心也"。④其次是"本心"，是那能使你"视听言动"的"本心"，"至善是心之本体"，是"恻隐、羞恶、辞让、是非"，是仁义礼智信之心，是一种道德意识。二是关于"心即理"的体悟。"此心无私欲之蔽，即是天理，不须外面添一分"；"以此纯乎天理之心，发之事父便是孝，发之事君便是忠，发之交友、治民便是信与仁"；"天下又有心外之事，心外之理乎"。⑤概括而言，"心即理"的立言宗旨为：做人要开显本心，心理合一，言行合一，按本心

---

① 陈荣捷：《王阳明〈传习录〉详注集评》，重庆：重庆出版社，2017年，第22页。
② 吴光等编校：《王阳明全集》（下），上海：上海古籍出版社，2015年，第1007页。
③ 王阳明：《传习录》，北京：中国画报出版社，2012年，第288页。
④ 王阳明：《传习录》，北京：中国画报出版社，2012年，第327页。
⑤ 王阳明：《传习录》，北京：中国画报出版社，2012年，第16～17页。

的想法来做事，凡事在心上下工夫，在本心上求。

其次是"知行合一"思想。龙场悟道，王阳明悟出了"心即理"后，马上就要面对如何去做的问题，因此提出了"知行合一"的工夫论。"知行合一"就是阳明思想的第二要旨。知与行的关系，一直是中国思想史的一个重要问题。《尚书》中有一个很著名的观点："非知之艰，行之惟艰。"在孔子那里，也包含着行重于知的观点，"吾欲托之空言，不如见之行事之深切著明也"，强调行对于知识还原的价值作用。朱熹说"知行长相须，如目无足不行，足无目不见"，"知之愈明则行之愈笃，行之愈笃则行之益明"，强调知行相互促进，真知必能行。王阳明正是在朱熹的基础上进一步提出真知就是行，知就是行，行就是知的"知行合一"说。他提出"一念发动处，便即是行"；并进行论证："故《大学》指个真知行与人看，说'如好好色，如恶恶臭'，见好色属知，好好色属行。只见那好色时已自好了，不是见了后又立个心去好；闻恶臭属知，恶恶臭属行，只闻那恶臭时已自恶了，不是闻了后别立个心去恶。……知行如何分得开？此便是知行的本体，不曾有私意隔断的。"①并进而阐述了"知行合一"的三个层面：即"知是行的主意，行是知的功夫"；"知是行之始，行是知之成"；"知之真切笃实处即是行，行之明觉精察处即是知"。②

三是"良知"与"致良知"思想。在整个阳明心学体系中，"良知"学说是最核心的部分。阳明大概在正德十五年（1520）提出良知说，在平定朱宸濠叛乱后，结合自己的生活经验，"体贴"总结和阐述良知说。王阳明认为，"良知"包含两层含义。一是人与生俱来、人皆有之的道德意识和道德情感，即"心自然会知，见父自然知孝，见兄自然知弟，见孺子入井自然知恻隐。此便是良知，不假外求"③。二是内在于人又超越万物的宇宙本原，即"良知是天理之昭明灵觉处，故良知即是天理"④；"良知是造化的精灵。这些精灵，生天生地，成鬼成帝，皆从此出，真是与物无对"⑤；"此良知之妙用所以无方体，无穷尽，'语大天

---

① 王阳明：《传习录》，北京：中国画报出版社，2012年，第20页。

② 王阳明：《传习录》，北京：中国画报出版社，2012年，第21~22页。

③ 王阳明：《传习录》，北京：中国画报出版社，2012年，第25~26页。

④ 王阳明：《传习录》，北京：中国画报出版社，2012年，第193页。

⑤ 王阳明：《传习录》，北京：中国画报出版社，2012年，第281页。

下莫能载,语小天下莫能破者也'"①。

而如何"致良知"?王阳明认为途径有二。一是"致己良知",就是要体认内心本具的良知,自我建立起良知,呼唤自己的良知;要克服"私意",达到"胜私复理";要"诚意""正心""修身"。二是"致人良知",也就是良知的自我展开、扩充与践行,"吾心之良知,即所谓天理也,致吾心良知之天理于事事物物,则事事物物皆得其理矣"②。

由此,王阳明就通过"心即理—知行合———良知与致良知"建构起自己的心学思想体系。其中,"心即理"是逻辑起点,"良知"是本体论,"致良知""知行合一"是工夫论。择其要义而言之,就是:"天理"就在每一个人的心中,人们应该"知行合一"地去提高内心的修养和智识,去除自己的私欲与杂念,从而达到社会的和谐运行,即"致良知"。

阳明心学思想自创立以来,在涵养个人心性修养,救治时弊、提振社会风气和优化政治文化生态方面发挥了积极作用,在当前也不例外。它强调道德主体性、道德自由,良知是心之本体,人要发明良知,挺立良知,提振精神;它强调人不应该向下沉沦,不应该被物欲遮蔽,不应该异化为否定自我的一种人性的物性;它可以唤醒我们对庸俗、功利化的人性反思,反抗当下的拜金主义、享乐主义、虚无主义,拯救当下的生态危机、信仰危机、道德伦理危机,从而为个人修身养性、培养良好的道德观总结了一套非常好的方法。阳明心学思想的致良知学说,有助于社会兴利除弊,开放风气,对于救治社会风气弊病无疑是一剂对症良药。阳明思想知行合一、力行实践的精神为我们坚持实事求是的思想政治路线和改革创新的发展理念,提供了一种思维方法和精神动力。

三、阳明心学与党员干部的道德修养

广大党员干部是社会的精英,这个群体的道德状况具有重要的示范引导作用,关系到全社会思想道德水准的提高,更应是道德的楷模。对于党员干

---

① 王阳明:《传习录》,北京:中国画报出版社,2012年,第221页。

② 王阳明:《传习录》,北京:中国画报出版社,2012年,第235页。

部而言,道德修养,永远在路上。王阳明不断追求探索、躬行践履"心学"的"心路"人生、王阳明身上"国家至上、忍辱负重、义不容辞"的精神品格、阳明心学丰赡精深的思想智慧,为党员干部学思践悟、提升道德修养提供了典型的经验范本和思想资源。

(一)本心上求:以正心修己作为道德修养的根本

儒家强调"修其心治其身"是"安人"与"为政于天下"的前提和根本。中国历朝历代也涌现出了很多严于正心修己的士大夫(循吏、名臣)。到王阳明,创新性地提炼出了求"本心",强调修炼自我是成为圣人的唯一根本。对于当代党员干部而言,同样要开显"本心",不忘初心,否则就会"心不在焉",就会发生偏倚,被各种私欲、贪念、妄念遮蔽,最终导致自身的迷失、理想信念动摇,道德沦丧、党性沦陷,坠入犯罪深渊。在党的十八大以来查处的诸多党员领导干部贪腐堕落的案例中,一些人面对镜头忏悔时,经常归咎于自己意志力薄弱,禁不住金钱、美色等诱惑,但其根本却都是在于放弃了求"本心",忘记了初心,在"正心修身"方面首先出现问题。电视专题片《打铁还需自身硬》中一名被查处的腐败分子如是说:"任何外因都不能成为贪腐的借口,人最终还是要面对自己的内心。"一直以来,我们党都致力于从法治、制度等外部、"他律"的角度,通过政治运动、集体学习、党内组织生活来推动对党员的党性教育,预防、惩治腐败现象,这些集体修炼当然是重要的,但是为什么在同样的法律、党规党纪和制度约束下,有的党员能够清正廉洁、率先垂范,全心全意为人民服务,有的党员却走上违法犯罪之路?可见"心"与"心"的差距非常大,根本症结还是在于党员己心"正"与"不正",己身"修"与"不修"的个体修炼上的差异。

(二)依良知响动:以"良知"和"致良知"挺立道德修养的准则与方法

王阳明所生活的明代中叶,政治文化生态是很荒唐的。王阳明对当时人心普遍沉迷于物欲、良知迷失、社会风气堕落、官员贪腐淫欲盛行的道德状况感到深深的忧虑,提出了"良知"与"致良知"说,希望为个人的道德修养确立一套标准、准则与方法、途径,来指导世人"正心修身",加强道德自律,实现他补时救弊的道德理想。这套道德"心法",对今天的党员干部加强道德修养有很深刻的警醒、借鉴与启示意义。

当前共产党员，特别是党员干部队伍的道德状况如何？习近平总书记曾指出，当前在党员干部队伍中，信仰缺失是一个需要引起高度重视的问题。信仰是什么？信仰就是终极关怀，是道德结构中最深层、核心、本质的层面，信仰缺失就意味着道德的沦丧。道德沦丧，党性必然沦陷，走上贪腐犯罪之路也就"指日可待"了。道德缘何沦丧？有世情国情党情发生深刻变化、法律制度规范等"他律"手段不到位的客观原因，更主要的是部分党员干部放松、放弃了主观世界改造和道德修养、"自律"不强的主观原因。为什么做不到道德"自律"？因为没有确立"良知"这个"心法"。"良知"缺位是很可怕的。阳明有一个很生动的比喻，说："良知犹主人翁，私欲犹豪奴悍婢。""良知"缺位、"主"弱"奴"强时，人的身心就完全被私欲主宰了，谁还能管得住贪心妄念，当然就无"法"无"天"了。

近年来，为数不少的落马官员在他们的忏悔录中，追溯反思自己从有为青年奋斗到位高权重的领导，最后沦为阶下囚的人生历程和心路历程时，都痛切地将贪腐堕落的根源总结为"缺乏对世界观的深入的思考、放松了道德修养和党性锻炼、私欲膨胀"的"三重罪"。2014年5月，习近平总书记在河南考察时要求："面对纷繁复杂的社会现实，党员干部特别是领导干部务必把加强道德修养作为十分重要的人生必修课……以严格标准加强自律、接受他律，努力以道德的力量去赢得人心、赢得事业成就。"他多次在谈党性教育、惩治腐败、全面从严治党的场合提到阳明的"良知"与"致良知"思想，"此中深意"可以从两个层面去理解：一是从作为个体的共产党员的身心秩序的建构，要求作为个体的共产党员将"良知"挺立为个人道德修养的准则和价值底线，让它时时在场、始终在场，做人做事都放到"良知"面前去审察一番，不要"妄作"。二是从中国共产党和国家民族层面，提出将"良知"作为党性、社会道德的共同准则和包括反腐败在内的国家治理的根基。

如何才能实现"致良知"？阳明经常教育他的弟子，"致良知"于日常生活即可，并且给出了以下修炼方法：立圣人之志；为善改过，"放下屠刀，立地成佛"；只求诸心；省察克治；复知行本体；在事上磨炼。如果稍加提炼和转换，"致良知"的修炼方法可以为我们加强思想道德、组织纪律修养提供一些方法途径上的指导。比如说：首先要外求博学。多读书，确立思想道德、组织纪律修养正确的方向感。李书磊同志写过一篇文章《宦读人生》，精妙地表达了"读书"对于党员领导干部的重要性："读书致用倒还在其次，读书的至境在于养心，在于悟道，在于达到对人性的了悟与同情，达到对宇宙的洞察与皈依，达成个人人格的丰富、威猛与从容。"如果我们通过广泛学习，达成文中所讲的"至境"，那么对于什么是"道"、什么是"德"、什么是"善"、什么是"为善去恶"，自会了然于心，个人的思想道德、组织纪律才能有正确的方向感，不至于误入歧途。其次要内省改过。以道德标准时时对照反省自己，一旦发现过失，当即改正。人非圣贤，孰能无过，改之为贵。再次要自问反省。王阳明常教学生静坐，像他在龙场一样，找个清静的地方，放下思虑，抛去杂念，让自己的心进入空寂境界，即"入静"。然后"省察克治"，扪心自问、反复思索：生存的意义是什么？人生的价值是什么？我们应当成为一个什么样的人？扩大自己的道德知识，加深对道德的理解；不断深化自己对人生的体悟，使道德信念和人生追求变得越来越清晰、越来越坚定。最后还要躬行践履，特别是在工作中砥砺磨炼。也就是王阳明常说的"事上练"，将工作视为人生修行的一部分，积极参与社会上开展的各种道德实践活动，从中增加对道德的体验，并磨炼自己坚持德行的意志，等等。

(三)知行合一：强化道德修养的实践品格

阳明"知行合一"、力行实践的思想，实际上深深切中了党风时弊。比如党的十八大以来，随着全面惩治腐败工作的深入推进，一些党员干部、特别是关键少数的领导干部群体中的"两面人"和"双面人生"现象特别引人注目，引发了人民群众的广泛诉病。"两面人""双面人生"是一种群体性的人格分裂、病态人格，根源在于道德层面的"知""行"脱节、重"知"轻"行"，导致道德认知与道德行为分裂，得不到统一。"两面人"党员一旦走上领导岗位，很容易走向贪腐堕落，抹黑党员、干部的整体形象，严重影响党在人民群众中的威信，危害相当大。习近平总书记2014年5月在北京大学与师生座谈道德修养时，着重提出"道不可坐论，德不能空谈。于实处用力，从知行合一上下功夫"，就是要强化道德修养的实践品格；不仅仅将道德修炼当作一个感受教育、完善道德认知的过程，更重要的是一个实实在在去做的过程。"于实处用力"，举要而言，就是要做到慎初、慎独、慎微、慎欲、慎言、慎行，严格自律。

慎初,是要做到严守防线,不忘初心,认真对待生活中的每个"第一次"。慎独,是要表里如一,严守本分。古人修行主要以慎独为核心。我们要有内在的"定力",时刻做到自重、自省、自警、自励。刘少奇同志在《论共产党员的修养》中把能够做到"慎独"看作是党员修养的重要方法和标准。习近平总书记也在文章中说过"加强自律关键是在私底下、无人时、细微处能否做到慎独慎微"。 慎微,是要重小处、重细行、重微末。慎终是要慎终如初,善始善终,坚决避免"行百里者半九十"的遗憾发生。

(四)"此心光明":涵养精神体魄和生命境界

境界,是中华文化最为核心、最为高远的命题之一。儒家将涵养精神气质与生命境界作为修身养性的最高追求。回顾阳明的一生,对于这一点体会特别深刻。阳明一生可以说是历经坎坷,却意志坚定;行走于权力、利益集中的官场,却心系百姓,反对暴力和贪欲,坚守正义和良知。临死时,学生问遗言,阳明只回答八个字:"此心光明,亦复何言!"这八个字表达出阳明一种"此心光明天地宽"的襟怀、气度和人生境界:我过去做过的各种各样的事情,受到人们的误解、诽谤和排斥,对我来说,只不过像浮云一般,因为我的心体是光明的,那还有什么可说的!这八个字也是阳明在生命的最后时刻表达出来的对"光明"生命哲学的深刻思考,他告诉后人:使我们心灵境界走向高尚的,不是本能,而是德性与良知。一个真正懂得致良知的人,才会享有崇高的道德生命境界。如果联系冯友兰先生的"人生四境界说",阳明的生命境界,正契合于儒家高层次的道德生命境界。

若将毛泽东在论共产主义道德的名篇《纪念白求恩》中对全体共产党人要做"一个高尚的人,一个纯粹的人,一个有道德的人,一个脱离了低级趣味的人,一个有益于人民的人"的号召,放在对王阳明的评价上,毫无违和感。在500年前,阳明用"此心光明,亦复何言"八个字诠释的一种高尚的道德生命境界,用他光明的一生为后人提供的一个高尚道德范本,对于当下的党员干部党性修养实践具有非常深刻的意义价值:它让每一位党员干部在道德修养这场人生最重要的修行中,有"高山"可以"仰止",使"心"有所"向往",使"行"终将"必至",不断为精神体魄补"钙"、不断提升生命境界。

论儒家王道公共性价值维度之建构

——以宋明理学为中心的阐释

杨肇中

福州大学中国思想文化史研究所

前　言

公共性是儒家思想中具有核心性意义的价值维度。然而,近代以降,儒家思想沦为"游魂"[1],其社会政治维度中的传统价值亦因此被历史隐匿,甚或被断然否弃[2],职是之故,学界长期以来对于儒家公共性思想的价值,并未进行充分的讨论。而在大力弘扬中华优秀传统文化,冀图深入发掘治国理政的传统思想资源的当下,对于儒家公共性思想的开掘,不仅可丰富儒家现代转型的理论面相,而且可彰显儒家"外王"理想的时代在场感。平心而论,儒家凸显其公共性价值维度之归趣在于追求普遍仁爱的王道政治理想的实现。不过,儒者们重塑王道公共性价值维度的具体进路则有明显的时代殊异性。譬如,宋明理学家的进路则主要是诉诸宇宙本体论意义上的心性思辨建构。诚然,宋明理学在概念表象上言,或偏于理气心性的形上思辨建构,但其内里却有着重塑儒家王道公共性价值的独特理论关怀。

一般认为,理学为宋明儒学之主潮。它以儒家致力于理气心性之形上思

---

[1]　余英时先生较早用"游魂"一词来形容近代以降儒家思想的现实处境。

[2]　相较儒家社会政治维度而言,其心性道德之维得以赓续不坠。现代新儒家主要以接续宋明理学为号召,多从心性维度出发,加以现代哲学之发皇。

辨建构的"内圣"面相为其核心性关切。进言之,宋明儒者的主要理论旨趣在于对"天道""天理"的探究或道德形上学的建构,而对于儒家"外王"论域则关切甚少。实际上,"以最有代表性的理学家如朱熹和陆九渊两人而言,他们对儒学的不朽贡献虽然毫无疑问是在'内圣'方面,但是他们生前念兹在兹的仍然是追求'外王'的实现,更重要的,他们转向'内圣'主要是为'外王'的实现作准备的,因此他们深信'外王'首先必须建立在'内圣'的基础之上"[1]。由此可见,宋明理学并非无关外王或政治的纯粹道德思辨哲学。在一定意义上讲,它是一套关乎儒家政治哲学的新型建构。因为"在传统中国社会,道德是判定政治制度和社会行为的准则"[2]。而这一道德所具有的特质及其流衍情状由此成为中国传统社会政治秩序不断得以重构的颇为重要的一脉。就宋代而言,理学家在处理"内圣"与"外王"关系,以及儒学之时代问题的内在理路,正如余英时所说:"理学家都深信王安石的失败主要由于'学术不正',在这一理解下,他们努力发展'内圣'之学,以为重返'外王'奠定坚固的精神基础。'外王'必自'内圣'始,终于成为南宋理学家的一个根深蒂固的中心信念。"[3]在理学家的心目中,心性道德修养即是实现外王政治理想的基石,此为不刊之论。而本文认为,宋明理学从"内圣"的道德形上建构中追寻儒家"外王"理想的精神之枢要则在于重塑儒家王道公共性。

一、儒家王道公共性思想之简要分疏

本文将儒家公共性思想特质概括为"王道公共性"。对于儒家王道公共性思想之特质的分疏,大体可从如下三个方面展开。

---

①　余英时:《朱熹的历史世界:宋代士大夫政治文化的研究》自序二,北京:生活·读书·新知三联书店,2011年,第11页。

②　金观涛、刘青峰:《中国思想史十讲》,北京:法律出版社,2015年,第4页。

③　余英时:《朱熹的历史世界:宋代士大夫政治文化的研究》,北京:生活·读书·新知三联书店,2011年,第420~421页。

（一）从历史文献的疏释看

许慎《说文解字》对于"王"的解释："天下所归往也。董仲舒曰：'古之造文者，三画而连其中谓之王。三者，天、地、人也，而叄通之者，王也。'孔子曰：'一贯三为王。'凡王之属皆从王。李阳冰曰：'中画近上，王者则天之义。'"①由此可见，王者，即为参通天地人的大德之人。而成就大德之道，即为"王道"，此"王道"亦谓之"天道"。而"天"乃是无欲无求、至公无私者，因之，"公共性"无疑是"天道"之所禀赋，故此"王道公共性"之彰显，即是"天道"之流行；而承担天道流行在人间秩序中落实大任的是"圣王"，亦即汉代以降所流行称谓之"天子"。不过，值得注意的是，古人对于"王道"与"公共性"之间的关系实际上早有明晰论述。譬如《逸周书·殷祝》云："天子之位，有道者可以处之。天下非一家之有也。有道者之有也；故天下者，唯有道者纪之，唯有道者宜久处之。"②汉代谷永亦云："臣闻天生烝民，不能相治，为立王者以统理之，方制海内非为天子，列土封疆非为诸侯，皆以为民也，垂三统，列三正，去无道，开有德，不私一姓，明天下乃天下之天下，非一人之天下也。"③由此可见，中国古代政治中所谓王者之道即在于"公共性"的彰显。易言之，"公共性"即为王道政治的核心特质，重塑王道公共性便是王者践德之要津。

（二）从儒家思想的归趣看

众所周知，儒家的外王理想即是实现"仁义"遍布于天下的王道政治，而作为礼乐精神的内核性基础的"仁"的建构无疑具有普遍性、公共性之特质。这一公共性特质的建构，并非诉诸现代权利追问的方式，而是建基于儒家内在的德性修养与公共责任伦理意识；不过，需要说明的是，本文对于"王道公共性"概念使用的前提是，否弃以往将儒家思想直接定义于为"专制主义"政治服务的理论言说。因为"专制主义"与"公共性"在一定意义上是两个意涵互为对立的概念。而儒家致力于实现"王道"政治理想则是彰显其公共性思

---

① 许慎撰，徐铉等校：《说文解字》，上海：上海古籍出版社，2007年，第7页。
② 黄怀信、张懋镕、田旭东：《逸周书汇校集注》，上海：上海古籍出版社，1995年，第1116～1117页。
③ 班固：《汉书·谷永传》（第11册），北京：中华书局，1962年，第3466～3467页。

想质素的独特路径。

（三）从王道公共性得以彰显的最高层级指向看

"普天之下,莫非王土"之言说,长期以来被解读成一种针对中国传统王权的私有独占性与专制性的表达。实际上,其所指称的应该是儒家王道公共性所覆盖的终极对象——"天下"。它追求的是一种普遍主义意绪。其与传统"天下"观念是相辅相成的。"天下秩序既是对王道观念的落实,同样也是王道政治的理想性目标,而其所包括地理上的含义,则可以体现出王道理想的普遍性原则。"①而宋明理学侧重论述以性与天道、宇宙相贯通的方法论,无疑展示的是一种彰显人性型塑之普遍性意义的合内外之道。从这一意义上说,宋明理学家从"内圣"处关切"王道"理想之深层鹄的,不如说在于追寻一种以重塑儒家王道公共性为中心意旨的德性建构目标。进言之,宋明理学家的德性建构之终极旨趣在于重建儒家王道公共性,以实现儒者念兹在兹的"天下为公"的王道政治理想。从其建构进路看,其既承继了中国传统的"天下"与"王道"政治观念资源,又凸显了宋明时代注重心性形上思辨的精神特质。

二、宋明理学中儒家王道公共性价值维度之建构

一如前言,宋明理学家重塑王道公共性价值之主要进路皆体现在其关乎心性道德的形上思辨建构之上。而其形上思辨之特质却呈示了三种不同的建构维度。

（一）"存天理":儒家王道公共性价值理据的终极追寻

"天理"是宋明理学中的核心性概念。程颢曾云:"吾学虽有所受,天理二字却是自家体贴出来。"②"天理"概念之独创性亦由此可见。而程氏坦言型塑

---

① 干春松:《重回王道——儒家与世界秩序》,上海:华东师范大学出版社,2012年,第37页。

② 程颢、程颐:《二程集》上,北京:中华书局,2004年,第424页。

具有超越性之"天理"论述的公共性理由："万物皆只是一个天理。""人能放这一个身，公共放在天地万物中一般看。"①他主张从天地万物中体悟出带有终极性存在样态的"天理"。而这一"天理"便是质诸天地而无疑的人间秩序建构的终极理由。而承继程子"天理"论说进路的朱熹，亦在追索公共性价值维度上，将理学加以推进，且日益精密化。

众所周知，朱熹之学集宋代理学之大成。他在儒家"内圣""外王"思想领域皆有创辟。诚如钱穆所言："朱子之理学疆境，实较北宋四家远为开阔，称之为集北宋理学之大成……然朱子于政事治道之学，可谓于理学界中最特出。"②众所周知，宋代理学自二程而后渐成系统，而朱子学承二程。在朱熹看来，关乎治道的儒家王道公共性思想，亦是二程论说颇为精到。朱熹说：

> 太宗朝一时人多尚文中子，盖见朝廷事不振，而文中子之书颇说治道故也。然不得其要。范文正公虽有欲为之志，然也粗，不精密，失照管处多。
>
> 国初人便已崇礼义，尊经术，欲复二帝三代，已自胜如唐人，但说未透在。直至二程出，此理始说得透。③

朱熹认为，二程对于儒家王道政治的学理重建是最为成功的，而二程之学的精核又在于对于"天理"的构建与诠释。这一"天理"的建构绝非仅是空灵幽渺的形上思辨的言说，而是具有照察天人之际，勾连"内圣外王"的明显指向。从这一意义上，朱熹可谓深得二程学之真传。譬如，我们可以从朱熹以毕生心血集注四书，且以《大学》一书冠于四书之首的做法中窥见其志于儒家"内圣外王"之整全思想学术的大力阐扬的宗趣。《大学》云："古之欲明明德于天下者，先治其国；欲治其国，先齐其家；欲齐其家，先修其身；欲修其身者，先正其心；欲正其心者，先诚其意；欲诚其意者，先致其知，致知在格物。"由此而观，儒家主张外王常由"内圣"推出，而"内圣"的获致又由"格物致知"

---

① 程颢、程颐：《二程集》上，北京：中华书局，2004年，第30页。

② 钱穆：《朱子学提纲》，北京：生活·读书·新知三联书店，2014年，第26页。

③ 朱熹：《朱子语类》，载朱杰人等编：《朱子全书（修订本）》（第18册），上海：上海古籍出版社，2010年，第4020页。

这一经验主义式的认知模式所达成。而《大学》所陈说的"内圣外王"这一密切关联的逻辑链亦构成了朱熹理学思想的博大气象。故此,朱熹承继二程关于"《大学》,孔氏之遗书,而初学入德之门也"的主张,进而认为,"于今可见古人为学次第者,独赖此篇之存,而《论》《孟》次之。学者必由是而学焉,则庶乎其不差矣"。①值得一提的是,对于朱熹的理学成就,学界研究甚多,而近年关于其外王之学的礼学思想亦渐有关注。②由此,宋明以后儒学中"礼""理"互动问题也日益成为学人关切的一个前沿课题。而在某种意义上,"天理"实际上是作为一种公共性的存在,为安排人间秩序之"礼"的存在提供一种理论合法性的支撑。换言之,宋代以降儒家道德形上学建构为其社会政治伦理规范提供一种正义伦理的思想资源基底。而这一理论进路在朱熹诸理学命题中得以淋漓尽致的凸显。具言之,有如下三点:

首先,就理学的基本理论旨趣与论说原理而言,莫过于"存天理,灭人欲"与"理一分殊"的言说。这些命题绝非朱熹一人所创,但致其影响扩及之大者,朱熹则厥功至伟。③"天理"与"人欲"的言说绝不仅是宋儒为构筑个体道德防线,预设外在客观的"天理"来控遏"人欲"之横肆的理论建构,更是一种蕴含着公共哲学观念的明显表达。因为"天理"与"人欲"的言说结构所对应的是"公"与"私"的伦理结构。按照朱熹所谓"理一分殊"的观念,"天理"虽然可以呈现为人们意象中一种独立整全的存在,但它却又是照临万物的主宰,这一主宰即预示着"公理"原则作为共同体特质的存在,而万物虽所承接于"天理""公理",但却是展示为个体差异性的存在。"天理"作为道德秩序原则,在共同体与个体的双向存在中,发挥其正义伦理的功能。这一正义伦理概念贯通于儒家内圣、外王思想之全部,从而在中西政治哲学中独树一帜。

---

① 朱熹:《四书章句集注》,北京:中华书局,1983年,第3页。

② 近年来,对于朱熹礼学思想的研究成果主要有殷慧:《朱熹礼学思想研究》,长沙:湖南大学博士学位论文,2009年;吾妻重二著,吴震、郭海良译:《朱熹〈家礼〉实证研究》,上海:华东师范大学出版社,2012年;叶纯芳、乔秀岩:《朱熹礼学基本问题研究》,北京:中华书局,2015年;等等。

③ 在朱熹之前,即有关乎"天理"与"人欲"命题的论说,如《礼记·乐记》中记载:"人化物也者,灭天理而穷人欲者也。于是有悖逆诈伪之心,有淫泆作乱之事。"(朱彬:《礼记训纂》,北京:中华书局,1996年,第564页)程颐说:"人心私欲,故危殆。道心天理,故精微。灭私欲则天理明矣。"[程颢、程颐:《二程集》(上),北京:中华书局,2004年,第312页]

　　其次，就理学铺陈之逻辑结构而言，"理先气后"论无疑居于该学说之中心地位，为其公共性论说提供了理论正当性。朱熹为论证"天理"的先在性，进而确立人间道德秩序的合法性来源与理论依据，必须在逻辑上确立"理"与"气"的先后次序，尽管二者在现实时间性上是同在而不可分割的。①从王道公共性的角度看，儒家理气言说亦可在"公""私"伦理结构取得其理论的自洽性。"理"是人类群体的共同正义秩序之源，亦即"公理"。因此，这里的"公理"既是具有形上抽象建构意义的"天理"，亦包括形下具体意义上的群体或共同体本身的实然存在；而"气"因其阴阳化生而来而表现为万殊之事物，此"私"既可指称具体或个体意义上之"私"，亦可指涉因气禀所亏而带来的不合于道德的"私欲"。②此私欲之泛滥而无所收敛之时，便侵入"公域"，对于人类共同体的公共道德秩序产生侵蚀后果。因此，"存天理，灭人欲"的理学思维便是指示人们从道德修养角度去葆有人类共同体的公平正义秩序的伦理意识。这对于担负为天下苍生谋福祉的皇权及其官僚政治秩序中的"私欲"泛起现象起到制约甚或廓清的作用。而这一制约或廓清公共政治秩序中的"私欲"的理论机制即在于理学对于"理先气后"命题的哲学论证。如朱熹所云："此本无先后之可言，然必欲推其所从来，则须说先有是理。"③此外，陈来曾从规律的一般性与个别性的角度认为："理气关系中包含的一般和个别问题。一类事物的'理'作为这一类事物的共同本质和规律，不为此类事物中某一个别事物所私有，不以个别事物的产生、消灭为转移，因此，就已有的一类事物的理对于此类中后来的某个事物来说，可以是'理在物先'，这表现了规律具有的一般性。"④这一强调规律一般性的"理先气后"的言说实际上为王道公共性观念建构提供了重要的理论可能性。天理之"理"只有具备超越具体个别的质性，

---

　　① 朱熹论证理气先后问题的角度多样，学界亦有不同说法，既有主张在逻辑上而不是时间上的先后之说，亦有在时间上便有先后之别的观点。本文主要论说其公共性思想，此类概念的细微辨析并非其宗旨所在，具体可参见陈来：《朱子哲学研究》，上海：华东师范大学出版社，2000年，第75页。

　　② 参见杨肇中：《儒家"仁"观念与现代公民社会型塑略论——基于中国传统"公""私"观念发展演变的视角》，《天府新论》2013年第6期，第11～16页。

　　③ 朱熹：《朱子语类》，载朱杰人等编：《朱子全书（修订本）》（第14册），上海：上海古籍出版社，2010年，第115页。

　　④ 陈来：《朱子哲学研究》，上海：华东师范大学出版社，2000年，第94页。

才能佐证它在理论逻辑上的先在性，进而为人类公共政治秩序紊乱之症的不断自我廓清提供终极的道德正义支撑。而且，将道德正义之源的寻找扩及至宇宙论之上。譬如，朱熹承继周敦颐《太极图说》之旨，主张无极而太极、太极动静、阴阳而随之互生的观点。值得一提的是，在某种意义上，朱熹对于"天理"作用深究的热衷恰似西方政治思想史上长期对于"自然权利"理论的青睐。由此可以看出，无论中西，对于政治公共性的理论支撑的寻求必定溯及道德或宗教，而道德与宗教根源背后的学术论证又会延伸至宇宙论之上。

最后，就理学之理论思辨与世俗观照而言，"天命之性"与"气质之性"说尤为凸显其直指人间的公共性意向。在朱熹理学思想中，"天理"与"人欲"、"理"与"气"、"性"与"理"等皆为其核心概念。而这些概念无非蕴含如下两层意思：一是对人类道德与公共政治秩序之源的探寻；二是探索人类道德秩序与公共政治哲学建构何以可能。从公私思想史的角度来看，朱熹首先通过构建"天理"或"理"的概念来为"公"或共同体的正义存在寻求一种合当性，进而为在公共政治秩序中或"私"的领域控遏"私欲"之泛起提供思想资源。其次，诚如前言，由于"理一分殊"的原则，"天理"是在形上、形下界别中双向存在的，只是其名称不同而已。在形上或宇宙论层面，谓之"理"，而其落实至形下现实经验世界层面则名之曰"性"。而此"理"之性与"气"之性又有所差异。前者谓之"天命之性"；后者称之为"气质之性"。"天命之性"为"气质之性"提供提升道德境界之可能；而"气质之性"中因个体气禀差异而常导致不得"理"之正，由此，有用力于道德修养之必要。正如朱熹所言："盖自天降生民，则既莫不与之以仁义礼智之性矣，然其气质之禀或不能齐，是以不能皆有以知其性之所有而全之。"[1]不过，朱熹这一道德危机意识或道德修养的强烈诉求的源动力恐怕还在于其对于关乎"治平"的外王理想的执着。他认识到，人间公共政治秩序的现实世界与天理大化流行的理想世界之间存在着较大的落差。只有透悟《大学》之旨，通过"穷理""诚意""正心""修己""治人"等一系列儒家工夫的实践，才能在一定程度上减少二者之间的巨大差异。

---

① 朱熹：《四书章句集注》，北京：中华书局，1983年，第1页。

（二）"致良知"：内在心性呈现中的王道公共性价值秩序建构意旨

王阳明致良知之学是明代理学、心学之重镇。其继志于宋代理学而又大有创辟，揭出致良知之学。"存天理，灭人欲"仍然是王阳明学术逻辑的起点或问题意识的端绪。其与程朱理学所不同的是如何操存天理，去灭人之私欲之法。众所周知，王阳明是在经过人生几度磨砺之后，才悟出致良知之学。他说"知善知恶是良知"①，"良知是天理之昭明灵觉处，故良知即是天理"②。他基于对"良知"的定义，以及"良知"与"天理"之间关系的认知，提出"天理"在于人心方寸之内，不假外求。一如前述，"天理"与"人欲"的辨析关涉"公"与"私"之间，关涉道德心灵秩序与政治秩序的合法性来源问题。朱子理学中蕴含了丰富的公共哲学观念，而作为其后继者的王阳明的良知学亦复如是。只不过其寻求公共政治秩序正义的路向发生了逆转——由往外的格物致知向在内心求证天理良知的转变。具言之，有以下三方面值得讨论。

首先，"良知"一词虽早已为孟子所使用，但王阳明则将之发展成心学之思辨性极强的核心概念。而且，在王阳明看来，这一"良知"不仅成为寻找人的内在道德意识的终极源泉，同时宣示了其所蕴含的社会公平正义何以可能的致思进路。王阳明主张在心体之上而非在心体之外去寻求"天理"之所存，亦即是"心外无物""心即理"的中心意思。借此，他于晚年揭出"致良知"学的四句教："无善无恶心之体，有善有恶意之动，知善知恶是良知，为善去恶是格物。"③王阳明认为，"良知"即"万物一体之仁"，亦即孟子所谓"仁""义""礼""智"诸端得以呈现的肇因。故此，在他看来，"格心"即"格物"，且须在心体上用功，在诚意上用力。这一看似精微学问如老僧入定归寂般的心学进路曾一度为世人所诟病：堕入佛禅。而其实际上却又有根本之不同，此学不是为求"理"而寻"理"，而是为应付万事而寻"理"。换言之，其终极关怀却是在"外王"一面，亦即在于对社会政治秩序进行理性重构的公共性旨

---

① 吴光等编校：《王阳明全集》卷三《传习录下》，上海：上海古籍出版社，2011年，第133页。

② 吴光等编校：《王阳明全集》卷二《传习录中》，上海：上海古籍出版社，2011年，第81页。

③ 黄宗羲：《明儒学案》上，北京：中华书局，2008年，第178页。

趣。正如他所言："良知只是个是非之心，是非只是个好恶，只好恶就尽了是非，只是非就尽了万事万变。"①又云："虚灵不昧，众理具而万事出，心外无理，心外无事。"②由此可见，"事变""事理"即为王阳明念兹在兹的社会政治关怀所在，其实与释老、佛禅之学大相异趣，充分体现其丰富的公共性思想。

此外，王阳明对于"礼"与"理"关系的论说亦可见其如上意旨。他说："礼字即是理字，理之发见，可见者谓之文，文之隐微，不可见者谓之理，只是一物。"③从阳明对于"理"之所在即为"礼"的内在本质的观点，可以看出他将"内圣"与"外王"之学合二为一。换言之，在某种意义上，他的心学主要为其外王关怀提供一套公共性论证的模式。基于此，钱穆先生对于王阳明晚年拔本塞源论亦曾做如下评断："阳明的良知学，可知其绝非空疏，决非褊狭，其间有几点值得特为提出，以为讲王学者所注意：一、讲良知之学，每易侧重在个人方面，而此篇所论则扩大及于人类之全体；二、讲良知之学，每易侧重在内心方面，而此篇所论则扩大及于人生一切知识才能与事业。"④由此看出，王阳明致力于"良知"普显的理论进路中充溢着一种浓浓的公共情怀。这一公共情怀在某种意义上不如说是宋明儒家身上皆所具有的精神气质。

其次，王阳明思想中的公共性思想还体现在"知行合一"说之中。知行关系向来为尊奉"内圣外王"理想的儒家所重视。在某种意义上，王阳明"知行合一"说旨在将道德意识之"内圣"与道德实践之"外王"二事加以锁死，以杜绝因虚谈圣学或假道学之横生而荼毒世间的情形。王阳明认为，"知"与"行"不可割裂开来，原本是一事，"知是行的主意，行是知的功夫，知是行之始，行是知之成"⑤。由此，他进一步指出："未有知而不行者，知而不行，只是未

<hr />

① 吴光等编校：《王阳明全集》卷三《传习录下》，上海：上海古籍出版社，2011年，第126页。

② 吴光等编校：《王阳明全集》卷三《传习录下》，上海：上海古籍出版社，2011年，第17页。

③ 吴光等编校：《王阳明全集》卷三《传习录下》，上海：上海古籍出版社，2011年，第7页。

④ 钱穆：《阳明学述要》，北京：九州出版社，2011年，第82页。

⑤ 吴光等编校：《王阳明全集》卷一《传习录上》，上海：上海古籍出版社，2011年，第4页。

知。"①可见其强调行之重要性，而且他不时告诫门人："人须在事上磨，方立得住。"②王阳明针对弟子徐爱因不解"知行合一"之旨而提出现实中知父当孝，兄当悌却不能行孝悌之情状时说，这是因私欲之蔽而将"知""行"加以隔断的表现。在他看来，古人将"知"与"行"分为两段来讲，只不过是因人而异的具体诠法而已。王阳明说：

> 古人所以既说一个知又说一个行者，只为世间有一种人，懵懵懂懂的任意去做，全不解思惟省察，也只是个冥行妄作，所以必说个知，方才行得是，又有一种人，茫茫荡荡悬空去思索，全不肯着实躬行，也只是个揣摸影响，所以必说一个行，方才知得真。③

王阳明如上"知行合一"论说实际上将其发明"致良知"学的宗趣明确点出。他致力于向内寻求，在心体上发明一点灵明之良知，从而另辟蹊径地找到撕灭人之私欲，契合天理与公理的可靠通途。这一方法论的发掘得益于王阳明"事上磨"的个体经验，而最终有裨益于明代社会道德与政治理想秩序的重构。在家国同构的中国传统社会，"在家为孝子，在朝为忠臣"的社会政治秩序思维一以贯之。在王阳明那里，格致诚正修齐治平八条目的次序及其重要性与宋儒朱熹所强调者并无二致，只是所格对象有所更易，而外王理想或公共关怀则一。换言之，阳明所谓知行之"知"的来源虽不同于朱熹，但是让人道流行亦即落实儒家修齐治平理想的使命感却是同样强烈的。因此，从这一意义上，阳明"知行合一"论说实际上是一种基于公共意识之上的哲学观念。

最后，王阳明所诠释《大学》经典中的"大学之道，在明明德，在亲民，在止于至善"这一命题，也无不彰显着儒家独特的王道公共性思想。自朱熹以降，宋明儒家大抵以《大学》为其理论体系构建及教人之基石，王阳明也无例

---

① 吴光等编校：《王阳明全集》卷一《传习录上》，上海：上海古籍出版社，2011年，第4页。

② 吴光等编校：《王阳明全集》卷一《传习录上》，上海：上海古籍出版社，2011年，第12页。

③ 吴光等编校：《王阳明全集》卷一《传习录上》，上海：上海古籍出版社，2011年，第4页。

外。其弟子钱德洪曾说:"吾师接初见之士,必借《学》《庸》首章以指示圣学之全功,使知从入之路。"①实际上,王阳明曾对于《大学》所涉及的"明明德""亲民""止于至善"三个概念之间的关系进行了阐释。如:

> 明明德者,立其天地万物一体之体也。亲民者,达其天地万物一体之用也。故明明德必在于亲民。而亲民乃所以明其明德也。②
>
> 至善者,明德、亲民之极则也。天命之性,粹然至善,其灵昭不昧者,此其至善之发见,是乃明德之本体,而即所谓良知也。③
>
> 明明德、亲民而不止于至善,亡其本矣。故止于至善以亲民,而明其明德,是之谓大人之学。④

从阳明上述论说可见,他将"明德"视为对天地万物为一体之情状的描述,而明"明德"属于"体"的范畴,指示了"知"的意向,亦即对天地万物为一体的理想秩序结构的体认;而"亲民"则属于"用"的范畴,规定了"行"的进路,将所体认到的"天地万物一体"的道德律则运用于人类社会政治理想秩序的建构实践之中,亦即"齐家""治国""平天下",而其具体表现为"觉民行道"。由此而观,"亲民"即是王阳明的公共性观念之实践进路。

在王阳明看来,如上二者即是体用关系,也是知行关系。而它们的终极目标则是"止于至善",亦即是良知普显或是人间"仁爱"秩序的一体呈现。在此,"止于至善"不仅是描述一种最高级的道德状态与目标,更是儒家外王实践过程中的最高典范。而"明明德、亲民而不止于至善,亡其本"的言说则表现出了王阳明对于在"明明德"与"亲民"过程中关乎道德修养的动源意义上的热切期待。这一期待同时彰显了他致力于理想的公共政治秩序重建的情

---

① 吴光等编校:《王阳明全集》卷二六《大学问》,上海:上海古籍出版社,1992年,第967页。

② 吴光等编校:《王阳明全集》卷二六《大学问》,上海:上海古籍出版社,1992年,第968页。

③ 吴光等编校:《王阳明全集》卷二六《大学问》,上海:上海古籍出版社,1992年,第969页。

④ 吴光等编校:《王阳明全集》卷二六《大学问》,上海:上海古籍出版社,1992年,第970页。

怀。而王阳明的道德哲学与政治哲学亦无不透显着"天人合一"的逻辑理路。

（三）"回归六经"：晚明儒家王道公共性价值秩序的再造之途

晚明时代，阳明后学影响极大，其学派亦为纷繁。而王学末流却逐渐走失阳明本旨，多为时人所诟病。儒学再造诉求亦由此孕生。黄道周则是引领晚明这一儒学思潮之巨擘。尤值得注意的是，他的学说在经学与理学的互动交织中，呈现出了明显的公共性思想意向。众所周知，晚明社会道德与政治秩序危机四伏，经世思潮泛起，学术亦随之丕变。而且晚明王学末流对于是时社会秩序更是产生了极大的冲击与震荡。在黄道周看来，王学之狂荡走失，其责在于影响力甚巨的王龙溪与李卓吾辈。因而斥之曰："为王汝中、李宏甫则乱天下无疑矣。"[①]究其原委，在于对王学核心环节"良知"的方法论呈示上。王龙溪所力倡之"无善无恶"论在很大程度上导致了"良知"从原本作为呈现"天理"这一公共性道德原则的直接简易之法滑向了以任情为率性之狂禅的助攻手。换言之，"良知"在王阳明那里是寻求"天理"，以开显儒家社会道德秩序之公共性的良方，而在王学末流身上，展现的是个体情欲之私的泛滥，从而极大危及了儒家社会道德秩序的公共性建构。职是之故，黄道周以力倡回归"六经"，主张"经学即理学"，综调朱、王二学，重建王道公共性而独标于晚明时代。"晚明的经学运动是在救正'心性之学'的流弊过程中崛兴的，是对王学末流的一种反动。而晚明极具批判反思精神者如黄道周辈掀起了一股回归儒家经典的学术运动。"[②]而只有回归儒家经典，才能确切找到重建王道公共性的学术理据与思想资源。由此可见，黄道周儒学中的外王意涵或社会政治指向由此亦得以彰显无遗。在他的思想中，易学与阴阳五行说、心性学、礼学等常交相互释，力图构筑理想的天人体系为晚明社会道德与政治秩序的重建提供一种王道公共性再造的思想资源。具言之，有两点值得注意。

首先，易学与阴阳五行说，虽是关乎天道、宇宙之大化流行的形上之学，但其得以存在的意义却是指向人间。其在"天人合一"的传统思维理路下为

① 黄道周：《冰天小草自序》，《黄石斋先生文集》卷八，清康熙五十三年（1714）刻本。
② 杨肇中：《晚明心性学论争与儒学形态的经学转向》，《中国矿业大学学报（社会科学版）》2017年第4期，第31页。

儒者探究人道运行的公共律则提供了深层次的理论正当性。职是之故，黄道周"大力彰扬汉代象数易学的价值，以及在去'神魅谶纬'化的基础上，重新剔抉汉代天人感应的'阴阳五行'说，构建具有'自然主义'意味的外在客观之'天道'，然后'统括天人'，推'天道'以明'人事'，进而为晚明儒家伦理道德与政治理想秩序的重建提供一套方案"①。譬如，黄道周云：

> 世之谈《易》者……乃专谈理义，以为性命。今以历、律为端，日、月为本，六十四为体，七十二为用，天道为经，人事为纬，义理、性命以为要归。其大要以推明天地，本于自然。②
>
> 臣观五帝三皇之道，备在《易象》，自《易象》而外，惟有《洪范》一书，为尧舜所授于禹、汤，周公所得于箕子者。③
>
> 洪，大；范，法也。言天地之大道，百世所取法也。是篇统括天人，纲纪万象，信易学之闾奥，圣道之要领也。后世圣人，有志于尧舜之道，传神禹之学者，必在是篇焉。④

实际上，黄道周上述问题意识与思想进路的呈现与晚明儒学的发展困境关联密切。因之，他力图回归汉代今文经学，颇有救偏于晚明理学、心学之意。因为在黄道周看来，宋明儒家如朱熹、王阳明等虽极措意于内圣之学，却也不失经略外王之雄志，而晚明王学末流却一味于内在心性上走失，无法归宗于儒旨。而这一儒旨即为儒家齐家治国平下的传统公共情怀。因之，他发愿要"救之以六经"，重构一条儒家"由内圣而外王"的经世之新进路。由此可见，在某种意义上讲，黄道周的天人哲学即是一套彰显王道公共性的政治哲学。

其次，在黄道周基于"孝本"意识的礼学建构中，亦含蕴着儒家传统的公共性特质。晚明时代因经世需要而致礼学研究蔚成热潮。如前所述，其以回

---

① 杨肇中：《天人秩序视野下的晚明儒学重建——黄道周思想研究》，北京：中国社会科学出版社，2013年，第119页。

② 黄道周：《易象正目次》，《易象正》，文渊阁四库全书本。

③ 黄道周：《洪范明义·原序》，《易象正》，文渊阁四库全书本。

④ 黄道周：《洪范明义·卷首》，《易象正》，文渊阁四库全书本。

归"六经"为建构天人之学的基石，而"六经同归，其指在礼"①。因之，黄道周晚年颇为措意于礼学研究。但其礼学的进路与王阳明以"理"来阐释"礼"的内在心性言说颇有不同。黄道周云：

> 礼者，天之教也；刑者，天之制也；命者，天之令也。王者本天，百姓本王，圣人因天与王以立其坊。……皆以明礼纠刑，申天之令也。②
>
> 圣人而以性教天下，则舍爱、敬何以矣？爱、敬者，礼乐之所从出也。以礼乐导民，民有不知其源，以爱敬导民，民乃不沿其流，故爱、敬者，德教之本也。舍爱敬而谈德教，是霸主之术，非明王之务也。③
>
> 本者，性也；教者，道也。本立则道生，道生则教立，先王以孝治天下，本诸身而征诸民，礼乐教化于是出焉。④

由上可见，黄道周致力于借助如前所言的易学与阴阳五行说所型塑之"天道"的思想资源来构筑其礼学，使之实体化，从而力避内在心性的虚化。而且，黄道周礼学的"孝本"论说颇为引人注意。譬如，他"以'孝'作为礼学思想的核心内容，并从宇宙本体论的角度论证'礼'存在的合法性，以'爱''敬'作为重建儒家日常礼秩世界的主要实践路径"⑤。他进而指出，礼乐教化得以实现的关键在于"以孝治天下"。换言之，"孝治"是真正通往己"身"与众"民"之间的社会政治秩序的安顿的津梁。从黄道周如上礼学言说中，可窥见其有着强烈的公共性意向。而且，他对于社会政治公共性理想的经世追求，贯通于理学与礼学之间。黄道周重建晚明礼秩社会政治的正当性来自他独特的公共性关怀，亦即其天人哲学。

综上而观，宋明理学绝不因偏于"内圣"言说而在对于"外王"或是时社会政治秩序的现实关切上有丝毫放松。其思想对于公共社会政治秩序问题的深

---

① 曹元弼：《会通》，《礼经学》卷四，续修四库全书第94册，上海：上海古籍出版社，2002年，第713页。

② 黄道周：《大坊章第一》，《坊记集传》卷一，文渊阁四库全书本。

③ 黄道周：《天子章第二》，《孝经集传》卷二，文渊阁四库全书本。

④ 黄道周：《开宗明义章第一》，《孝经集传》卷一，文渊阁四库全书本。

⑤ 杨肇中：《天人秩序视野下的晚明儒学重建——黄道周思想研究》，北京：中国社会科学出版社，2013年，第232页。

入思考与回应极富特色。而由它所开显出的王道公共性价值是宋明儒家社会政治哲学的重要思想,亦具有自身独特的理论气质。

三、儒家王道公共性价值维度建构中的精神特质

诚然,儒家王道公共性价值建构之具体面相,会因应时代的变迁而呈示出差异性,但其所内蕴的精神特质却是一以贯之的,成为儒家的共时性价值指向。概言之,儒家王道公共性价值维度建构中的精神特质,体现于以下三点。

首先,蕴含儒家王道政治理想之经世精神。明代大儒王龙溪云:“儒者之学,务为经世。”[①]实际上,“‘经世’是孔孟以来儒学为自身设定的文化标识”[②]。易言之,虽然践行经世精神的具体方案因时而迁,但就“经世”观念本身而言,却是儒家思想世界里一以贯之的核心性精神。正如有学者所说:“儒学经世思想并无固定模式,从孔孟到程朱,以至阳明心学、清代朴学,均围绕‘经世’思想建构自己的话语、理路、逻辑、体系,其间虽形态不一,各流派也互相攻忤,但经世宗旨一以贯之。”[③]故此,理学作为宋明时代的儒学思想主潮,便不是堕坠于佛老之学的所谓空谈内圣,而是基于儒家一贯的经世旨趣,构建儒家因应时势的蕴含外王命意的具体理论向度。[④]亦由此可见,王道公共性的理学重构即成为是时儒家展示理论生命力的应然进路。因之,我们应该将对于社会政治秩序安顿的关怀,作为解读宋明理学家思想的重要理论向度。换言之,应在儒家“内圣外王”的逻辑连续体中,评估理学的王道公共性建构意旨的价值。而这一建构意旨就当代而言,亦有着重要意义。儒家的心性道德论说是其理论的起点,而致力于社会政治秩序的理想建构则是其理论的必

---

① 吴震编校:《王瑶湖文集序》,《王畿集》卷十三,南京:凤凰出版社,2007年,第350页。

② 周积明:《“经世”:概念、结构与形态》,《天津社会科学》2018年第3期,第156~157页。

③ 周积明:《“经世”:概念、结构与形态》,《天津社会科学》2018年第3期,第155页。

④ 宋代以降,儒学因应佛教之挑战,重塑其自身理论生命力而出现了理学形态,并逐渐衍为是时学术之主潮。关于这一学术背景的言说已成学界共识,本文不再赘述。

然归宿。任何跳脱这一儒家整体逻辑进路的理论面相,都将因失却儒家的元旨而导致泛滥无归。譬如,以往学界所出现的纯粹心性哲学思辨的进路,与大陆新儒家们漠视心性价值的所谓政治儒学的论说,皆在不同程度上跟儒家原旨背驰。职是之故,儒家在当代的生命意义,不仅存乎个体的心性修养的日常生活状态,而且应该接续其传统经世精神,重建基于王道公共性之上的社会政治秩序——王道政治。从当代来看,彰显宋明理学中王道公共性思想的价值在于:既能传承儒家的经世精神于不坠,又能弥缝近年来学人在心性儒学与政治儒学之间因价值偏好不同而造成的明显思想裂隙。

其次,强化儒家基于德性观念而来的责任伦理意识。揆诸中国近世思想发展史,儒家的理学观念传统并非一如现代启蒙论者所说的是一套封闭、压抑性的,甚或导致人性异化扭曲的思想形态。实际上,它在很大程度上兼具开放性与共时性的特质。不过,必须强调的是,任何一种政治文化的观念建构必须承继其作为一种主体性存在的历史基因。进而言之,特定社会政治共同体的公共性观念建构应基于其富于共时性与开放性的政治文化传统之上。有鉴于此,宋明理学中所蕴含的王道公共性观念对于中国建构现代公共观念是富于启示意义的。

如果说西方社会政治共同体的公共性建构诉诸其传统中的自然法观念与权利观念的话,那么,中国传统社会政治共同体的公共性建构的思想资源则是凭借于儒家所谓"继善成性"之道论中所呈现的"天人合一"观念。在这一整全性的天人观念里,"人道"或"王道"中之公共性建构具有来自"天道"的深厚理论正当性。①推"天道"以明"人事",是宋明理学家所秉持的基本思维路径。而基此重构之"人事",即是本文所谓之"王道公共性"。因之,从某种意义上,儒家的德性观念传统来自这一独特的天人观念结构。而天人观念结构亦造就了儒家独特的公共参与意识与责任精神。这一经世传统与德性观念成为儒家理论内部之间协作共进的双重维度。北宋张载所谓"为天地立心,为生民立命,为往圣继绝学,为万世开太平"的名言即为显证。其充溢着作为一个儒者

---

① 与儒家所谓"天人合一"观念有所不同的,如"天人相应""天下感应"等论述。它们主要从宗教性信仰、民间信仰层面来言说天人关系,与宋明理学视野下的"天人合一"言说有别,故不赘论。

不可逃避的公共参与意识与责任伦理观念。一如前述,儒家的公共性意识发端于基于"天人合一"思维的天人观念结构所赋予人的内在道德义务与责任意识。实际上,这一王道公共性观念在西方现代自由主义思潮的影响下,个人主义与权利意识得以无限张大的今天,显得弥足珍贵。总体言之,在一个现代社会里,政治共同体的责任伦理意识与个体权利意识必须同时得到尊重与维护。因之,对于中国未来政治公共性观念建构来说,"德性"与"权利"二者应该呈现双彰状态,才能建构一个相对完善的现代公共政治社会,而由此所致之国家治理体系与治理能力现代化目标的达成才是可期的。

最后,彰显儒家注重人类作为一个整体性存在所具有的普遍性关怀。近年来,西方以原子式个人主义为基础的自由主义受到诟病,社群主义由此得以产生、崛起。其措意于社会政治共同体的价值秩序型塑之意绪,尤为令人印象深刻。社群主义的理论旨趣,从而在某种程度上与儒家社会政治观念趋近,甚或合辙。它们代表了一种对于以自由主义为主流导向的现代性政治的反思进路。不过,值得进一步申述的是,社群主义与儒家虽然皆于政治社会共同体的公共性伦理颇为关切,但是前者所构建的共同体伦理之范域仍然没有超出现代民族国家的框限。换言之,它所谓之共同体伦理的有效性大体限于民族或国家之内,而后者的运思起点却是以"人"作为一个整体性类别的存在而加以考量的。譬如,宋明理学长于从宇宙本体论角度来体证"仁"作为人的内在根本品质的普遍性与可欲性。而这种普遍性的关怀与儒家传统"天下大同"的理念是若合符节的。因此,在这一意义上,儒家王道公共性思想有着能够在超越民族国家的偏狭的现代性理念之上,来重塑人类未来社会政治秩序的丰富理论资源。总之,通过践履儒家的"王道仁政"的普遍主义精神,从而使得政治公共性的层级能够突破民族国家的局囿,进一步扩展并惠及人类整体世界,构建真正的人类命运共同体。

总之,宋明理学中所呈现出来的儒家王道公共性价值建构的精神特质在于:它主要基于儒学经世的问题意识,并诉诸具有超越性意义的宇宙本体论的德性建构与责任伦理型塑,从而夯实儒家"内圣外王"思想结构的传统基石,增强其王道政治思想中的理论自洽性与厚重感。

四、儒家王道公共性价值维度建构之公共哲学审视

"公共哲学"这一概念最早由美国政治学者李普曼（Walter Lippmann）于1956年在其论著《公共哲学》中提出。此后20余年，该概念呈现相对沉寂之态，似乎并未引起学界的热烈关注。直至20世纪80年代以后，它随着自由主义哲学对过分强调个人主义的论说进行批判，得以大肆复兴。20世纪90年代以后，公共哲学在日本学界掀起热潮。自20世纪90年代末21世纪初以降，我国学人亦逐渐关切公共哲学之于中国哲学研究范式的价值意义问题。[①]诚然，"公共哲学"是来自西方的哲学概念，但是，在某种意义上，它探讨的核心问题就在于公共性与公共精神。而公共性是人类社会政治共同体得以存在的重要特质，中西皆然。只不过，它们所凸显公共性之具体进路，则因应各自文化习性的差异而表现不同。故此，本文认为，"公共哲学"不失为一种用于分析中国传统政治哲学，尤其是儒家政治哲学的较好的理论视域。诚如任剑涛所说："人类合群生活的特性注定了人类的政治特质，这就注定了一切生活于政治体之中的成员被打上了政治烙印；与此同时，也就注定了代表政治体的人格载体必须为自己的代表权进行正当化辩护；否则他就无法正当地行使代表政治体的权利；这种辩护沿循的是起码的公共性准则。"[②]由此可见，在维护社会政治秩序的正当性的公共性准则的建构上，中西无疑呈现出一定程度上的趋同性。而公共性准则的寻求又是公共哲学所应讨论的题中应有之义。因之，公共哲学所提供的是一套关于社会政治正当性论证的理论系统。

现在看来，中西政治正当性论证的殊途是由西方近代社会政治自身的深度变革所致，而近代中国的政治正当性论证是被动地受制于西方。在其政治转轨尚未完成时，原本在时空双向度中的中西差异变成仅仅在空间场域单向度中的中西差异。尽管在中西社会之间，寻求政治正当性，或阐释其公共哲

---

① 参见袁祖社：《"公共哲学"与当代中国的公共性社会实践》，《中国社会科学》2007年第3期，第153～160页。

② 任剑涛：《公共的政治哲学》，北京：商务印书馆，2016年，第8页。

学的基本立场与具体理论进路有所差异,但它们也有展开现代对话的可能性空间。可见,在公共哲学的视域下,对宋明理学中所蕴含的公共关怀的具体特质的分析是颇具价值的,为儒家传统政治哲学的现代转型提供一种具有启示意义的理论进路。

一如前述,经世精神是儒家最为重要的品质之一。进言之,儒家对于社会政治思想、制度及实践问题的现实关切令人印象深刻。正如钱穆所说:"中国孔子儒家之学以心性为基本,治平为标的,一切学问必以政治治平大道为归宿。"①在这一意义上,对于公共哲学的热切关怀可谓是内蕴于儒家血脉之中的。儒家哲学无外乎是在"内圣"与"外王"两个领域之中展开。如果说"内圣"领域的可归之于道德哲学或伦理学范畴,而外王领域的则应归之于社会政治哲学或公共哲学范畴。孙中山曾对"政治"下过一简明定义:政治即是管理众人之事。这一"众人之事"便是公共事务。而关于公共事务之哲学思考亦即公共哲学。从这一意义上讲,儒学哲学中有其独特的公共哲学理念。具言之,其有如下三个方面可值分疏。

首先,宋明儒家的公共哲学所构设的"天理"概念,既是具有超越性的抽象建构的哲学理论,又是一套可通过"理一分殊"的原则来与人类社会政治经验世界发生紧密关联的公共哲学。可见,儒家哲学关切现实的旨趣,具有明晰的人类现实政治秩序再建构的实践导向,契合"内圣外王"为儒家一以贯之的特质。其"格致诚正"理论进路之终极目标是"修齐治平",指向现实政治秩序建构的。而这一"天理"的构设由此成为人类经验世界秩序的根本道德法则之所在。"存天理,灭人欲"之说即为其显例。

其次,以"天理"构建儒家道统体系,为政统或皇权提供合乎王道政治理想的现实遵循,通过制约或限权来达致共治天下之目的。揆诸儒家思想史,自孔子而后,儒学所代表的道统与皇权所代表的政统往往处于相互博弈状态。儒家所谓自尧、舜、禹、汤、文、武、周公、孔孟而下之道统的合法性来源于"天",皇权的合法性亦源于"天",但须为道统所表述。这是儒家所主张的"道尊于势""从道不从君"等观念的由来。不得不承认的是,中国历史上的道统与政统始终有着不同程度的内在张力。而这一内在张力由于时势流转,在现

---

① 钱穆:《现代中国学术论衡》,北京:九州出版社,2011年,第176页。

实政治中常常呈现出"道为势所制"的现象，但这一现象却不足以证明儒家在为中国"专制主义"皇权提供理论支撑资源，而只能说儒家侧重于从道德角度给予皇权以制约。不过，在现实政治结构中，常无有效手段来控遏贵为九五之尊的皇权力量。由此而观，在某种意义上，秦汉而后，儒家与皇权是合作关系，谋求的是"共治"天下，而"得君行道"成为儒家理想的主流政治运作祈向。尽管如此，儒家意欲消解皇权政治专制主义的思想旨趣应被视之为其公共精神的重要体现。而其学说如朱熹的"天理人欲"之辨，王阳明的"良知"说以及黄道周的"天人之学"皆可在公共哲学的视域中得到深刻理解。此外，值得注意的是，如上公共哲学的考量实际上涉及公私观念问题。"从思想史上看，迄今的公私观大体有一元论与二元论之两大类别。灭私奉公（公一元论）和灭公奉私（私一元论）是公私一元论的两种极端形态，尽管二者强调的重点不同，但在个人尊严丧失或者他者意识薄弱的公共性意识欠缺的问题上却是相通的。而公私二元论基本上反映的是现代自由主义的思想，它通过在公共领域追求自由主义而避免了公一元论的专制主义。"①这一公私观是就"公"与"私"双方的合当利益而言的，并无多少道德意蕴。而在儒家观念中，公私则指涉政治秩序与道德秩序的双重意涵。②如宋明儒家所谓"存天理，灭人欲"便指涉的是"存公废私"之意。"天理"即为"大公""至公"者，"人欲"即是"私欲"也。然而，儒家何以具有规避专制主义的意欲呢？因为作为皇权制度中之最高最贵者的皇帝，同时具有代表政治秩序之"公"与个人欲望之"私"。当其私欲膨胀时，必定侵蚀皇权制度之"公"，亦即侵犯政治"公共性"，专制主义便易于此而生。因之，儒家主张以"天理人欲"之辨来格君心之非，以使之奉行君道。

最后，就方法论而言，宋明理学是从道德的角度来言说"存公灭私"的合理性。基于这一独特的公私观念，儒家公共哲学主要凸显出以下两个特质。第一，主要从道德主义言说方式来论证公共哲学的合当性。在儒家看来，所

---

① 佐佐木毅、金泰昌主编，金熙德、唐永亮译：《国家·人·公共性》，北京：人民出版社，2009年，第29页。

② 关于儒家公私观念的详细论述，参见杨肇中：《儒家"仁"观念与现代公民社会型塑略论——基于中国传统"公""私"观念发展演变的视角》，《天府新论》2013年第6期，第11～16页。

谓"公共"哲学与"公"哲学几乎没有差别。在这一点上,与西方、日本学界致力于区分"公"与"公共"概念之间的差异有所不同,因为儒家主张的"天下"政治是将国家、社会与个人全部都涵摄进去,进而形成一个整全而和谐的系统,对于上述三者之间的内在张力关系则无甚措意;如儒家所主张的"天下非一人之天下,乃天下之天下"一语便透露出天下王权即为内蕴"公共性"之"公"的代表,凡是丧失此"公共性"之王权握有者即为失德之民贼而已。此与孟子所谓"民贵君轻"思想若合符节。再者,众所周知,中国传统社会实行双轨制治理模式,以县为分水岭,其上为国家朝廷,其下为乡村士绅社会。二者在空间场域上并无交错,冲突亦非明显,由此其内在张力远非西方的国家与社会之间可比。因之,中国儒家社会从观念到制度实践,"公"与"公共"实无太多分殊。第二,宋明儒家公共哲学的道德理想主义论说倾向致使其在内在心性上用力颇多,而在政治制度结构上创新稍显不足。由此,心性儒学资源大倡,而政治儒学资源日益潜藏,即使至晚明时代,亦仅仅是昙花一现,待到晚清民国以后,中国遭遇西方列强的侵逼之时,儒学政治思想资源几被废置不用,仅仅然以接续宋明儒家之心性儒学为之号召,在制度架构设计尚无传统之发明,一味迎合西方政治之模式,以至于做出儒家政治哲学之"公共性"与"公共精神"不在场的判言,而殊不知儒家公共哲学中之"公共性"或"公共精神"却是以其独特面相存在的。

结　语

综上所述,本文对作为儒家思想中核心性价值维度的王道公共性问题进行探究,着重考察了宋明理学家的王道公共性价值维度建构何以可能的内在理路。由此,深入反思了学界长期以来主要关切宋明时代的儒家心性学建构的研究进路。同时,亦从一定程度上彰显了作为整全性意义上的逻辑连续体——"内圣外王"思想结构的理论合当性。其庶几可为思考儒家的现代社会政治转型提供一个有益的视角。

关学与心学之贯通

——以南大吉思想转型为中心的考察*

俞秀玲

西北政法大学哲学与社会发展学院

前　言

　　南大吉（1487—1541），字元善，号瑞泉，陕西渭南秦村（今临渭区官道镇南家村）人，明代关学重要学者。南大吉当年仕考时主考官为王阳明，其一生注定与阳明心学有不解之缘。南大吉在出任浙江绍兴知府期间，曾皈依于阳明心学，并在回乡后致力于阳明心学的传播，也因此加强了关学与心学的贯通，为关学的中兴和心学化起到了重要的中介作用。可以说，南大吉的学术影响远及"关西夫子"冯从吾。南大吉是阳明心学传入关中的第一人，正是他促进了关学在明以后的心学转向。本文试图以南大吉思想为中心进行考察，通过他与王阳明的学术交往活动及其对心学、关学思想的贯通，揭示出其思想兼具的心学化特色和关学特质。

---

　　*　本文为国家社会科学基金项目"明清之际关学价值论研究"（20XZX008）、陕西省重点社科基金项目《吕氏乡约》及其当代价值研究"（2016C001）的阶段性成果。

一、辩难与接受:南大吉与姚江心学之学术往来

南大吉作为关学主要代表人物,亲历了阳明晚年在绍兴创"致良知"之学及开坛讲学的全过程,而在此过程中他也发挥了不容小觑的重要作用。大吉在浙江绍兴任知府期间,阳明曾为其座主,正是在这样的交往中,大吉与阳明建立了特殊的学术交往关系,由此而深受阳明心学之影响。大吉继承并发展阳明心学思想,并逐渐形成自己的心学思想,成为王门学术思想在北方的重要传承人之一。[①]其学术思想以"致良知"为本体,以"慎独"为致知之工夫,以"相忘于道化"为境界追求,并将其心学思想用于治政中,这对王学在北方的传播起着重要作用。

值得留意的是,大吉的心学思想之形成并非一蹴而就,而是与其独特的人生成长经历密切相关。这就有必要对大吉不同阶段的为学指向进行梳理。关于大吉生平及与阳明的学术交往,《明史》并未见记载,然而在冯从吾的《关学编》卷四《瑞泉南先生》及黄宗羲的《明儒学案》卷二十九《北方王门学案》中皆有零星记载。[②]根据这些资料记载,我们可以获知,大吉生于成化二十三年(1487)渭上南氏家族,家学深厚,身处良好教育环境中(当然这也与大吉自身的为学兴趣和努力息息相关),明武宗正德五年(1510)举人,六年(1511)中进士,授户部主事,历员外郎、郎中,嘉靖癸未(1523)以部郎出任浙江绍兴知府。为了更清晰地厘清大吉为学路径如何逐步转向阳明心学,有必要对大吉一生

---

① 除南大吉外,还有曾出任陕西提学副使的许孚远(1535—1604)在北方对江门心学的传播。许氏是唐枢(1497—1574)的弟子,唐枢师从湛若水,而湛氏又是陈白沙的衣钵传人。所以,许孚远是江门心学的第四代传人,正是在这一意义上,许孚远是江门心学在北方的传承人之一。参见刘宗镐:《论关学的心学化及其价值》,《人文杂志》2018年第12期,第57页。

② 此外,张骥的《关学宗传》卷二十一《南瑞泉先生》、焦竑的《国朝献征录》卷八十五《绍兴府知府南大吉传》以及清乾隆年间的《渭南县志》卷七等文献中也有较简单的传略记载,然而许多内容多抄自《关学编》。此外《王阳明全集》及其他文献也有一些零散资料。参见刘学智:《南大吉与王阳明——兼谈阳明心学对关学的影响》,《中国哲学史》2010年第3期,第94页。

的为学历程进行梳理。其为学历程大致可分为三个阶段：第一阶段主要在大吉弱冠前后。大吉好古文之风，经学功底深厚，主要以文辞鸣于世而囿于辞章之学。其出生于经学世家，"余南氏以进士起家也。肇自休亭公而绳武济美，益裕后昆，则又自余伯父瑞泉公始。云瑞泉公，余先王父渭阳公长子也，璞质慧心，气抗爽"①，大吉十岁就受句读于从兄，被其父渭阳公教授四书，稍长，读书为文便自觉求圣贤之学，大吉曾赋诗"皇穹何穆穆，大化互流行。谁谓予婴小，忽焉十五龄。志学因所愿，含精殊未灵。独念前贤训，尧舜皆可并"②，从中可以看出大吉作为少年志于圣贤之学的豪情壮志。在家庭环境的熏陶和影响下，大吉通晓四书之大义，并在后来以善于吟诗作赋且雄于文的名声大噪。由此可见，大吉弱冠时便有以古文辞鸣于世的才华。第二阶段主要在大吉出仕之后到与阳明相遇之前。在这一阶段，大吉观察社会百态，体惜民众疾苦，也正因为如此，此时的他逐渐转向对圣贤之道的尊奉和追求而弃辞章之习，当然，此圣贤之道最主要还是指程朱理学。据《关学编》《关学宗传》等记载，正德辛未年（1511），大吉在入京参加会试时第一次与阳明相遇。此时阳明是大吉参加京城会试时的主考官。大吉于当年殿试中登二甲进士第，于是阳明便以座主门生的身份与大吉发生了关联。然而，需要注意的是，尽管此时两人之间以座主门生相称，然而大吉并未发自内心地对阳明学说思想产生信奉，甚至有抵触之嫌，"当是时王文成公讲明理学，大吉初以会试举主称门生，犹未能信，久之乃深悟，痛悔执贽请益"③，由此可见，大吉对阳明心学的信奉和追随是经历了一番内心的"挣扎"和反复思量的。第三阶段为大吉出任绍兴，至第二次与阳明相遇。这一阶段，大吉在继续观察社会百态、体惜民众疾苦的基础上，一如既往"即敷政于民，则慨然悼末学之支离，将进之以圣贤之道"④，此时大吉感受到程朱末学支离破碎之弊而渐离程朱理学，甚至在其后期的治学中，将心学奉为终身所循之道。嘉靖癸未年（1523），大吉出任绍兴知府，于是举家迁往绍兴。此时，恰逢阳明返回其祖居绍兴，为其父王华守丧

---

① 南轩：《渭上稿》卷十，关中南氏家刊本。
② 南大吉著，李似珍点校：《南大吉集》，西安：西北大学出版社，2015年，第 7 页。
③ 南大吉著，李似珍点校：《南大吉集》，西安：西北大学出版社，2015年，第164页。
④ 吴光等编校：《稽山书院尊经阁记》，《王阳明全集》，上海：上海古籍出版社，2014年，第285页。

之时,也因此,在绍兴有了两人第二次会面的机会。阳明在为父守丧期间"倡道东南,讲致良知之学",而大吉曾好辞章之学,且曾宗程朱,并不以阳明讲习"致良知"之学为真知,所以,尽管他于此时偕其弟南逢吉、其侄南轩一同前往阳明讲学处旁听受学,然而并未提起多大兴趣,大吉旁听受学这一行为在某种意义上只是出于礼貌之举。然而,当再次听闻阳明讲学出现"四方负笈来学者,至于寺观不容"①之盛况时,他心生疑惑,于是遣其弟南逢吉前去多次听课,并给自己复述讲解。既久,大吉似有所顿悟,于是,他决定亲访阳明,"嘉靖三年正月,门人日进。郡守南大吉以座主称门生,然性豪旷不拘小节,先生与论学,有悟"②,大吉以座主门生的身份前往阳明处求学,悟得"人心自有圣贤,奚必他求"③之理,于是便进一步以为政之务问学于阳明:

> "大吉临政多过,先生何无一言?"文成曰:"何过?"先生历数其事。文成曰:"吾言之矣。"先生曰:"无之。"文成曰:"然则何以知之?"曰:"良知自知之。"文成曰:"良知独非我言乎?"先生笑谢而去。④

从上述可以看到,当大吉就自己临政多过一事向阳明求问并质疑于阳明为何对自己的过错不曾出言纠正时,阳明反问大吉何错之有,大吉毫不犹豫尽数自己的过错。然而,令大吉高兴的是,阳明不仅不曾出言指责大吉,而是引导他认识到"良知自知之""良知独非我言乎"的道理。阳明之所以这样引导大吉,是因为在他看来,"良知"是自家体悟而得,而非身外寻得或拾起;"良知"的发用流行是生命个体通过将"良知"作用于万事万物中而主动予以辨别。在阳明这里,他把"良知"归于每个生命个体之中,更突出和强调的是人作为"良知"向外发用流行承载者的主体性问题,即阳明更重视生命个体的主动自觉。正因为如此,阳明更愿意对大吉之过保持沉默不言而由大吉自知。大吉明白并悟得其中的真义时,笑谢而去。又过几日,大吉再次以悔过之事向阳明求教:

---

① 黄宗羲:《明儒学案》(上),北京:中华书局,2008年,第652~653页。
② 束景南:《王阳明年谱长编》,上海:上海古籍出版社,2017年,第1572页。
③ 黄宗羲:《明儒学案》(上),北京:中华书局,2008年,第652~653页。
④ 黄宗羲:《明儒学案》(上),北京:中华书局,2008年,第652~653页。

"与其有过而悔,不若先言之,使其不至于过也。"文成曰:"人言不如自悔之真。"又笑谢而去。①

大吉认为由他人提醒自己过错比自己发现过错再悔改更利于将过错扼杀在萌芽之初。当他向阳明请教时,阳明点醒大吉,"自悔"是内省工夫,比起依靠他人提点,不如通过自省而不断自我修正,由他人劝说不如自悔之真来得扎实。也就是说,在阳明看来,依靠自省工夫直面自身出现的问题,更能让人发挥自我修正工夫,这一工夫其实就是先秦原儒所主张的反求诸己,是每个生命个体在主体自觉的作用下形成的一种对自身的反观。解决了悔过的问题以后,大吉又以身过和心过的问题向阳明请教:

"身过可免,心过奈何?"文成曰:"昔镜未开,可以藏垢,今镜明矣,一尘之落,自难住脚,此正入圣之机也。勉之!"先生谢别而去。②

大吉质疑,"良知"在发用流行中是可以通过生命主体的自悔或自省规避一些过错,然而一旦作为认知主体的心出现错误时又该如何应对?阳明以明镜之喻予以诠释,他指出,人对未曾认识到的"良知"就如同镜之未开状态,而人之认识到的"良知"就如同明澈于世的镜子一般,它在发用流行中不断体悟和贯彻,任何扎染都难以遁形,它通过不断的剥落工夫"湛然"而与万物同体,阳明认为此正为"入圣之机"。受到阳明入圣之机的点拨之后,大吉终有所悟而谢别离去。

由上述可以看出,大吉治学路径转变过程中的"阳明三问"及其与阳明的论学,在其奉阳明心学为圭臬的为学路径中起着非常重要的作用。正是这"阳明三问"的提出,促使大吉对阳明的良知之学有了更详尽系统的认识,正如大吉在写给马汝骥的信中所说:

---

① 黄宗羲:《明儒学案》(上),北京:中华书局,2008年,第652~653页。
② 黄宗羲:《明儒学案》(上),北京:中华书局,2008年,第652~653页。

夫王先生之学，天下方疑而非议之，而某辄敢笃信而诚服之者，非所以附势而取悦也，非谓其所惑也，非喜其异而然也，反而求之，窃有以见夫吾心本如是，道本如是，学本如是，而不可以他求也。①

　　大吉治学的思想路径正是在对阳明心学的逐步认知中，从有所了悟到信之甚笃。阳明的良知学在大吉心中日渐扎根生花，而大吉结合自身所处的环境进行自我反思内省，逐步延展出了良知为何、由何而来、如何发用流行等体用问题，以及向境界过渡等问题向度。至此，大吉的为学路径由宗奉程朱理学转向了阳明心学，并将心学奉为终身所趋之道。

二、阐扬与传播：南大吉对心学之初传

　　大吉于"阳明三问"后，坚定了对阳明心学的信奉，奉阳明心学为真知，与阳明朝夕讲论、切磋学问，大吉一再请益，叩拜阳明门下，以阳明弟子自居，并介绍其弟南逢吉从学于阳明。当时前往绍兴求学于阳明的学人络绎不绝，阳明所讲学的寺观已有容纳过于饱和之况。于是，本就注重讲学的大吉决定利用职务之便，令山阴县令吴瀛修复以前闻名遐迩而在此时已破败不堪的稽山书院，并将修葺书院的行为作为自己的政事活动之一（稽山书院本是北宋时期范仲淹所创设，南宋时期朱熹曾在此书院讲学）。再之后，又在稽山书院增建尊经阁、明德堂和瑞泉精舍设施等，令八邑才俊讲读其中，并恭请阳明及其弟子前往稽山书院讲学，阳明本人担任会师举主，并应大吉之邀请，写下了后来被书院奉为必读之文的著名的《稽山书院尊经阁记》，正如马理《南大吉墓表》所载：

　　　　至于前钱氏所遗镇东山阁、晦翁所建稽山书院，俱存遗址而已，先生举肇造之如初。府学及八邑诸生，尝躬率诸令诲之得之。复拔诸髦士于稽山书院，令其亲炙。乃给之饮食笔札，俾专心向学无他累焉。以故从

---

①　南大吉著，李似珍点校：《南大吉集》，西安：西北大学出版社，2015年，第78页。

游之士成者十九,至今绍兴称科目之盛始于乙酉,夫先生作人之功顾可少邪! ①

在稽山书院那里,大吉喜聚八方彦士,并妥善安排日常食宿、笔墨等开支,自己同时又以阳明门生的身份亲自参与讲习做出表率,并积极督查学政,开启了大吉本人对阳明心学的积极认可和推广之路,正如黄宗羲对此盛况所描述之言:"辟稽山书院,身亲讲习,而文成之门人益进。"②

阳明弟子钱德洪也对这一学术盛况进行了记录:

> 环先生之室而居,如天妃、光相、能仁诸僧舍,每一室常合食者数十人,夜无卧听,更番就席,歌声彻昏旦。南镇、禹穴、阳明洞诸山,远近古刹,徒足所到,无非同志游寓之地。先生每临席,诸生前后左右环坐而听,常不下数百人;送往迎来,月无虚日,至有在侍更岁,不能追记其姓字者。诸生每听讲,出门,未尝不踊跃称快,以昧入者以明出,以疑入者以悟出,以忧愤郁积入者以融释脱落出。③

从上述可见,正是大吉的这一政治、学术行为,使得稽山书院前来后往之弟子络绎不绝,且大多来自湖广、直隶(今河北)、南赣等地,盛况可见一斑。在大吉的大力扶持和推动下,绍兴曾经一度成为当时全国的学术研讨中心,这一盛况也为此后阳明心学的开宗立派奠定了基础。

除此以外,大吉还偕其弟南逢吉顶着来自朝廷官方的压力(当朝对阳明心学厌恶之至,唯恐其作为异端邪说广泛传播)"以身明道":他对自己推崇有加而又憾其未全的《传习录》加以重新校正和续刻。值得留意的是,大吉在绍兴任职期间,正值程朱理学被奉为官方正统思想,且发展势头极猛之时。也因此,阳明的学术著作等遭遇官方打压而被禁止私自传送、续刻的命运,阳明心学似有举步维艰之态。然而,可喜的是,大吉并不为官方"高压"所动。为

---

① 南大吉著,李似珍点校:《南大吉集》,西安:西北大学出版社,2015年,第123页。

② 黄宗羲:《明儒学案》(上),北京:中华书局,2008年,第652~653页。

③ 吴光等编校:《稽山书院尊经阁记》,《王阳明全集》,上海:上海古籍出版社,2014年,第1747~1748页。

了使阳明心学思想能被记录下来并传颂于后世,大吉甘愿以"有若道明,以身殉之,吾往矣"的气魄默默承受来自官方的巨大压力,他组织人马冒险续刻《传习录》,更为详尽地记录了阳明对其"致良知"思想论的阐释,从而使得后世学者在研究阳明心学时有典可依、有据可查,真可谓有功于王学之阐扬和传播。正如阳明弟子钱德洪所感言,"斯录之刻,人见其有功于同志甚大,而不知其处时之甚艰也"①。大吉的这一切举动都是为了让阳明心学、阳明之道大明于天下,他"朝观而夕玩,口诵而心求,盖亦自信之笃"②。在大吉的执着信奉和积极努力下,阳明心学日渐传播开来。

为了使阳明心学更好地传播,使大道明于天下,大吉在绍兴任职期间,心系于民而不畏权贵,他倡导讲学,积极阐扬和传播阳明的"致良知"思想,并承袭阳明政学合一的思想,亲民以仁、造福乡里,这些举措都是大吉对阳明"致良知"之学信之甚笃而付之以自觉践履的证明。然而,不幸的是,因当朝权贵对阳明心学的排斥,大吉顶着来自朝堂的巨大压力和污蔑四起的危险支持阳明在当地的讲学之举,得罪了各乡绅权贵,又因大吉性格之耿直刚正而不拘小节,引起对阳明持排斥态度的官员各种不满,多方诘难和打击接踵而至。大吉遭到了诽谤和污蔑,污蔑之言甚至遍及京师。也因此,当朝试图通过打击大吉以削弱阳明心学思想的影响力,后续大吉在官场上的命运可想而知。待到入觐之时,时任阁臣指示吏部尚书与都御史给大吉的考核评价填注了恶评考语,使大吉遭遇贬黜。大吉被贬,偕家人离任绍兴后曾经过杭州,阳明特意渡江相送,两人相会于杭州圣果寺,此次会面成了最后一次见面。别后,二人尚有书信往来。阳明后来受命兼任都察院左佥都御史而离开绍兴,后续又改任南京兵部尚书综治军务出征广西,并最终殁于江西南安。可见,大吉亲历了晚年的阳明于绍兴如何创"致良知"之学及设坛讲学的全过程,并在此过程中发挥了重要作用。

在被贬回乡的过程中,大吉写信予阳明:

---

① 吴光等编校:《稽山书院尊经阁记》,《王阳明全集》,上海:上海古籍出版社,2014年,第46页。

② 南大吉著,李似珍点校:《南大吉集》,西安:西北大学出版社,2015年,第63页。

幸辱舟从渡江下临胜果，崇朝竟夕之教，耿乎其难忘也，别后又辱手翰累累数百言，虽欲其致吾之良知，务求为真圣人之学尔矣。又教之以安贫，且曰饭疏食饮水，乐亦在其中。无非以圣人之学望大吉也，大吉虽不敏，敢不日夕勉励以求无负我尊师之教！①

寥寥数语，却能看出大吉对"圣人之学"的牵挂。大吉不为毁誉得丧而担忧，只字未提罢官之事，而以"无负我尊师之教"自勉。阳明大为感动，回信大吉：

关中自古多豪杰，其忠信沈毅之质，明达英伟之器，四方之士，吾见亦多矣，未有如关中之盛者也。然自有横渠之后，此学不讲，或亦与四方无异矣。自此关中之士有所振发兴起，进其文艺于道德之归，变其气节为圣贤之学，将必自吾元善昆季始也。今日之归，谓天为无意乎？谓天为无意乎？②

从上述可以看到，阳明对大吉的豪杰气概给予了高度肯定和赞扬，更对大吉传播心学寄予厚望。事实上，大吉的确不负此望，在回乡后的十余年里，他一如既往地致力于阳明心学在关中的传播，"以道自任""旧学不辍"，在乡间继续进行各种问道、讲学活动，将心学传播的地域从江南转移至了北方的关中地区，成为介绍心学入关的第一学人，为关中学子注入了新的血液。正如大吉给渭南众门生讲学时所言：

昔我在英龄，驾车辞赋场。朝夕工步骤，追踪班与扬。中岁遇达人，授我大道方。归来三秦地，坠绪何茫茫？前访周公迹，后窃横渠芳。顾言偕数子，教学此相将。③

---

① 南大吉著，李似珍点校：《南大吉集》，西安：西北大学出版社，2015年，第81页。
② 吴光等编校：《答南元善》，《王阳明全集》，上海：上海古籍出版社，2014年，第235～236页。
③ 南大吉著，李似珍点校：《南大吉集》，西安：西北大学出版社，2015年，第11页。

可明确看出,大吉已无心于官场,更愿意以阐扬和传播圣学为己任。大吉毫不气馁,依然沿着先儒足迹弘扬圣道,承继关学传统。

大吉在家乡渭南修葺学堂、广纳弟子。他与诸生讲学于秦村,又在所居田市里的启善寺讲学,后又在渭北创办湭西书院以迎四方来学之士,"诸生来学者益众"。由此,在聚众讲学中拉开了在关中腹地进行阳明心学传播的序幕。此后十余年,大吉一直坚守于书院,"日夕勉励以求无负我尊师之教"①,谨遵阳明教诲,培养出诸多优秀弟子。

由此观之,大吉的确在与阳明的学术交往中逐渐接受了姚江心学,从宗朱转向师从阳明,由信奉程朱理学转向对阳明心学的执着。②可以说,姚江心学被关学吸收并在关中初传,应该始于南大吉。③

三、延续与贯通:南大吉学术思想的心学特质与关学精神

在与阳明学术交往的过程中,大吉与阳明缔结了深厚的学术友谊,二人相知相投。阳明不仅影响和改变了大吉的治学路向,更在一定程度上对关学的学术走向产生了很大的影响。④在大吉这里,他不仅在传播阳明心学的过程中以宽广的学术胸怀保持了关学学者敦厚朴实而又砥砺操行且不苟于世的关学精神,同时完成了阳明心学在关中的初传,更形成了他自己学术思想

---

① 南大吉著,李似珍点校:《南大吉集》,西安:西北大学出版社,2015年,第14页。

② 刘学智:《南大吉与王阳明——兼谈阳明心学对关学的影响》,《中国哲学史》2010年第3期,第95页。

③ 关于这一问题,《关学续编》有专门的记载:"关中沦于金、元,许鲁斋衍朱子之绪,一时奉天、高陵诸儒与相唱和,皆朱子学也。明则段容思起于皋兰,吕泾野振于高陵,先后王平川、韩苑洛,其学又微别,而阳明崛起东南,渭南南元善传其说以归,是为关中有王学之始。"参见冯从吾撰,陈俊民、徐兴海点校:《关学编(附续编)》,北京:中华书局,1987年,第69页。

④ 刘宗镐认为,"关西夫子"冯从吾继续将关学心学化,并在明末清初的学术话语转型中,当心学化的关学面临再度被程朱理学化的趋势时,陕西周至大儒李颙毅然恪守冯从吾的心学旨趣,在关中大力弘扬心学,从而夯实了冯从吾心学化的关学的主导地位。此论非常有见地,李颙是那个时期高举儒学大旗,而与明末清初的实学家思想主张截然不同的大儒。参见刘宗镐:《论关学的心学化及其价值》,《人文杂志》2018年第12期,第59~60页。

的心学特质，推进了心学和关学思想的贯通。

大吉的学术思想以"致良知"为本体，以"慎独改过"为"致知"工夫，以"相忘于道化"为境界追求，以"亲民以仁""心学治政"为为政工夫。这一思想特质对阳明心学在关中的传播起了非常重要的作用，"盖先生之学以致良知为宗旨，以慎独改过为致知工夫，饬躬励行，惇伦叙理，非世儒矜解悟而略检押者可比。故至今称王公高第弟子，必称渭南元善云"①。

（一）以"致良知"为宗旨的良知之说

大吉受阳明心学影响之后，遂对阳明心学笃信不疑。大吉主要吸收了阳明的"良知"之说形成自己以"致良知"为宗旨的良知之说。阳明主张世间事事物物皆有良知，圣人以其一人之良知，可应对世间事物之变化，且人人皆可通过"致良知"这一工夫学而成圣，"大而参赞弥纶，小而动静时息，无不各得其当"。阳明还指出，世间万物之定理、定体即是心之"良知"，求心之良知，自然会有定理、定体，从而以应对万物，这完全是心之良知之作用。与阳明将"致知"中的"致"作为实现"良知"之途径有所不同，大吉将"良知"作为思想发展主轴，他在后来所撰写的《传习录序》中强调，天下之人"勿以《录》求《录》也，而以我求《录》也，则吾心之本体自见，而凡斯《录》之言，皆其心之所固有，而无复可疑者矣"②。大吉认为阳明《传习录》中所阐发的思想"皆其心之所固有"，可见，他对阳明"心外无事，心外无理，故心外无学"等心学思想深有所悟并自有所得。

当然，需要注意的是，大吉吸收传承阳明"致良知"思想的同时，是将该思想与当时之治世紧密结合在一起的：

> 是故纷至还来，困心衡虑，反诸吾身，征诸吾民，夫然后始见夫是心之良知本一也。以其运于天而言谓之命，以其赋于人而言谓之性，以其率而行之谓之道，以其修而诚之谓之教，以其推而及之于四海谓之治，以其成而重之于万世谓之功。皆是心也，天下之所同也，学所以明此也，仕

---

① 冯从吾撰，刘学智、孙学功点校：《关学编·冯从吾集》，西安：西北大学出版社，2015年，第447页。

② 南大吉著，李似珍点校：《南大吉集》，西安：西北大学出版社，2015年，第63页。

所以行此也。……夫然后知学与仕本一事，而非两途也。夫然后知学固学也，仕亦学也。①

可以看出，大吉笃定圣贤之学就是"致良知"，是建功立业的治世之道，由此，大吉提出，"学所以明此"，则可知"学与仕本一事"的道理。"学与仕本一事"是大吉对关学"学政不二"思想的传承。当然，大吉在去南方从官、从学阳明学之前，甚至在幼年时期，就有成贤成圣之志向，大吉早已在北方的关中故地濡染关学思想。②大吉曾在给阳明的书信中说，"大吉兄弟资不敏，其幼而学也，窃尝有志于圣贤之道"③，可见其这一志向与关学"致学而可以成圣""为往圣继绝学"等思想主张具有密切的关联，可以说，大吉的这一志向正是他关学气质和学风意识的展现。正如前述，大吉因权贵排斥回归乡里之时，并未浑浑噩噩虚度晚生，相反，他联合兄弟和乡邻积极阐扬阳明心学，尤其在关学"去去遵横渠，遥遥眺孔堂"④时，带着强烈的复兴儒学、振兴关学的意愿，自觉以弘扬、振兴关学为己任。"朝廷以道学政术为二事，此正自古之可忧者"⑤，关学一直以躬行礼教、通经致用和天下国家为己任，尤其反对道、政二分，即学术和政术二分。这一传统被后起的关学学者继承并形成传统，而大吉的"学与仕本一事"思想所表述的核心主旨恰恰是关学"学政不二"思想传统的体现。由此可见，大吉的确接受了阳明"致良知"思想，同时还将该思想用于治世之道，这又体现了关学"经世致用""笃行践履"，反对空知不行、学而不用而学以致用的务实学风和特点。

可以明确的是，大吉"致良知"思想在"学与仕本一事"中的应用，正是大

① 南大吉著，李似珍点校：《南大吉集》，西安：西北大学出版社，2015年，第78页。
② 史念海等先生指出，关中是指"四关"之内，四关即东潼关（函谷关）、西散关（大震关）、南武关（蓝关）、北萧关（金锁关）。现关中地区位于陕西省中部，包括西安、宝鸡、咸阳、渭南、铜川、杨凌五市一区。关中南倚秦岭山脉，渭河从中穿过，四面都有天然地形屏障，易守难攻，从战国时起就有"四塞之国"之说法，可以说，关中地区物华天宝、人杰地灵。参见史念海、萧正洪、王双怀：《陕西通史》，西安：陕西师范大学出版社，1998年。
③ 南大吉著，李似珍点校：《南大吉集·瑞泉伯子集》卷十九《寄阳明先生书》，西安：西北大学出版社，2015年，第81页。
④ 南大吉著，李似珍点校：《南大吉集·瑞泉伯子集》卷四《冬晓发自秦村复诸生讲约》，西安：西北大学出版社，2015年，第13页。
⑤ 张载撰，章锡琛点校：《张载集·文集佚存·答范巽之书》，北京：中华书局，1978年，第349页。

吉将先秦原儒经世致用、体用不二思想统一起来的认知和理解，更是对张载以来关学"学政不二"思想传统的承继。①在这种意义上，大吉实现了心学和关学的融合、贯通。

（二）以"慎独改过"为"致知"工夫

在思想认识路径上，阳明与朱熹相反，他更强调作为道德主体的人在"良知"的指引下，通过"格心"使吾心之良知致于事事物物之中，从而使事事物物皆得其理。可以说，阳明的这一认知路径是以"良知"来指导人在日用常行中随处体认、"事上磨炼"，而这个过程正是阳明晚年强调的"致良知"思想。在这个层面，大吉也继承了阳明，强调通过慎独改过的内省工夫在"体之用"上下工夫。

在阳明那里，他将"慎独"纳入心学思想体系中，并提出慎独戒惧本一个工夫的思想观点②：

> 正之问："戒惧是己所不知时工夫，慎独是己所独知时工夫，此说如何？"先生曰："只是一个工夫，无事时固是独知，有事时亦是独知。人若不知于此独知之地用力，只在人所共知处用功，便是作伪，便是'见君子而后厌然'。此独知处便是诚的萌芽；此处不论善念恶念，更无虚假，一是百是，一错百错，正是王霸、义利、诚伪、善恶界头。于此一立立定，便

---

① 南大吉学习的是阳明心学，而非张载的理学，更由于当时程朱理学化的关学正蓬勃发展，严重阻碍了南氏兄弟对姚江心学的传播。故而，南大吉并未能使关学姚江心学化，不足承担这种"扭转乾坤"的历史使命。参见刘宗镐：《论关学的心学化及其价值》，《人文杂志》2018年第12期，第57页。

② 这是对朱熹将慎独戒惧二分导致后世学者误以为心外别有本体思想的批判。朱熹认为："独者，人所不知而己所独知之地也。言欲自修者知为善以去其恶，则当实用其力，而禁止其自欺。使其恶恶则如恶恶臭，好善则如好好色，皆务决去，而求必得之，以自快足于己，不可徒苟且以殉外而为人也。然其实与不实，盖有他人所不及知而己独知者，故必谨之于此以审其几焉……此言小人阴为不善，而阳欲掩之，则是非不知善之当为与恶之当去也；但不能实用其力以至此耳。然欲掩其恶而卒不可掩，欲诈为善而卒不可诈，则亦何益之有哉！此君子所以重以为戒，而必谨其独也。"参见朱熹：《四书章句集注》，北京：中华书局，2011年，第8页。在这里，他是将"慎独"解作谨慎独处、道德自律，影响深远，长期以来几乎被当作定论。

是端本澄源，便是立诚。古人许多诚身的工夫，精神命脉全体只在此处，真是莫见莫显，无时无处，无终无始，只是此个功夫。今若又分戒惧为己所不知，即工夫便支离，亦有间断。既戒惧即是知，己若不知，是谁戒惧？如此见解，便要流入断灭禅定。"曰："不论善念恶念，更无虚假，则独知之地，更无无念时邪？"曰："戒惧亦是念。戒惧之念，无时可息。若戒惧之心稍有不存，不是昏瞆，更己流入恶念。自朝至暮，自少至老，若要无念，即是己不知，此除是昏睡，除是槁木死灰。"①

在阳明看来，戒惧慎独本为一个工夫，慎独之功不可间断，需时刻在独知处用力，独知处又是立诚的关键，因此，需要在"良知"之作用下使自己明心见性，即在独知处立定而立诚，这也是阳明所强调的"致良知"思想。大吉对阳明的这一思想进行了很好地继承，并予以发展："依是良知，尊尊卑卑、厚厚薄薄、有有无无，不以一毫私意参乎其间，即所谓慎独也，即所谓致良知也。"②

在大吉看来，"慎独"甚至可以等价于"致良知"。他认为，所谓"致良知"，即为如何在日用常行中复归良知之心而使"良知"昭然明澈于事事物物的工夫。"良知"是否昭然明澈，是视人在日用常行中是否能够顺应"良知"发用流行而言，若能顺应，则"良知"之发用便能昭然明澈，反之则会使之蒙蔽难察。所以，他认为"致良知"就是顺应"良知"之发用流行而使其昭然明澈，而不为"一毫私意"所蒙蔽。在大吉的心学视域下，"心"被提到了本体之层面，"慎其心"的"慎独"作为工夫路径也随之发生改变。这便使得"慎独"与先秦时期将"慎独"定性为朴素"内省工夫"有所不同。在大吉这里，"慎独"直接与"良知"本体发生关联，这成为其心学思想中内省修养工夫论的主旨，即"致良知"。大吉对"慎独"的阐释具有浓厚的心学色彩，这一点在其关于如何看待"慎独"与"格物"关系上体现得尤为明显：

此知一致，人皆曰我是也，人心有不慊乎！人心既慊，则吾内省未何愧乎？夫何不慊乎！夫兹应酢小事也，此其大者可无慎乎！由是观之则

---

① 吴光等编校：《王阳明全集》卷一《传习录上》，上海：上海古籍出版社，2014年，第39~40页。

② 南大吉著，李似珍点校：《南大吉集》，西安：西北大学出版社，2015年，第84页。

吾心天理之流行，果有离于日用之常乎？夫其常也自一应酬之小以极乎庶政之繁繁，然条理果有出于吾良知天则之外乎！然则学之道果有间于内外人己乎？果有分于用舍尊卑乎？孟子曰：万物皆备于我矣！反身而诚，乐莫大焉。又曰道在迩而求诸远，事在易而求诸难。人人亲其亲，长其长而天下平。夫是之谓格物之学，是之谓圣贤之教也已。①

从上述可以看出，只要做到"慎独"，万物就会各得其当，人则会无不喜悦、满足，作为道德主体的生命个体于自省时自然不会心生愧疚内责。也就是说，在大吉这里，对待是非、尊卑、厚薄不应掺杂丝毫杂念，而应通过原儒所主张的"慎独"工夫来自省、自律，大吉认为这便是"致良知"实现之路径。

当然，除了将"慎独"之工夫视作"致良知"之法门外，大吉还通过以心学躬行实践于治政中的为政工夫来展现，视之为为官从政的基本原则。正德七年至嘉靖五年（1512—1526），大吉任户部主事期间，严以律己，凡事必亲自过问，尤其在出任浙江绍兴知府时，大吉"政尚严猛，善任事"，锄奸兴利，且不避嫌怨，将宦官豪民巨猾之地治理成夜不闭户的太平之郡。这一卓越功绩正是其以身作则、"慎独"自修原则之体现，更见其政治能力之强。

（三）"相忘于道化"的境界追求

大吉进一步思索普通常人如何达致成圣时，便引出了其"道化""物化"之辩，这一趋向进而发展为其"相忘于道化"的境界追求。可以说，大吉的这一思想正是在阳明"天下万物一体之仁"思想的影响下逐渐形成的。在大吉看来，所谓圣人即为才德全尽者，是知行完满的至善之人，更是有限世界中的无限存在。所以，大吉认为圣人不仅仅是一种理想人格，更是君子儒在自我实现层面所追求的最高境界："夫所谓圣人者，以天地万物为一体者也……天下者圣人之身也，万民亲附，万物效灵，礼乐教化洋溢而无外，岂非圣人之深愿哉！"②

可以看出，大吉对圣人的看法是基于阳明"天下万物一体之仁"思想而来的。大吉欲通过"良知"以贯通心性与道体之关系，建构"良知"视域下天道与

---

① 南大吉著，李似珍点校：《南大吉集》，西安：西北大学出版社，2015年，第84页。
② 南大吉著，李似珍点校：《南大吉集》，西安：西北大学出版社，2015年，第70页。

人道一体的关系。需要留意的是，大吉非常重视人作为道德主体的主观能动性，认为借由人的良知感应，人与万物之联系便得以构建，从而人与万物达到了价值和意义层面的统一，即"合天下万物而一体者"，这正是大吉所追求的天人合一境界：

> 天地之间道而已矣，道也者，人物之所由以生者也。是故人之生也，得其秀而最灵。以言乎性则中矣，以言乎情则和矣，以言乎万物则备矣，由圣人至于途人一也。故曰人者天地之德，阴阳之交，鬼神之会，五行之秀气也。又曰：致中和，天地位焉，万物育焉。是故古者大道之明于天下也，天下之人相忘于道化之中，而无复所谓邪慝者焉。率性以由之，修道以诚之，皞皞乎而不知为之者……至其后也，道不明于天下，天下之人相交于物化之中而邪慝兴焉。失其性而不求，舍其道而不知修，斯人也，日入于禽兽之归而莫之知也。①

大吉认为，道化万物，但每个个体对道性的彰显却有程度深浅之差别，作为人，它"得其秀而最灵"，故而人可"致中和"而达到"万物皆备于我"之境界。正是在这一意义上，大吉称赞人为"天地之德，阴阳之交，鬼神之会，五行之秀气也"，由此，人皆能守"中和"之道，而"相忘于道化之中"，于是，邪恶、卑劣会越来越少，人也才能"率性以由之，修道以诚之""恭己"而"无为"；反之，若大道晦暗于天下，则人会"相交于物化之中"而"失其性而不求，舍其道而不知修"，陷入功名利禄物欲而难以自控、自拔，最终落得邪恶盛行、"口入于禽兽之归而莫之知"、万物失序而天下大乱之结局。

也就是说，大吉是通过立"良知"本体使心与大道本一，他"追求'道化'境界而批评'物化'倾向的努力，对于由于价值观混乱而导致的物欲泛滥、人性扭曲、极端功利主义肆虐的当代社会，无疑有着重要的警示和启迪作用"。②

大吉对"道"的理解，正是建立在其心学视野之下，更是对阳明心学的继

---

① 南大吉著，李似珍点校：《南大吉集》，西安：西北大学出版社，2015年，第62～65页。

② 刘学智：《南大吉与王阳明——兼谈阳明心学对关学的影响》，《中国哲学史》2010年第3期，第98页。

承。他对"物化"的警示、对"道化"的追求出于对天下大治的向往，这一情怀使得他不再仅仅局限于文人情怀，而是带有更加浓厚的社会实践色彩，试图以此切实观照社会现实生活，也因此，大吉在政事活动中处处渗透这一情怀。如果说"以天地万物为一体"的圣人境界是大吉对个体自我价值之实现的一种指向的话，那么"相忘于道化"的境界追求便是大吉"觉民行道"下对现实社会中生命个体的终极关怀。

需要注意的是，大吉对"道化"境界的追求，是间接对"物化"陷阱的提防，这与关学"乐天安命""天人合一"以及"学必为圣"，应有志于"为天地立心，为生民立命，为往圣继绝学，为万世开太平"的道德修养境界追求是一脉相承的。早初，张载继承了孟子的"性善"说，认为"天性"至善至美，但最终能否达于至善，关键在于个体后天之努力。这种努力就是张载关学"躬行礼教"思想的体现，张载提倡"立天理""灭人欲"，认为人的欲望并非全恶，它在一定范围内符合"天理"，若过了，则为"人欲"，故而应该克制以灭之。在大吉看来，无论道学还是理学，皆以培养人之心性为鹄的，正如"关西夫子"冯从吾在其《谕俗》中所言，"吾儒之旨，只在为善一字"，"千讲万讲不过要大家做好人，存好心，行好事，三句尽之矣"。冯氏关于为学精义之概括通俗简约，这既是关学之真精神①，亦为孔孟原儒之真精神，"圣贤之学，心学也"。

大吉作为关中士人，位居关中理学家之一无可非议，然而大吉并非杂糅程朱陆王，而是转而信奉阳明心学，形成自己的心学思想。其中，关学尊经重礼、躬行实践的优秀传统在大吉那里发挥作用，在某种意义上说，这避免了大吉走上以泛论心性为宗旨的不归路。可以说，心学旨向与关中学风在大吉那里实现了有机融合，从而形成大吉独特的学术品格。

---

① 元明时期关中理学家都不尊横渠之学，元代尊朱子学，明中后期主要是薛敬之、吕柟传播的"关陇之学"，王恕、王承裕父子与马理、杨爵等组成的三原学派。这些学派主要是发挥程朱理学。明清时期刘宗周、黄宗羲、全祖望等将张载以后的关中理学称为"关学"。张载之学也常常被称为理学。因而，冯氏将关学定位为关中儒学可谓独具慧眼。这与南大吉的"前访周公迹，后窥横渠芳"同出一辙。参见岳桂明：《略论南大吉对关学的贡献——兼论关学的心学特质》，《山东广播电视大学学报》2017年第1期，第55页。

结　语

总之，作为阐扬和传播阳明心学入关的第一人，大吉在推动阳明心学北进的过程中发挥了不容小觑的作用。由于关学恪守"崇实致用"的为学精神，主张"实行""践行"，强调工夫的落实、笃实，故而大吉对心学的传播，或者说关学与心学的融合、贯通，在某种意义上说，其实就是心学的"良知本体"（"心之本体"）如何通过"静坐中养出端倪""致吾心之良知""求理于心"等工夫路径，落实在关学的工夫论上。也就是说，关学接受的是心学如何"致良知""致用"的修养工夫论，而非其工夫的简易直接，这一贯通更促进了关学学以致用之务实精神的落实。

当然，尽管大吉将阳明心学传入关中，并成为姚江心学在关中传播的第一人，然而心学在关中的影响并没有达到预想的效果，大吉并未完成将关学彻底心学化的历史使命。也就是说，心学在关中略成气候，当在大吉身后。关中大儒冯从吾和被称之为明末清初三大儒之一的李颙①，作为关学的杰出代表跻身于当时的儒学之林，他们以极强的号召力和献身学术的敬业精神，既接受阳明的"致良知"之说，又从儒佛、心性之辩入手，自觉担负起在关中清算王学末流空疏学风之弊的历史任务，冯从吾"有主"、贵"自得""崇正辟邪"的自修精神和崇尚气节的宗风，李颙"悔过自新"思想的心学义趣、"全体大用"的躬行实践思想等都是阳明心学思想的体现，也是关学"与时俱进"进取精神、"多元统一"学术胸襟和"崇实致用"务实精神的再现、弘扬。尤其李颙

---

① 全祖望在《二曲先生窆石文》中称："当是时，北方则孙先生夏峰，南方则黄先生梨洲，西方则先生，时论以为三大儒。"参见李颙撰，陈俊民点校：《二曲集》，《附录二·二曲先生窆石文》，北京：中华书局，1996年，第614页。关于三大儒之说法，学界争论不一，亦有四大儒、五大儒之说。张岱年指出："清初时最有名望的三个大儒是：孙奇逢、黄宗羲、李颙。到了清末，人们讲清初三大儒，就改成了黄宗羲、顾炎武、王夫之。章太炎讲清初五大儒：孙奇逢、黄宗羲、顾炎武、王夫之、颜元。梁启超则推崇四人：黄宗羲、顾炎武、王夫之、颜元。"参见张岱年：《中国哲学史史料学》，北京：生活·读书·新知三联书店，1982年，第180页。关于这一说法，亦可参见何冠彪：《明清人物与著述》，香港：香港教育图书公司，1996年，第50、55、59、62页。

及其弟子王心敬，师徒二人以心学弘扬关学于关中，使关学在清代的顺治、康熙及雍正年间，以心学面貌达到鼎盛。

大吉为关学与心学的融合、贯通做出了努力，其重要作用不可低估，这也是关学在继与洛、闽学融会之后的又一次学术转向。

试论阳明心学的宗旨和当代价值

刘新军

山东师范大学哲学系

前　言

在国学热不断升温的背景下,阳明心学成为显学。这也彰显了阳明心学的当代价值,合理地把握阳明心学的立言宗旨是阐释其当代价值的前提。《传习录》是阳明心学的代表作,也是把握王阳明其他文本的基础。《传习录》除了书信部分是王阳明本人所作外,其他部分均为其弟子所记录的师徒传习对话,谈话主题较为分散。但字里行间却有一以贯之之道,这就是阳明心学的立言宗旨。本文以《传习录》为中心,从王阳明本人对其心学立言宗旨的不同说法入手,通过对其思想圆融理解中把握其宗旨,并在此基础上彰显阳明心学的当代价值。

一、王阳明关于其心学立言宗旨的不同说法

关于阳明心学的立言宗旨,王阳明本人就有多种说法。王阳明说过“心即理”是其立言宗旨:“诸君要识得我立言宗旨。我如今说个心即理是如何?只为世人分心与理为二,故便有许多病痛。如五伯攘夷狄、尊周室,都是一个私心,便不当理。人却说他做得当理,只心有未纯,往往悦慕其所为,要来外面做得好看,却与心全不相干。分心与理为二,其流至于伯道之伪而不自知。

345

故我说个心即理，要使知心理是一个，便来心上做工夫，不去袭义于外，便是王道之真。此我立言宗旨。"(《传习录·黄以方录》)心即理可谓阳明心学的第一命题，也是王阳明龙场悟道的最重要成果。根据《年谱》正德三年(1508)记载，王阳明忽然夜里大悟格物致知之旨："始知圣人之道，吾性自足，向之求理于事物者误也。"(《王阳明全集》卷三三《年谱一》)这句话的含义实际上是心即理的表达。在上述《年谱》正德三年(1508)记载中，还有一句"大悟格物致知之旨"也点明了"致良知"的宗旨意义，这也说明王阳明的良知理论正是龙场悟道的基本内容。正是在此基础上，王阳明晚年倡导"致良知"教："吾平生讲学，只是'致良知'三字。"(《王阳明全集》卷二六)其门人陈九川也说："至致良知三字，乃先师平素教人不倦者。"(《王阳明全集》卷二六)从某种意义上说，致良知几乎就是阳明学的代名词，是阳明思想的根本宗旨。①王阳明还明确强调"知行合一"是其立言宗旨，据《传习录》记载，有人问"知行合一"的问题，王阳明回答说："我今说个知行合一，正要人晓得一念发动处，便即是行了。发动处有不善，就将这不善的念克倒了。须要彻根彻底，不使那一念不善潜伏在胸中。此是我立言宗旨。"(《传习录·黄直录》)在其门人徐爱所录中，也有关于立言宗旨的记载。徐爱因未能透彻明白"知行合一"之训而请问，王阳明回答说："此便是知行的本体，不曾有私意隔断的。圣人教人必要是如此，方可谓之知；不然，只是不曾知。此却是何等紧切着实的工夫！如今苦苦定要说知行做两个，是甚么意？某要说做一个，是甚么意？若不知立言宗旨，只管说一个两个，亦有甚用？"(《传习录·徐爱录》)王阳明接着又说："某今说个知行合一，正是对病的药，又不是某凿空杜撰，知行本体原是如此。今若知得宗旨时，即说两个亦不妨，亦只是一个；若不会宗旨，便说一个，亦济得甚事？只是闲说话。"(《传习录·徐爱录》)根据上述关于知行合一的论述，王阳明所谓的立言宗旨是指知行合一，还是另有他指？在字里行间，我们感觉到王阳明好像又在超越"知行"二字谈立言宗旨的问题。徐爱是王阳明最得意的门生之一，被称为王门之颜回。徐爱在《传习录》序言中说："不知先生居夷三载，处困养静，精一之功，固已超入圣域，粹然大中至正之归矣。爱朝夕炙门下，但见先生之道，即之若易而仰之愈高，见之若粗而探之愈精，就之若近

---

① 吴震：《〈传习录〉精读》，上海：复旦大学出版社，2011年，第105～109页。

而造之愈益无穷,十余年来,竟未能窥其藩篱。"(《传习录·徐爱序》)王阳明思想之圆融精妙,的确不是人们听讲后通过知解方式所能把握的。其实,王阳明自己说得很清楚,他所谓的知行合一是对病的药,若知得宗旨时即说两个亦不妨;所谓两个就是知和行分开说,但其实质也只是一个,即知行合一。由此看来,这里的"宗旨"好像另有他指。另外,王阳明在去世前一年的"天泉证道"中,对其立言宗旨有着最后的表达,他说:"已后与朋友讲学,切不可失了我的宗旨:无善无恶是心之体,有善有恶是意之动,知善知恶的是良知,为善去恶是格物。只依我这话头随人指点,自没病痛。此原是彻上彻下功夫。"(《传习录·黄省曾录》)四句教又好像是阳明心学立言宗旨的最终定本。[①]在王阳明关于其立言宗旨的不同表述中,我们应如何化解其形式冲突以达理论的自洽,这是需要进一步探索的重要问题。

我们再看看王阳明在亲笔写成的《答顾东桥书》中,是怎么谈这个问题的。在该书信中,有三处明确涉及立言宗旨的问题。一是在开头就提出"圣门教人用功第一义"的问题。他说:"然则鄙人之心,吾子固已一句道尽,复何言哉! 复何言哉! 若'诚意'之说,自是圣门教人用功第一义,但近世学者乃作第二义看,故稍与提掇紧要出来,非鄙人所能特倡也。"二是在回答顾东桥第四个问题时提出"圣门知行合一之教"的问题。他说:"求理于吾心,此圣门知行合一之教。"三是在回答顾东桥第十一个问题时提出"圣门致知用力之地"的"一以贯之"之道。他说:"此言正所以明德性之良知,非由于闻见耳。若曰'多闻,择其善者而从之,多见而识之',则是专求诸见闻之末,而已落在第二义矣,故曰'知之次也'。夫以见闻之知为次,则所谓知之上者果安所指乎? 是可以窥圣门致知用力之地矣。夫子谓子贡曰:'赐也,汝以予为多学而识之者欤? 非也,予一以贯之。'使诚在于多学而识,则夫子胡乃谬为是说以欺子贡者邪? '一以贯之',非致其良知而何?"这三处所涉及的关于"立言宗旨"问题在该书信行文中都有较为详细的论述。下面我们通过全方位多层面的论证来探讨阳明心学的真正宗旨之所在。

---

① 吴震解读:《传习录》,北京:国家图书馆出版社,2018年,第487页。

二、如何在阳明心学的思想圆融中把握其宗旨

要把握阳明心学的立言宗旨，首先要明白王阳明为什么要力倡心学。与此相关可分为两个问题：一是阳明心学根本上在追求什么，二是阳明心学在针对什么问题。王阳明得意弟子徐爱称阳明心学已经超入圣域，自己亲炙其门下十余年，竟未能窥其藩篱，更何况他人。其言外之意，对阳明心学不可做支离知解，须从整体上把握其精神实质。通读《答顾东桥书》尤其是该书信中的"拔本塞源"之论，可知阳明心学的终极关怀是圣人之学。在"拔本塞源"论一开头，王阳明就点明了该论之宗旨，他说："夫拔本塞源之论不明于天下，则天下之学圣人者，将日繁日难，斯人沦于禽兽夷狄，而犹自以为圣人之学。吾之说虽或暂明于一时，终将冻解于西而冰坚于东，雾释于前而云滃于后，呶呶焉危困以死，而卒无救于天下之分毫也已！"（《传习录·答顾东桥书》）阳明心学的圣学性质也体现在其所倡导的为学之要上，王阳明认为为学之要首先是"立志"。所谓真正的立志，是指要立个必为圣人之志，亦即立个必为圣人之心，他说："诸公在此，务要立个必为圣人之心。时时刻刻须是一棒一条痕，一掴一掌血，方能听吾说话句句得力。"（《传习录·黄以方录》）至于何谓圣人之学，王阳明有着自己独特的理解。他说："圣人之学，心学也。"圣人之学作为阳明心学的终极关怀，是王阳明倡导心学的一个重要原因。阳明心学的终极关怀是圣人之学，圣人之学的根本是心学，心学本质上是工夫论，而心学工夫论的头脑是心体即良知本体。这正是为什么王阳明极力倡导"致良知"教。致良知是心学工夫，王阳明力倡心学的另一个重要原因还在于他认为心学工夫的意义在于它可以对治时代的现实人生问题。

王阳明力倡心学，其所面对的时代课题，在《答顾东桥书》的"拔本塞源"论中被一语道破，他接连用"功利之心""功利之见""功利之习""功利之毒"等词语来表达其对当时世事人心病症的诊断。"盖至于今，功利之毒沦浃于人之心髓，而习以成性也，几千年矣。"（《传习录·答顾东桥书》）王阳明所谓"拔本塞源"，主要是针对"功利之毒"而言的。时代的"功利之毒"是人们"功利之习"长期积累的结果，因此就需要寻找出"功利之习"的根源，从而拔除其根本、堵塞其源头。王阳明对"功利之毒"之所以如此深恶痛绝的根本原因就在于此毒是圣人之学的主要障碍。王阳明对时代的基本判断是"圣人之学日远日晦，而功利之习愈趋愈下"(《传习录·答顾东桥书》)，问题的关键是要胜其"功利之心"和破其"功利之见"。由此看来，"功利之习"虽是社会衰落和世人败坏的主要原因，但王阳明关怀的中心仍然是圣人之学。"'拔本塞源论'的主题是辨别本末，区分复心体之同然的心学与追逐名物知识的支离之学。"①施邦曜也说："后拔本塞源之论，阐明古今学术升降之因。"②可以说，王阳明的"拔本塞源"论的主旨是以圣人之学来抗击功利之习，本质上是"良知"对"私欲"的战斗。至于"功利之习"的根源，在王阳明看来就是各个人的私欲私智。这些个人的私欲私智以及相应的"功利之心"和"功利之见"，也就是"功利之习"的根源，正是"拔本塞源"所针对的对象。要真正根除这些"功利之习"就要克其私去其蔽。在王阳明晚年思想成熟时期，万物一体论和致良知说互相支撑，共同构成阳明心学的主体。这两者也是阳明心学用于解决时代课题最有力的思想武器。

如前所述，阳明心学的终极关怀是圣人之学，而学人为学最重要的只是立志，即立必为圣人之志。其实在阳明心学那里，立志也就是工夫，"只念念要存天理，即是立志。"(《传习录·陆澄录》)圣人是儒家最高的理想人格，而立必为圣人之志，就是真正树立起自己的人格理想；而人格理想又是建立在信念、信仰的基础上，这就需要对儒家的核心价值达到信仰的高度。信念、信仰和理想是带有理性特征的价值观念，所以王阳明在倡导圣人之学时非常注重把道理说得明白透彻。王阳明年少时就立志做个圣人，其前半生从立志到龙场悟道，实际上是在寻找成圣的本体论根据。龙场悟道的成果标志着王阳明已经找到了成圣的本体论根据，那就是"圣人之道，吾性自足"(《王阳明全集》卷三三《年谱一》)。王阳明的"心即理""知行合一""致良知""四句教"等核心理论观点都是基于这一本体论根据。在阳明心学中，人人皆具有的"良知"心体就是成圣的内在根据。而这一内在根据也成就了阳明心学的至简至易至精至微的理论特征。在王阳明看来，良知是真正的工夫头脑，本体工夫

① 陈来：《有无之境：王阳明哲学的精神》，北京：北京大学出版社，2013年，第241页。
② 参见陈荣捷：《王阳明〈传习录〉详注集评》，重庆：重庆出版社，2017年，第159页。

就是致良知的工夫，他说："须要时时用致良知的功夫，方才与他川水一般。若须臾间断，便与天地不相似。此是学问极至处。圣人也只如此。"（《传习录·黄省曾录》）所以，致良知是阳明心学所极力倡导的根本工夫，其他所有工夫都可在此基础上得以融会贯通。下面我们试图通过理解阳明心学思想的圆融性来把握其立言宗旨。

王阳明对《大学》的诠释是立足于其心即理的心学立场，以良知理论为思想内核，贯彻孟子学的思路，把格物、致知、正心、诚意等条目放在心物关系和知行关系的双重维度中进行新的解释，达到其心学的思想圆融。这是阳明心学的显性结构。另外，阳明心学简易精微的理论特征又深受禅宗本体工夫理论和老庄道家思想的影响，这些因素构成了阳明心学的隐性线索。至于阳明心学的隐性线索，因其内容复杂和本文篇幅所限，在此不再赘述。我们主要结合《传习录》的文本来论述阳明心学在显性结构上的思想圆融。

王阳明非常重视"格物"之说，认为它是把握《大学》的入手处，也是自己的心学与朱子学差异的关键点，他说："吾教人致良知在格物上用功，却是有根本的学问。日长进一日，愈久愈觉精明。世儒教人事事物物上去寻讨，却是无根本的学问。"（《传习录·黄修易录》）王阳明认为，把握了他的格物学说，对其心学体系而言有着纲举目张之效。在《答罗整庵少宰书》中，王阳明就指出了这一点，他说："执事所以教，反复数百言，皆以未悉鄙人格物之说。若鄙说一明，则此数百言皆可以不待辨说而释然无滞，故今不敢缕缕以滋琐屑之渎，然鄙脱非面陈口析，断亦未能了了于纸笔间也。"（《传习录·答罗整庵少宰书》）在《答顾东桥书》中，顾东桥第六问涉及朱子"格物"学说，他来书信说："闻语学者，乃谓'即物穷理'之说亦是玩物丧志，又取其'厌繁就约''涵养本原'数说标示学者，指为晚年定论，此亦恐非。"针对顾东桥所云，王阳明回答说："'务外遗内，博而寡要'，吾子既已知之矣，是果何谓而然哉？谓之玩物丧志，尚犹以为不可欤？若鄙人所谓致知格物者，致吾心之良知于事事物物也。吾心之良知，即所谓天理也，致吾心良知之天理于事事物物，则事事物物皆得其理矣。致吾心之良知者，致知也。事事物物皆得其理者，格物也。是合心与理而为一者也。合心与理而为一，则凡区区前之所云，与朱子晚年之论，皆可以不言而喻矣。"（《传习录·答顾东桥书》）在这里，合心与理而为一的心即理立场和致良知的理论核心是重新诠释"格物""致知"的思想基础，致知之"知",是指良知心体,格物的"物",是指事,意所在之事。至于格物的"格",王阳明不同意朱子以"至"释"格",而以"正"释"格",他说:"如'格其非心','大臣格君心之非'之类,是则一皆'正其不正以归于正'之义,而不可以'至'字为训矣。且《大学》'格物'之训,又安知其不以'正'字为训,而必以'至'字为义乎?"(《传习录·答顾东桥书》)针对顾东桥对"知者意之体,物者意之用"的质疑,王阳明回答说:"心者身之主也,而心之虚灵明觉,即所谓本然之良知也。其虚灵明觉之良知,应感而动者谓之意。有知而后有意,无知则无意矣。知非意之体乎?意之所用,必有其物,物即事也。如意用于事亲,即事亲为一物;意用于治民,即治民为一物;意用于读书,即读书为一物;意用于听讼,即听讼为一物。凡意之所用,无有无物者。有是意即有是物,无是意即无是物矣。物非意之用乎?"(《传习录·答顾东桥书》)朱熹所谓"致知在格物"(《大学·格物致知补传》)的外向即物穷理,在阳明心学中就变成"致吾心良知之天理于事事物物"而"事事物物皆得其理"的内向"正心""诚意"工夫。这样,《大学》的格物、致知、诚意、正心等条目在阳明心学的良知理论基础上得以融会贯通,变成了一个工夫。王阳明在《答罗整庵少宰书》中有一大段话就言简意赅地说明了这种融会贯通,他说:"格物者,《大学》之实下手处,彻首彻尾,自始学至圣人,只此工夫而已。非但入门之际有此一段也。夫正心、诚意、致知、格物,皆所以修身而格物者,其所用力日可见之地。故格物者,格其心之物也,格其意之物也,格其知之物也;正心者,正其物之心也;诚意者,诚其物之意也;致知者,致其物之知也。此岂有内外彼此之分哉?理一而已。以其理之凝聚而言则谓之性,以其凝聚之主宰而言则谓之心,以其主宰之发动而言则谓之意,以其发动之明觉而言则谓之知,以其明觉之感应而言则谓之物。故就物而言谓之格,就知而言谓之致,就意而言谓之诚,就心而言谓之正。正者,正此也;诚者,诚此也;致者,致此也;格者,格此也。皆所谓穷理以尽性也。天下无性外之理,无性外之物。学之不明,皆由世之儒者认理为外,认物为外,而不知义外之说,孟子盖尝辟之,力至袭陷其内而不觉,岂非亦有似是而难明者欤?不可以不察也。"(《传习录·答罗整庵少宰书》)

格物、致知、诚意、正心等条目在阳明心学的良知理论基础上得以融合贯通,也表明了心物关系问题是阳明心学的基本问题。心物关系问题在阳明心学那里也就是良知与意念的关系问题,因为心物关系中的"心"是指心体,本质上是良知自知，"物"是意念物，本质上是意念。王阳明在《答魏师说书》中说："意与良知当分别明白。凡应物起念处，皆谓之意。意则有是有非，能知得意之是与非者，则谓之良知。依得良知，即无有不是矣。"（《王阳明全集》卷六）格物、致知、诚意、正心等条目若在心物关系的维度中去把握，从心体来看都是致良知的工夫，从意念来看都是诚意的工夫。"工夫难处，全在格物致知上，此即诚意之事。意既诚，大段心亦自正，身亦自修。"（《传习录·陆澄录》）难怪王阳明在《答顾东桥书》一开头就强调"诚意"之说，说它"自是圣门教人用功第一义"（《传习录·答顾东桥书》）。把握了这第一义，王阳明的"四句教"的宗旨和真义自不难理解。这里的关键是良知本体的自知自觉能力，它能观照、判断、拦截和克治应物而起的意念。

在王阳明看来，人一念发动处，良知自觉自知，便已经是行了。所以，格物、致知、正心、诚意等条目又应该在知行关系中得到合理的理解。在致良知的工夫系统中，心即理也就是知行合一。"心一而已，以其全体恻怛而言谓之仁，以其得宜而言谓之义，以其条理而言谓之理；不可外心以求仁，不可外心以求义，独可外心以求理乎？外心以求理，此知行之所以二也。求理于吾心，此圣门知行合一之教，吾子又何疑乎？"（《传习录·答顾东桥书》）在阳明心学的致良知工夫系统中，"求理于吾心"的"理"就是良知天理。王阳明强调此圣门知行合一之教，主要是针对时代"知而不行"的现象和朱熹"知先行后"的知行观。王阳明说："此须识我立言宗旨。今人学问，只因知行分作两件，故有一念发动，虽是不善，然却未曾行，便不去禁止。我今说个知行合一，正要人晓得一念发动处，便即是行了。发动处有不善，就将这不善的念克倒了。须要彻根彻底，不使那一念不善潜伏在胸中。此是我立言宗旨。"（《传习录·黄直录》）在王阳明的时代，崇信朱熹理学的知识分子往往把格物之说流于口耳，借口"知先行后"而实际上却"知而不行"，"今为吾所谓格物之学者，尚多流于口耳。况为口耳之学者，能反于此乎？天理人欲，其精微必时时用力省察克治，方日渐有见。如今一说话之间，虽只讲天理，不知心中倏忽之间已有多少私欲。盖有窃发而不知者，虽用力察之，尚不易见，况徒口讲而可得尽知乎？今只管讲天理来顿放着不循，讲人欲来顿放着不去，岂格物致知之学？后世之学其极至，只做得个'义袭而取'的工夫"（《传习录·陆澄录》）。王阳明又说："某今说个知行合一，正是对病的药，又不是某凿空杜撰，知行本体原是如此。"(《传习录·徐爱录》)这里所谓"知行本体原是如此"的"本体",是指本来应有的状态。这句话的意思是说知行本来就应该是合一的。"知之真切笃实处,即是行;行之明觉精察处,即是知。知行工夫本不可离。只为后世学者分作两截用功,失却知行本体,故有合一并进之说。'真知即所以为行,不行不足谓之知'。即如来书所云'知食乃食'等说可见,前已略言之矣。此虽吃紧救弊而发,然知行之体本来如是,非以己意抑扬其间,姑为是说以苟一时之效者也。"(《传习录·答顾东桥书》)

至于知行本体为什么"原是如此",其实问题的答案在阳明心学中是很简单的。王阳明主要是在致良知工夫理论中讲"知行"问题的,他所说的"知"是指良知之觉知,所说的"行"则是指良知对意念的克治。在阳明心学中,知行合一的"知"就是良知之知,"行"就是良知之行,真正的知行合一就是致良知工夫。关键是良知自知自觉的能力和机制,"知是心之本体,心自然会知。见父自然知孝,见兄自然知弟,见孺子入井自然知恻隐,此便是良知,不假外求"(《传习录·徐爱录》)。在王阳明看来,良知是心的本体,它自然会觉知,并且引领和主控人心的意识活动,因此,它是工夫的头脑。阳明心学非常强调良知在人心意识活动中的主控权:"人若知这良知诀窍,随他多少邪思枉念,这里一觉,都自消融。真个是灵丹一粒,点铁成金。"(《传习录·陈九川录》)关于这一点,《传习录》还有如下的记载:"陆澄问:'主一之功,如读书则一心在读书上,接客则一心在接客上,可以为主一乎?'先生曰:'好色则一心在好色上,好货则一心在好货上,可以为主一乎?是所谓逐物,非主一也。主一是专主一个天理。'"(《传习录·陆澄录》)在心物关系上专主一个天理,就是在良知心体上用功的致良知工夫,亦即去人欲、存天理的工夫。这也就是一个知行合一的工夫。这在工夫上与朱熹所主张的知先行后、即物穷理有着根本的不同,其理论根源还是二者在心与理的关系上的主张差异。据《传习录》徐爱记载:"爱问:'至善只求诸心,恐于天下事理有不能尽。'先生曰:'心即理也。天下又有心外之事、心外之理乎?'爱曰:'如事父之孝,事君之忠,交友之信,治民之仁,其间有许多理在,恐亦不可不察。'先生叹曰:'此说之蔽久矣,岂一语所能悟?今姑就所问者言之。且如事父,不成去父上求个孝的理?事君,不成去君上求个忠的理?交友、治民,不成去友上、民上求个信与仁的理?都只在此心。心即理也。此心无私欲之蔽,即是天理,不须外面添一分。以此纯乎天理之心，发之事父便是孝，发之事君便是忠，发之交友、治民便是信与仁。只在此心去人欲、存天理上用功便是。'"（《传习录·徐爱录》）徐爱所录这一段非常重要，它揭示了阳明心学与朱熹理学的根本差异，也彰显了阳明心学在理论上的融合贯通。也就是说，不仅格物、致知、诚意、正心等《大学》条目在致良知的工夫体系中得以融会贯通，而且心即理、致良知、知行合一等在心学工夫论上也得以融会贯通。

在阳明心学中，圣人之学的根本就是在"必有事焉"上集义的致良知工夫。学圣人就是学致良知，只此一个价值标准。"良知之外，别无知矣。故'致良知'是学问大头脑，是圣人教人第一义。今云专求之见闻之末，则是失却头脑，而已落在第二义矣。近时同志中盖已莫不知有'致良知'之说，然其功夫尚多鹘突者，正是欠此一问。大抵学问功夫只要主意头脑是当，若主意头脑专以致良知为事，则凡多闻多见，莫非致良知之功。盖日用之间，见闻酬酢，虽千头万绪，莫非良知之发用流行，除却见闻酬酢，亦无良知可致矣，故只是一事。若曰致其良知而求之见闻，则语意之间未免为二，此与专求之见闻之末者虽稍不同，其为未得精一之旨，则一而已。"（《传习录·答欧阳崇一》）其实，阳明心学极力倡导知行合一之教，其宗旨正在于致良知。"吾子谓'语孝于温清定省，孰不知之'，然而能致其知者鲜矣。若谓粗知温清定省之仪节，而遂谓之能致其知，则凡知君之当仁者皆可谓之能致其仁之知，知臣之当忠者皆可谓之能致其忠之知，则天下孰非致知者邪？以是而言，可以知致知之必在于行，而不行之不可以为致知也明矣。知行合一之体，不益较然矣乎？"（《传习录·答顾东桥书》）在这里，王阳明说得已经很明白了，致知必在于行，不行不可以为致知。"知行合一之体"的"体"，是本质的意思。也就是说，知行合一的本质是致良知。王阳明对此颇有信心，他说："此'致知'二字，真是个千古圣传之秘。见到这里，'百世以俟圣人而不惑'。"（《传习录·陈九川录》）这里的"致知"就是致良知。这也就是阳明心学的立言宗旨。不管王阳明在不同的场合如何表达其立言宗旨，其本质只是一个。圣人之学的根本就是致良知，首要立志，更要朴实去做。"用功久，自有勇，故曰'是集义所生者'。胜得容易，便是大贤。"（《传习录·陈九川录》）圣人教人的第一义，不是要你明白什么理论道理，而是立志以后，时时刻刻按良知这一价值标准去做。当陈九川问如何致知时，王阳明回答说："尔那一点良知，是尔自家底准则。尔意念着处，他是便知是,非便知非,更瞒他一些不得。尔只不要欺他,实实落落依着他做去,善便存,恶便去,他这里何等稳当快乐。此便是格物的真诀,致知的实功。若不靠着这些真机,如何去格物?"(《传习录·陈九川录》)阳明心学的圣人之教就是如此至简至易至精至微,"人但得好善如好好色,恶恶如恶恶臭,便是圣人"(《传习录·黄直录》)。这是诚意工夫,也就是所谓的致良知。而阳明心学所倡导知行合一的要义也就是真诚地去做你认为对的事情,如此而已。

三、由阳明心学的宗旨来看其当代价值

阳明心学是圣人之教,立言宗旨可谓一以贯之。在当代中国,随着中华民族伟大复兴事业的推进,阳明心学在不断升温的国学热中备受青睐。习近平总书记在多个场合多次提及王阳明及其心学,充分肯定了阳明心学是中华优秀传统文化的精华。就对中国传统儒学的原创性贡献来看,上有孔夫子,下有王阳明。这种说法一点也不过分。下面,我们具体来看阳明心学在当今所具有的特别价值和重大意义。

首先,阳明心学是彰显中华优秀传统文化之当代意义的核心学说,是对良知心体的信仰和对人的本性的终极关怀。中国传统哲学的特色在于它是实践哲学,也就是工夫论。不懂得阳明心学,就难以把握中华优秀传统文化的精华和儒学的新发展。就中国传统哲学的整体发展而言,心学可谓是其核心。中国的心学发端于庄子哲学,成熟于隋唐禅学,显明于宋明心学。陆九渊开创了宋明心学,阳明心学是宋明心学的集大成者,较之前者更为精致、易简和圆融。阳明心学从《大学》阐释入手,沿袭了孟子学的思路,汲取中国传统文化的优秀成果,把中国儒学推向了发展高潮,前无古人,后无来者。

其次,阳明心学所倡导的圣人之教,为当代中国人的信仰建设提供了人格理想目标和实现途径。中国儒家的创始人孔夫子强调"圣人可学"的为学观念,该理念构成了《论语》的最重要内容,君子人格理想成为两千年来仁人志士的精神追求。阳明心学继承了孔夫子的基本理念,倡导圣人之教,以圣人之学为其终极关怀,强调立必为圣人之志的重要性,传播人人皆可为圣的理念。中国已经召开了多次君子文化论坛,也发表了很多有关君子文化的论

著。中国传统哲学在性质上具有人文治疗的特征,即具有疗愈的性质。也就是说,中国传统哲学是通过追求理想人格来矫正人的人格。对此,王阳明也谈得很多,他常常以"病"喻己之私念,克己必要除却"病根"。阳明心学的深入研讨,将会极大助力中国君子文化的发展和信仰建设的推进。

再次,阳明心学创造性地提炼出"致良知"这一工夫理论,凸显了心物关系在中国传统文化中的重要地位,也彰显了心物关系对净化人心、安顿心灵的积极意义。阳明心学的基本哲学问题是心物关系问题。中国心学有着特有的问题意识,"心"为本心,是具有本体论意味的价值意识,而"物"乃是心念之物。本心是一种价值预设,是通过工夫论实践达到的心灵境界,不过是通过事上磨炼而具有的内心的包容和强大。阳明心学的"致良知"教使传统的圣人之学面貌为之一新,使圣人之教变得至易至简,而且在净化人心、安顿心灵方面效果迅速而显著。阳明心学的传播对于改变普遍的人心焦虑具有重要意义,强调"事上磨炼"是王阳明工夫论的鲜明特点,是造就人真正强大内心的必由之路,也是圣人之学的必由之路。

最后,阳明心学的"知行合一"学说对于儒学生活化具有重大的意义。王阳明强调此圣门知行合一之教,主要是针对时代"知而不行"的现象和朱熹"知先行后"的知行观。阳明心学所强调的知行合一之教,在当代仍然具有重要价值,尤其是在当代国学热的背景下。当今学习国学尤其是儒学的人越来越多,大家学习了不少儒学知识和经典,但往往不能很好地融入自己的生活。实际上,从孔子创立儒家学说始,就强调"学而时习之"的践行,以自己说了而做不到为耻,儒学的基本要义就是知行合一。阳明心学继承了孔子学说的基本精神,在致良知的理论框架中强调知行合一的重要性,是有解决时代问题的针对性的。阳明心学的知行合一之教最大启示是,你认同儒家的价值观,最重要的方式就是去做,真正做到知行合一。

王阳明"三代之治"观念的
政治文化意蕴

罗同兵

贵州师范大学贵州阳明文化研究院

一、阳明心学的宗旨是复三代之治

王阳明高倡"心学""致良知"之教,并不是出于文人士大夫的闲情逸趣、雅致哲思,而是自觉、明确地怀有现实的政治宗旨:复三代之治。对此,王阳明曾清楚、坚定地对其弟子写信嘱托:

> 诸君每相见时,幸默以此意相规切之,须是克去己私,真能以天地万物为一体,实康济得天下,挽回三代之治,方是不负如此圣明之君,方能报得如此知遇,不枉了因此一大事来出世一遭也。①

亲炙于阳明先生的诸位弟子,大多是在朝为官的士大夫。所以,在这封信中,阳明表达他对这些官僚弟子的政治期望说:"诸君皆平日所知厚者,区区之心,爱莫为助,只愿诸君都做个古之大臣。古之所谓大臣者,更不称他有甚知谋才略,只是一个'断断无他技,休休如有容'而已。"②平日知厚,而非亲厚,故不是以血缘或仿血缘为纽带的政治群体,而是长期怀有共同的政治理

---

① 吴光等编校:《与黄宗贤》,《王阳明全集》,上海:上海古籍出版社,2011年,第1825页。
② 吴光等编校:《与黄宗贤》,《王阳明全集》,上海:上海古籍出版社,2011年,第1825页。

想与政治情感的政治同志。对这些政治同志，王阳明"爱莫为助"，表示并不携攀结党，而是期望同志们都成为阳明学派所崇奉的儒家政治经典《大学》所赞扬的"大臣"。《大学》以"断断无他技，休休如有容"来赞扬"大臣"，在王阳明心学的解释中，这便成为"致良知"的政治修养。王阳明期望他的政治同志，彼此规切以"克去己私"的良知修养，达到"以天地万物为一体"的境界，从而在政治实践上，"实康济得天下，挽回三代之治"。在阳明看来，这不仅是回报圣君知遇的政治抱负，更是"因此一大事来出世一遭"的生命旨归。"以一大事因缘出兴于世"，是佛教形容佛陀应化人间之宗旨的经典名句。阳明活用此句于儒者的政治理想，是将"挽回三代之治"的政治宗旨升华为人生生命的根本意义了。有了这等不亚于宗教信仰高度的共同政治信仰，阳明的心学弟子可以形成有理想、有道德、有组织、有纪律的政治群体了。

阳明弟子也自觉形成了以实现"三代之治"为政治宗旨的政治群体。为了传续"三代之治"政治宗旨及其心学实现途径而免忘失、扭曲，弟子们编集阳明著述并编撰阳明年谱。在《阳明先生年谱序》中，钱德洪说："尧、舜之为帝，禹、汤、文、武之为王，所以致唐虞之隆，成三代之盛治者，谓其能明是学也。"①其于心学，极度自信地认为，儒家推崇的圣帝仁王及三代之治的丰功伟绩，都由"能明是学"而成就。钱德洪概述阳明心学的思想演变，夸赞阳明心学对天下学人的思想启发，慨叹道：

> 始教学者悟从静入，恐其或病于枯也，揭"明德""亲民"之旨，使加"诚意""格物"之功，至是而特揭"致良知"三字，一语之下，洞见全体，使人人各得其中。由是以昧入者以明出，以塞入者以通出，以忧愤入者以自得出。四方学者翕然来宗之。噫！亦云兆矣。天不慭遗，野死遐荒，不得终见三代之绩，岂非千古一痛恨也哉！②

阳明心学能为昧者、塞者、忧愤者解决他们的各种政治思想问题和政治

---

① 钱德洪：《阳明先生年谱序》，载吴光等编校：《王阳明全集》卷三七，上海：上海古籍出版社，2011年，第1371页。

② 钱德洪：《阳明先生年谱序》，载吴光等编校：《王阳明全集》卷三七，上海：上海古籍出版社，2011年，第1372页。

情感问题,使他们转化成为明者、通者、自得者。可见,其对于儒学政治思想与当世的政治现实,有着理论上与实践上的强大解释力。"四方学者翕然来宗之",阳明心学有着巨大的政治影响力和政治感召力,阳明先生本人亦为众多现实的或潜在的政治人物所宗。可叹,阳明先生为国远征,野死遐荒,"不得终见三代之绩"。阳明弟子们坚信,若能天假以年,以阳明先生的政治感召力形成政治群体,将其政治学说付诸实践,必能成就"三代之绩"。阳明先生虽逝,弟子们则继承先生遗志,努力实现"三代之盛治"再现的治世。

二、王阳明"三代之治"的政治史观

对于王阳明所处的时代来说,三代之治已经是遥远的过去。复三代之治,难道是要刻舟求剑,将古代过去的国家治理法则照搬到两千多年之后?这个疑问,只能在分析王阳明的政治史观之中得到解答。

王阳明是从人的心性变迁的替代之时,来分判政治更新换代之时。这不是严格的、依据事实的政治史;只能说是,阳明心学以"人心"之变化为标准,进行政治史诠释。王阳明曾经用比喻的方法,以个人一日间的心性状态的变化来说明他的历史时代观:

> 人一日间,古今世界都经过一番,只是人不见耳。夜气清明时,无视无听,无思无作,淡然平怀,就是羲皇世界。平旦时,神清气朗,雍雍穆穆,就是尧、舜世界。日中以前,礼仪交会,气象秩然,就是三代世界。日中以后,神气渐昏,往来杂扰,就是春秋、战国世界。渐渐昏夜,万物寝息,景象寂寥,就是人消物尽世界。学者信得良知过,不为气所乱,便常做个羲皇已上人。①

在朱熹那里,世界秩序的理想源泉,是"洁净空阔的理世界",理生气、理驭

---

① 吴光等编校:《王阳明全集》卷三《传习录下》,上海:上海古籍出版社,2011年,第127页。

气,不循天理而为气所乱,是人心性浊乱而致乱世的原因。王阳明继承了这种气论,更将气还原到其词义本源,即太阳运行导致气候、气象变迁的意义。在"气"的比喻意义上,人一日间心性的变化也都源自"时间"的气的变化。夜气时,无视无听故感官不扰心性,无思无作故无刻意扰动意欲;这种理智清明状态,便是"羲皇世界"。明显,这是以《易传》的"无思也,无为也,寂然不动"来说心性。平旦时,心性状态是神清气朗,行为的特征是雍雍穆穆——和谐融洽、肃穆端庄。这是尧、舜世界。尧、舜的时代,尚未形成阶级国家,最高统治者产生于推举、禅让。天下治理之要,是遵从天然的社会纽带——血缘。故《尚书》尧典、舜典所载的天子的伟绩是:亲睦九族、平章百姓、协和万邦;并让人间的生产、生活活动,正确顺从于天道即日月星等天体运行所决定的气候、气象变迁法则。这样,以"一日间"来观天道运行之"气",确实是合理的喻体。日中以前,是阳气最盛之时,即太阳光明最亮之时,万物之别也最明晰之时。人间差别井然,而又物序秩然。按儒家的看法,这就是"礼别异"的功效。夏商周三代,已经是国家阶级社会。儒家推崇的是禹汤文武圣王奠定的秩序。王阳明赞为"礼仪交会,气象秩然",这就是所谓"三代世界"。在王阳明袭自理学的气的宇宙观中,毕竟还有阴气长盛、阳气衰灭的"日中以后"及至"昏夜"的变化。王阳明分别配之以"春秋、战国世界"乃至"人消物尽世界"。这是行霸道、无道以至人性消尽的世界。从这无道及至非人的世界,恢复三代之治,便是复王道。在阳明心学中,王道政治之所以能复,是因为天理即良知,而这天理良知是"不为气所乱"的,也即永恒不失的本心。本质上,良知是超越于气的。信得良知,便超越了气所致的阴阳变化。

可见,王阳明的"三代之治"史观,实质是以气运讲"其治不同"的历史变化,以心融理来讲永恒的"其道则一"。这并非史实之政治史,而是政治哲学的历史化象征性诠释。简明归纳如下表:

一日间		气	人	古今世界	良知	
阳	夜气	清明	无视无听,无思无作	羲皇世界	不为气所乱: 其道则一	羲皇已上 人:天理 即良知
	平旦	神清气朗	雍雍穆穆	尧、舜世界		
	日中以前	气象秩然	礼仪交会	三代世界		
阴	日中以后	神气渐昏	往来杂扰	春秋、战国世界		
	昏夜	万物寝息	景象寂寥	人消物尽世界		

从中国古代文化史来看,上古之时,这片土地上生活的人们从原始群居而形成氏族,从氏族而发展为部落至部落联盟。这些社会组织都是以血缘关系为纽带而联系起来的。在阶级和国家产生以后,血缘关系在古代中国社会生活中仍保持着极其重要的地位。与世界几个文明古国相比,中国古代社会政治结构有着以下鲜明的特色:一是以血缘为纽带的宗法制度系统、完备;二是"家国同构",即国家专政制度与带有血缘温情的宗法制度相结合。氏族社会的血缘关系,是原始的部落民主制的基础;阶级社会的血缘关系,是国家专政的基础。中国古代社会政治结构特重血缘关系的传统文化特征,的确是在三代时形成并发展完备的。其最重要的体现便是夏商周三代相因之礼。《论语·为政》记载:

> 子张问:"十世可知也?"子曰:"殷因于夏礼,所损益可知也;周因于殷礼,所损益可知也。其或继周者,虽百世,可知也。"

儒家尊崇的圣人孔子,如此坚信"礼"所体现的治国原理,以至于确认,即使再过一百世之后,其治国原理也会有其一贯之所因,故其所损益也是可知的。

王阳明所谓的"挽回三代之治",表达的正是与孔子一样的政治信念,即坚信三代相因之礼蕴含着一以贯之的治道。对于异代之礼的"损益",王阳明曾经有深刻的探讨:

> 先生曰:"羲、黄之世,其事阔疏,传之者鲜矣。此亦可以想见其时,全是淳庞朴素,略无文采的气象。此便是太古之治,非后世可及。"爱曰:"如《三坟》之类,亦有传者,孔子何以删之?"先生曰:"纵有传者,亦于世变渐非所宜。风气益开,文采日胜,至于周末,虽欲变以夏、商之俗,已不可挽,况唐、虞乎!又况羲、黄之世乎!然其治不同,其道则一。孔子于尧、舜则祖述之,于文、武则宪章之。文、武之法,即是尧、舜之道。但因时致治,其设施政令已自不同。即夏、商事业,施之于周,已有不合,故周公思兼三王,其有不合,仰而思之,夜以继日。况太古之治,岂复能行?

斯固圣人之所可略也。"①

王阳明清楚地确认，由于世变，必因时致治，后世不可行前代之治；然而必须继承其"道"，因为"其治不同，其道则一"。孔子祖述尧、舜，宪章文、武；一以贯之。在王阳明看来，"唐、虞以上之治，后世不可复也，略之可也；三代以下之治，后世不可法也，削之可也；惟三代之治可行"②。太古之治，淳庞朴素。三代以下，斗争坚固。必欲行之，便是两种极端。对两种极端，王阳明批评说：

> 专事无为，不能如三王之因时致治，而必欲行以太古之俗，即是佛、老的学术。因时致治，不能如三王之一本于道，而以功利之心行之，即是伯者以下事业。后世儒者许多讲来讲去，只是讲得个伯术。③

王阳明批评佛、老的学术，脱离时代而"一定要施行太古风俗"。然而，在佛教徒如民国佛教大师太虚看来，宗法社会的要害在于："家之与国，皆不外二事为执障：一曰淫爱为根之私亲，二曰占据为根之私产。"④这是家天下的病根。太虚赋予"佛之律仪戒善"以超越家天下的重大意义："故佛教之出家，质言之，即舍此淫爱所生私亲，占着所成私产而已。乃儒《礼运》所说大同之世曰：'不独亲其亲，不独子其子，选贤与能，天下为公。'"⑤儒家经典《礼运》所述的"大同"理想社会，中国佛教也很认同，而且把佛教律仪戒善代表的超越血缘共同体的观念，说成实现理想社会的途径。道家《老子》赞叹上古无为之治：侯王虽有舟车，却不出乘以耗民；虽有甲兵，却不投入战争而伤民。如此，

---

① 吴光等编校：《王阳明全集》卷一《传习录上》，上海：上海古籍出版社，2011年，第10页。

② 吴光等编校：《王阳明全集》卷一《传习录上》，上海：上海古籍出版社，2011年，第11页。

③ 吴光等编校：《王阳明全集》卷一《传习录上》，上海：上海古籍出版社，2011年，第11页。

④ 太虚：《新僧》，《太虚大师全书》第22册，台北：善导寺佛经流通处，1958年，第1032页。

⑤ 太虚：《新僧》，《太虚大师全书》第22册，台北：善导寺佛经流通处，1958年，第1032页。

则民众重死而不乱,安居而不迁;复归于生产生活,使食物更甘腴,使衣物更美好,使风俗更和乐,使家居更安稳。民众老死也不会因流亡而迁居。这样,常使民无知无欲,含哺而熙,鼓腹而游。《庄子》中多篇寓言发挥《老子》义旨,赞叹这样的上古至治。在王阳明的认识中,"常做个羲皇已上人",这样的上古境界,可以是个人的理想境界,而其条件便是"信得良知过"。归依天理良知这永恒之道,便是上古世界的精神境界。可以说,王阳明认同儒释道三家的上古社会观,是阶级分化国家产生以前的理想社会。但是,王阳明相信,上古风俗,即使有所传承,亦于世变渐非所宜;到周末时,连夏商之俗已不可挽。所以,一本于道、纯任无为,不能治世。佛教也的确自认,释迦应世,只做法王,不做轮王,即不治世。道家的老、庄则都采取了"隐"的态度,而不是强求恢复上古的无为之治。所以,在王阳明看来,三王以前之太古,专事无为,纯任于道;时代变迁,已不可行。三王以下,因时致治,但以功利心而背道。只有三代圣王,既因时致治,又一本于道。故三代之治,是本道、因时二端之中庸即辩证统一。

中华文化绵延几千年传承不绝。王阳明复三代之治的思想,实质是要继承发扬中华优良"文化政治"传统。中国古代文化异于其他宗教型文化的一个特点是,先民以生产生活中有创造性伟绩的文化英雄而非先知祭司为圣帝仁王。儒者如王阳明等,依据《尧典》《舜典》《大禹谟》等古代文本,述说华夏文化传承诸圣"心传"道统几千年。这实质上是在阐明:就最为根本、内在的属性和终极追求而言,文化本身是政治性的,即所谓"治道"。这治道不是狭义的政治、具体的设施,而是"形而上者之谓道"意义上的政治。这治道,是华夏的"天下"这一生活世界,对其自存之肯定,对其自在之捍卫。从"文化政治"逻辑来看阳明先生所谓的"治道",中华生活形式传承几千年,其本身既是文化的,也是政治的。华夏之人,在文化领域如何自我理解,拥有何种情感、价值,具体到日常生活中怎样事父以孝、交友以义、尊师重道等,一切在文化意义上使华夏之为华夏之事,即皆具有政治性。所以,儒家从华夏文化因素中提炼出的"伦常",不只具有文化属性,同时在其自觉和自信、自我认同的意义上,在价值观、情感甚至理想的意义上,都具有强烈的主体性,具有捍卫"天下"这一自身生活世界的自觉和意志。这是内涵于华夏文化自身的主体性自觉。由之,可以理解王阳明的复"三代之治"的政治理想。王阳明及其弟子坚

信并期待着，经由心学传承方式的文化传播，实现由量到质的辩证转化，能在现实政治领域产生实在的政治力量，实现其政治期望。

三、王阳明"三代之治"政治理想的内涵

王阳明的复三代之治的思想，所复的不是三代的具体的设施政令、政治事业，而是因时制宜地复行尧、舜、文、武一贯的治道。这方面的思想典范，是孔子的祖述尧、舜，宪章文、武。王阳明认为，在孔子整理、传授的儒家经典文献中，蕴含着体现了一贯治道的史实。王阳明提出五经皆史的思想：

> 以事言谓之史，以道言谓之经。事即道，道即事。《春秋》亦经，《五经》亦史。《易》是庖羲氏之史，《书》是尧、舜以下史，《礼》《乐》是三代史：其事同，其道同，安有所谓异？①

在王阳明对儒家经典的解读中，体现了王阳明政治理想的内容，主要有以下几个方面：

（一）"须是廓然大公，方是心之本体"

王阳明以"公"心来解释他的"良知"说。理想社会，一定是由社会公众的利益来决定管理与分配的。相应地，理想社会的政治文化一定以"公"为本。王阳明指出：

> 性无不善，故知无不良，良知即是未发之中，即是廓然大公，寂然不动之本体，人人之所同具者也。但不能不昏蔽于物欲，故须学以去其昏蔽，然于良知之本体，初不能有加损于毫末也。②

---

① 吴光等编校：《王阳明全集》卷一《传习录上》，上海：上海古籍出版社，2011年，第11页。

② 吴光等编校：《答陆原静书》，《王阳明全集》，上海：上海古籍出版社，2011年，第67页。

性善、良知,皆本于《孟子》。王阳明的"良知"诠释,融合了《中庸》的"未发之中",《易传》的"寂然不动",而落实于去除昏蔽于物欲之弊病,归本于"廓然大公"之心。王阳明以这良知公心融摄理学之"天理",如说:

> 却是诚意,不是私意。诚意只是循天理。虽是循天理,亦着不得一分意,故有所忿愤好乐则不得其正,须是廓然大公,方是心之本体。①

经王阳明的诠释,《大学》所说"诚意"的工夫,便是循天理、去私意,复归廓然大公之心。在王阳明看来,是自私自利的私心导致人心的堕落与天下祸乱,而他的良知学说是治世济民之良方:

> 后世良知之学不明,天下之人用其私智以相比轧,是以人各有心,而偏琐僻陋之见,狡伪阴邪之术,至于不可胜说;外假仁义之名,而内以行其自私自利之实,诡辞以阿俗,矫行以干誉,掩人之善而袭以为己长,讦人之私而窃以为己直,忿以相胜而犹谓之徇义,险以相倾而犹谓之疾恶,妒贤忌能而犹自以为公是非,恣情纵欲而犹自以为同好恶,相陵相贼,自其一家骨肉之亲,已不能无尔我胜负之意,彼此藩篱之形,而况于天下之大,民物之众,又何能一体而视之?则无怪于纷纷籍籍,而祸乱相寻于无穷矣!
>
> 仆诚赖天之灵,偶有见于良知之学,以为必由此而后天下可得而治。……今诚得豪杰同志之士扶持匡翼,共明良知之学于天下,使天下之人皆知自致其良知,以相安相养,去其自私自利之蔽,一洗谗妒胜忿之习,以济于大同。②

在良知学不明之世,天下之人的心性堕落到偏琐僻陋、狡伪阴邪不可胜

---

① 吴光等编校:《王阳明全集》卷一《传习录上》,上海:上海古籍出版社,2011年,第32页。

② 吴光等编校:《答聂文蔚书》,《王阳明全集》,上海:上海古籍出版社,2011年,第86页。

说的地步。王阳明的尖锐批判，尤其深刻地揭露了外假仁义而内行其自私自利的虚伪。在王阳明的时代，读圣贤书成了科举富贵的敲门砖，成了弄权残民官僚的伪善画皮。言辞诡诈以阿世媚俗，矫作操行以干求虚假名誉，遮掩他人之善而窃袭为自己之优长，攻讦别人的隐私而假作正直，怨忿争胜而自称徇义，险恶倾轧而自称疾恶，妒贤嫉能而诈为公是非，恣情纵欲而自欺为同好恶。所行之恶，伪诈为善。对于骨肉尚且争胜而彼此藩篱，何况对天下民众？自私、险恶、伪善，使得天下"祸乱相寻于无穷"。

《礼记·礼运》记载，孔子赞叹"大道之行也，天下为公"的天下大同。虽然孔子承认大同之世已经过去；但"公"的原则，并非不能付诸政治实践。孔子多次赞叹齐国宰相管仲施政有方。《管子·形势解》记载管子指出，"天公平无私"；《管子·心术下》中说，"私者，乱天下者也"；《管子·霸言》记载其在其政治实践中"以天下之财，利天下之人"，而《管子·正》则记载他"废私立公"。管仲以"天公平无私"来说天的德性；王阳明将"大公"说成天理良知。管仲能在天下利益分配的现实政治中实践"废私立公"；王阳明自信，其良知学可以使人们"去其自私自利之蔽"而达到"大同"境界，是天下得治的必由之路。先秦诸子都以"公"释天道，王阳明继承了古代中国政治文化这一优良传统。

（二）"财者民之心"

由于过度剥削，民不堪命，于是有了所谓"贼"。王阳明带兵平乱，痛心地方人民之苦，在《祭涮头山神文》中说："惟广谷大川，阜财兴物，以域民畜众。故古者诸侯祭封内山川，亦惟其有功于民。"他还上疏提出：

> 臣惟财者民之心也；财散则民聚。民者邦之本也；本固则邦宁。故文帝以赐租致富乐之效，太宗以裕民成给足之风。君民一体，古今同符。
>
> 是盖以百姓之业，纳百姓之粮，以地方之财，还地方之用。民沾惠而国不费，事就绪而财不伤。《书》曰"守邦在众"，《易》曰"聚人曰财"，惟陛下留意焉。[①]

---

① 吴光等编校：《计处地方疏》，《王阳明全集》，上海：上海古籍出版社，2011年，第454页。

在王阳明看来,山川河谷所出丰富财物,是供人民生产生活的。这是山川"有功于民"之所在。生产生活资料之财,是民心关怀所在。国家不敛聚生活资财而分配于民,则得民心而民聚。民是邦国之本,"本固则邦宁"。王阳明引据历史记载,汉文帝即位二年,"召赐今年田租之半",将十五税一减为三十税一。使民富乐、裕民的施政,才能体现国家统治者与人民一体;古今国家同样。"以地方之财,还地方之用",而不是敛聚于上,这样有利于国家、地方、百姓。王阳明引《尚书》说明,守卫邦国得依靠民众。《易》说"聚人曰财",即国家要得民众拥护,得依靠合理分配生产生活的资财给民众。

王阳明的裕民思想继承了《汉书·食货志》解释的《诗经》《尚书》《论语》等先秦文献的裕民思想。《汉书·食货志》载:

> 殷周之盛,《诗》《书》所述,要在安民,富而教之。故《易》称:"天地之大德曰生,圣人之大宝曰位;何以守位曰仁,何以聚人曰财。"财者,帝王所以聚人守位,养成群生,奉顺天德,治国安民之本也。故曰:"不患寡而患不均,不患贫而患不安;盖均亡贫,和亡寡,安亡倾。"

所谓殷周之盛,正是王阳明赞美的三代之治。如《易经》所指出,天地的伟大恩德,就是使万物生长。君主所最宝贵的就是政权势位。何以守卫政权?仁爱施政。何以团聚百姓?共享生活资财。资财,帝王用之凝聚民众,守卫政权,养育民众,遵从上天的恩德。这是治国安民之根本。因此,孔子曾阐释裕民安邦的思想,说不必担忧资财少,而更要忧虑分配的不平等;不必担忧资财贫乏,而更要忧虑使百姓不能安居乐业的问题;分配平等,就不会有所谓贫;社会和谐,就不会人口稀少;百姓安宁,就没有政权倾覆的危险。

从天地生民、民为邦本的思想高度,强调节用裕民的重要性。王阳明说,君民一体是古今国家的共同原则。王阳明的国家观,将山川所产财物看作天地生养万民之资;故而反对残酷的阶级剥削,强调国家的全民共同体意义,强调国家守邦卫民、利民裕民的政治功能。

（三）"修此十者以治"

依据王阳明的国家观，"广谷大川，阜财兴物，以域民畜众"，国家是在特定地理条件的生产生活资料基础上繁衍生息的民众的共同体。国家代表民众的共同体对特定土地及其中民众的生产生活活动拥有主权与管理权，即"域民"。中国政治文化传统早已经明确概括国家政治的"域民"之事。如《汉书·食货志》说："是以圣王域民，筑城郭以居之；制庐井以均之；开市肆以通之；设庠序以教之；士、农、工、商，四人有业。"贤明的君主治理百姓的生产生活，要修筑城郭供民众安居；划分房地、田亩以公平分配土地的使用权；开办市场使财货流通，建立学校来教育百姓，这样，士农工商各尽其能。"圣王域民"之事，就是古今政府或管理者当局的诸项政事。王阳明将"域民"政事概括为"十事"：

> 夫经之天文，所以立其本也；纪之地理，所以顺其利也；参之食货，所以遂其养也；综之官政，所以均其施也；节之典礼，所以成其俗也；达之学校，所以新其德也；作之选举，所以用其才也；考之人物，所以辨其等也；修之宫室，所以安其居也；通之杂志，所以尽其变也。故本立而天道可睹矣；利顺而地道可因矣；养遂而民生可厚矣；施均而民政可平矣；俗成而民志可立矣；德新而民性可复矣；才用等辨而民治可久矣；居安尽变而民义不匮矣。修此十者以治，达之邦国天下可也，而况于邑乎？故曰：君子可以观政矣。①

明天文以为经，了解气候气象，确立生产生活方式的根本；明地理以为纪，理顺地形地貌及地利；探究地方出产的食物物产，以达成养民之功；以官政综合管理，来公平分配；以礼仪来节制，以化成良序民俗；以学校教育开启民智，来更新民众的德性；以选举选拔人才，让人才发挥作用；考核人物，来分辨德能等次；修建宫室，让人民安居；以各项综合记录来汇通知识，以探究自

① 吴光等编校：《金坛县志序》，《王阳明全集》，上海：上海古籍出版社，2011年，第922页。

然、社会的演变。所以,确立了生产生活方式的根本,就可以明白天道。顺应地利物产,就可以因循地道。养民成功,可以优厚民生。分配公正均平,则政事平正。良俗形成,则民众的志向确立。民德更新,则百姓恢复本善的心性。才德辨明,则民治可以长久。人民安居乐业,通达社会变迁,则人民之正义德性不会匮乏。致力于这十项政事来进行治理,施行于邦国天下也是可行的,岂止城邑。从这些方面,君子可以观察政事。

王阳明所列"观政"所观之十事,继承自儒学经典。如《尚书·咸有一德》:"七世之庙,可以观德;万夫之长,可以观政。"《孔丛子·论书》:"《皋陶谟》《益稷》可以观政,《洪范》可以观度。"

(四)"出入相友;疾病相抚持"

王阳明据经史古典指出,三代之治大行王道,国家以福利来保障老弱病残弱势群体的生存与生活:

> 昔王道之大行也,分田制禄,四民皆有定制。壮者修其孝弟忠信;老者衣帛食肉,不负戴于道路;死徒无出乡;出入相友;疾病相抚持。乌有耄耋之年而犹走衣食于道路者乎!周衰而王迹熄,民始有无恒产者。然其时圣学尚明,士虽贫困,犹有固穷之节;里闾族党,犹知有相恤之义。逮其后世,功利之说日浸以盛,不复知有明德亲民之实。士皆巧文博词以饰诈,相规以伪,相轧以利,外冠裳而内禽兽,而犹或自以为从事于圣贤之学。如是而欲挽而复之三代,呜呼其难哉!吾为此惧,揭知行合一之说……①

在往昔三代,王道大行,国家依据定制为四民分配农田、制定俸禄。壮年人修养自己的孝悌忠信德行;老年人穿着帛衣食用肉食,而不会背负着重物行走在路上;死葬者搬迁者都不会远离本乡的范围;劳作出入时人们相互伴随;有疾病时互相安抚支持。哪里有八九十岁还为衣食而在道路奔走的?周

---

① 吴光等编校:《书林司训卷(丙戌)》,《王阳明全集》,上海:上海古籍出版社,2011年,第299页。

朝衰败而王道行迹熄灭，人民中才开始有了无恒产的人，但当时的士人民众都还懂得固穷、互助的道义。后世功利之说兴盛，士人虚伪，已是衣冠禽兽，而自以为所从事的是"圣贤之学"。这样而想挽回世道人心而恢复三代之治，岂有可能？王阳明所述三代之治的分田制禄、疾病相扶持等国家经济与社会福利，都是《诗经》《孟子》等经典所载。后世士人以功利、自私、伪善而假冒圣贤之学，使三代之治不可再复。王阳明针对性地提出"知行合一"之说。

（五）"聊属父老，其率子弟慎行之"

王阳明在平赣及征思田的过程中，为了恢复人民的生产生活秩序，建立民众的社会基层自治组织"乡约"，依靠民众的自治来保证与督促社会的生产与生活秩序。

据王阳明弟子记载：

> 在赣虽军旅扰扰，四方从游日众，而讲学不废。褒崇象山陆子之后以扶正学。赣人初与贼通，俗多鄙野。为立保甲十家牌法，于是作业出入皆有纪。又行乡约，教劝礼让。又亲书教试四章，使之家喻户晓。而赣俗丕变，赣人多为良善，而问学君子亦多矣。①

王阳明在"破山中贼"的战事之中，大讲心学，以"破心中贼"。封建统治阶级所蔑称"贼"，其实是土豪劣绅残酷剥削下官逼民反的民众武装。赣人民众起初与这些武装相通。但是，这毕竟是严重的社会失序状态，使地方民众丧失和平的生产与生活。王阳明带兵破贼，安抚胜于征剿。对于地方，则以保甲十家牌法，强制防范、割断民众通贼之事；又倡立"乡约"，进行礼让的教育。据王阳明弟子记载：

> 先生自大征后，以为民虽格面，未知格心，乃举乡约告谕父老子弟，使相警戒，辞有曰："顷者顽卒倡乱，震惊远迩。父老子弟，甚忧苦骚动。

---

① 黄绾：《阳明先生行状》，载吴光等编校：《王阳明全集》，上海：上海古籍出版社，2011年，第1424页。

彼冥顽无知,逆天叛伦,自求诛戮,究言思之,实足悯悼。然亦岂独冥顽者之罪,有司抚养之有缺,训迪之无方,均有责焉。虽然,父老之所以倡率饬励于平日,无乃亦有所未至欤?今倡乱渠魁,皆就擒灭,胁从无辜,悉已宽贷,地方虽以宁复,然创今图后,父老所以教约其子弟者,自此不可以不豫。故今特为保甲之法,以相警戒。聊属父老,其率子弟慎行之。务和尔邻里,齐尔姻族,德义相劝,过失相规,敦礼让之风,成淳厚之俗。"①

王阳明立乡约告谕乡民,追究乡民子弟从乱被诛悲剧的原因,有几方面责任:有司抚养有缺、教育无方;父老对子弟也缺乏管教。创今图后,父老要教约子弟。特地制定保甲法,让乡民相互警戒。"聊属父老,其率子弟慎行之。"利用血缘的社会纽带,要求父老管教子弟亲族。一定要和睦邻里,治齐姻族,鼓励德义,规劝过失,形成礼让淳厚的风俗。

王阳明征思田时,也急切地办起学校与乡约。据王阳明弟子记载:"先生以田州新服,用夏变夷,宜有学校。但疮痍逃窜,尚无受廛之民,即欲建学,亦为徒劳。然风化之原,又不可缓也。"②在并非华夏文化的族群民众中,在战争疮痍民众逃难无人入学的情况下,王阳明认为办学是风化的根源,不可以从缓。于是对招生、教官等事都特事特办,"所委教官,时至其地相与讲肄游息,或于民间兴起孝弟,或倡远近举行乡约,随事开引,渐为之兆"③。教官通过讲学在思、田民间兴起宗法社会伦理根本的孝悌之德,或倡导举办乡约。因事制宜,开化引导,渐渐开启先兆。

在乡约之中,父老是乡民自治的负责人。在学校之中,传授道德礼仪,进行道德教化;以孝悌伦理整治宗法社会的民间秩序。正如《汉书•食货志》所说:"于是里有序而乡有庠。序以明教,庠则行礼而视化焉。"

王阳明"三代之治"政治理想明确地表明,三代之治之下,民众生活在宗

---

① 吴光等编校:《告谕父老子弟》,《王阳明全集》,上海:上海古籍出版社,2011年,第602页。

② 吴光等编校:《年谱三》,《王阳明全集》,上海:上海古籍出版社,2011年,第1326页。

③ 吴光等编校:《处置平复地方以图久安疏》,《王阳明全集》,上海:上海古籍出版社,2011年,第520页。

法制国家分配土地资财、建立市场、开办学校、组织生产生活的以血缘为纽带的社会秩序中。相应的道德是公心为本、孝悌礼让、淳朴平等。

四、王阳明"三代之治"观念的伦理——心性内涵：自他一体之"公"

在王阳明看来，"三代之治"是实现还是丧失，根本在于人心是服从"一体之公"，还是服从"有我之私"。这是成就三代之治的根本或丧失三代之治的根源。所以，王阳明提出一种"拔本塞源"论：

> 圣人之心，视天下之人无内外远近，凡有血气，皆其昆弟赤子之亲，莫不安全而教养之，以遂其万物一体之念。天下之人心，其始亦非有异于圣人也，特其间于有我之私，隔于物欲之蔽；大者以小，通者以塞，甚有视其父子、兄弟如仇仇者。圣人有忧之，是以推其天地万物一体之仁以教天下，使之皆有以克其私、去其蔽，以复其心体之同然。其教之大端，则尧、舜、禹之相授，所谓"道心惟微，惟精惟一，允执厥中"。而其节目，则舜之命契，所谓"父子有亲，君臣有义，夫妇有别，长幼有序，朋友有信"五者而已。①

治乱之本，在于人心之公私。公心或私心，哪种才是人心的本然状态呢？王阳明学说的主旨是发挥孟子的良知说，当然也是持性善论的。所以，王阳明说，天下人心初始并不异于圣人那样"万物一体"的大公之心。但是，天下人的一体公心，是如何隔断的呢？王阳明认为，是"间于有我之私，隔于物欲之蔽"。天下之人，只认同于个体的"我"为真实存在，而不能认同"天下一体"为真实存在；这样，"天下一体"之公，便被个个之"私"间隔，而丧失其存在。天下之人内执于私我，外蔽于物欲，丧失其原本同于圣人之本心。

---

① 吴光等编校：《答顾东桥书》，《王阳明全集》，上海：上海古籍出版社，2011年，第59页。

王阳明关于天下人心原本同于圣人的判断，是基于"血气之亲"这一先天事实的。王阳明曾引孟子说："孩提之童无不知爱其亲，无不知敬其兄，只是这个灵能不为私欲遮隔。充拓得尽，便完；完是他本体，便与天地合德。"① 血亲本能是不虑而知、不习而能的。有我之私，不能隔断这先天的血亲之爱。血亲之爱，为什么能扩充到天下之人呢？关于这个问题，王阳明的逻辑也同孟子一样，是诉诸人的类共性。圣人、凡人都是人。对这一类共性的认识，保证了对于类共性的人的爱。正如《孟子·告子上》说："故凡同类者，举相似也，何独至于人而疑之？圣人与我同类者。……圣人先得我心之所同然耳。故理义之悦我心，犹刍豢之悦我口。"②孟子认为，人的感官的类同确保了对感官对象所得感性认识的类同。再以之类比说，"人心"的理性认识功能类同，也就确保对于"心"的对象所得理性认识的类同。王阳明同孟子一样，将类同于圣人的人心，用先天的血亲之爱的良知来保证它是人心的本来状态，即本心。但是，凡人的本心又是如何丧失的呢？王阳明归因于"蔽于物欲"。《孟子》极强调心与耳目不同："'钧是人也，或从其大体，或从其小体，何也？'曰：'耳目之官不思而蔽于物，物交物，则引之而已矣。心之官则思，思则得之，不思则不得也。此天之所与我者，先立乎其大者，则其小者弗能夺也。'""人之所以异于禽兽者几希，庶民去之，君子存之。"③感官不能思考而只能为外物所蒙蔽；与外物相交，则只能为外物所牵引。心的功能是思考，思考便能得到类同于圣人之心认识的理义；不思考，则不能得到理义。这就是王阳明所说的"物欲之蔽"的理论来源。

　　王阳明信靠先天的血亲之爱，"只是这个灵能不为私欲遮隔"，所以他坚持儒家一贯的主张，要把这血亲之爱的灵能推而广之，至于天下之人，达成天下一体之仁。这是尧、舜、禹的圣人心传，而关键就是"五伦"。

　　儒家将"五伦"视为永恒的不可改变的规范，称为"伦常"。这反映了中国古代社会政治结构中血缘宗法制度的重要地位，也反映了中国古代文化对天然的社会纽带凝结而成的血缘共同体的理想化。正如马克思指出：

　　①　吴光等编校：《王阳明全集》卷一《传习录上》，上海：上海古籍出版社，2011年，第37页。

　　②　杨伯峻：《孟子译注》，北京：中华书局，1960年，第261页。

　　③　杨伯峻：《孟子译注》，北京：中华书局，1960年，第261页。

人类素朴天真地把土地看作共同体的财产，而且是在活劳动中生产并再生产自身的共同体的财产。每一个单个的人，只有作为这个共同体的一个肢体，作为这个共同体的成员，才能把自己看成所有者或占有者。……在大多数亚细亚的基本形式中，凌驾于所有这一切小的共同体之上的总合的统一体表现为更高的所有者或唯一的所有者，实际的公社却只不过表现为世袭的占有者。①

王阳明的"天下一体"，实质便是"凌驾于所有这一切小的共同体之上的总合的统一体"。在这样的共同体伦理中，个人一定要融于天下，王朝一定要复归于理想的时代，而复归的路，便是伦常。

五、王阳明的伦常治道观的政治文化意义

王阳明门人钱德洪在《阳明先生年谱序》中，概述心学宗旨说：

嘉靖癸亥夏五月，阳明先生年谱成，门人钱德洪稽首叙言曰：昔尧、舜、禹开示学端以相授受，曰"允执厥中，四海困穷，天禄永终。"噫！此三言者，万世圣学之宗与？"执中"，不离乎四海也。"中"也者，人心之灵，同体万物之仁也。"执中"而离乎四海，则天地万物失其体矣。故尧称峻德，以自亲九族，以至和万邦；舜称玄德，必自定父子以化天下。尧、舜之为帝，禹、汤、文、武之为王，所以致唐虞之隆，成三代之盛治者，谓其能明是学也。②

钱德洪说，万世圣学之宗，是执中不离四海。中释为心灵，即同体万物之

---

①　马克思：《经济学手稿（1857—1858）》，《马克思恩格斯全集》第46卷（上），北京：人民出版社，2003年，第472页。

②　钱德洪：《阳明先生年谱序》，载吴光等编校：《王阳明全集》卷三七，上海：上海古籍出版社，2011年，第1371页。

仁。四海,即指天下民众。执中不离四海,意思是指心灵不离天下民众,而有与民同体之仁。怎么实践呢?尧自亲九族达到和万邦,舜由定父子达到化天下。亲九族、定父子,是伦理;和万邦、化天下,是政治。圣帝仁王,三代之治,都由明此心学而成就。称为万世圣学,是将这伦理视为永恒的伦常及治国之道。

王阳明曾说:"事亲从兄一念良知之外更无有良知可致得者,故曰:'尧、舜之道,孝弟而已矣。'此所以为惟精惟一之学,放之四海而皆准,施诸后世而无朝夕者也。"①这样的伦常治道观,是一种"文化政治"概念。它提出的是文化(伦常)与政治(治道)的关系,主张文化即政治,政治即文化。在国家这个整体性框架里,进行政治与文化这两个不同的范畴的相互转化。

王阳明讲到的"四海",是古代中国用于自我指称的文化共同体,是由文化因素构成的生活形式。这个文化世界或称"天下",同时有其政治性的内核(中)和外部边缘(四海)。在与"四海之外"其他的生活形式碰触时,异己性也就是否定性,会从文化世界的外部边缘传导到文化系统的中枢内核;文化的主体性和自我意识就被激活,而向政治状态发生转化。这个文化共同体就展现出内在的政治强度。夷夏之辨,或所谓以夷变夏还是以夏变夷的问题,就体现了古代华夏文化自我意识的政治意义。王阳明相信:"是以其民熙熙皞皞,杀之不怨,利之不庸,施及蛮貊,而凡有血气者莫不尊亲,为其良知之同也。"②若一文化不能达到这样强度的主体性自觉,则该文化只能归于消亡。一个文化世界,就是它的伦理、习俗、审美、情感、价值和信仰体系。面对四海之外的异质文化,"以夷变夏"威胁到"四海之内"文化的兴废存亡。"四海之内,皆兄弟也"的文化共同体认同,便是动员这种文化载体的活生生的人们展示对于自己的生活世界的爱。这就是所谓"天下兴亡,匹夫有责"。而且,终究必有捍卫它的意志、组织与能力。所以,《荀子·议兵》在军事理论的讨论中说:"四海之内若一家,通达之属莫不从服。"四海之内的文化共同体终会形成"若一家"的认同,并以统一的意志而对外用兵。华夏文明五千年未断传承;血缘社会纽带,在氏族部落民主制和阶级社会国家专政中都是基础。血脉认同作为共同体认同的喻体,这种文化构建不曾间断。是故,以血缘纽带为基

① 吴光等编校:《答聂文蔚书》,《王阳明全集》,上海:上海古籍出版社,2011年,第86页。
② 吴光等编校:《答聂文蔚书》,《王阳明全集》,上海:上海古籍出版社,2011年,第86页。

础、为原型的伦理成为"伦常"，成为达到"四海一家""天下一体"认同的先天途径。这样，"伦常"为纽带的文化本身，便如《荀子·议兵》所说"四海之内若一家"，具有自我肯定的意志，具有战斗性的社会组织和观念系统便成为名为"天下"的国家。所以，这文化共同体本身就具有政治性；伦常，也就成了治理天下的永恒治道。

传统中国的政治形式来自"华夏"文化机体，来自"华夏"的"民意"价值系统和"天道"意义系统，蕴积着中华先民几千年的风俗、情感、道德、伦理的积淀。每当华夏政治共同体面临危机，在制度败坏、道德沦丧、阶级利益冲突破坏社会和谐甚至威胁国家安全的时候，政治共同体为求重建，必然一再诉诸"天命""民心"，从文化价值系统建立"旧邦新命"开辟合法性来源。无论是萧墙之危还是共御外侮，在秩序重建的过程中政治和文化都相辅相成、相互依赖。中国传统治理体系中，文明"天下"或者公义"天理"，必须寻求落实于实体的"民"，以"天听自我民听"联结二者构成政治文化；为国家和法的政治世界赋予合法性。在文化政治意义上，"文明的国家"即指作为政法体制与秩序的国家构造，实质都是"文化"。每当政法结构自身的"正当程序"无法维系，或单凭政法权威解决不了"正当性危机"时，"政治"就会诉诸更大的"文化"。政体及法律的结构性矛盾无法内部解决时，必须诉诸政治、法律之外的有着历史源流的生活世界，形成新的共识与认同，以更新自己的合法性来源。"国难"之时，"文化"展现出支撑的力量。王阳明说："徒以事关宗社，是以不计成败利钝，捐身家，弃九族，但以输忠愤而死节，是臣之初心也。"[①]可以使王阳明捐身弃族以输忠愤的，就是政治国家所依托的更大的意义框架——文化。

---

① 吴光等编校：《再辞封爵普恩赏以彰国典疏》，《王阳明全集》，上海：上海古籍出版社，2011年，第486页。

"圣人必可学而至"：阳明心学《论语》诠释中的立志工夫论 *

郭　亮

河北师范大学马克思主义学院

前　言

在宋明儒学史上，自道学祖师周敦颐提出了"圣人可学而至"的成圣命题之后，王阳明进一步提出了"圣人必可学而至"的成圣命题。王阳明"圣人必可学而至"需要在"立必为圣人之志"中展开才能够得以成立。因此，学界一般认为阳明心学具有强烈的"唯意志论"倾向，是一种"由主'志'论确立的成德论"或者"心（志）本论"。①不过，问题的关键是，阳明心学是否彻底地贯彻了"唯意志论"？杨国荣、倪德卫（David S. Nivison）和耿宁（Iso Kern）在相关

---

　　* 本文为国家社科基金一般项目"工夫论视域下阳明心学《论语》诠释研究"（20BZX077）、河北省教育厅省级研究生示范课程立项建设项目"阳明心学及其现代价值"（KCJSX2022052）、河北师范大学马克思主义学院青年理论家资助项目"近现代中国阳明学及其思想价值"的阶段性成果。

　　① 冯达文在《宋明新儒学略论》中把阳明心学视为"由主'志'论确立的成德论"，并认为阳明的"致良知"说表征着意志自由。参见冯达文：《冯达文文集》（第二卷），石家庄：河北教育出版社，2020年，第158～189页。其又在《中国古典哲学略述》中把阳明心学称为"心（志）本论"，并指出："这里所说的'心'，不是认知的心，也主要不是情感心，而是道德意志心。"参见冯达文：《冯达文文集》（第三卷），石家庄：河北教育出版社，2020年，第354页。

研究中对此都有所保留。①特别是，既然阳明心学承认"圣人必可学而至"，那么，为何有人能立志，有人则不能立志？对此，陈立胜指出："除了禀气的清浊外，看来王阳明也无法给出令人满意的解释。"②面对以上问题，本文认为王阳明及其弟子的《论语》诠释不仅为"圣人必可学而至"提供了本体论前提，而且为其提供了工夫论基础，他们在《论语》诠释中所提出的辨志、端志、笃志、责志、熟志"五位一体"的立志工夫论，构成了"立必为圣人之志"的核心要义，从而使得"圣人必可学而至"成为一个具有阳明心学色彩的成圣必然性命题、一个具有彻底"唯意志论"色彩的生存论命题。

一、辨志

"辨志"最早出现于《礼记·学记》："古之教者，家有塾，党有庠，术有序，国有学。比年入学，中年考校。一年视离经辨志，三年视敬业乐群，五年视博习亲师，七年视论学取友，谓之小成。九年知类通达，强力而不反，谓之大成。"③汉儒郑玄把"辨志"理解为"别其心意所趣向也"④。迨至宋代，朱子开始把《礼记·学记》中的"辨志"与《论语·里仁》中的"义利之辨"相挂钩："辨

---

① 杨国荣指出："王阳明注重并强调意志的作用，但同时也肯定了普遍之理智对个体意志之制约。"参见杨国荣：《王学通论：从王阳明到熊十力（增订版）》，上海：华东师范大学出版社，2021年，第141页。倪德卫认为："王阳明归根结底看起来是一位伦理学上的'理智主义者'（intellectualist），而非'唯意志论者'（voluntarist）。"参见 David S. Nivison, Moral Decision in Wang yang-ming : The Problem of Chinese "Existentialism", *Philosophy East and West*, Vol. 23, No.1/2, 1973, p.136. 耿宁指出："有时王阳明给人的印象是一个'唯意志论者'（voluntarist）"，而有时，"他看起来像是一个'唯智识主义者'（intellectualist）"。参见耿宁著，倪梁康译：《人生第一等事——王阳明及其后学论"致良知"》（上册），北京：商务印书馆，2014年，第256～260页。

② 陈立胜：《王阳明"万物一体"论——从"身一体"的立场看》，上海：华东师范大学出版社，2008年，第81页。

③ 郑玄注，孔颖达疏：《礼记正义》，李学勤主编：《十三经注疏（标点本）》，北京：北京大学出版社，2000年，第1227页。

④ 郑玄注，孔颖达疏：《礼记正义》，李学勤主编：《十三经注疏（标点本）》，北京：北京大学出版社，2000年，第1227页。

志，是知得这个为己，那个是为人，这个是义，那个是利。"①朱子之后，陆象山亦把"辨志"视为"义利之辨"，他在应朱子之邀而作的《白鹿洞书院论语讲义》中指出："此章以义利判君子小人，辞旨晓白，然读之者苟不切己观省，亦恐未能有益也。某平日读此，不无所感：窃谓学者于此，当辨其志。人之所喻由其所习，所习由其所志。志乎义，则所习者必在于义，所习在义，斯喻于义矣。志乎利，则所习者必在于利，所习在利，斯喻于利矣。故学者之志不可不辨也。"②

王阳明在论及"辨志"时基本上延续了朱、陆的思想旨趣，他在写给岭南弟子薛侃的信中曰："数年切磋，只得立志辨义利。若于此未有得力处，却是平日所讲尽成虚语，平日所见皆非实得，不可以不猛省也！"③不过，与朱、陆相比，阳明心学"辨志"的问题意识又有进一步深化和转精，其"辨志"思想内涵大略有三：辨一念之微、辨志之大小和辨志之真假。

首先，辨一念之微。据王龙溪记载："昔有乡老讥先师曰：'阳明先生虽与世间讲道学，其实也只是功名之士。'先师闻之，谓诸友曰：'你道这老者是讥我？是称我？'诸友笑道：'此直东家丘耳，何与于讥称。'师曰：'不然。昔人论士之所志大约有三：道德、功名、富贵。圣学不明，道德之风邈矣。志于功名者，富贵始不足以动其心。我今于世间讲学，固以道德设教，是与人同善不容已之心，我亦未实能有诸己，一念不谨，还有流入富贵时候。赖天之灵，一念自反，觉得早，反得力，未致堕落耳。'"④这里的"昔人"即是指宋儒胡安国的老师靳裁之，靳裁之尝言："士之品大概有三：志于道德者，功名不足以累其心；志于功名者，富贵不足以累其心；志于富贵而已者，则亦无所不至矣。"⑤朱子在《论语集注》中注解《论语·阳货》"鄙夫可与事君"章时引用了靳裁之的话后，认为："志于富贵，即孔子所谓鄙夫也。"⑥与朱子不同，王阳明在理解靳裁

---

① 朱熹：《朱子语类》卷八七，载朱杰人等编：《朱子全书（修订本）》（第17册），上海：上海古籍出版社，2010年，第2969页。

② 陆九渊：《陆九渊集》，北京：中华书局，1980年，第275页。

③ 吴光等编校：《王阳明全集（新编本）》（第1册），杭州：浙江古籍出版社，2010年，第183页。

④ 吴震编校：《王畿集》，南京：凤凰出版社，2007年，第116～117页。

⑤ 朱熹：《四书章句集注》，北京：中华书局，2012年，第180页。

⑥ 朱熹：《四书章句集注》，北京：中华书局，2012年，第180页。

之的话时把"一念"视为辨别"义利"的关键："一念自反"便会超脱功利，而"一念不谨"便会流入功利。

受此影响，求饱求安之念、忧贫之念成为阳明后学"辨志"工夫的焦点。面对弟子问："君子好学工夫，却先从求饱求安说？"邹守益化用《论语·学而》"君子食无求饱"章、《论语·里仁》"士志于道"章和《论语·宪问》"士而怀居"章指出："此正圣门辨志之学。秉彝之良，孰不欲敏事，做个孝弟人？孰不欲慎言，做个忠信人？孰不欲亲师取友，做个有道义人？只被求饱求安念头坏了一生。故士而怀居，与耻恶衣恶食，直斥以未足与议，麾诸门墙之外。"①这里，君子好学即是学做人：是要做一个"食无求饱，居无求安，敏于事而慎于言，就有道而正焉"的孝悌、忠信之人，还是做一个"耻恶衣恶食"的"士而怀居"之人？其中的关键是要看"辨志"工夫能否破除"求饱求安念头"。季本在论及"断欲根"时通过诠释《论语·里仁》"朝闻道"章、《论语·里仁》"士志于道"章、《论语·泰伯》"笃信好学"章和《论语·卫灵公》"忧道不忧贫"章曰："圣贤论学惓惓，使人安于贫贱，故'士志于道，而耻恶衣恶食，则不足与议'。盖于此断根始能守死善道，朝闻道可以夕死，而死生不足以为心累矣。死生不足以累其心，而又何忧于贫乎？自忧贫之念未断，便忘义利之分，故辨志是学者第一义。"②与王阳明龙场悟道最后化掉"生死一念"相类似，"死生"以及与死生所系的"忧贫之念"成为"辨志"工夫首先需要断掉的"欲根"。

其次，辨志之大小。辨志之大小是随着宋明儒者立志做第一等人和做第一等事意识的觉醒而兴起的。③王阳明与塾师论立志做第一等事的典故广为人知，而在弟子王龙溪的记载中，王阳明一度迷恋辞章之学，以诗人、文人自期，一旦在其意识到"以有限之精神，蔽于无用之空谈"后，遂弃诗文如敝屣，

---

① 邹守益：《邹守益集》，南京：凤凰出版社，2007年，第771页。
② 季本：《说理会编》，天津：天津古籍出版社，2017年，第95页。
③ 程伊川被问道："学者须志于大，如何？"其答曰："志无大小。且莫说道，将第一等让与别人，且做第二等。才如此说，便是自弃，虽与不能居仁由义者差等不同，其自小一也。言学便以道为志，言人便以圣为志。"参见程颢、程颐：《二程集》，北京：中华书局，2004年，第189页。朱子门人在对比《论语》中颜子之学与仲弓之学后感叹："仲弓好做中人一个准绳。至如颜子，学者力量打不到，不如且学仲弓。"朱子曰："不可如此立志，推第一等人与别人做。颜子虽是勇，然其着力下手处也可做。"参见朱熹：《朱子语类》卷四二，载朱杰人等编：《朱子全书（修订本）》（第15册），上海：上海古籍出版社，2010年，第1493页。

诗社友人不禁惋惜道："阳明子业几有成，中道而弃去，可谓志之无恒也。"①
王阳明对此却不以为然，他以《论语·先进》"从我于陈、蔡"章德行科中的颜
渊、闵子骞为道德榜样曰："诸君自以为有志矣。使学如韩、柳，不过为文人；
辞如李、杜，不过为诗人。果有志于心性之学，以颜、闵为期，当与共事，图为
第一等德业。"②显然，与"言语""政事""文学"相比，王阳明认为"有志于心性
之学"才是人生的"第一等德业"。辨志之大小又常与"万物一体"的大人之学
相关，王龙溪曾曰："夫学莫先于立志，尤莫切于辨志。志有大小，孔子自谓：
'吾十有五而志于学。'学者，大人之学，以天地万物为一体。"③邹守益亦指出：
"吾侪之学，以天地万物为一体也。一体之间，心腹至发肤兼所养，何处下刀，
割之使小？故才让第一等与人，于范围曲成体段，多少分裂！学诗学文，皆学
也，以道为志，乃是第一等学术；诗人文人，皆人也，以圣为志，乃是第一等人
品。"④可见，无论是王龙溪还是邹守益，都认为孔子立志为第一等事、第一等
人之学即是指以"万物一体"为蕲向的大人之学。

最后，辨志之真假。面对弟子们学问不长进的情况，王阳明曾化用《论
语·先进》"子路、曾晳、冉有、公西华侍坐"章中孔门对话场景来戳穿之，弟子
们听到之后，心灵受到极大震动。据《传习录》记载："何廷仁、黄正之、李侯璧、
汝中、德洪侍坐，先生顾而言曰：'汝辈学问不得长进，只是未立志。'侯璧起而
对曰：'珙亦愿立志。'先生曰：'难说不立，未是必为圣人之志耳。'对曰：'愿立
必为圣人之志。'先生曰：'你真有圣人之志，良知上更无不尽。良知上留得些
子别念挂带，便非必为圣人之志矣。'洪初闻时，心若未服，听说到此，不觉悚
汗。"⑤这里，学问不长进的根本原因是志未立，而立志则需要立必为圣人之
志，如此才是"真有圣人之志"。在阳明后学中，泰州学派的王一庵颇能发明
王阳明辨志之真假的工夫。有弟子就《论语·为政》"吾十有五而志于学"章问：
"孔子十五即专志于学，三十而遂立，何定志早而立之速也？今或从事已久而

① 吴震编校：《王畿集》，南京：凤凰出版社，2007年，第459页。

② 吴震编校：《王畿集》，南京：凤凰出版社，2007年，第460页。

③ 吴震编校：《王畿集》，南京：凤凰出版社，2007年，第394页。

④ 董平编校：《邹守益集》（下册），南京：凤凰出版社，第771页。

⑤ 吴光等编校：《王阳明全集（新编本）》（第1册），杭州：浙江古籍出版社，2010年，
第115页。

志犹杂然靡定,其如学何?"对此,王一庵化用《论语·子罕》"可与共学"章答曰:"志与学常相须者也。志专一则学精明,学日进则志亦日真矣。会友以辨志为先,所谓志者求为圣人之志也。必念念所期,纯是道义,而一毫势利纷华之习不杂于中,方是真志,然后可与共学。"①

要之,在阳明心学的《论语》诠释中,"辨志"成为"第一义"工夫,不仅可以辨清学脉,而且能辨别做人的大方向。②诚如王阳明弟子周道通所言:"只依先生'立志'二字点化人,若其人果能辨得此志来,决意要知此学,已是大段明白了。"③

二、端志

阳明心学是事关身心整合的"生命的学问",立志工夫与此绾结甚深。④在学脉已明、做人大方向已定的情况下,"生命的学问"需要有一个"发端"处。对此,王龙溪指出:"予惟君子之学,莫先于辨志,莫要于求端。"⑤"求端"即关涉到阳明心学的"端志"工夫。

正德乙亥(1515),郭善甫还乡前夕特就为学之道向乃师请一言以自勉,王阳明遂赠言曰:"君子之于学也,犹农夫之于田也,既善其嘉种矣,又深耕易

---

① 王栋:《明儒王一庵先生遗集》,《王心斋全集》,南京:江苏教育出版社,2001年,第145页。

② 梁启超在论及阳明知行合一之教时指出:"阳明继承象山学脉,所以陆王之学,彻头彻尾只是立志辨义利,阳明以为,良知唯一的仇敌是功利主义,不把这个病根拔去,一切学问无从做起。"参见梁启超:《王阳明知行合一之教》,台北:台湾中华书局,1958年,第37页。现代新儒家徐复观在论及陆象山的思想结构时指出:"辨志是把时文、意见这些包装品一起戳穿,以露出一个赤裸裸的人,使是非善恶无所遁形,因而迫人不能不在这种根源究竟之地,作为一真正抉择,以决定各人做人的大方向。"参见徐复观:《中国思想史论集》,北京:九州出版社,2014年,第10页。

③ 吴光等编校:《王阳明全集(新编本)》(第1册),杭州:浙江古籍出版社,2010年,第65页。

④ 李洪卫新著对阳明立志工夫与身心整合之间的关联有详细勾勒,参见李洪卫:《王阳明身心哲学研究——基于身心整体的生命养成》,上海:上海三联书店,2021年,第11~71页。

⑤ 吴震编校:《王畿集》,南京:凤凰出版社,2007年,第36页。

耨，去其螟莠，时其灌溉，早作而夜思，皇皇惟嘉种之是忧也，而后可望于有秋。夫志犹种也，学问思辨而笃行之，是耕耨灌溉以求于有秋也。志之弗端，是莨稗也。志端矣，而功之弗继，是五谷之弗熟，弗如莨稗也。吾尝见子之求嘉种矣，然犹惧其或莨稗也，见子之勤耕耨矣，然犹惧其莨稗之弗如也。夫农，春种而秋成，时也。由志学而至于立，自春而徂夏也，由立而至于不惑，去夏而秋矣。"①这段话可视为王阳明对《论语·为政》"吾十有五而志于学"章的诠释，其中涉及他对《孟子·告子上》"仁亦在乎熟之而已矣"章和《中庸》"哀公问政"章的理解。王阳明的解释套路后来直接影响到了晚明儒者张岱，张岱在解释《论语·为政》"吾十有五而志于学"章时曰："志学，是种子也。下得真种子，根苗花果日生日新。"②

然而，这里的"志端"当作何解？杨国荣曾站在"志知之辨"的角度指出，王阳明所说的"志端"之"端"具有"端正"义，主要是指立志要"合乎正统的规范"。而所谓立志要"合乎正统的规范"则是指立志要受到"理智"的约束，因为，"一旦撇开了理智的规范作用，意向与意志的坚毅性就会变成一种盲目的意志冲动"③。毫无疑问，这种对"志端"的理解颇富有洞见。只不过，在阳明心学，"志端"之"端"在根本意义上是指作为"德之端"的"良知"（"德性之知"），而非"理智"意义上的知识（"闻见之知"）。对此，王龙溪曾以《论语·述而》"知之次"章为例指出："君子欲为正本清源之学，亦求诸其端而已。端者，人心之知，志之所由以辨也。夫志有二，知亦有二，有德性之知，有闻见之知。德性之知求诸己，所谓良知也；闻见之知缘于外，所谓知识也。毫厘千里，辨诸此而已。在昔孔门，固已有二者之辨矣。孔子曰：'盖有不知而作之者，我无是也。'言良知无所不知也。若多闻多见上择识，未免从闻见而入，非其本来之知，知之次也。以多闻多见为知之次，知之上者，非良知而何？"④

更为重要的是，王阳明的"端志"工夫需要放到《论语·为政》"吾十有五

① 吴光等编校：《王阳明全集（新编本）》（第1册），杭州：浙江古籍出版社，2010年，第253页。

② 张岱：《四书遇》，杭州：浙江古籍出版社，2014年，第84页。

③ 杨国荣：《王学通论：从王阳明到熊十力（增订版）》，上海：华东师范大学出版社，2021年，第57页。

④ 吴震编校：《王畿集》，南京：凤凰出版社，2007年，第36页。

而志于学"章所蕴含的儒家"内时间意识"中才能够得到深刻的理解。本质上看，其中的儒家"内时间意识"是一种与"'行年'意识、年龄的'临界'意识与修身的'行己'意识交叠在一起构成了修行者的年龄意识"①，此"修行者的年龄意识"又是与天道之大化流行而呈现出来的春、夏、秋、冬之天时所构成的"宇宙节律"处于同频共振之中。②而"端志"工夫犹如一颗"嘉种"，修行者如能顺遂春耕、夏耘、秋收、冬藏的时间节奏，那么这颗"嘉种"便能够自然地扎根、发芽、生长、成熟。就此而言，"端志"工夫是成圣的"自我意识"（良知之"真己"）能够在恰当的人生时间节点发其端的前提和保证。

正是因为王阳明意识到"端志"工夫对于成圣的"自我意识"之萌发具有重要意义，所以他才极力劝勉郭善甫立志要及时、要有紧迫感，否则的话，"已过其时，犹种之未定，不亦大可惧乎？过时之学，非人一己百，未之敢望，而犹或作辍焉，不亦大可哀乎？"③王阳明在写给诸弟的信中引用《论语·子罕》《论语·季氏》中的相关话头，亦反复叮嘱道："人方少时，精神意气既足鼓舞，而身家之累尚未切心，故用力颇易。迨其渐长，世累日深，而精神意气亦日渐以减，然能汲汲奋志于学，则犹尚可有为。至于四十、五十，即如下山之日，渐以微灭，不复可挽矣。故孔子云：'四十、五十而无闻焉，斯亦不足畏也已。'又曰：'及其老也，血气既衰，戒之在得。'吾亦近来实见此病，故亦切切预为弟辈言之。宜及时勉力，毋使过时而徒悔也。"④

当然，对于成圣的"自我意识"未能在恰当的人生时间节点发其端者，王阳明也并未彻底否认成圣的可能性。已过耳顺之年的董沄曾笃志于诗歌，一

---

① 陈立胜：《从"修身"到"工夫"——儒家"内圣学"的开显与转折》，台北：台湾大学人文社会高等研究院东亚儒学研究中心，2021年，第121页。

② 陈立胜在论及刘蕺山"喜怒哀乐"与"春夏秋冬"比配说时指出："四时之义大矣哉！慈湖有语：'时者，道之异名。'刘蕺山喜怒哀乐与春夏秋冬相配说，其精神旨趣乃在于弘扬天道性命一贯之学，承载着生意，散发着生生的气息，这里面有着深刻的宗教意蕴。这种生生世界的节气、节律，可称为'宇宙节律'（cosmic rhythm），我们本身就是这个节律的一部分。"参见陈立胜：《刘蕺山"喜怒哀乐"与"春夏秋冬"比配说申辩》，《中国现象学与哲学评论：第十六辑》，上海：上海译文出版社，2015年，第71页。

③ 吴光等编校：《王阳明全集（新编本）》（第1册），杭州：浙江古籍出版社，2010年，第253页。

④ 吴光等编校：《王阳明全集（新编本）》（第1册），杭州：浙江古籍出版社，2010年，第186页。

且听闻王阳明"良知之说"后便开始改宗笃信圣人之学，王阳明称赞道："卓哉萝石！'血气既衰，戒之在得'矣，孰能挺特奋发，而复若少年英锐者之为乎？真可谓之能'从吾所好'矣。……夫子尝曰：'吾十有五而志于学'，是从吾之始也。'七十而从心所欲不逾矩'，则从吾而化矣。萝石逾耳顺而始知从吾之学，毋自以为既晚也。充萝石之勇，其进于化也何有哉？"①这里，王阳明把孔子"吾十有五而志于学""七十而从心所欲不逾矩"分别理解为"从吾之始"和"从吾而化"。"血气既衰"的董沄在已逾耳顺之年始知"从吾之学"，他的这种以"从吾而化"的年龄从事"从吾之始"的求学历程，在王阳明看来，不仅为时不晚，而且只要勇猛为学，亦能达到"从吾而化"的圣人境界。

三、笃志

"端志"是为学之要，而"端志"之后，则需要绵绵用力、久久为功，无时无处不以立志为事，这即是"笃志"的工夫。王阳明在写给弟子舒国用的信中曰："学患不知要，知要矣，患无笃切之志。国用既知其要，又能立志笃切如此，其进也孰御！"②"笃切之志"出自《论语·子张》"博学而笃志"章中的子夏之言："博学而笃志，切问而近思，仁在其中矣。"王阳明在诠释此章时经常站在"知行合一"的角度把"笃志"与《中庸》"哀公问政"章中的"博学""审问""慎思""明辨""笃行"相联结，他在写给弟子郭善甫的信中已经明确指出："夫志犹种也，学问思辨而笃行之，是耕耨灌溉以求于有秋也。"③"志"犹"种"，"学""问""思""辨""行"如"耕耨灌溉"，如此一来，无"志"则"学""问""思""辨""行"将会落空；无"学""问""思""辨""行"则"志"不能落实。可见，"笃志"是确保知行能够合一的动力性和过程性因素，成为贯通、涵

---

① 吴光等编校：《王阳明全集（新编本）》（第1册），杭州：浙江古籍出版社，2010年，第266页。

② 吴光等编校：《王阳明全集（新编本）》（第1册），杭州：浙江古籍出版社，2010年，第203页。

③ 吴光等编校：《王阳明全集（新编本）》（第1册），杭州：浙江古籍出版社，2010年，第253页。

盖、遍润于"学""问""思""辨""行"之中的一竿子插到底的工夫。

在阳明后学中，季本在解释《论语·子张》"博学而笃志"章时亦指出："此即《中庸》学问思辨工夫。博学而加以笃志，则其学以诚矣。切问即审问也，近思即慎思也，思即所以辨，故不必复言明辨也。此即求仁工夫，但仁之本体乃心德也，不可以工夫言，故曰仁在其中。《集注》以四者之事未及乎力行而为仁。盖朱子本分知行为二，故其说如此。殊不知所谓行者，只是学问思辨之功不息而已。"①这里，《论语·子张》中的"博学""切问""近思"分别对应的是《中庸》中的"博学""审问""慎思"，而"思"即是"辨"，因此，《论语·子张》虽然并未言及"明辨"，但是"近思"已经涵盖了"明辨"。而《论语·子张》中又言"博学而笃志"，故而"笃志"便也已经涵盖了《中庸》中的"学""问""思""辨""行"。按照季本对"知行合一"的理解，《中庸》中的"博学""审问""慎思""明辨"属"知"，"笃行"属"行"，而"笃志"可以被视为确保"学问思辨之功不息"的根本原因。

职是之故，王阳明才把"学之不勤"的原因归为"志之不笃"，他在《教条示龙场诸生》中曾以"四事相规"。其中，第一事为"立志"，第二事是"勤学"，而在论及"勤学"时，王阳明曰："已立志为君子，自当从事于学。凡学之不勤，必其志尚未笃也。"②由"勤学"反观"笃志"，"笃志"就是指"无时无处不以立志为事"。王阳明曾以《论语·为政》"吾十有五而志于学"章中的孔子为例指出："孔子，圣人也，犹曰：'吾十有五而志于学。三十而立。'立者，志立也。虽至于'不逾矩'，亦志之不逾矩也。……是以君子之学，无时无处而不以立志为事。正目而视之，无他见也；倾耳而听之，无他闻也。如猫捕鼠，如鸡覆卵，精神心思凝聚融结，而不复知有其他，然后此志常立，神气精明，义理昭著。"③对于王阳明"无时无处而不以立志为事"的"猫捕鼠""鸡覆卵"的工夫，季本则直接以"笃志"来理解："君子之学，无时无处而不以立志为事。正目而视之，无他见也；倾耳而听之，无他闻也。如猫捕鼠，如鸡覆卵，精神心思凝聚融结，而

① 季本：《四书私存》，台北："中央研究院"，2013年，第347页。
② 吴光等编校：《王阳明全集（新编本）》（第3册），杭州：浙江古籍出版社，2010年，第1022页。
③ 吴光等编校：《王阳明全集（新编本）》（第1册），杭州：浙江古籍出版社，2010年，第277页。

不复知有其他.'此顾諟之专功也,不如是则志不笃,以此教人最为吃紧。"①

特别是,王阳明亲炙弟子黄绾把这种"无时无处而不以立志为事"的"笃志"工夫看作"古人极则工夫",他在写给王阳明的信中曾以《论语·为政》"吾十有五而志于学"章、《论语·子罕》"颜渊喟然叹曰"章中的孔子、颜子的为学经历为例,说道:"迩来又觉向者所谓静坐、所谓主敬、所谓静中看喜怒哀乐未发作何气象,皆非古人极则工夫。所谓极则工夫,但知本心元具至善,与道吻合,不假外求,只要笃志于道,反求诸己而已。夫笃志于道,即所谓'允执厥中'是也。于凡平日习染尘情,痛抉勇去,弗使纤毫溷于胸臆,日择日莹,随其事物之来,无动静、无内外、无小大、无精粗、无清浊,一皆此理应用,故无时而非入德之地,无事而非造道之工。昔者孔子自十五志学,至七十从心不逾矩,进退无已,只此志之日笃也。故语颜子,使之欲罢不能,既竭吾才,至于卓尔。此乃圣门极则之学与极则之传也。若徒知静坐、主敬、观玩光景,而不先之以立志,不免动静交违、灭东而生西也。夫才说静便有不静者在,才说敬便有不敬者在,才说和乐便有不和乐者在,如此用工,虽至没世,无所税驾,乃知'笃志'一语,真万世为学之要诀也。"②在这里,静坐、主敬、静中观喜怒哀乐未发前气象均不是"古人极则工夫",只有"笃志于道"的"允执厥中"工夫才是"万世为学之要诀"和"古人极则工夫"。有此"笃志于道"的"极则工夫",则可以"痛抉勇去"日常生活中的"习染尘情",从而使得"元具至善"的本心在应事接物时达到超越"动静""内外""大小""精粗""清浊",一皆应用于此理而"无时而非入德之地""无事而非造道之工"的境地。正是因为有此"笃志于道"的"极则工夫",孔子才能做到从"十有五而志于学"到"七十而从心所欲不逾矩"日益精进的"极则之学",颜子才能做到"欲罢不能,既竭吾才,至于卓尔"的"极则之传"。

此外,对于"笃志于道"的极则工夫,王阳明又站在"良知"与"天道"一体而同构的角度加以阐发。以江西弟子刘邦采为首的安福同志曾成立"惜阴会",约定五日一会,请王阳明写会籍,王阳明遂写《惜阴说》,并盛赞其"志笃"。其中,王阳明通过诠释《论语·子罕》"子在川上"章来申发志笃于道的

---

① 季本:《说理会编》,天津:天津古籍出版社,2017年,第93页。

② 黄绾:《黄绾集》,上海:上海古籍出版社,2014年,第339页。

工夫："呜呼！天道之运，无一息之或停；吾心良知之运，亦无一息之或停。良知即天道，谓之'亦'，则犹二之矣。知良知之运无一息之或停者，则知惜阴矣；知惜阴者，则知致其良知矣。'子在川上曰：逝者如斯夫！不舍昼夜。'此其所以学如不及，至于发愤忘食也。"[①]在这里，"良知"与"天道"具有"一体"而"同构"的运行节奏，天道之运行与良知之运行均是"无一息之或停"，如此一来，知天道和良知之运，则知惜阴，知惜阴则知致良知，知致良知则知志笃，而笃志工夫犹如《论语·子罕》"子在川上"章中滚滚不断的流逝之水一样"无一息之或停"。

四、责志

笃志是立志工夫"无一息之或停"，而在立志工夫一旦有所间断、有所懈怠的情况下，就会产生"意志不坚"（weakness of will, akrasia）的问题[②]，而为了克服"意志不坚"，王阳明反复告诫弟子立志要坚定。正德戊寅（1518），王阳明在写给邦英、邦正两兄弟的信中曰："但能立志坚定，随事尽道，不以得失动念，则虽勉习举业，亦自无妨圣贤之学。"[③]正德辛巳（1521），王阳明在写给弟子顾维贤的信中曰："故学者只须责自家为己之志未能坚定，志苟坚定，则非笑诋毁不足动摇，反皆为砥砺切磋之地矣。"[④]嘉靖癸未（1523），王阳明在写给路宾阳的信中曰："以宾阳才质之美，行之以忠信，坚其必为圣人之志，勿为时议所摇，近名所动，吾见其德日近而业日广矣。"[⑤]

---

① 吴光等编校：《王阳明全集（新编本）》（第1册），杭州：浙江古籍出版社，2010年，第285页。

② 关于何为"意志不坚"，参见方克涛、王启义撰，马永康译：《意志不坚：中西哲学进路比较及塞尔的'背景'论》，《现代哲学》2006年第5期，第83页。

③ 吴光等编校：《王阳明全集（新编本）》（第1册），杭州：浙江古籍出版社，2010年，第181～182页。

④ 吴光等编校：《王阳明全集（新编本）》（第1册），杭州：浙江古籍出版社，2010年，第292页。

⑤ 吴光等编校：《王阳明全集（新编本）》（第1册），杭州：浙江古籍出版社，2010年，第205页。

关于"意志不坚"产生的原因,学术界通常认为是由知而不行所致。①其实,在王阳明及其弟子看来,导致"意志不坚"的根本原因在于人之固有习气,而对治"意志不坚"的方法则是责志。对此,欧阳德在解释《论语·泰伯》"曾子有疾"章时曾经指出:"古人自持其志,终日战战兢兢,如临深履薄。故志定而气从之,中有主而夹持自易为力。吾辈为气胜习夺,只可责志而已。"②在欧阳德看来,曾子之所以能够做到"终日战战兢兢,如临深履薄",是因为他能够"自持其志",如此便能自作主宰、立志坚定,从而克服习气的局限与干扰;而一旦立志工夫被"气胜习夺",出现"意志不坚"的情况,就需要责志工夫加以克服。

当然,这种克服"意志不坚"的责志工夫首先是来自王阳明本人,他在《示弟立志说》中通过诠释《论语·为政》"吾十有五而志于学"章时说道:"故凡一毫私欲之萌,只责此志不立,即私欲便退;听一毫客气之动,只责此志不立,即客气便消除。或怠心生,责此志,即不怠;忽心生,责此志,即不忽;懆心生,责此志,即不懆;妒心生,责此志,即不妒;忿心生,责此志,即不忿;贪心生,责此志,即不贪;傲心生,责此志,即不傲;吝心生,责此志,即不吝。盖无一息而非立志责志之时,无一事而非立志责志之地。故责志之功,其于去人欲,有如烈火之燎毛,太阳一出,而魍魉潜消也。"③这里的"私欲""客气"是导致"意志不坚"的根本原因,它们都属于人之习气("人欲")的范畴。"怠心""忽心""懆心""妒心""忿心""贪心""傲心""吝心"这八个负面心态则是人之习气的具体表现,而克服这八个负面心态则需要时时刻刻做反之于本心的"责志"工夫。④

王阳明对治"意志不坚"的责志工夫为弟子王龙溪所继承。王龙溪曾曰:

---

① 黄勇指出:"行动者在做事的时候,知道自己不应该做这样的事,也知道自己能够不做这样的事。因此,意志软弱问题的核心是知行关系;而意志软弱之可能性的看法的核心,在于主张一个人知而不行是可能的。"参见黄勇著,崔雅琴译:《为什么要有道德:二程道德哲学的当代启示》,上海:东方出版中心,2021年,第165~166页。

② 欧阳德:《欧阳德集》,南京:凤凰出版社,2007年,第38页。

③ 吴光等编校:《王阳明全集（新编本）》(第1册),杭州:浙江古籍出版社,2010年,第277页。

④ 现代新儒家熊十力先生对于王阳明的"责志"工夫颇能心心相印,他指出:"故志者,存主义。心有存主,即自力生。或有放失时,则反而自责,存主斯在。阳明责志之说,亲切无比,学者所宜服膺。"参见熊十力:《读经示要》,上海:上海古籍出版社,2019年,第120页。

"夫学莫先于立志，先师有《立志说》。志犹木之根也，水之源也。木无根则枝枯，水无源则流竭，人无志则气昏。吾人一生经营干办，只是奉持得此志，故志立而学半。习心习气未能即忘，方知有过可改。忿心生，责此志则不忿；傲心生，责此志则不傲；贪心生，责此志则不贪；怠心生，责此志则不怠。无时而非责志之功，无处而非立志之地。此志既定，自不能不求于先觉，自不能不考于古训。二者便是辅成此志之节度。"①立志被王龙溪看作为学首要的、根本的事情，如果能够"奉持得此志"，那么就会"志立而学半"。不过，立志工夫常被习心、习气牵绊和干扰，这就会使"忿心""傲心""贪心""怠心"负面心态出现，从而导致"意志不坚"，而此时就需要责志工夫加以克服，从而达到"无时而非责志之功，无处而非立志之地"的境地。只有这样，立志才能够坚定，而"求于先觉""考于古训"的为学工夫才能起到克服"意志不坚"的辅助作用。

在明清思想转折之际，王阳明对治"意志不坚"的责志工夫又得到了进一步的推进和发展。有理学工夫论终结者之称的潘平格在批评王阳明"提心"工夫的基础上提出了"提志"工夫，而所谓"提志"工夫就是指"责志"。对此，潘平格指出："提志之法，略具阳明先生《立志说》中。《立志说》云：'一毫私欲之萌，责此志不立，即私欲便退。听一毫客气之动，责此志不立，即客气便消除。怠心生，责此志，即不怠；忽心生，责此志，即不忽；傲心生，责此志，即不傲；吝心生，责此志，即不吝；懆心生，责此志，即不懆；忿心生，责此志，即不忿；慢心生，责此志，即不慢；忍心生，责此志，即不忍；畏难之心生，责此志，即不畏难；怨尤之心生，责此志，即不怨尤；自小自弃之心生，责此志，即不自小自弃；求人非人之心生，责此志，即不求人非人。无一事而非责志，无一时而非责志，无一地而非责志，无一不责志，则志立矣。'学者知所以责志，自不至错于提心，而因药发病之患，其庶免乎！"②潘平格认为，由私欲、客气而产生的"怠心""忽心""傲心""吝心""懆心""忿心""慢心""忍心""畏难之心""怨尤之心""自小自弃之心""求人非人之心"十二种负面心态是导致"意志不坚"的根本原因。整体上看，潘平格虽然与王阳明在《示弟立志说》中提出的八种导致"意志不坚"的负面心态相比有所出入，但是在对治方法上，两人都诉诸责志工夫。

---

① 吴震编校：《王畿集》，南京：凤凰出版社，2007年，第746页。
② 潘平格：《潘子求仁录辑要》，北京：中华书局，2009年，第248～249页。

五、熟志

　　阳明心学立志工夫论中的辨志、端志、笃志、责志是以成圣为终极目标的，而要想实现这个终极目标，则需要熟志工夫。关于熟志工夫，王阳明在指点弟子唐诩时通过诠释《论语·为政》"吾十有五而志于学"章指出："立志者常立此善念而已。'从心所欲不逾矩'，只是志到熟处。"①弟子邹守益在解释此章时亦有类似之说法："志学者，志不逾矩之学也。矩者，天然自有之善也。可欲惟善，而举天下之物无以尚之，此尚志说也。由是而立，由是而不惑，至于从心所欲不逾矩，则大而化，圣而不可知，亦曰欲仁而志之熟而已矣。"②

　　在阳明后学中，对熟志工夫关注甚多、发挥最为精彩的莫过于王龙溪，他在为其友陆石居读书心得所撰写的印可之言中说道："学莫先于辨志，夫子自谓十五而志于学，其志定矣。志定而学半，迟之十年而后能立。立者，立志也。迟之十年而后能不惑，不惑者，志无疑也。又迟之十年而后能知天命，志与天通也。又迟之十年而后能耳顺，志忘顺逆也。顺与逆对，耳顺，犹所谓无逆耳也。耳顺加于知命之上，一层深于一层。天命浑然，了无分别，未知天命，世间逆顺诸境犹有分别心在。夫子曰：'自吾得子路，恶声不入于耳。'此犹未能耳顺时事。至于知命，则分别不生，而顺逆始忘。其闻于人之声，虚己以应，将天下誉之而不加喜，天下非之而不加戚，又何恶声之足云？此夫子独觉其进，有不可躐等而窥者矣！从心者，纵心也，虽至于从心所欲不逾矩，亦只是志到熟处，非能有加也。是所谓经历之次第也。"③在王龙溪看来，《论语·为政》"吾十有五而志于学"章中孔子一生为学之历程是一个立志工夫"独觉其进""不可躐等"，不断"透关"的过程：自"吾十有五而志于学"的"志定"、"三十而立"的"志立"、"四十而不惑"的"志无疑"、"五十而知天命"的"志与天通"、"六十而耳顺"的"志忘顺逆"，一直到"七十而从心所欲不逾矩"的"志到熟处"。

---

　　① 吴光等编校：《王阳明全集（新编本）》（第1册），杭州：浙江古籍出版社，2010年，第21页。

　　② 邹守益：《邹守益集》（下册），南京：凤凰出版社，2007年，第737页。

　　③ 吴震编校：《王畿集》，南京：凤凰出版社，2007年，第72～73页。

同样的解释套路还出现在王龙溪为陆平泉所写的七十寿辰的祝文中，他说道："夫学莫先于立志，尤莫切于辨志。志有大小，孔子自谓：'吾十有五而志于学。'学者，大人之学，以天地万物为一体。志有定向，由辨之早辨也。守之十五年，而后能立，习气不能淫，其志凝矣。又守之十年，而后能不惑，终言不能淆，其志熙矣。又守之十年，而后能知天命，志与天通也。至于六十而耳顺，顺与逆对，耳顺者，无复逆耳之言，志忘顺逆也，忘斯神矣。殆至七十，始超然自命，曰：'从心所欲不逾矩。'从心者，纵心也，神斯化矣。不神不化，心未可得而纵也。距者，先天之则也；欲者，后天以奉天时。天地万物，有所不能违焉。惟欲即距，惟距即欲，天纵之也。譬之学射，天地万物示其的矣。审固以期于中，系心一缘，习之法也。久习则巧，后虽无心纵天，所发无不中的，不习而无不利矣。然此只是志到熟处，非有所加也。"①王龙溪把孔子一生的修身工夫之历程（"终身经历之次第"）与技艺工夫的学习（"学射"）相匹配，而修身工夫就像技艺工夫一样都有一个由生到熟的学习过程：从"吾十有五而志于学"的"志有定向"、"三十而立"的"志凝"、"四十而不惑"的"志熙"、"五十而知天命"的"志与天通"、"六十而耳顺"的"志忘顺逆"，最后到"七十而从心所欲不逾矩"的"志到熟处"。

而对于达到"七十而从心所欲不逾矩"的"志熟"境界之后，是否还有立志工夫可做，对此，有门人问："夫子由志学以至从心当不逾矩之时，还有愤否？"王龙溪答曰："夫子十五志于学，至于三十而始立。立者，志立也。未至于立，还有私意缠绕在，必须发愤以去其私，能立便是乐。四十而不惑者，志无所疑也。未能不惑，必须发愤以释其疑，不惑便是乐。五十而知天命，志与天通也。未能与天相通，必须发愤以通其微，知天命便是乐。六十而耳顺，志忘顺逆也。顺逆尚存，必须发愤以抵于忘，耳顺便是乐。虽至七十，而从心所欲不逾矩，亦只是志到熟处。未能从心，犹须发愤以入于神化，所欲不逾矩便是乐。此志朝乾夕惕，老而不倦。"②孔子"三十而立"是"志立"，"四十而不惑"是"志无所疑"，"五十而知天命"是"志与天通"，"六十而耳顺"是"志忘顺逆"，"七十而从心所欲不逾矩"是"志到熟处"，而如果在不同的年龄节点，立志工夫未有达到应有

---

① 吴震编校：《王畿集》，南京：凤凰出版社，2007年，第394页。

② 吴震编校：《王畿集》，南京：凤凰出版社，2007年，第194~195页。

之境界，则需要"发愤"以"去其私""释其疑""通其微""抵于忘""入于神化"。可以说，王龙溪笔下的孔子活到老、学到老、立志到老，志熟之后，此志仍须"朝乾夕惕，老而不倦"的学做圣人的人生历程，亦可视为王阳明及其弟子立志为学的真实写照。

结　语

　　王阳明及其弟子在《论语》诠释中所提出的辨志、端志、责志、笃志、熟志五种类型的立志工夫共同构成了阳明心学"立必为圣人之志"的核心要义，它们是"圣人必可学而至"得以可能的根本前提。

　　而王阳明"圣人必可学而至"的观点可以从以下两个方面来理解：一方面，王阳明在解释《论语·阳货》"性相近，习相远"时曰："夫子说'性相近'，即孟子说'性善'，不可专在气质上说。若说气质，如刚与柔对，如何相近得？惟性善则同耳。人生初时，善原是同的。但刚的习于善则为刚善，习于恶则为刚恶；柔的习于善则为柔善，习于恶则为柔恶，便日相远了。"①朱子在解释此章时指出："此所谓性，兼气质而言者也。气质之性，固有美恶之不同矣。然以其初而言，则皆不甚相远也。但习于善则善，习于恶则恶，于是始相远耳。"②程伊川解释此章时言："此言气质之性，非言性之本也。若言其本，则性即是理，理无不善，孟子之言性善是也，何相近之有哉？"③王阳明则批判地继承了程、朱的解释，把《论语·阳货》中的"性相近"理解为孟子"性善论"意义上的"性相同"，认为"性相近"中的"性"是指人的本然之性，而不是指"气质之性"，由此，王阳明为"圣人必可学而至"奠定了本体论基础。另一方面，王阳明在解释《论语·阳货》"唯上知与下愚不移"时曰："不是不可移，只是不肯移。"④

　　①　吴光等编校：《王阳明全集（新编本）》（第1册），杭州：浙江古籍出版社，2010年，第135页。

　　②　朱熹：《四书章句集注》，北京：中华书局，2012年，第176～177页。

　　③　朱熹：《四书章句集注》，北京：中华书局，2012年，第177页。

　　④　吴光等编校：《王阳明全集（新编本）》（第1册），杭州：浙江古籍出版社，2010年，第34页。

朱子在解释此章时指出："人之气质相近之中，又有美恶一定，而非习之所能移者。"① 程伊川解释曰："人性本善，有不可移者何也？语其性则皆善也，语其才则有下愚之不移。"② 与程朱倾向于认为的人之"气禀""才力"不可移的观点相比，王阳明认为，"肯"与"不肯"才是变化气质的关键，这就使得立志成圣成为个体意志的自由选择，从而为"圣人必可学而至"奠定了工夫论基础。③

有此双重基础，王阳明认为："学者既立有必为圣人之志，只消就自己良知明觉处朴实头致了去，自然循循日有所至，原无许多门面折数也。"④ 这也就意味着，无论人之先天禀赋如何，只要肯"立有必为圣人之志"，然后实实在在地去做致良知工夫，那么圣人必可学而至。牟宗三先生在《王阳明学行简述》中曾指出："孔子十有五而志于学，今阳明十一岁，忽然灵光爆破，即憧憬学圣贤。阳明说此话时，不必真有立志之意，然灵光爆破，冲口而出，即已见非凡。吾兹所欲说者，圣人、人伦之至。学圣贤乃成德之事。人要做第一等人，为第一等事。此在古人讲学，乃一普遍之意识。宗教家名曰重生。学圣贤，就要重生。重生始能做第一等人。不重生，无论权位如何高，不能算做第一等人。"⑤ 王阳明是否自觉依照孔子"十有五而志于学"中的修行历程来开展自己的人生不得而知。⑥ 而相比于孔子"十有五而志于学"，王阳明十一岁时"做第一等人""为第一等事"之志确实让他的生命获得了一次"重生"。只不过，与西方宗教传统

① 朱熹：《四书章句集注》，北京：中华书局，2012年，第177页。

② 朱熹：《四书章句集注》，北京：中华书局，2012年，第177页。

③ 历代注疏家对于《论语·阳货》第二、三章关注甚多，特别是程颐的解释与王阳明颇为相似，对此，可参见黄勇：《程颐对〈论语〉8.9及17.3的哲学解释》，载陈明、朱汉民主编：《原道：第十五辑》，北京：首都师范大学出版社，2008年，第239～264页。而王阳明弟子季本对《论语·阳货》第二、三章有一创造性阐释，颇可参考，他指出："《论语》言'性相近，习相远'，谓性本不远于我，但人自远之耳。圣人语意不迫，凡切己者皆以近言之，此与'道不远人，人之为道而远人'意同，若'上知与下愚不移'，乃言其不肯移耳，非谓气禀之性一定而不可易也。"参见季本：《说理会编》，天津：天津古籍出版社，2017年，第19页。

④ 吴光等编校：《王阳明全集（新编本）》（第1册），杭州：浙江古籍出版社，2010年，第210页。

⑤ 牟宗三：《生命的学问》，成都：天地出版社，2022年，第171～172页。

⑥ 在阳明弟子中，邹守益自觉将自己一生的修行经历来印证孔子之学，耿定向在《邹文庄公年谱序》中说道："粤往吾夫子尝自述年谱矣，溯十五志学始，历七十年，所中曰立，曰不惑，曰知命，驯至耳顺、从心不逾矩云云，皆其省诸躬而验其所学如是，殆圣学之符章也。"参见邹守益：《邹守益集》，南京：凤凰出版社，2007年，第1355～1356页。

中所强调的生命的"重生"要靠上帝"恩典"相比，王阳明十一岁时生命的"灵光爆破"是立志工夫自我抉择的必然结果。①

总之，王阳明及其弟子在《论语》诠释中所提出的辨志、端志、笃志、责志、熟志"五位一体"的立志工夫论，使得"圣人必可学而至"成为一个极具阳明心学色彩的成圣必然性命题、一个具有彻底"唯意志论"色彩的生存论命题。

---

① 笔者在这里的观点是对陈立胜的一个回应。陈立胜在论及王阳明立志工夫与禀气清浊之间的内在关联时指出："儒家这里所谓的禀气的清浊大致相当于基督宗教的恩典范畴，属于个人无法负责的范围。"由此，陈立胜认为在王阳明那里何以有人能立志，而有人不能立志是由禀气清浊来决定的。参见陈立胜：《王阳明"万物一体"论——从"身一体"的立场看》，上海：华东师范大学出版社，2008年，第81页。